# Pascal's Provinzialbriefe

über

die Moral und Politik der Jesuiten.

Uebersetzt

von

Dr. J. J. G. Hartmann.

Berlin, 1830.
Gedruckt und verlegt
bei G. Reimer.

Wie Lämmer haben wir uns eingeschlichen, wie Wölfe regieren wir, wie Hunde wird man uns vertreiben, aber wie Adler werden wir uns wieder erheben.

# Vorwort.

Der große Antheil, welchen die gesammte Kirche an diesen einzelnen, unter dem Titel Provinzialen — l'ami du Provincial — erschienenen Briefen nahm, war die Ursache, warum der Herausgeber sie sammelte, und vereint in einem einzigen Bande der Welt vorlegte, theils weil sie so sicherer der Vergessenheit entrissen werden, theils auch weil der eine Brief sich auf den andern stützt, und so das Ganze in Vereinigung aller einzelnen Theile mehr Festigkeit erhält. Damit aber der Leser gleich anfangs wisse, was er in jedem Briefe zu hoffen habe, so möchte eine kurze Inhaltsanzeige nicht am unrechten Orte seyn.

Die ersten Briefe sind im Anfange des Jahres 1656 geschrieben. Das war gerade die Zeit, wo man den zweiten Brief Arnauld's in der Sorbonne beurtheilte in jenen außerordentlichen Versammlungen, in denen etwas so Ungewöhnliches vorgehen sollte, daß Jeder voll Neugier und Interesse auf das sah, was man hier verhandeln würde. Allein die Dunkelheit der mit Absicht gewählten scholastischen Sprache war so undurchdringlich, daß nur Theologen sie verstehen konnten, und so blieb denn die Neugier der Uebrigen unbefriedigt, welche sich nicht wenig wunderten, Streitpuncte zu erblicken, die Keinem einleuchteten, und doch Vorbereitungen dazu gesehen zu haben, die offen da lagen vor den Augen Aller. Das gab zu diesen Briefen die Veranlassung; sie sollten die Neugier derer befriedigen, welche jene dunkle scholastische Sprache nicht verstanden; was Jeder suchte, darüber sollten sie ihm Aufklärung geben.

Man erfuhr aus ihnen, daß die Sorbonne zwei Fragen verhandle, die eine leicht als bloße Thatsache, die andere wichtiger, denn sie war ein Glaubenssatz.

Diese letztere bestand in der Untersuchung, ob ein Satz aus Arnauld's Briefen, welchen er aus zweien Kirchenvätern, dem heil. Augustin und dem heil. Chrysostomus, genommen hatte, gebilligt oder verworfen werden müßte. Beide Parteien stimmten darin überein, daß dieser Satz echt katholisch sey in den Schriften jener Kirchenväter; die Gegner Arnauld's behaupteten, in Arnauld's Munde sey er ketzerisch; seine Vertheidiger dagegen erklärten, Arnauld habe nur aus den Kirchenvätern abgeschrieben, seine Lehre müsse daher nothwendig orthodox und katholisch seyn.

Jene bemüheten sich nun, eine Abweichung der Arnauld'schen Lehre von der Lehre der Kirchenväter aufzufinden; allein sie wurden so tapfer zurückgeschlagen, daß sie endlich sich genöthigt sahen, Arnauld's Freunden die Freiheit zu beschränken, indem sie die Länge ihrer Reden auf eine halbe Stunde festsetzten, welche Zeit durch eine Sanduhr bestimmt wurde. Dieser Mangel an Freiheit entfernte Arnauld's Freunde aus der Sorbonne, die nun alle etwaigen Beschlüsse für nichtig erklärten. So blieben denn nur die Gegner Arnauld's in der Sorbonne zurück, beschlossen ganz nach Willkühr, und sprachen vorzüglich über drei Puncte der Gnade, die in unsern Briefen auseinander gesetzt werden.

Der erste dieser drei Puncte betrifft die nächste Kraft, und ist in dem ersten Briefe enthalten.

Der zweite handelt über die hinreichende Gnade; man findet ihn im zweiten Briefe.

Der dritte spricht über die wirkende Gnade und ist im vierten Briefe auseinander gesetzt.

Der dritte Brief, welcher unmittelbar auf die Bulle der Sorbonne folgte, zeigt die genaue Uebereinstimmung der Arnauld'schen Lehre mit der Lehre der Kirchenväter, die so vollkommen ist, daß selbst Arnauld's Feinde nicht den geringsten Unterschied auffinden konnten.

So wird denn in den vier ersten Briefen der ganze Streit der Sorbonne auseinander gesetzt, mit Hinzufügung einiger Unterredungen, die der Verfasser mit verschiedenen Theologen gehabt haben will. Bei diesen Gesprächen nimmt er den Character eines Mannes an, der, wie die gewöhnlichen Weltmenschen, in Dingen dieser Art wenig bewandert ist; unter dieser Maske leitet er die Doctoren, welche er um Rath fragt, unvermerkt zu den Streitpuncten hin, macht ihnen Einwürfe, hört ihre Widerlegungen, und das alles mit solcher Einfachheit und Klugheit, daß nun dasjenige, was sonst nur dem Gelehrten zugänglich war, auch dem minder Gebildeten einleuchtet.

In den folgenden sechs Briefen, dem fünften, sechsten, siebenten, achten, neunten und zehnten erklärt er die Moral der Jesuiten in der Erzählung mehrer fingirten Unterredungen, die er mit einem ihrer Casuisten hatte. Auch hier spielt er die Rolle eines Weltmenschen, der wenig bekannt mit dergleichen Lehren sich von dem Jesuiten unterrichten läßt. Von diesem erfährt er mehrere ihrer abscheulichen Grundsätze, erstaunt darüber, verbirgt jedoch sein Entsetzen und hört mit aller möglichen Ruhe zu. Der Jesuit glaubt ihn für seine Schule zu gewinnen, und setzt ihm alles klar und deutlich auseinander; dabei sieht er freilich seinen Zuhörer manchmal in Erstaunen gerathen, schreibt jedoch dieses nur der Neuheit und Ungewohntheit seiner Lehren zu, fährt deshalb immer weiter fort, und sucht ihn zu überzeugen durch alle die Gründe, auf welche sich die größten Casuisten seiner Gesellschaft stützen.

So lenkt der Verfasser seine Unterredungen mit dem Jesuiten, und erhält dadurch das nothwendigste Erforderniß eines Dialogs, die Wahrscheinlichkeit; denn der Jesuit wird als ein braver Mann dargestellt, — wie es deren so viele unter dieser Gesellschaft gibt, — welcher gewiß die Laster seiner Casuisten verabscheuet haben würde, hätte er sie nur gekannt; allein er ist so blind für sie eingenommen, daß er schon den Gedanken, sie hätten sich irren können, verabscheuet; alle ihre Meinungen betrachtet er als heilig, er sagt deshalb auch nichts, was er nicht in ihren Schriften nachweisen kann, und führt die Stellen, die seine Meinungen beweisen sollen, immer Wort für Wort so an, wie sie in den Originalen stehen; er hält alle ihre Behauptungen für wahr, und scheuet sich deshalb nicht, sie zu offenbaren. In diesem Wahne stellt er dem Verfasser ihre ganze Moral als die nützlichste Sache von der Welt vor, als sey sie ein recht bequemes Mittel, eine Unzahl von Menschen zum ewigen Heile zu geleiten, ohne im Geringsten zu ahnen, daß man mit den für christliche Lehren und für kräftige Mittel zur Seligkeit ausgegebenen Meinungen eigentlich weiter nichts bezweckte, als den Ausartungen des Menschengeschlechts zu schmeicheln.

Das ist der Character des Jesuiten, mit welchem der Verfasser seine Unterredungen hat. Dieser will ihn aber weder widerlegen, noch in seine Meinungen einstimmen; er nimmt deshalb die erhaltenen Lehren zweideutig scherzend auf, woraus ein Unbefangener leicht des Verfassers Denkungsart würde erkannt haben; aber der Jesuit merkt sie nicht, denn selbst die Lehre seiner Casuisten für die wahre Lehre der Kirche haltend glaubt er, auch jeder Andere hege dieselbe Meinung.

In diesem Tone wird der Vortrag fortgeführt, und obgleich der Jesuit Lehren offenbart, die so entsetzlich sind, daß der Verfasser manchmal kaum seinen Unwillen verbergen kann, so unterdrückt er ihn doch, um Alles zu erfahren; endlich aber stellt der Jesuit die furchtbarste ihrer Lehren auf, durch welche sie aus der christlichen Moral die Liebe zu Gott verbannen, nur fordernd, daß man ihn nicht hasse; da vermag der Verfasser sich nicht länger zu halten, voll Unwillen verläßt er den Jesuiten, und damit endigt sich denn diese Form des Vortrags am Schlusse des zehnten Briefes.

Wie glücklich der Gedanke war, diese Materie in Form von Gesprächen abzuhandeln, erhellet aus der Sache selbst, denn durch diese Darstellungsart konnten nicht nur die Lehren der Jesuiten gehörig erklärt, sondern auch die feine Art angegeben werden, wie sie dieselben zu verbreiten wußten, welche aus den Bemäntlungen, die der Jesuit von den berühmtesten seiner Casuisten anführt, ganz deutlich hervorgeht. Sie hatten bei der Aufstellung ihrer Moral nicht so sehr die Absicht, die Sitten zu verderben oder zu verbessern, sondern sie beabsichtigten nur, durch gefälligere Regeln alles an sich zu ziehen; deshalb stellten sie für verschieden denkende Menschen auch verschiedene Lehren auf, für entgegengesetzte Gemüthsarten entgegengesetzte; darum mußten sie denn auch die Sittenlehren des Evangeliums und der Tradition bald so, bald so drehen, und daraus eine neue, nachgiebigere, jeder Gemüthsart passende und jeder Form fähige Moral aufstellen, und das thaten sie durch ihre Lehre der Probabilität.

Diese besteht darin, daß man irgend einer Meinung mit gutem Gewissen folgen kann, wenn sie nur die Auctorität von vieren, oder dreien, oder zweien, oder selbst nur von einem einzigen großen Lehrer für sich hat, und daß ein um Rath gefragter Doctor eine Meinung angeben darf, die probabel ist bei Andern, wenn er sie selbst auch für falsch hält — quamvis ipse Doctor ejusmodi sententiam speculative falsam esse, certo sibi persuadeat, wie der Jesuit Laiman sagt, — und da er so von zwei entgegengesetzten Meinungen zu jeder rathen kann, so wird er natürlich die wählen, welche dem Fragenden am angenehmsten ist — quae illi est favorabilior seu exoptatior. —

Diese falsche Lehre, die Grundlage aller übrigen, ist im fünften, sechsten und dreizehnten Briefe auseinander gesetzt; man erkennt hier deutlich, daß sie die Quelle aller andern Verirrungen ist, daß man, so lange nur der menschliche Geist die Fähigkeit besitzt, sich noch immer weiter zu verirren, auch noch unzählige neue Irrthümer daraus ableiten könne, daß die Willkühr eines einzigen Lehrers hinreiche, sie dem Gewissen sicher zu machen. Auf diese Weise entstanden die entsetzlichen Freiheiten, welche sie jedem Stande erlaubten, dem Priester, Mönche und Benefiziaten, dem Vornehmen und dem Untergebenen, Reichen und Armen, den Geschäfts- und Handelsleuten, den Magistratspersonen, dem Wucherer, Betrüger und Diebe, den ausschweifenden Weibern, und selbst den Wahrsagern.

Die Irrthümer der Jesuiten rücksichtlich der Almosen, der Simonie und des Hausdiebstahls findet man im sechsten Briefe.

Der siebente enthält ihre Erlaubniß zu tödten für alle Beleidigungen, welche das Leben, die Ehre und das Vermögen bedrohen.

Der achte stellt ihre Freisprechung von

der Pflicht der Zurückgabe unrecht erworbenen Gutes dar.

Ihre Erleichterungen, zum ewigen Heile unter allen Bequemlichkeiten des Lebens zu gelangen, schildert der neunte Brief.

Der zehnte endlich, welcher, wie oben schon gesagt ist, mit der Befreiung von der Pflicht Gott zu lieben schließt, enthält im Anfange die Begünstigungen, die sie für die Beichte erdachten. Diese sind so groß, daß sie selbst die Fehler wegnehmen, die nach ihrer Lehre nicht entschuldigt werden können, und zwar durch so geschickte Methoden, daß, wie sie selbst sich ausdrucken, heut zu Tage die Laster leichter nachgelassen, als begangen werden können.

Die Jesuiten fühlten wohl, wie schädlich ihnen von allen Seiten diese Briefe werden könnten, besonders, wenn sie dazu schwiegen; sie dachten deshalb im Ernste darauf, sich zu vertheidigen, und waren darum in keiner geringen Verlegenheit; denn nur zwei Wege standen ihnen offen: entweder sie mußten beweisen, daß ihre Casuisten diese Lehren nicht aufgestellt hatten, — und das war Thatsache, die sie nicht leugnen konnten, — oder sie mußten zeigen, daß die erwähnten Lehren keinesweges falsch und gottlos seyen, aber auch das ging nicht an, denn ihre Irrthümer sind zu groß und zu deutlich ausgesprochen. Deshalb arbeiteten sie denn auch vergebens und mit so wenigem Erfolge, daß alle ihre Unternehmungen scheiterten. Ihr erster Versuch bestand in einer Schrift unter dem Titel: erste Antwort; allein es erschien nie eine zweite. Bald darauf gaben sie den ersten und zweiten Brief an den Philarch heraus, aber auch der dritte blieb weg. Dann erschien ein größeres Werk unter dem Namen: **Imposturae** — Verleumdungen; — sie versprachen davon vier Theile, nachdem aber der erste und der Anfang des zweiten da war, gaben sie auch dieses Unternehmen auf. Annat leistete ihnen endlich die letzte Hilfe durch seine Schrift, betitelt: la bonne foy des Jansenistes; er wiederholt jedoch immer nur, was schon oft gesagt war, und deshalb war seine Bemühung ganz ohne Erfolg.

Unter solchen Umständen war es dem Verfasser gewiß eine Kleinigkeit, über die Jesuiten zu triumphiren, und das geschieht denn auch in den folgenden Briefen, von denen gegenwärtig die Rede seyn soll.

In dem eilften Briefe erwiedert er dem ihm von den Jesuiten gemachten Vorwurfe: er habe in seinen vorigen Briefen sich eines scherzenden Spottes über heilige Gegenstände erlaubt. Eine Ungerechtigkeit sonder gleichen; denn der Verfasser führt nur die Worte ihrer eigenen Schriftsteller an; findet man also Spott in seinen Briefen, so liegt dieser in der lächerlichen Darstellung heiliger Gegenstände von ihren eigenen Schriftstellern; sie muß man also als Urheber solchen Spottes betrachten und nicht die Schuld auf Andere schieben. Der Leser wird sich selbst davon überzeugen, daß der Verfasser kein besseres Mittel wählen konnte, um seinen Unterredungen mit dem Jesuiten die nöthige Wahrscheinlichkeit zu erhalten, als gerade dieses, daß er über die Lächerlichkeiten ihrer Lehren spottete und die ernsthafte Widerlegung ihrer Irrthümer auf eine andere Zeit verschob; dadurch beweiset er hinlänglich, wie sehr er ihre Verirrungen verabscheue, was er auch an seinem Orte selbst sagt. Dieser Weg war gewiß der natürlichste, und der Verfasser schreitet auf demselben so fort, daß er sich nicht verstößt gegen die Lehre des Evangeliums, die nicht erlaubt, Spott zu treiben mit der Religion und der ewigen Liebe.

Im zwölften, dreizehnten und vierzehnten Briefe widerlegt er die Beschuldigungen der Jesuiten, ihre Worte nicht getreu angeführt zu haben; er zeigt deshalb zuvor die vollkommene Treue, womit er ihre Schriftsteller citirte; dann faßt er die Materie, über welche sie ihn des Betrugs beschuldigen von Neuem auf, rügt die Hartnäckigkeit, mit der sie festkleben an ihren Irrthümern, und vergleicht die Grundsätze der Kirche mit ihren Lehren über Almosen, Simonie, Todschlag, und unter mehren andern vorzüglich mit ihrer Lehre der Probabilität; dabei treibt er sie so gewaltig in die Enge, daß sie, statt vorher sich über seinen Scherz zu beschweren, jetzt gewiß Ursache hatten, sich über seine Ernsthaftigkeit zu beklagen,

So zeigt er die Nichtigkeit aller der einzelnen Verleumdungen, welche die Jesuiten gegen ihn ausgebrütet hatten, und geht dann fort zu seinem funfzehnten Briefe, worin er die wahre Quelle dieser Beschuldigungen öffnet und den entsetzlichen Grundsatz ihrer Politik aufdeckt, daß man nämlich den Lehren ihrer Theologen gemäß denjenigen ohne Sünde verleumden dürfe, von dem sich die Societät ungerechterweise angegriffen glaubt, daß man diesem falsche Laster mit gutem Gewissen andichten könne, um sein Ansehen zu schwächen und ihm den Glauben bei Andern zu entreißen. Eine Behauptung der Art würde unglaublich gewesen seyn, hätte nicht der Verfasser in diesem Briefe so treffende Beweise nicht nur aus einzelnen ihrer Schriften, sondern selbst von ganzen ihrer Akademien angeführt, welche alle diesen Grundsatz billigen, so daß er als der am meisten von ihnen begünstigte und als die sicherste aller ihrer Lehren erscheint. Deshalb sagt denn auch der große Jesuitenfreund Caramuel: „Dieser Lehre ist eine so große Menge Casuisten zugethan, daß wenn sie nicht probabel ist, es wohl kaum eine probable Lehre in ihrer ganzen Theologie geben möchte."

Aus diesen Gründen wagten es denn auch die Jesuiten in ihrer Antwort auf diesen funfzehnten Brief, welcher ausschließlich nur den erwähnten Grundsatz rügt, keineswegs weder den Grundsatz selbst, noch überhaupt eine von den Stellen ihrer Casuisten zu leugnen, die der Verfasser angeführt hatte, was Beweis genug ist, daß sie wirklich diesen Grundsatz lehrten. In Wahrheit hatte er aber auch das so augenscheinlich bewiesen, daß ihnen gar kein Ausweg offen blieb, indem er zeigt, daß diese Lehre in ihnen Schriften enthalten ist, und zugleich beweiset, daß sie dieselbe wirklich anwendeten. Davon führt er mehre auffallende Beispiele in seinem funfzehnten Briefe, und in dem ganzen sechszehnten an, auf welchen die Jesuiten gar nichts antworteten.

War es so einmal bewiesen, daß dieser Grundsatz ein so festbegründeter ihrer Moral ist, und daß sie wirklich ihn anwendeten, so wird man es nicht unglaublich finden, wenn sie ihn auch gegen unsern Verfasser ausübten; es war gewiß von großem Interresse für sie, seine treue Wahrheitsliebe in Verdacht zu bringen, und die Ruhe ihres Gewissens blieb dabei ungestört, denn sie ließ sich ja nach den Lehren ihrer eigenen Theologie leicht vereinigen mit Verleumdungen solcher Art; sonst hätte vielleicht diese vermocht, sie von solchen Schritten abzuhalten.

So leicht es den Jesuiten nach diesem Grundsaße war, den Verfasser mit gutem Gewissen zu verleumden, eben so leicht war es diesem, ihre Beschuldigungen durch die mächtige Kraft der Wahrheit zu widerlegen, und sich vor allen Dingen von dem Vorwurfe der Ketzerei zu reinigen, deren sie ihn in allen ihren Schriften, besonders in der bonne foy des Jansenistes des Annat anklagten.

Dieses thut er in seinem siebenzehnten Briefe, worin er nicht nur zeigt, daß er selbst kein Ketzer sey, sondern daß es rücksichtlich der bestrittenen Puncte in der Kirche überhaupt keinen Ketzer gebe, da ja der Zwist der Jesuiten mit ihren Gegnern über die fünf von Innocenz dem X. verdammten Sätze, welche ihnen zum Vorwande ihrer sämmtlichen Beschuldigungen dienen, nichts weiter als eine bloße Thatsache betreffe, die Denkungsart des Jansenius nämlich, und daß daraus in keiner Hinsicht eine Ketzerei erwachse. Das setzt unser Verfasser so schön auseinander, und führt immer so gewählte Beispiele an, daß diejenigen, die sich von diesem Streite unterrichten wollen, den ganzen Verlauf dieser so vieles Aufsehen erregenden Zwistigkeit aus diesem einzigen Briefe lernen können; wundern muß man sich, wie sehr man von den Jesuiten hintergangen wurde, und wie wenig man die Hauptsache des Streits kennt, wenn man nur ihre Schriften, ihre Briefe und ihre Gespräche darüber vernommen hat.

Annat konnte es nicht verschmerzen, seine Societät so kräftig angegriffen und widerlegt zu sehen; er antwortete deshalb auf diesen siebenzehnten Brief. Das gab unserm Verfasser neue Gelegenheit jenen Streit zu beleuchten, und den Annat in seinem achtzehnten Briefe zu widerlegen. Hierin zeigt er, daß die Jesuiten gedrängt von der Nothwendigkeit zu erklären, worin denn eigentlich die Ketzerei bestehe, dieselbe in nichts anders zu setzen wissen, als in einen Irrthum, den alle Christen verabscheuen, und den nur die Calvinisten behaupten. Dank sey deshalb dem Allmächtigen, daß er seine Kirche befreiete von den Gefahren, in welche eine neue Ketzerei sie zu stürzen drohete, da es ja in ihrer ganzen Gemeinschaft Keinen gibt, der die Lehre billige, welcher man nach den Jesuiten zugethan seyn muß, um unter die Ketzer gezählt werden zu können.

Das ist der Hauptinhalt dieser Briefe, welche Provinzialbriefe genannt sind, weil sie zuerst ohne irgend eine Unterschrift an einen Mann in der Provinz geschrieben waren. Der Buchhändler gab sie unter dem Titel heraus: Briefe an einen Provinzial von einem seiner Freunde — Lettre écritte à un Provincial par un de ses amis.

Der Herausgeber wünscht sehr über den Verfasser, welcher sich Ludewig von Montalt nennt, etwas Weiteres anführen zu können, allein er kennt ihn selbst nicht genauer*). Alles, was man von ihm zu sagen weiß, ist dieses, daß er weder ein Doctor noch ein Priester war, wie er selbst mehre Male zu erkennen gibt. Die Jesuiten wollten daraus ableiten, er sey auch kein Theologe gewesen, davon findet man jedoch keine Spur in seinen Briefen; im Gegentheile zeigt er sich als einen der Theologie äußerst Kundigen, und zugleich entbrannt von einem heiligen Eifer für die Religion, da es sicher kein geringes Unternehmen war, die Irrthümer einer so mächtigen und ausgebreiteten Gesellschaft mit so vieler Freimüthigkeit und so tiefer Gründlichkeit aufzudecken.

Seine Treue und Wahrheitsliebe wird man vollkommen rein finden, sobald man sich nur die Mühe nehmen will, die citirten Stellen in den Originalen selbst nachzulesen. Nichts beweiset indessen mehr seine strenge Liebe zur Aufrichtigkeit, als die Sorgfalt, mit der er am Ende des sechszehnten Briefes ein Wort zurücknimmt, was er in seinem vorhergehenden Briefe gegen einen Mann ausgesprochen hatte, den er fälschlich für den Verfasser einiger gegen seine Briefe herausgegebener Schriften nach einem allgemein verbreiteten Gerüchte ausgibt, ohne ihn jedoch geradezu zu nennen. Der Schmerz über einen begangenen so leicht zu verzeihenden Fehler, und die

*) Man vergesse nicht, daß dieses Vorwort im Jahre 1657 geschrieben wurde, wo der Verfasser dieser Briefe noch unbekannt war.

Freimüthigkeit, womit er öffentlich sein Wort widerruft, zeigen hinlänglich, wie wenig fähig er war, die Vorwürfe seines Gewissens zu ertragen, und wie bald er würde widerrufen haben, hätte er die Jesuiten fälschlich so entsetzlicher Irrthümer beschuldigt. Von solch einer Ungerechtigkeit ist er so weit entfernt, daß er nicht einmal alles das anführt, was er mit Grunde gegen sie hätte sagen können; er schont ihrer selbst in den wichtigsten Dingen, so daß ein Kundiger ihrer Maximen ihn wegen seiner Mäßigung lieben und achten muß; er citirt ihre Stellen wörtlich und mit solcher Strenge, als ob es nur sein Wunsch gewesen wäre, den Leser zu bewegen, daß dieser die Originale selbst in die Hand nehme, in denen man noch bei weitem mehr Abscheulichkeiten findet, als der Verfasser in seinen Briefen anführt.

Zum Beweise dieses mag das Beispiel der Pfarrer zu Paris und Rouen dienen. Sobald den Pfarrern zu Rouen die Briefe unsers Verfassers zu Augen kamen, beschlossen sie, die citirten Stellen mit den Originalen zu vergleichen, um entweder ein Verdammungsurtheil gegen die Briefe oder gegen die Casuisten zu verlangen, je nachdem sie in den Originalen die angeführten Stellen finden würden, oder nicht. Der Erfolg erhellet aus einem öffentlich erschienenen Briefe von einem Pfarrer zu Rouen, welcher einem seiner Freunde den Anfang dieser Geschichte mit den Worten meldet:

„Um nicht unüberlegt zu handeln und „nicht zu voreilig in einer so wichtigen „Sache sich zu einer Partei zu schlagen, „beschlossen die Pfarrer zu Rouen in ei- „ner ihrer Versammlungen, die Bücher „zu prüfen, aus denen jene Lehren ge- „nommen seyn sollten, die der Pfarrer „von St. Maclow in seinen Predigten „verschrien hatte; alle sollten sie ge- „prüft, und Auszüge aus ihnen gemacht „werden; fänden sich denn wirklich in „den Casuisten, unter was für Bedin- „gungen sie wollten, diese Lehren, dann „wollten sie auf canonischem Wege die „Verdammung derselben suchen; fände „man sie aber nicht, dann wollte man die „Beschuldigungen widerlegen und un- „aufhaltsam auf die Verdammung der „Provinzialbriefe dringen, welche die „Casuisten als Verfasser solcher Lehren „anführten. Zu dieser Untersuchung „wählte die Versammlung sechs aus ih- „rer Mitte; diese prüften einen ganzen „Monat hindurch mit aller möglichen „Sorgfalt, und fanden in den Origina- „len die citirten Stellen Wort für Wort, „wie sie in den Provinzialbriefen ange- „führt wurden. Sie machten Auszüge

„aus den Casuisten und legten diese in „einer zweiten Versammlung ihren Mitbrüdern vor. Der größten Vorsicht „halber wurde beschlossen, daß diejenigen, die sich noch genauer über diese „Materie unterrichten wollten, sich mit „den Ausgewählten an einen Ort begeben, wo sie die Bücher der Casuisten „aufgestellt hatten, dort die Originale „von Neuem betrachten und mit den ausgezogenen Stellen vergleichen möchten. „Dieses Geschäft wurde fünf bis sechs „Tage fortgesetzt, binnen welcher Zeit „etwa 10 bis 11 Pfarrer sich an dem bestimmten Orte einfanden, die Stellen „aufsuchten und mit den angeführten „vergleichen. Endlich waren sie denn „alle befriedigt und das gewiß mit Recht, „denn eine größere Vorsicht kann wohl „bei einem Geschäfte dieser Art nicht gedacht werden.“

Das Resultat dieser Untersuchung war, daß die Pfarrer von Rouen einstimmig von ihren Bischöfen die Verdammung dieser jesuitischen Irrthümer verlangten; zugleich theilten sie ihre Meinung den Pfarrern von Paris mit, welche sich sofort an sie anschlossen mit noch vielen andern Pfarrern des Königreichs; gleich urtheilend über die jesuitischen Grundsäze, verlangten sie von ihren Bischöfen die Verdammung aller der Lehren, welche in den Provinzialbriefen citirt sind, und noch vieler anderer, die sie selbst aufsuchten und der Geistlichkeit vorlegten.

Das beweiset hinlänglich die Treue, mit welcher unser Verfasser die Stellen citirt, die er den Jesuiten vorwirft; zugleich geht daraus hervor, daß er, wie oben schon gesagt ist, ihnen noch eine Menge anderer ihrer Irrthümer hätte aufführen können.

So stehen denn die Dinge gegenwärtig in Frankreich, und das ist der Erfolg dieser Briefe für die Kirche, welcher gewiß ein heilsamer genannt werden darf. Man hat Ursache, Gott zu danken, daß er ein so verderbliches Gift zum Nutzen seiner Kirche aufdeckte und so viele Pfarrer und Seelsorger des Königreichs vereinigte zur gemeinsamen Warnung der ihrem Schutze anvertrauten Völker. Man lernt so die ausschweifende Moral der Jesuiten kennen, und die Irrthümer, in die ein Mensch gerathen kann, sobald ihn Gott verlassen hat. Wieder ein Beweis, daß der Allmächtige über seine Kirche wache und sie nicht Theil nehmen läßt an den Verirrungen einzelner Theologen, die ihr eigenes Licht dem ewigen unverdunkelbaren Lichte des Evangeliums vorziehend, sich verlieren in den Finsternissen der Unwahrheit und des Unglaubens.

Im Mai 1657.

# Erste Abtheilung.

# Briefe an den Provinzial.

# Erster Brief

## an den Provinzial[a])

### von einem seiner Freunde.

Inhalt der gegenwärtigen Streitigkeiten der Sorbonne[b]). Die nächste Kraft ersonnen von den Molinisten[c]), um unter ihrem Schutze die Verdammung Arnauld's[d]) desto sicherer zu bewirken.

Paris vom 23sten Januar 1656.

Gestern erhielt ich Aufklärung über eine Sache, in der wir uns bisher sehr täuschten. Vorhin glaubte ich nämlich,

a) Unter Provinzial versteht Pascal hier einen Landbewohner außerhalb Paris.

b) Sorbonne, gestiftet 1256 von Robert de Sorbon, war das vorzüglichste Collegium auf der Pariser Universität; die theologische Facultät hatte häufige Kriege mit dem päbstlichen Stuhle; sie war eingetheilt in das Collegium der Sorbonne, in das Collegium von Navarra und die Ubiquitisten, die rings in Paris zerstreut waren. Wenn hier schlichtweg von Doctoren gesprochen wird, so sind damit Doctoren der Sorbonne gemeint.

c) Molinisten hießen anfänglich nur diejenigen von den Jesuiten, welche der Gnadenlehre des Molina (S. im zweiten Briefe) anhingen. Als aber besonders im Streite gegen die Jansenisten die ganze Societät die Partei des Molina ergriff, wurden die Jesuiten überhaupt als Gegner der Jansenisten Molinisten genannt.

d) Anton Arnauld — geboren 1612 zu Paris, begab sich 1633 in die Sorbonne und wurde 1641 Doctor. 1643 schrieb er seine daß die Verhandlungen der Sorbonne so wichtig und von so großem Einflusse für die Religion wären, und das wohl nicht ohne Grund; denn wer sollte denken, daß die Versammlungen einer so berühmten Gesellschaft, wie die theologische Fakultät zu Paris es ist, nach so großen, unerhörten Vorbereitungen nichts Außergewöhnliches bezweckt hätte! Wundern wirst Du Dich, wenn ich Dir erzähle, welche Absicht man hatte bei den so viel versprechenden Zurüstungen; vernimm deshalb, was ich nach genauer Erkundigung Dir darüber mittheilen will.

Man handelt über zwei Puncte, von denen der eine eine reine Thatsache, der zweite aber eine Glaubensfrage ist.

Die Thatsache besteht in der Untersuchung, ob Arnauld

---

Frequente Communion, ein Buch, was den allgemeinen Beifall der Bischöfe und Theologen erhielt. Er hatte darin den Jesuiten Seguirands rücksichtlich einiger Irrthümer über die falsche Buße widerlegt, und vermehrte dadurch den Haß der Jesuiten, die ihm ohnehin nicht sehr gewogen waren, wegen mehrer Streitigkeiten, die sie mit seinem Vater gehabt hatten. Als die Händel über die Gnade in der Sorbonne ihren Anfang nahmen, schlug sich Arnauld zu der Partei der Jansenisten, und der Groll der Jesuiten lauerte nur noch auf einen passenden Vorwand, ihn öffentlich anzugreifen. Arnauld schrieb nun seine beiden Briefe, von denen hier die Rede ist, bei Gelegenheit eines Zwistes zwischen einem Pfarrer von Paris und dem Duc de Liancour, den der Pfarrer nicht absolviren wollte, falls er nicht alle Gemeinschaft mit dem Kloster Port-Royal aufgeben und den Abt von Bourrey, den man für einen eifrigen Jansenisten hielt, aus seinem Hause entfernt haben würde; da brach der Sturm los, Arnauld ward aus der Facultät gestoßen, nach Rom citirt und hielt sich verborgen, bis er 1668 durch die Beilegung der Jansenius'schen Streitigkeit seine Freiheit wieder erhielt. Neuer Verfolgungen halber ging er 1679 in die spanischen Niederlande und bald darauf nach Lüttich; auch hier ließ man ihn nicht in Ruhe, denn er hörte nicht auf, die Jesuiten zu verfolgen, bis er 1694 starb. Unter seinen Schriften gehören hierher seine Apologie des SS. Peres sur la Grace und seine Apologie pour les Catholiques.

der Vermessenheit beschuldigt werden müsse, wenn er in dem zweiten seiner Briefe sich so äußert: „ich habe mit Aufmerksamkeit die Schrift des Jansenius[a]) gelesen, aber nicht die vom vorigen Pabste[b]) verdammten Lehren[c]) darin gefunden; dessenungeachtet aber verdamme ich sie, falls sie im Jansenius enhalten sind, gleichwie sie der Pabst verdammt, an welchem Orte er sie immer treffen mag."

Man will also untersuchen, ob Arnauld ohne Vermessenheit behaupten dürfe, er zweifle, daß im Jansenius die Lehren vorkommen, welche die Bischöfe doch darin gefunden haben wollen.

---

a) Jansen — Cornel — geboren 1585 zu Accoy bei Leerdam in Holland, studirte zu Utrecht und Löven, ging dann nach Frankreich, wo er sich 12 Jahre aufhielt. 1635 wurde er Bischof zu Ypern und starb 1638 an der Pest. Bekannt ist sein Augustinus de gratia, nach seinem Tode 1640 herausgegeben von Fromond; es wurden daraus die fünf berüchtigten Sätze — s. ff. Anm. — gezogen, welche Urban VIII. 1641, Innocenz X. 1653 und Alexander VIII. 1657 verdammten. Seine zahlreichen Anhänger heißen Jansenisten und lebten lange Zeit im Hader mit ihren Gegnern, den Molinisten.

b) Innocenz X. regierte von 1644 bis 1655.

c) Diese fünf Sätze, von denen Pascal noch mehrfach reden wird, sind folgende: 1) Einige Gebote Gottes sind dem Menschen unmöglich zu halten, wenn er auch will; es mangelt ihm dazu die nöthige Gnade. 2) Der innern Gnade kann man nicht widerstehen. 3) Damit das Gute oder Böse uns angerechnet werden könne, ist nicht Freiheit von der Nothwendigkeit — innerer —, sondern nur von unmittelbarem Zwange — äußerem — erforderlich. 4) Die Semipelagianer sind Ketzer, weil sie behaupten, der menschliche Wille könne der Gnade folgen und widerstehen. 5) Es ist semipelagianisch, daß Christus für alle Menschen gestorben sey.

Die Sache wird der Sorbonne vorgetragen. Ein und siebenzig Mitglieder übernehmen die Vertheidigung, behauptend, Arnauld habe denjenigen, die in so vielen Briefen ihn fragten, ob er glaube, daß die genannten Lehren von Jansenius aufgestellt seyen, nicht anders antworten können, als dieses, er habe sie freilich nicht gefunden, verdamme sie aber dennoch, falls sie wirklich im Jansenius enthalten seyn sollten.

Einige andere Doctoren gingen noch weiter; sie wollten nicht nur jene Lehren nicht gefunden haben, sondern selbst das Gegentheil davon im Jansenius aufweisen können. Deshalb verlangten sie einstimmig, daß wenn irgend einer der Anwesenden jene Lehren im Jansenius wisse, er sie zeigen möge, was ja eine Kleinigkeit sey, und um so mehr zu wünschen stehe, da dieses das sicherste Mittel seyn würde, sie selbst sowohl, als auch den Arnauld zu widerlegen. Diese Bitte wurde ihnen jedoch niemals erfüllt; so steht die Sache auf einer Seite.

Auf der andern Seite standen achtzig weltliche Doctoren und etwa vierzig Bettelmönche, welche Arnauld's Lehre verdammten, sich nicht darum kümmernd, ob sie wahr oder falsch sey, sondern vielmehr erklärend, daß man nicht so sehr auf den Inhalt, als nur auf die Vermessenheit seiner Lehre sehen müsse.

Ueberdieß fanden sich fünfzehn sogenannte Indifferenten, die überhaupt den ganzen Streit und die beabsichtigte Censur Arnauld's mißbilligten.

So endigte sich die Untersuchung über diese Thatsache, um die ich mich nicht kümmere; denn ob Arnauld der Vermessenheit beschuldigt werden müsse, oder nicht, was geht das mein Gewissen an? Treibt mich etwa Wißbegierde, zu erfahren, ob Jansenius wirklich jene Lehren aufgestellt habe, so ist seine Schrift nicht so selten und auch nicht so weitläufig, daß ich sie nicht durchlesen und mich selbst belehren könne, ohne die Sorbonne zu fragen. Jedoch möchte ich wohl, befürchtete ich nicht gleichfalls für vermessen gehalten zu werden, der Meinung der Meisten folgen, die trauend bisher dem allgemeinen Glauben von dem Vorhandenseyn jener Lehren im Jansenius jetzt demselben nicht mehr beypflichten wollen, weil man sich beständig — sonderbar genug — weigert, sie zu zeigen, und weil ich Niemanden kenne, der sie je gesehen haben will. Deshalb habe ich denn auch wohl Ursache zu fürchten, daß die Censur der Sorbonnne mehr Uebel, als Gutes stiften, und selbst bei dem Unkundigsten dieser Dinge einen Eindruck hervorbringen wird, den sie gewiß nicht bezweckte; denn in Wahrheit, die Welt wird immer mißtrauischer und glaubt nicht weiter, als sie sieht. Jedoch erinnerte ich schon vorhin, daß die Sache, da sie keinen Glaubenspunct betrifft, von keiner großen Bedeutung ist.

Wichtiger schien mir deshalb die zweite Frage, weil sie eine Glaubenssache betraf; ich sparte daher keine Mühe, mich genau von ihr zu unterrichten; allein auch hier irrte ich, und Du selbst sollst sehen, daß sie eben so unbedeutend ist, als jene erste Untersuchung.

Sie betrifft die Prüfung der Worte Arnauld's in dem erwähnten zweiten Briefe: „Der hl. Petrus hatte bei seinem Falle die Gnade nicht, ohne welche man nichts vermag." Glaubtest Du nicht mit mir, man werde die größten Geheimnisse der Gnade untersuchen, ob sie etwa allen Menschen verliehen, ob sie durch sich wirksam sey? Wie sehr täuschen wir uns! Wundere Dich nur nicht, daß ich in so kurzer Zeit ein so gewaltiger Theologe geworden bin.

Du kennst doch meinen Nachbar, den Doctor von Navarra [a]), den größten Eiferer gegen die Jansenisten. Meine Wißbegierde machte mir die Sache beinah eben so interessant, als ob ich mit zu den streitenden Parteien gehört hätte; ich

a) Doctor des Collegiums zu Navarra s. p. 1. Anm. b.

fragte ihn deshalb geradezu, ob nicht nach ihrer ausdrücklichen Entscheidung die Gnade Allen gegeben sey und sie so jeden weitern Zweifel heben würden. Wie hart wies er mich zurück; das sey gar nicht der Streitpunct, sagte er; im Gegentheile hielten auch mehre ihrer Seits dafür, daß die Gnade nicht Allen verliehen sey; selbst die Examinatoren hätten öffentlich in der Sorbonne gesagt, diese Meinung sey nur problematisch; er selbst denke dasselbe. Dabei führte er mir die Stelle Augustin's [a]) an, den er den großen Heiligen nannte: wir wissen, daß die Gnade nicht Allen verliehen ist.

Ich bat um Entschuldigung, weil ich ihm eine andere Meinung zugetrauet habe, und fragte ihn, ob sie denn nicht wenigstens jene zweite Lehre der Jansenisten, die so viel Aufsehn gemacht habe, verdammt hätten, nämlich: die Gnade sey durch sich wirksam und bestimme unsern Willen zum Guten." Auch bei dieser Frage ging es mir um nichts besser; er warf mir Unwissenheit vor; es ist das keine Ketzerei, sagte er, es ist vielmehr eine orthodoxe Meinung aller Thomisten [b]) und ich selbst habe sie in der Sorbonne vertheidigt [c]).

---

a) **Augustin** — Kirchenvater — wurde 354 zu Tagasta in Numidien geboren; 395 wurde er Bischof zu Hippon, wo er 430 starb. Vorzüglich bekannt ist er durch seinen Streit mit den Semipelagianern, gegen welche er seine Bücher de praedestinatione Sanctorum und de dono perseverantiae herausgab.

b) Anhänger der Gnadenlehre des heil. **Thomas von Aquin.** Dieser berühmte Scholastiker, geboren 1227, begab sich 1243 heimlich in ein Dominikanerkloster und flüchtete, um den Nachstellungen seiner mächtigen Verwandten zu entgehen, nach Rom, von wo ihn der dortige General nach Cölln schickte; 1255 wurde er Professor der Theologie zu Paris, ging von hier als Oberer seines Ordens in die Römische Provinz und starb 1274 zu Neapel. Er wurde von Innocenz XII. 1323 kanonisirt, und von

Jetzt wagte ich kaum mehr, ihm meine Zweifel vorzustellen, und doch wußte ich nicht, wo die Schwierigkeit eigentlich steckt. Um deshalb hinter die Wahrheit zu kommen, bat ich ihn, mir zu erklären, worin denn die Ketzerei der Lehre Arnauld's bestehe. Er gab mir zur Antwort, sie sey deshalb ketzerisch, weil Arnauld nicht die Meinung hege, die sie hätten, daß nämlich die Gerechten die Kraft von Gott besäßen, Gutes zu thun.

Trunken vor Freude, nun über den Streitpunct völlig unterrichtet zu seyn, lief ich zu unserm N. Seine Gesundheit hat sich bereits so weit gebessert, daß er mich zu seinem Schwager, einen eifrigen Jansenisten, übrigens aber einem braven Manne, führen konnte. Um ihn für mich zu gewinnen, stellte ich mich, als wäre ich seiner Partei, und sagte: kann wohl je die Sorbonne diesen Irrthum in die Kirche einführen, daß die Gerechten beständig die Kraft haben zum Guten? „Was?" rief der Doctor, „ein so katholisches Dogma nennst du einen Irrthum! nur die Lutheraner und Calvinisten bestreiten dasselbe." Aber, fiel ich ein, denkst du denn nicht auch so? „Gott möge mich," erwiederte er, „vor einer so ketzerischen und gottlosen Meinung bewahren."

Ich stutzte über diese Worte, und fühlte wohl, daß ich jetzt meinen Jansenism eben so sehr übertrieben hatte, als vorher meinen Molinism. Ich trauete jedoch noch nicht so recht seinen Worten, fragte ihn deshalb, ob er denn in Wahrheit glaube, daß die Gerechten immer die wirkliche Kraft hätten zum Guten. Das brachte ihn auf, und mit einem frommen Eifer

---

Pius V. 1570 unter die Kirchenväter versetzt, welcher Pabst auch seine Schriften in 18 Bänden fol. sammeln ließ.

c) Pascal sagt, in meiner Sorbonique, und dies war die Disputation, in welcher derjenige, der Baccalaureus der theologischen Facultät werden wollte, zwölf Stunden hinter einander in der Sorbonne die Einwürfe seiner Opponenten beantworten mußte.

sagte er, daß nichts in der Welt ihn bewegen könne, seinen Glauben zu verhehlen; es sey das wirklich seine Meinung, und er und alle die Seinigen würden sie bis zum Tode vertheidigen, denn sie sey die reine Lehre des heil. Thomas und ihres großen Vaters, des heil. Augustin.

Er sagte dieses mit so vielem Ernste, daß ich an seiner Aufrichtigkeit nicht mehr zweifeln konnte. Mit dieser Entdeckung ging ich nun zu meinem ersten Doctor zurück, und bedeutete ihm, er könne sicher an einen Frieden in der Sorbonne denken, die Jansenisten stimmten mit ihnen überein in dem Glauben, daß die Gerechten beständig die Kraft zum Guten von Gott besäßen; ich wollte Bürge dafür seyn, daß sie dieses Dogma mit ihrem Blute unterschreiben würden. „Das ist alles recht gut," erwiederte er, „allein man muß Theolog seyn, um das Ende zu sehen, denn der Unterschied unter uns ist so fein, daß wir selbst ihn kaum bemerken können. Du würdest viele Mühe haben, wenn Du ihn begreifen wolltest; sey deshalb zufrieden, wenn ich Dir sage, daß die Jansenisten allen Gerechten stets die Kraft zum Guten beilegen, und daß sie in so fern mit uns einverstanden sind; sie werden Dir aber nicht sagen, daß diese Kraft die nächste Kraft sey, und das ist der Knoten."

Das Wort war mir unerhört, unbekannt; bis dahin hatte ich Alles verstanden, aber dieser Ausdruck schien mir so dunkel, daß ich mich des Glaubens nicht entwehren konnte, er sey nur in der Absicht ersonnen, um zu verwirren. Ich bat meinen Freund um eine Erklärung; dieser aber blieb geheimnißvoll und verwies mich, ohne irgend deutlicher zu reden, wieder zu den Jansenisten, bei denen ich fragen sollte, ob sie die nächste Kraft zum Guten zuließen. So war denn mein Gedächtniß mit einem neuen Ausdrucke bereichert, an dem jedoch mein Verstand keinen Theil hatte. Was war zu thun? das Wort nicht zu vergessen, ging ich stracks wieder zu meinem Jansenisten, grüßte ihn freundlich und fragte ihn, ob er die nächste Kraft anerkenne. Er lächelte und sagte ganz kaltblütig: „erkläre mir zuvor, in welchem Sinne du das Wort verstanden haben willst, dann sollst du meine Meinung hören.“ Da saß ich in der Klemme und wußte nichts zu erwiedern, denn so weit reichte mein Verstand nicht; damit jedoch mein Besuch nicht ganz ohne Nutzen seyn möge, sagte ich auf gut Glück hin, daß ich das Wort im Sinne der Molinisten nehme. „Auf welche von den Molinisten [a]) verweisest du mich denn?“ fragte er wieder ganz kaltblütig. Ich schlug sie ihm da alle vor, als eine einzige Körperschaft bewegt durch Einen Geist.

„Du scheinst,“ sagte er, „von der Sache wenig unterrichtet zu seyn, denn jene haben hierüber ganz verschiedene Meinungen; darin aber sind sie alle einig, daß sie Arnauld unterdrücken wollen, und deshalb beschlossen sie zusammenzutreten in dem Ausdrucke nächste Kraft, dessen sie sich, um eine einzige Sprache zu reden, gemeinschaftlich bedienen, obgleich sie ihm entgegengesetzte Bedeutungen beilegen. Durch diese scheinbare Einigkeit vergrößerte sich ihr Ansehen sehr, denn ihre Anzahl wurde dadurch bedeutender, und sie durften um so sicherer hoffen, Arnauld zu unterdrücken.“

Ich wunderte mich sehr über diese Antwort; ohne jedoch den Eindruck dieser molinistischen Cabalen auf mich wirken zu lassen, — theils konnte ich jenem nicht auf sein Wort glauben, theils interessirte mich das auch zu wenig, — trachtete ich nur darnach zu erfahren, welcherlei Bedeutungen sie dem dunkeln Worte beilegten; ich offenbarte ihm diesen meinen Wunsch ganz unverholen.

„Von Herzen gern,“ sagte er, „wollte ich Dir Aufklärung darüber geben; allein Du würdest darin so große Widersprüche

a) Es werden hier zu den Molinisten auch die Thomisten gerechnet, weil sie es mit den Jesuiten gegen die Jansenisten hielten, obgleich sie keinesweges Anhänger des Molina waren.

finden, daß Du schwerlich meinen Worten glauben möchtest; ich werde Dir verdächtig scheinen, Du gehst deshalb viel sicherer, wenn Du bei ihnen selbst Dich zu unterrichten suchst; Du brauchst in der Absicht nur den Doctor Moinius [a]) und den Pater Nicolai [b]) zu besuchen." Die kenne ich aber nicht, erwiederte ich. „So will ich Dich auf andere verweisen," war seine Antwort; „gib Acht, ob Du keinen von denen kennst, die ich Dir jetzt nenne, sie folgen dem Moinius." Ich kannte wirklich mehre von denen; welche er mir nannte und sagte ihm das. „Sind Dir nicht auch einige Dominikaner [c]) bekannt von den sogenannten neueren Thomisten?" fragte er: „sie alle sind der Meinung des Paters Nicolai." Er nannte mir nun eine Reihe derselben bei ihren Namen, und ich kannte auch unter diesen einige. Entschlossen diese Entdeckung zu nutzen und so hinter die Wahrheit zu kommen, begab ich mich zu einem Schüler des Moinius.

Ich ersuchte ihn, mir zu sagen, was das heiße, zur Vollziehung einer Handlung die nächste Kraft haben. „Keine Frage," antwortete er mir, „ist wohl leichter zu beantworten: alles das haben, was zu der Handlung nöthig ist, so daß nichts

a) Moinius — Moyne — Peter le — geboren 1620 zu Chaumont in Bassigny, trat 1619 in die Societät Jesu zu Nancy und starb 1671 zu Paris. Er schrieb Pincturas morales 2 vol., De fecilitate devotionis; Eleemosynarium sanctum; Apologetique pour la doctrine des Jesuites u. s. w.

b) Nicolai — Wilhelm — ein angesehener französischer Dominikaner, geboren 1595, gestorben 1668, schrieb Merveilles du rosaire.

c) Der Dominikanerorden wurde 1216 gestiftet von Dominikus de Guzman, welcher 1170 zu Calarvejo in Castilien geboren wurde, 1221 starb und 1233 von Gregor IX. unter die Heiligen versetzt ist. Seine Größe verdankte dieser Orden viel mit dem Umstande, daß ihm gewöhnlich die Inquisition anvertraut wurde; auch ward der Magister sacri palatii — päbstlicher Theolog — aus ihm gewählt.

hindert, sie zu vollziehen." Derjenige also, sagte ich, hat die nächste Kraft über einen Fluß zu gehen, dem ein Fahrzeug, Ruder und Ruderer und alles sonst zur Ueberfahrt Nöthige zu Gebote steht. „Ganz recht," erwiederte er. Und zum Sehen, fuhr ich fort, hat derjenige die nächste Kraft, der an einem hellen Orte ein paar gesunde Augen hat; denn an einem finstern Orte gesunde Augen besitzen, heißt nach Ihrer Definition nicht die nächste Kraft zum Sehen haben, weil das Licht etwas Nothwendiges zum Sehen ist. „Sehr scharfsinnig," fiel er ein. Und folglich, fuhr ich fort, wenn Ihr behauptet, daß alle Gerechten beständig die nächste Kraft zur Vollziehung der Gebote haben, so versteht Ihr darunter, daß sie die nöthige Gnade haben, dieselben zu erfüllen, so daß ihnen von Gott her nichts fehle. „Merken Sie wohl auf," fiel er ein, „die Gerechten haben immer alles Nöthige zur Erfüllung der Gebote oder wenigstens zum Gebete um diese." Begriffen, erwiederte ich, sie haben alles, was zum Gebete nöthig ist, ohne Gott erst um eine neue Gnade zum Gebete anrufen zu brauchen. „Richtig," war seine Antwort. Bedürfen sie also zum Gebete nicht noch einer vorwirkenden Gnade? fragte ich. „Durchaus nicht," antwortete er, „nach der Meinung unsers Moinius."

Um keine Zeit zu verlieren, ging ich fort zu den Dominikanern, und bat diejenigen, von denen ich wußte, daß sie zu den neuern Thomisten gehörten, mir zu erklären, wer die nächste Kraft besäße. Ist es etwa, fragte ich, derjenige, welchem zur Vollziehung einer Handlung nichts Nothwendiges fehlt? „Keinesweges," erwiederten sie. Besitzt sie denn etwa derjenige, fragte ich wieder, dem etwas Nothwendiges fehlt? hat zum Beispiel ein Mensch des Nachts in der Finsterniß ohne irgend ein Licht die nächste Kraft zum Sehen? „Allerdings," war ihre Antwort, „wenn er sonst nicht blind ist." Ich gebe Euch das zu, sagte ich, aber Moinius nimmt das

Wort in jener Bedeutung. „Das wissen wir recht gut," fielen sie ein, „wir sind aber nicht seiner Meinung." Mag das, erwiederte ich, ich streite mich nicht gern um Worte, wenn mir nur der Sinn derselben nicht entgeht; ich sehe also wohl, daß Ihr, wenn Ihr behauptet, die Gerechten hätten beständig die nächste Kraft zum Gebete, annehmt, sie bedürfen noch einer andern Gnade dazu, ohne welche sie niemals beten. „Vortrefflich," riefen sie mich mit Lobsprüchen überhäufend, „vortrefflich, denn sie bedürfen überdieß einer vorwirkenden Gnade, ohne welche sie niemals beten; diese bestimmt ihren Willen zum Gebete, und ketzerisch ist es, die Nothwendigkeit einer solchen vorwirkenden Gnade zu leugnen."

Ganz gut, sagte ich; allein nach dieser Eurer Meinung müssen die Jansenisten Katholiken und Moinius muß ein Ketzer seyn; denn die Jansenisten behaupten, daß die Gerechten die Kraft zum Gebete haben, daß aber überdieß dazu eine vorwirkende Gnade nöthig sey, ganz Eure Meinung; Moinius aber sagt, daß die Gerechten ohne vorwirkende Gnade beten, und diese Meinung nennt Ihr eine ketzerische. „Freilich wohl," erwiederten sie, „aber Moinius nennt diese Kraft eine n ä c h s t e K r a f t."

Wie, ehrwürdige Herren, sagte ich, sind das nicht leere Spielereien mit Worten? darin also besteht Eure beiderseitige Einigkeit, daß Ihr Euch desselben Ausdrucks bedient und ihm einen doppelten Sinn unterschiebt? Sie schwiegen; aber siehe, dicht hinter mir stand mein voriger Schüler des Moinius; ich wunderte mich darüber sehr und hielt das für einen ganz außerordentlichen Zufall, allein ich habe nachher erfahren, daß ihr gegenseitiges Zusammentreffen gar nicht so selten ist, daß sie vielmehr ununterbrochen sich mit einander berathschlagen.

Ich redete ihn an mit den Worten: ich kenne einen Menschen, welcher behauptet, alle Gerechten hätten die Kraft zum Gebete, aber sie beteten nie ohne die vorwirkende Gnade, welche sie zum Gebete treibe und welche nicht immer allen Gerechten verliehen sey; halten Sie das für Ketzerei? „Geben Sie Acht," erwiederte er, „Sie könnten mich da in die Enge treiben; aber nur vorsichtig, ich unterscheide [a]): nennt der, von dem Sie reden, die Kraft, die den Gerechten verliehen ist, eine nächste Kraft, so ist er ein Thomist, und folglich ein orthodoxer Katholik; nennt er sie aber nicht so, dann ist er ein Jansenist, und also ein Ketzer." Er nennt sie, erwiederte ich, weder die nächste noch die unnächste Kraft. „Dann ist er ein Ketzer," sagte mein Doctor; „fragen Sie nur diese Herren hier."

Ich wollte das thun, aber sie nickten mit dem Kopfe, woraus ich zur Genüge ersah, daß sie dem Doctor beipflichteten. Ich sagte deshalb zu ihnen: mein Freund verwirft aus dem Grunde jenes Wort, weil Ihr es nicht erklären wollt. Da schickte sich einer der Dominikaner an und wollte seine Definition aufstellen, aber der Schüler des Moinius fiel ihm in die Rede mit den Worten: „willst Du denn die alten Streitigkeiten wieder erneuern? Haben wir nicht gegenseitig festgesetzt, uns des Ausdrucks nächste Kraft zu bedienen, ohne dessen Sinn zu erklären?" Da schwieg jener, ich aber durchschauete nun ihre ganze Absicht, und mich anschickend zum Fortgehen sagte ich: wie sehr fürchte ich doch, ehrwürdige Herren, daß diese ganze Verfahrungsweise eine bloße List von Euch ist; was für einen Ausgang auch Eure Verhandlungen nehmen mögen, das sage ich Euch frei heraus, bringt Ihr auch die Censur wirklich zu Stande, so ist der Friede dadurch nicht hergestellt. Denn wenn Ihr auch behauptet, man müsse sich des Ausdrucks n ä c h s t e  K r a f t bedienen, so ist dadurch nichts

a) Distinguo, mit diesem Ausdrucke spielt Pascal an auf die vielen Distinctionen, die Moinius macht; fast keine Frage entscheidet er, ohne nicht ein paarmal sein distinguo anzubringen.

erklärt, und jeder wird sich für den Sieger halten; es werden die Dominikaner ihre Bedeutung geltend zu machen suchen, aber auch Moinius wird die seinige durchzusetzen sich bemühen, und so entstehen denn über die Erklärung des Wortes größere Streitigkeiten, als über die Einführung desselben. Nicht gefährlich ist die Aufnahme eines Wortes ohne Bedeutung, da nicht der Ausdruck, sondern nur der Sinn desselben schaden kann; aber unwürdig ist es der Sorbonne und der ganzen Theologie, ein Wort aufzunehmen, was zweideutig ist, ohne den Sinn desselben ein für allemal festzustellen. Saget mir, zum letzten Male bitte ich Euch, was muß ich von der Sache glauben, um Katholik zu seyn? „Daß alle Gerechten," erwiederten sie einstimmig, „beständig die nächste Kraft haben zum Guten, ohne alle weitere Erklärung, abstrahirend von der der Thomisten sowohl, als aller übrigen Theologen [a])."

Man muß sich also, sagte ich im Fortgehen, dieses Ausdrucks bedienen, aus Furcht, sonst ein Ketzer genannt zu werden; geschieht das etwa, weil das Wort aus der heiligen Schrift genommen ist? Sie verneinten. Oder ist es etwa entlehnt aus den Kirchenvätern, aus den Concilien und Schriften der Päbste? Sie verneinten wieder. Oder bedient sich etwa der heil. Thomas desselben? Sie verneinten abermals. Warum, fuhr ich fort, soll man sich denn des Wortes bedienen, da es weder eine Auctorität für sich hat, noch durch sich selbst von irgend einer Bedeutung ist? „Der Hartnäckigkeit," riefen sie aus; „Sie müssen sich des Ausdrucks bedienen oder Sie sind ein Ketzer mit Arnauld; wir sind die größere Zahl und haben so viele Mönche auf unserer Seite, welche, wenn es Noth thut, uns beistehen, daß der Sieg gewiß unser ist."

So sprachen sie und ich ging fort, um Dir alles mitzu-

---

a) Abstrahendo a sensu Thomistarum et a sensu aliorum theologorum.

theilen; Du siehst, daß man sich um die folgenden Sätze nicht kümmerte, und daß sie von keiner Partei verdammt wurden:

1. Die Gnade ist nicht Allen gegeben.
2. Die Gerechten haben immer die Kraft, die Gebote Gottes zu vollziehen.
3. Dazu, wie auch zum Gebete ist dessenungeachtet eine vorwirkende Gnade nöthig, die den Willen fest bestimmt.
4. Diese Gnade ist nicht immer allen Gerechten gegeben, sie hangt bloß von der gütigen Erbarmung Gottes ab.

Auf solche gefährliche Weise streitet man also um ein einziges Wort, was gar keinen Sinn hat. Glücklich die Völker, die das nicht wissen! glücklich diejenigen, welche die Geburt dieser Dinge nicht erlebten! Nur ein Mittel sehe ich noch, daß nämlich die Mitglieder der Akademie mit Nachdruck gänzlich dieses schreckliche Wort, die Ursache so vielen Zwistes, aus der Sorbonne verjagen. Geschieht das nicht, so wird die Censur gewiß nicht ausbleiben; allein sie hat sicher keinen andern Erfolg, als daß sie die Sorbonne verächtlich macht, und sie des Ansehns beraubt, welches ihr in andern Fällen so nöthig ist.

Ich lasse Dir völlige Freiheit, über das Wort nächste zu denken, was Du willst; ich liebe Dich zu sehr, als daß ich Dich belästigen möchte eines solchen schnöden Vorwandes halber. Mißfällt Dir meine Unterhaltung nicht, so werde ich sie fortsetzen und Dir den weitern Ausgang der Sache mittheilen. Leb' wohl.

# Zweiter Brief
## an den Provinzial
### von einem seiner Freunde.

---

### Ueber die hinreichende Gnade.

Paris am 29sten Januar 1656.

Beim Versiegeln meines vorigen Briefes an Dich, besuchte mich unser alter Freund N., ein Zufall, welcher meiner Neugierde äußerst erwünscht war, denn er kennt die Streitigkeiten des Tages genau, und ist eingeweiht in die Geheimnisse der Jesuiten durch seinen beständigen Umgang vorzüglich mit den Obern derselben. Nachdem ich Weniges mit ihm über die Ursache seines Besuches gesprochen hatte, bat ich ihn, mir in Kurzem die Streitpuncte der beiden Parteien auseinander zu setzen. Er war sogleich dazu bereit und sagte mir, die Zwistigkeiten beständen in zwei Hauptstücken; das erste beträfe die nächste Kraft — davon habe ich mit Dir in meinem vorigen Briefe gesprochen, — das zweite erstrecke sich auf die hinreichende Gnade, und diesen Punct mögen die gegenwärtigen Blätter enthüllen.

„Die Streitsache," fuhr unser Freund fort, „betreffend die hinreichende Gnade, besteht im Folgenden. Die Jesuiten behaupten, allen Menschen überhaupt sey eine Gnade gegeben, so dem freien Willen unterworfen, daß man sie nach Belieben wirksam und unwirksam machen könne; diese Gnade bedürfe nicht noch einer neuen Hilfe Gottes, weil sie schon in sich alles zum Handeln Nöthige enthalte; deshalb heißt sie denn auch bei ihnen eine hinreichende Gnade, weil sie allein zum Handeln hinreicht. Die Jansenisten dagegen lehren, es gebe keine hinreichende Gnade, die nicht zugleich auch eine wirkende sey, so daß alle die Gnaden, die nicht den Willen zum Handeln bestimmen, auch nicht zum Handeln hinreichen; daher kommt es, daß sie behaupten, es geschähe nichts ohne die wirkende Gnade. Das ist der Unterschied der Lehre beider Parteien."

Und die Lehre der neuen Thomisten? fragte ich. „Sie ist eine höchst wunderliche und sonderbare," war seine Antwort, „sie nimmt mit den Jesuiten eine Allen verliehene hinreichende Gnade an, behauptet jedoch, die Menschen könnten mit ihr allein nie etwas Gutes wirken, dazu sey noch eine wirkende Gnade nöthig, die den Willen zum Handeln treibe und die nicht Jedem verliehen sey." Diese Gnade also, fiel ich ein, ist eine hinreichende und zugleich eine nicht hinreichende. „Ganz recht," erwiederte er, „denn reichte sie hin, so wäre weiter nichts nöthig zum Handeln, reicht sie aber nicht hin, so darf sie auch keine hinreichende genannt werden."

Wodurch, fragte ich weiter, unterscheiden sich denn aber diese neuern Thomisten von den Jansenisten? „Sie trennen sich darin," sagte er, „daß die Dominikaner behaupten, alle Menschen besäßen die hinreichende Gnade; wenigstens bedienen sie sich dieses Ausdrucks." Ich begreife das wohl, erwiederte ich, sie sprechen anders, als sie denken, denn sie behaupten ja, daß zum Guten eine nicht Allen verliehene wirkende Gnade erfordert werde. Mit den Jesuiten sind sie also nur einig im Gebrauche desselben Wortes, ohne aber denselben Sinn hineinzulegen; mit den Jansenisten stimmen sie in der Wesenheit der Sache überein. „Ganz richtig," sagte er. Woher kommt es aber, fragte ich wieder, daß die Jesuiten mit den Dominikanern unter solchen Verhältnissen einig sind, und daß sie mit ihnen nicht eben so gut streiten, als mit den Jansenisten, da sie doch gewiß unter ihnen immer mächtige Gegner antreffen werden, welche anerkennend die Nothwendigkeit einer wirkenden Gnade jene jesuitische Meinung einer allein hinreichenden Gnade bestreiten werden? „Die Dominikaner," war seine Antwort, „sind sehr mächtig; deshalb hielten es die schlauen Jesuiten nicht für gut, öffentlich mit ihnen zu brechen; sie begnügten sich damit, so viel über jene vermocht zu haben, daß sie wenigstens den Ausdruck hinreichende Gnade beibehalten, wenn sie ihn gleich in einer andern Bedeutung nehmen. Hierdurch erlangten die Jesuiten den Vortheil, daß es ihnen eine Kleinigkeit ist, die Dominikaner in die Enge zu treiben, sobald es ihnen nur dienlich scheint; denn nimmt man eine allen Menschen verliehene hinreichende Gnade an, so ist wohl nichts natürlicher, als der Schluß: die wirkende Gnade ist zum Guten nicht erforderlich, weil eine allgemeine hinreichende Gnade die Nothwendigkeit aller übrigen ausschließt; wer sie also eine hinreichende nennt, bezeichnet damit alles, was zum Guten nöthig ist, und verwirft also schon durch das Wort hinreichende Gnade jede andere. Deshalb wird es denn auch den Dominikanern wenig helfen können, wenn sie sagen, sie legten dem Worte hinreichende Gnade eine andere Bedeutung bei; das Volk sieht auf die gewöhnliche Bedeutung, und hört nicht auf eine neu erdachte. So große Vortheile ziehen die Jesuiten aus einem einzigen Worte, welches die Dominikaner aufnehmen, ohne mit ihnen weiter zu brechen. Erinnern Sie sich nur an die Dinge, die unter Clemens VIII. und Paul V. [a]) sich zutrugen; wie groß waren die Hindernisse, welche da den Jesuiten bei Festsetzung des Begriffs der hinreichenden Gnade in den Weg gelegt wurden von den Dominikanern! Ist es zu verwundern, wenn sie mit ihnen Frieden schlossen und ihnen ihre Meinung ließen, da sie ja auch

a) Clemens VIII. regierte von 1592 bis 1605, und sein Nachfolger Paul V. von 1605 bis 1621. Den Zwist der Dominikaner mit den Jesuiten unter diesen Päbsten s. Molina pag. 25 Anm.

die ihrige beibehalten konnten, welche durch das von den Dominikanern angenommene Wort hinreichende Gnade noch mehr begünstigt wurde? Zufrieden mit diesem über die Dominikaner errungenen Vortheile zwingen sie diese nicht, die Nothwendigkeit einer wirkenden Gnade zu leugnen; das wäre zu hart, das hieße seine Freunde tyrannisiren. Die Jesuiten haben weit genug gesiegt, denn der Haufe gefällt sich in dem Worte und kümmert sich wenig um die Sache selbst. Auf diese Weise ist der Ausdruck hinreichende Gnade von beiden Parteien beibehalten, obgleich unter verschiedenen Bedeutungen, und jeder, die gelehrten Theologen etwa ausgenommen, glaubt nun auch, es sey von beiden Parteien gleichfalls der Sinn dieses Ausdrucks beibehalten."

Ich lobte die Schlauheit der Jesuiten, und ging gerades Weges dem Rathe meines Freundes gemäß zu den Dominikanern. An der Thür fand ich einen meiner alten Bekannten — ich habe ja dergleichen überall —, welcher ein eifriger Jansenist war; er wollte auch zu einem der Dominikaner, jedoch nicht zu dem, welchen ich suchte; allein meine Bitten bewogen ihn, mit mir zu gehen zu dem neuern Thomisten, mit dem ich neulich schon einmal gesprochen hatte. Dieser freuete sich sehr, mich wieder zu sehen, und nach einigen gleichgiltigen Gesprächen sagte ich zu ihm: es ist also nicht genug, ehrwürdiger Herr, daß alle Menschen eine nächste Kraft haben zum Guten, durch welche sie dennoch nichts Gutes vollbringen können: sie müssen auch noch eine hinreichende Gnade besitzen, die aber auch weiter nichts wirket; ist das nicht die Meinung Eurer Schule? „Allerdings," erwiederte er, „ich habe noch diesen Morgen mit vieler Sorgfalt darüber in der Sorbonne gesprochen; ich redete vollends meine halbe Stunde, und hätte mich nicht die Uhr gebunden, ich würde gewiß das schon längst in Paris verbreitete schändliche Sprichwort widerlegt haben: er hälts mit der Mehrzahl, wie der Mönch in der

Sorbonne." Was reden Sie denn da von einer halben Stunde und von der Uhr? fragte ich; sind denn Eure Reden durch ein gewisses Maaß beschränkt? „Ja," sagte er, „so ist es seit Kurzem festgesetzt." Ihr seid also verbunden, fragte ich weiter, eine halbe Stunde zu reden? „Keinesweges," war seine Antwort, „man spricht so wenig, als man will." Nicht aber so viel, als man will! sagte ich; herrliches Gesetz für die Dummen! begünstigender Schutzgrund denen, die nichts Vernünftiges zu sagen wissen [a]).

Aber, lieber Freund, fuhr ich fort, die allen Menschen verliehene Gnade ist doch eine hinreichende? „Ja wohl," antwortete er. Und doch, sagte ich, hat sie keine Wirksamkeit ohne die wirkende Gnade? „Auch das ist richtig," erwiederte er. Und alle Menschen, sprach ich weiter, besitzen die hinreichende Gnade, nicht aber alle die wirkende? „Ganz recht," war seine Antwort. Das heißt also, fuhr ich fort, alle Menschen haben Gnade genug und auch nicht genug, die Gnade reicht also hin und auch nicht hin, sie ist folglich nur dem Namen nach eine hinreichende, ohne es in der Wirklichkeit zu seyn; diese Lehre ist doch, ehrwürdiger Herr, in Wahrheit etwas sehr spitzfindig. Haben Sie denn bei Ihrem Austritte aus der Welt vergessen, was dort das Wort hinreichend bedeutet? heißt es da nicht so viel, als alles dasjenige, was zu einer Handlung nöthig ist? Allein das wissen Sie ja recht gut; ich will mich nur eines Bildes bedienen, was Ihnen gewiß sehr einleuchtend seyn wird. Wollte man Ihnen des Tages weiter nichts reichen, als zwei

a) Durch dieses Mittel erlangten die Molinisten einen doppelten Vortheil, einmal konnten ihre Gegner wegen Kürze der Zeit ihre Beweisgründe nicht gehörig auseinandersetzen, und zweitens wurde ihr eigenes oftmaliges Unvermögen, ihren Gegnern etwas Vernünftiges zu erwiedern, dadurch bedeckt; dieser Kunstgriff war also ein schlaues Mittel, die Censur gegen Arnauld zu befördern.

Unzen Brod und einen Krug Wasser, würden Sie zufrieden seyn mit Ihrem Vorgesetzten, wenn er erklärte, das sey hinreichend zu Ihrer Nahrung, weil es mit allen den Nahrungsmitteln, die etwa im Keller sind und die man Ihnen nicht vorsetzt, alles Nöthige zu Ihrer Nahrung enthalte? Wie doch könnt Ihr behaupten, daß alle Menschen die hinreichende Gnade besitzen, da Ihr annehmt, es sey zum Handeln noch eine andere Gnade absolut nothwendig, welche nicht alle Menschen besitzen! Ist es also nicht durchaus orthodox, zu behaupten, man habe mit der hinreichenden Gnade alles Nöthige zum Guten? „Wie," rief der gute Mönch, „orthodox! Ketzerei, eine wahre Ketzerei ist es; die Nothwendigkeit einer wirkenden Gnade zum Gutesthun ist ein Glaubensartikel, und wer sie leugnet, der ist ein Ketzer."

Was soll man denn nun aber machen, sagte ich, zu welcher Partei soll man sich schlagen? Leugne ich die hinreichende Gnade, so bin ich Jansenist; gebe ich sie zu mit den Jesuiten, so daß ich die wirkende Gnade für überflüssig erkläre, so nennt Ihr mich einen Ketzer; lasse ich aber die hinreichende Gnade nach Eurer Meinung zu, so daß ich die Nothwendigkeit der wirkenden Gnade behaupte, so werden mich die Jesuiten für verstandlos und närrisch erklären. Wohin soll ich mich wenden, da ich der Nothwendigkeit nicht entfliehen kann, entweder ein Thor, oder ein Ketzer oder ein Jansenist zu heißen? In welche Verlegenheit bringt Ihr mich, da ich sehe, daß nur die Jansenisten weder mit dem Glauben, noch mit der Vernunft brechen und sich von Thorheit und Ketzerei gleich weit entfernt halten?

Mein Jansenist fühlte sich geschmeichelt und hielt mich bereits für gewonnen; dessenungeachtet wendete er sich nicht zu mir, sondern zu dem Mönche, ihn fragend, welche Lehre sie denn mit den Jesuiten eigentlich gemein hätten. „Diese," antwortete der Mönch, „daß wir mit den Jesuiten die allen

Menschen verliehene hinreichende Gnade anerkennen. Ihr müßt aber doch, fuhr der Jansenist fort, bei dem Ausdrucke hinreichende Gnade zweierlei unterscheiden, das bloße Wort, welches nur ein Laut ist, und dann die Sache selbst als etwas Wirkliches und Reelles; im Gebrauche desselben Wortes seyd Ihr einig mit den Jesuiten, in der Bedeutung dieses Lautes aber sind sie Eure Gegner. Heißt das Einigkeit und Aufrichtigkeit?

Warum doch, sagte der gute Mönch, hadert Ihr so, da wir durch diese Redensart keinen hintergehen, denn wir sagen unsern Schülern ganz offen, daß wir jenen Ausdruck weit anders verstehen, als die Jesuiten. „Euren Schülern," erwiederte der Jansenist, „möget Ihr das wohl sagen; ich aber hadre deshalb mit Euch, weil Ihr es nicht dem Volke selbst sagt, daß Ihr unter hinreichender Gnade eine Gnade versteht, die nicht hinreicht. Pflicht ist es Euch, wenn Ihr den gewöhnlichen Sinn der religiösen Ausdrücke ändern wollt, das zu sagen und zu erklären, daß Ihr, wenn Ihr allen Menschen eine hinreichende Gnade beilegt, nicht eine solche darunter versteht, die wirklich hinreicht. Alle Menschen gebrauchen das Wort hinreichende Gnade in demselben Sinne, die neuern Thomisten allein ausgenommen. Das ganze weibliche Geschlecht, die eine Hälfte der Menschheit, alle Hof-, Kriegs- und Staatsmänner, alle Gerichtsherren, Kaufleute und Künstler, das ganze Volk, alle Menschen außer den Dominikanern verbinden mit dem Ausdrucke hinreichend denselben Begriff, daß er nämlich so viel bedeute, als alles dasjenige, was zum Handeln nothwendig ist. Kein Mensch denkt daran, das Ihr eine besondere Erklärung dem Worte gebt; überall nur heißt es, die Dominikaner legen allen Menschen die hinreichende Gnade bei. Und was soll man denn auch anders glauben, um so mehr, da man Euch in Streit und Ränken vereinigt sieht mit den Jesuiten, und diese doch jenen Glauben haben? Sollte man nicht aus der Einerleiheit Eurer Ausdrücke und aus dem gleichen Interesse für ein und dieselbe Partei mit Bestimmtheit auch auf die Einerleiheit Eurer Denkungsart schließen?"

„Alle Gläubige fragen die Theologen, wie es sich mit dem wahren Zustande des Menschen nach dem Sündenfalle verhält. Der heil. Augustin und seine Schüler erklären, daß nicht alle die hinreichende Gnade haben, sondern nur diejenigen, denen Gott sie gnädiglich verleihen wolle. Dagegen treten die Jesuiten auf und erklären, es sey Allen die hinreichende Gnade verliehen. Die Dominikaner werden aufgefordert, den Streit zu schlichten; sie schlagen sich zu den Jesuiten, und machen durch diese Vereinigung mit ihnen eine bei weitem stärkere Partei aus; sie trennen sich von denen, welche die hinreichende Gnade leugnen und erklären, daß sie allen Menschen gegeben sey. Wer sollte sie so nicht für Freunde der Jesuiten halten? Endlich dann fügt Ihr hinzu, daß die hinreichende Gnade ohne die wirkende nichts nütze, und daß diese wirkende Gnade nicht Allen verliehen sey."

„Soll ich Ihnen ein Bild aufstellen von der so zerrütteten Kirche? Denken Sie sich einen Mann, der fortgehend aus seinem Dorfe eine Reise machen will, und Räubern in die Hände fällt; sie plündern ihn aus und lassen ihn nach mehren Verwundungen halb todt liegen. Es erscheinen aus der Nachbarschaft drei Aerzte. Der erste untersucht die Wunden, erklärt sie für tödlich, sagend, alle Hilfe von Menschen sey unnütz, Gott nur allein könne den Kranken retten. Da tritt der zweite hinzu und tröstet den Kranken mit der Versicherung, er habe die hinreichende Kraft nach Hause zu kehren; dabei schimpft er gegen den ersten Arzt und faßt den Entschluß, ihn zu verderben. Der Kranke zweifelhaft wegen seines Zustandes erblickt den dritten Arzt, reicht ihm voll Zuversicht die Hand und hofft von ihm Rettung. Dieser untersucht gleichfalls die Wunden, erfährt die Meinungen der beiden ersten

Aerzte, und schlägt sich zur Partei des zweiten. Beide vereinigt schimpfen nun auf den ersten Arzt und stoßen ihn fort, weil sie an Zahl die überlegenern sind. Der Kranke hieraus erkennend, daß beide eines Sinnes sind, weiß nicht, was er denken soll; endlich fragt er jedoch den dritten Arzt um seine Meinung, und dieser erklärt ihm, daß er gewiß die hinreichende Kraft zur Rückkehr habe. Der Kranke fühlte zu sehr seine Schwäche, als daß er dieser Meinung hätte beistimmen können; er fragte deshalb den Arzt, woraus er solch einen Schluß ziehe. Daraus, sagte dieser, daß Du noch Deine Beine hast, und daß die Beine die Organe des Körpers sind, die zum Gehen hinreichen. Aber, sagte der Kranke, habe ich denn auch die Kraft, mich auf den Beinen zu halten, was können mir sonst die Beine helfen? Gewiß nicht, erwiederte der Arzt, und Du wirst auch nie wirklich reisen, wenn Gott Dich nicht durch seine übernatürliche Kraft erhält und genesen läßt. Wie, rief der Kranke, ich habe also nicht die hinreichende Kraft zum wirklichen Gehen? Weit davon entfernt, erwiederte der Arzt. Bist Du also nicht einer entgegengesetzten Meinung mit deinem Genossen da? sagte der Kranke. Keinesweges, erwiederte jener."

„Was wird der Kranke davon denken! Er wird sich beschweren über den falschen Schluß und die unbestimmte Rede des dritten Arztes; er wird sich erzürnen über seine Verbindung mit dem zweiten Arzte, mit dem er dem Worte nach freilich übereinstimmte, aber in der Bedeutung dieses Wortes gerade zuwider war; er wird ihn der Ungerechtigkeit beschuldigen, daß er den ersten Arzt verfolgte, mit dem er doch in der Wesenheit der Sache völlig einig war. Dann wird er, wenn er durch eine angestellte Probe die Schwäche seiner Kräfte anerkennt, den ersten Arzt zurückrufen, seinen Händen sich vertrauen, und seinem Rathe folgend Gott bitten, daß er ihm gnädiglich die Kräfte verleihe, die ihm jetzt fehlen, und durch die gütige Erbarmung Gottes wird er dann wohlbehalten heimkehren."

Diese Vergleichung setzte den Dominikaner in Verwirrung, und er schwieg. Um ihn jedoch wieder in die gehörige Fassung zu bringen, sprach ich ganz freundlich zu ihm: weshalb nennt Ihr denn aber auch die Gnade eine hinreichende, da es doch Eurer Meinung zufolge ketzerisch ist, sie für eine wirklich hinreichende zu halten. Sie haben gut reden, sagte er, Sie sind ein Welt- und ein Privatmann, ich aber bin ein Geistlicher und ein Ordensbruder. Fühlen Sie nicht die Größe dieses Unterschiedes? Wir hangen ab von unsern Obern; sie bestimmen unsere Stimmen; bleibt uns denn die Wahl?

Wir verstanden ihn schon, und erinnerten uns dabei eines seiner Mitbrüder, der wegen eines ähnlichen Stückes aus Abbeville fortgejagt war.

Was bewog aber, fragte ich ihn weiter, Euren Orden, die Lehre einer solchen Gnade anzunehmen? Stellen Sie so Ihre Fragen, erwiederte der Mönch, dann will und darf ich Ihnen antworten; alles was ich darüber sagen kann ist in der Kürze dieses. Unser Orden vertheidigte aus allen Kräften die Lehre des heil. Thomas von der wirkenden Gnade. Wie sehr widersetzte sich dieser der entstehenden Lehre des Molina [a]), wie

---

a) Molina — Ludewig —; dieser berühmte Jesuit war Spanier von Geburt, begab sich 1553 in die Societät Jesu, und ward bald erster Professor der Theologie auf der Universität Evora in Portugall, starb zu Madrid 1600. Unter seinen Schriften ist am bekanntesten de concordia gratiae et liberi arbitrii, welche zu dem berüchtigten Streite der Dominikaner und Jesuiten die Veranlassung gab, indem die Dominikaner den Molina beschuldigten, als habe er Irrthümer der Pelagianer und Semipelagianer aufgenommen, und dem heil. Thomas und heil. Augustin widersprochen; die Jesuiten nahmen bald alle seine Partei. Clemens VIII. suchte die Streitigkeit zu schlichten, hielt deshalb 39 Congregationen der Cardinale, die sogenannten congregationes auxilii. Er starb jedoch und überließ

gewaltig arbeitete er für die Festsetzung der wirkenden Gnade Jesus Christus! Kennen Sie nicht die Dinge, die sich ereigneten unter Clemens VIII. und Paul V.? Den ersten hinderte der Tod und den zweiten mehre Zwistigkeiten in Italien an der Verbreitung der Bulle gegen Molina; seit der Zeit blieben unsere Waffen dem Vatiken. Die Jesuiten aber, die schon seit der Ausbreitung der Lehre Luther's und Calvin's sich die geringe Kenntniß des Volkes von dem Irrthume dieser beiden und von der wahren Lehre des heil. Thomas zu Nutze zu machen wußten, hatten in Kurzem ihre Lehre mit solchem Erfolge ausgebreitet, daß sie gewiß die Bestimmer des allgemeinen Volksglaubens geworden, wir aber als Calvinisten verschrien und behandelt seyn würden, wie man es jetzt mit den Jansenisten macht, hätten wir nicht das wahre Dogma der wirkenden Gnade durch die wenigstens scheinbare Annahme einer hinreichenden verschleiert. Was konnten wir in dieser Beängstigung unsers Herzens besseres thun, um die Wahrheit und unser Ansehn zugleich zu retten, als den Namen hinreichende Gnade zuzulassen, und doch das wirkliche Daseyn einer solchen zu leugnen? Das sind die Beweggründe, die unsern Orden zwangen, den Namen hinreichende Gnade aufzunehmen.

Diese Worte sprach der Mönch mit solcher Traurigkeit,

---

die Sache Paul V. Dieser soll der Aussage der Dominikaner gemäß eine Bulle gegen die Jesuiten verfaßt haben, die er aber aus Furcht vor ihrer mächtigen Societät nicht verbreitet hätte; die Jesuiten leugnen jedoch dieses, und behaupten nur, der Pabst habe beiden Theilen allen weitern Streit untersagt; keiner solle etwas darüber schreiben, ohne vorher die öffentliche Censur erhalten zu haben; daß dieses Gebot von keiner Partei gehalten wurde, ist bekannt genug; für die Dominikaner schrieb Sevry, historia congreg. de auxiliis divinae gratiae: für die Jesuiten Meyer, historia controversiarum de div. gratiae auxiliis. Molina selbst schrieb überdieß einen Tractat de justitia et jure, vol. 6; comment. in 1. D. Thomae, vol. 2 u. s. w.

daß ich Mitleid mit ihm fühlte. Mein Genosse achtete jedoch nicht darauf, sondern redete ihn an mit den harten Worten: Schmeichelt Euch nicht, so die Wahrheit gerettet zu haben; in so schwachen Händen wäre sie längst untergegangen, hätten nicht mächtigere Beschützer für sie gefochten. Habt Ihr den Namen des Feindes in die Kirche eingeführt, so habt Ihr ihn selbst eingeführt, denn Name und durch ihn bezeichnete Sache sind unzertrennlich. Hat sich einmal das Wort hinreichende Gnade festgewurzelt, dann ruft Ihr vergebens, Ihr verständet darunter eine nicht hinreichende; man hört Euch nicht; Eure Erklärung wird der Welt verhaßt seyn, da sie in den geringsten Kleinigkeiten aufrichtiger zu Werke geht. Triumphiren werden die Jesuiten; ihre Meinung von der hinreichenden Gnade wird für die einzig richtige gehalten und die Eurige wird verworfen; so wird denn ein Satz ein feststehendes Dogma werden, der Eurer Lehre gerade entgegengesetzt ist.

Lieber sterben wir alle, fiel der Mönch ein, ehe wir die Lehre der hinreichenden Gnade im jesuitischen Sinne als feststehendes Dogma zugeben, denn der heil. Thomas war ihr entgegen, und seiner Lehre schwuren wir Treue bis in den Tod. Mit vieler Ernsthaftigkeit erwiederte ihm mein Begleiter: „Schändlich lasset Ihr den Ruhm untergehen, den seit so vielen Jahren Euer Orden sich erworben hatte; Ihr gebet die Gnade auf, die Eurem Schutze vertraut war, und die seit Anbeginn der Welt Niemand leugnete; diese siegreiche Gnade, auf welche die Patriarchen hofften, die Propheten hindeuteten, welche Jesus Christus verlieh, welche der heil. Petrus predigte, der große Vater Augustin erklärte, seine Schüler beibehielten, welche der letzte der Väter der heil. Bernard bestätigte, welche der Patron Eurer Schule der heil. Thomas vertheidigte, der sie Eurem Orden vertrauete, wo sie so viele Eurer Väter bewahrten, und wo sie so siegreich von Euren Ordensbrüdern, in Gegenwart Clemens des VIII. und Paul's des V., vertheidigt wurde, — diese wirkende Gnade, die als ein Kleinod Euren Händen übergeben wurde, damit sie Vertheidiger und Verbreiter fände in einem ewigen heiligen Orden bis ans Ende der Welt, diese gebet Ihr weg schnöder Vortheile halber. Zeit deshalb ist es, daß andere Arme sich für sie erheben, daß Gott dem Lehrer der Gnade unerschrockenere Schüler erwecke, welche gelöset von den Fesseln des Tages Gott nur aus Gott dienen. Die Gnade kann des Schutzes der Dominikaner entbehren, es wird ihr doch nie an Vertheidigern fehlen, denn sie schafft sich solche selbst durch ihre allmächtige Kraft; sie verlangt ein reines und freies Herz, und sie selbst reinigt es und löset es ab von den Wünschen der Welt, die vor der Wahrheit des Evangeliums verschwinden."

„Bedenket das wohl, ehrwürdiger Freund, und fürchtet, daß Gott Euch seine Gnade entziehen und Euch im Finstern wandeln lassen möge, zur Strafe der Kälte, die Ihr in einer so wichtigen Angelegenheit seiner Kirche bewieset."

Der Jansenist wollte noch weiter reden, denn er war sehr im Eifer, ich aber unterbrach ihn und sagte im Fortgehen: Wahrhaftig, hätte ich Macht über Frankreich, ich würde laut ausposaunen lassen: Jedermann möge wissen, daß die Dominikaner eine allen Menschen verliehene hinreichende Gnade lehren, daß sie darunter aber eine solche verstehen, die nicht Jeder besitzt und die auch nicht wirklich hinreicht. Dann möchtet Ihr reden von Eurer hinreichenden Gnade, so viel Ihr wolltet; aber vorher dürftet Ihr mir kein Wort davon sagen.

Damit schloß denn unsere Unterredung, deren wesentlichste Puncte ich Dir hier mitgetheilt habe; Du magst leicht daraus abnehmen, daß die Lehre der hinreichenden Gnade eben so gut eine bloße Spitzfindigkeit ist, als die Lehre der nächsten Kraft. So viel mir scheint, so glaube ich, daß Jeder an der hinreichenden Gnade und an der nächsten Kraft zweifeln könne, wenn er nur kein Dominikaner ist.

In diesem Augenblicke höre ich, daß das Urtheil der Sorbonne ausgefertigt ist, ich weiß aber noch nicht, in welchen Ausdrücken. Vor dem 15ten Februar wird es nicht bekannt gemacht, ich kann Dir also erst im folgenden Briefe ein Näheres darüber mittheilen. Bis dahin Gott befohlen.

## Antwort des Provinzials

### auf die beiden ersten Briefe seines Freundes.

N..., 2ten Februar 1656.

Denke ja nicht, Deine beiden Briefe wären für mich allein geschrieben; die ganze Welt liest sie, versteht sie, lobt sie; sie sind geschätzt von den Theologen, geliebt von den Weltmännern und selbst gesucht von den Frauen.

Damit Du nicht glaubst, ich wolle Dir eine bloße Schmeichelei machen, so theile ich Dir hier einige Worte aus einem Briefe mit, den mir einer der angesehensten Männer der Akademie schrieb, als ich ihm den ersten Deiner Briefe zugeschickt hatte:

„Ich wünsche sehr, daß die Sorbonne, die dem „Andenken des verstorbenen Cardinals [a]) so „Vieles verdankt, die Jurisdiction der von „ihm gestifteten französischen Akademie aner„kennen wollte. Der Verfasser des Briefes

a) Cardinal Richelieu, geboren 1585 zu Paris, stiftete 1635 die französische Akademie; er erbauete die Sorbonne wieder, weshalb diese ihm Vieles verdankte.

„sollte zufrieden seyn, denn als Akademiker „würde ich kraft meines Amtes tadeln, ver„bannen, verschreien und, fast möchte ich sa„gen, verjagen aus aller meiner Kraft diese „nächste Kraft, die so viel Aufsehen um nichts „macht. Allein das ist das Unglück, daß unsere „akademische Kraft nicht eine nächste, son„dern eine sehr beschränkte ist; es schmerzt „mich das sehr, noch mehr aber bin ich darüber „betrübt, daß meine geringe Kraft sich gegen „Sie nicht so erkenntlich zeigen kann, als ich „es wünsche, u. s. w."

Auch will ich Dir die Antwort einer Schönen — ihren Namen verschweige ich Dir — an ihre Freundin mittheilen, die ihr den ersten Deiner Briefe zugeschickt hatte:

„Nicht beschreiben läßt es sich, wie sehr ver„pflichtet ich mich Dir fühle für den Brief, den „Du mir schicktest; so sinnreich, so schön ist „derselbe geschrieben. Er erzählt ohne den „Schein einer Erzählung; er setzt die verwik„keltsten Dinge klar auseinander; er spottet „sehr fein; unterrichtet selbst die, denen jene „Dinge ganz unbekannt sind, und schafft de„nen, die sie kennen, doppeltes Vergnügen. „Er ist eine treffliche Schutzschrift, und selbst, „wenn Du willst, ein feines, unschädliches Ur„theil; kurz, es ist darin so viel Kunst, Geist „und gesunde Beurtheilung, daß ich nichts „mehr wünsche, als den zu kennen, der ihn „verfaßte u. s. w."

Und auch Du bist gewiß sehr neugierig, die Schöne zu kennen, die so von Deinem Briefe urtheilt; begnüge Dich indessen damit, sie als eine Unbekannte zu ehren; sagte ich Dir ihren Namen, dann würdest Du sie noch weit mehr achten.

Setze Deine Briefe nur unter meiner Adresse fort; möge das Urtheil der Sorbonne erscheinen, wann es will; wir wünschen sehr, dasselbe zu erfahren, und fürchten uns nicht vor den Ausdrücken, nächste Kraft und hinreichende Gnade, womit man uns bedroht; wir kennen schon zu gut die Jesuiten, die Dominikaner und den Moinius, und wissen, wie verschieden sie denken, und wie wenig Sinn in den beiden neuen Wörtern sey. Lebe wohl.

# Dritter Brief

## an den Provinzial

von einem seiner Freunde.

### Unbilligkeit der Censur der Molinisten.

Paris am 9ten Februar 1656.

Als man mir Deinen Brief einhändigte, erhielt ich auch eine Abschrift der Censur. So schmeichelhaft jener für mich ist, so hart ist die letztere für Arnauld. Ich fürchte, daß von beiden Seiten zu viel gethan ist; übrigens waren wir unsern Richtern nicht bekannt genug, sonst würde Arnauld das Lob der Sorbonne und ich das Urtheil der Akademie erhalten haben. So aber befinden wir uns gerade in entgegengesetzten Umständen; während ich die Verborgenheit suche, um nicht meinen Ruf zu verlieren, muß jener öffentlich hervortreten, um seine Unschuld zu vertheidigen. Du weißt es selbst, daß ich unerkannt bleiben muß, ich überlasse es Dir daher, meinen Gönnern für mich zu danken; ich aber werde Dir dafür nichts verschweigen in Betreff der Censur.

Ich gestehe, daß sie ganz wider mein Erwarten ausgefallen ist, indem ich die Verdammung der allerschrecklichsten Ketzereien darin anzutreffen hoffte; allein wundere Dich mit mir, daß so gewaltige Vorbereitungen einen so unbedeutenden Erfolg hatten. Um alles desto deutlicher einzusehen, rufe Dir nur ins Gedächtniß zurück die wunderlichen Meinungen, die man seit langer Zeit von den Jansenisten uns gab; denk nur wieder an die Cabalen, die Aufruhre, die Verirrungen, Spaltungen, Gewaltthätigkeiten, die man längst ihnen zur Last legte; wie man sie von den Kanzeln herab und in öffentlichen Schriften verschwärzte und verschrie, und wie gewaltig sich dieser Strom, der schon damals mit solcher Kraft sich gegen sie ergoß, in den letzten Jahren erweitert habe, da man sich nicht mehr scheut, sie öffentlich nicht nur der Ketzerei und des Schismatism anzuklagen, sondern sie auch für gänzlich Abtrünnige und für Frevler ausgibt unter dem Vorwande, sie leugneten das Geheimniß der Transsubstantiation und sagten sich los von dem Evangelium unsers Jesus Christus.

Nachdem man rings umher solche Beschuldigungen ausgestreut hatte, faßte man den Entschluß, ihre Bücher zu lesen und zu beurtheilen; man wählte den zweiten Brief des Arnauld, den man für angefüllt mit den schrecklichsten Irrthümern ausgab, und als Richter ernannte man seine erklärtesten Feinde. Diese suchten nun mit aller Anstrengung etwas zu finden, was sie angreifen könnten, und faßten endlich einen Satz, den sie vor die Censur brachten. Konnte man unter solchen Umständen wohl etwas anders erwarten, als daß die mit so großer Mühe gefundene Lehre voll sey der schändlichsten Ketzereien? Und doch ist sie von den Kirchenvätern, auf welche Arnauld sich beruft, so klar und so genau mit denselben Worten ausgedruckt, daß ich Keinen kenne, der auch nur den mindesten Unterschied angeben könne: aber dennoch bildete man sich ein, es müsse ein großer Unterschied existiren, weil die Worte der Kirchenväter unstreitig katholisch wären, die Lehre des Arnauld also, weil sie ketzerisch sey, von ihnen sehr verschieden seyn müsse.

Man erwartete hierüber Aufklärung von der Sorbonne; die ganze Christenheit war begierig, in dem Urtheile dieser Gelehrten den ketzerischen Punct zu treffen, welcher verborgen war vor den Augen der gewöhnlichen Menschen. Während dem schrieb Arnauld seine Apologien, worin er an mehren Stellen seine Lehre wiederholt und dabei die Worte der Väter anführt, aus denen er sie genommen hatte, um selbst dem minder Scharfsichtigen die Einstimmigkeit seiner Lehre mit der der Väter zu zeigen.

Er führt eine Stelle aus dem heil. Augustin an, wo dieser sich so ausdruckt: Jesus Christus zeigt uns in der Person des heiligen Petrus einen Gerechten, der uns durch seinen Fall belehrt, zu fliehen das Selbstvertrauen. Er führt dabei eine andere Stelle desselben Vaters an, wo es heißt: Gott nahm dem Petrus die Gnade, um zu zeigen, daß man ohne Gnade nichts vermöge. Auch citirt er eine Stelle des heil. Chrysostomus, welcher sagt: der Fall des heil. Petrus geschah nicht aus seiner Kälte gegen Christus, sondern aus Mangel an Gnade, und er fiel nicht aus eigener Sorglosigkeit, sondern weil Gott ihn verlassen, damit die ganze Welt wisse, daß man ohne Gott nichts vermöge. Hierauf stellt er seinen beschuldigten Lehrsatz auf, der dieser ist: die Väter zeigen uns in der Person des heil. Petrus einen Gerechten, dem die Gnade fehlte, ohne welche man nichts vermag.

Das also ist es, bei welchem man vergebens sich quält zu zeigen, daß die Lehre Arnauld's eben so verschieden sey von der der Väter, als die Wahrheit es ist von der Lüge und die wahre Lehre von der Ketzerei. Wo aber soll man diese Verschiedenheit finden? etwa in den Worten, daß die Väter uns in der Person des heil. Petrus einen Gerechten zeigen? Dasselbe sagt der heil. Augustin in denselben Ausdrücken. Oder darin, daß ihm die Gnade gefehlt habe? Aber auch der heil. Augustin nennt den heil. Petrus einen Gerechten, dem bei seinem Falle die Gnade gemangelt habe. Oder etwa darin, daß man ohne Gnade nichts vermöge? Als ob dieses nicht auch an derselben Stelle der heil. Augustin, und vor ihm der heil. Chrysostomus behauptet, der sich nur kräftiger ausdruckt, indem er sagt, daß der heil. Petrus nicht gefallen sey aus Kälte und eigener Schwachheit, sondern weil die Gnade ihm fehlte und Gott ihn verlassen hatte.

Alle diese Betrachtungen machten die ganze Welt begierig zu vernehmen, worin denn eigentlich der Unterschied bestehen möge, und endlich nach so vielen Versammlungen erschien die sehnlich erwartete Censur. Aber wehe uns, wie sehr täuschten wir uns in unserer Erwartung! Sey es, daß die gelehrten Molinisten uns nicht der Belehrung würdigten, oder sey es aus einem andern geheimen Grunde, genug, nur diese Worte faßte die Censur: Die Lehre Arnauld's ist verwegen, schändlich, gotteslästerisch, verdammt und ketzerisch.

Nicht zu verwundern ist es, daß der größte Theil der Menschen sich getäuscht sehend in seinen Erwartungen verdrießlich wird und der Bulle selbst zürnt, und darin einen ganz besondern Beweis für die Unschuld Arnauld's finden will. Wie? sagen sie, konnten so viele Doctoren aufgebracht gegen einen einzigen Mann in so langer Zeit in allen seinen Schriften weiter nichts auffinden, als diese Zeilen, die nur aus den größten Vätern der griechischen und römischen Kirche abgeschrieben sind? Gibt es wohl einen Schriftsteller, in dessen Büchern nicht viel leichter ein Grund gefunden werden kann, wenn man nur darauf ausgeht, ihn zu verfolgen? Wodurch könnte doch wohl die Wahrheit der angegriffenen Bücher besser bewiesen werden, als gerade hierdurch? Weshalb bedient man sich in der Bulle so entsetzlicher Ausdrücke: Gift, Pest, Schrecken, Verwegenheit, Bosheit, Gotteslästerung, Greuel, Fluch, Verdammung und Ketzerei? schrecklicher konnte man sich ja nicht gegen den Arius [a]) und selbst gegen den Antechrist ausdrucken! weshalb braucht man solche Worte zur Verdammung einer Ketzerei, die unsern Augen verborgen ist, und die man uns doch nicht aufzudecken Lust hat? Sind diese Worte etwa gegen die heil. Väter gerichtet, wo bleibt die Treue der Tradition? sind sie aber gegen Arnauld, warum zeigt man uns nicht, durch was dieser sich von jenen trenne, da wir weiter nichts entdecken können, als die vollkommenste Uebereinstimmung? Zeigt man uns die Ketzerei, so wollen wir sie verabscheuen; so lange sie uns aber verborgen ist und so lange wir darin nichts finden können, als die Lehre der heil. Väter, können wir sie als eine heilige Lehre nur verehren.

So zürnen diese alle, allein sie sind zu tiefsehende Menschen; wir aber, die wir nicht so tief in diese Dinge eindringen können, wollen uns ganz ruhig verhalten; wollen wir denn klüger seyn, als unsere Lehrer? das wäre thöricht; was sie also

---

a) Arius, wahrscheinlich aus Lybien, ein bekannter Ketzer des 4ten Jahrhunderts, lehrte, es gebe in Gott nicht drei Personen, Christus sey ein gewönliches Geschöpf u. s. w. Durch seine gewaltige Beredsamkeit fand er großen Anhang selbst unter den Bischöfen; seine Ketzerei wurde auf der Synode zu Nicea verdammt; über sein nachheriges Leben herrschen viele sehr schwankende Gerüchte; er starb 336.

nicht wagten, das wollen auch wir nicht wagen; wir möchten uns bei dieser Entdeckung verirren. Nur wenig würde nöthig seyn, und die Censur wird selbst ketzerisch. Die Wahrheit ist so fein, daß man durch eine kleine Abweichung von ihr in Irrthum fällt, aber auch dieser Irrthum ist so geringe, daß man durch eine kleine Abweichung von ihm sich wieder auf dem Gebiete der Wahrheit befindet. Nur unmerklich weicht jene Lehre von dem wahren Glauben ab, und der Unterschied ist so klein, daß ich fürchtete, den Kirchenvätern entgegen zu seyn, wenn ich einstimmte in die Meinung der Doctoren der Sorbonne. In dieser Besorgniß wendete ich mich an einen von denjenigen, welche in dem ersten Streite aus Klugheit neutral geblieben waren, um mich von ihm unterrichten zu lassen; ich bat ihn deshalb, mir die Puncte des Unterschiedes zu zeigen, und gestand ihm frei, daß ich nicht vermögend sey, diese selbst aufzufinden.

Er schien sich über meine Unbefangenheit zu freuen, und sagte mir lächelnd: „wie Sie doch so ohne Falsch sind, daß Sie glauben, es gäbe wirklich einen Unterschied! Meinen Sie denn, daß man, wenn man eine Abweichung hätte auffinden können, diese nicht öffentlich gezeigt und sich eine Freude daraus gemacht haben würde, sie der ganzen Welt vor die Augen zu legen, da man einmal doch nur darauf ausgeht, den Arnauld gehässig zu machen?“

Aus diesen wenigen Worten nahm ich ab, daß nicht alle diejenigen, welche in jenem erwähnten ersten Streite der Sorbonne neutral geblieben waren, sich auch in diesem zweiten indifferent verhielten. Um jedoch seine Meinung zu erfahren, sagte ich zu ihm: weshalb griff man denn aber diese Lehre an? „Sie scheinen,“ erwiederte er, „die zwei Puncte nicht zu kennen, die selbst dem von diesen Sachen minder Unterrichteten einleuchten; erstlich sagte Arnauld nie etwas, was er nicht fest begründen konnte durch die Lehre der Kirche; zweitens sind seine Feinde fest entschlossen, ihn zu verderben, es koste was es wolle; seine Schriften nun durchmusternd fanden sie nichts, was ihnen hätte zum Vorwande dienen können, sie ergriffen deshalb den ersten besten Satz, und verketzerten ihn, ohne zu erklären, wie und warum darin eine Ketzerei enthalten sey. Wissen Sie denn nicht, wie sie von den Jansenisten beständig in Furcht gehalten und so strenge beurtheilt werden, daß das kleinste Wort, welches ihnen gegen die Kirchenväter entschlüpft, von diesen in ganzen Bänden gerügt und mit Macht unterdrückt wird? So oft nun ihre Schwäche gefühlt habend, hielten sie es für rathsamer und leichter, zu verketzern ohne zu sagen warum, weil es ihnen nicht so viele Mühe macht, Mönche als Gründe zu finden." Unter solchen Umständen, sagte ich, nützt aber die Bulle nichts; wer wird ihr Glauben beimessen, wenn er sie grundlos sieht, und widerlegt durch Antworten, die gewiß nicht ausbleiben werden? „Sie kennen den Geist des Volkes nicht," erwiederte mein Doctor, „sonst würden Sie anders urtheilen; ihre Verdammungsbulle, so werth sie auch selbst wieder der Verdammung ist, wird vollkommen eine Zeitlang ihre Wirkung haben. Mag es immerhin seyn, daß man durch die widerlegende Kraft der Wahrheit ihre Unzuverlässigkeit beweiset und Gehör findet, so bleibt es doch ausgemacht, daß anfangs der größte Theil der Menschen sie für die gerechteste halten wird, wenn man nur ausruft: sehet die Bulle gegen Arnauld und die Verdammung der Jansenisten. Die Jesuiten siegen; wie wenige werden die Bulle selbst lesen? wie wenige von denen, die sie lesen, sie verstehen? wie wenige einsehen, daß sie nicht gerecht ist, und wer wird die Sache für so wichtig halten, sie von Grund aus zu prüfen? Sie ist deshalb wirklich von großem Einflusse gegen die Jansenisten; die Feinde derselben sind des Sieges gewiß, und ist er auch nur ein scheinbarer, so dauert er doch wenigstens einige Monate, und das reicht ihnen hin; sie suchen während dessen neue Hilfsmittel; sie wollen nur für den Augenblick wirken, und durch diese List erhielten sie sich bis jetzt in ihrem Ansehen, bald durch eine Catechisation [a]), worin ein Kind ihren Gegnern Hiebe versetzt, bald durch eine Procession [b]), worin die wirkende Gnade von der hinreichenden im Triumphe aufgeführt wird, bald durch eine Komödie [c]), worin die Teufel den Jansenius holen, bald durch einen Almanach [d]), und gegenwärtig durch diese Bulle."

---

a) Pascal deutet hier hin auf die theatralischen Catechisationen, welche die Jesuiten in der Kirche St. Louis zu Paris hielten, und in welchen sie sich der Zunge ihrer Zöglinge bedienten, um ihre Gegner zu schmähen. Im 17ten Briefe wird davon abermals die Rede seyn.

b) Eine Procession der Art hielten sie 1651 zu Macou in Burgundien. Ein wohlgestalteter Jüngling war als Mädchen verkleidet und schleppte einen gebundenen Bischof, dem das Gesicht mit einem Flore und das Haupt zum Spotte mit einer papiernen Mütze bedeckt war, hinter sich her; die Jungfrau hatte den Namen hinreichende Gnade, so wie der Bischof den Namen wirkende Gnade in der Hand. Eine Menge anderer Personen folgte zum Theil triumphirend, zum Theil den Bischof verspottend. Was für eine Wirkung solche eine Procession haben mußte, läßt sich leicht denken; die Vernünftigern verdachten es den Jesuiten sehr, solche ungebührende Auftritte zu machen, und dadurch ihren Gegnern schaden zu wollen; der große Haufen aber glaubte wirklich, die Jesuiten haben über die Jansenisten gesiegt.

c) Komödien dieser Art wurden aufgeführt in ihrem Collegium zu Clermont in Paris.

d) Die Jesuiten bedienten sich des Umstandes, daß alle Jahr eine Menge Almanachs unter das Volk in Umlauf gebracht wurde, zur Verfolgung ihrer Gegner. Sie verfertigten einen solchen Almanach mit Bildern, worauf sie Jansenius mit Teufelsfüßen abbildeten, umgeben von der Ignoranz, dem Betruge und dem Irrthume. Zu seiner Rechten stand der Pabst mit den Cardinalen und schleuderte grimmig seine Bannstrahlen auf ihn herab; zu seiner Linken erhob der König gegen ihn das Schwerdt der Gerechtigkeit. Nebenbei waren eine Menge Jansenisten dargestellt, die ihren Lehrer betrübt verlassend sich dem Schutze Cal-

Bisher waren mir die Absichten der Jesuiten sehr verborgen, fiel ich ein, aber jetzt bewundere ich ihre listige Klugheit und erkenne, daß sie keinen vortheilhaftern und sichern Weg hätten einschlagen können. „Ganz richtig," erwiederte er, „ihre größte Waffe ist Schweigen; deshalb sagt auch recht treffend ein großer Theolog von ihnen, die geschicktesten in ihrer Gesellschaft seyen diejenigen, die durch heimliche List wirkten, wenig redeten und nichts schrieben."

„Gerade so dachten sie auch, als sie im Anfange ihrer Versammlungen verordneten, daß wenn Arnauld in die Sorbonne käme, er nur kürzlich seine Gesinnungen darlegen, nicht aber sich mit Jemanden in einen Streit einlassen sollte; eine weise Verordnung, denn denjenigen unter den Richtern, die sich ein wenig von dieser Vorschrift entfernten, ging es dafür schlecht, indem sie in der zweiten Apologie des Arnauld mit Kraft widerlegt wurden."

„Gerade so dachten sie, als sie die herrliche Erfindung der halben Stunde und der Sanduhr einführten. Sie befreieten sich dadurch von jenen lästigen Schwätzern, die es wagten, ihre Gründe zu widerlegen, die Nichtigkeit ihrer Schriften zu zeigen, sie zur Verantwortung aufzufordern und zum Schweigen zu bringen."

„Sie wußten recht gut, das dieser Mangel an Freiheit eine Menge Mitglieder von den Versammlungen fern halten würde, und daß dieses für ihre Censur keinesweges vortheilhaft sey; sie erkannten deutlich, daß Arnauld's Protestationsacte eine ungünstige Vorrede zu ihrer Censur sey; auch zweifelten sie nicht,

vin's anvertrauten. Anfangs machte dieser Almanach ein großes Aufsehen; allein kurz darauf erschien ein Gedicht: les enluminaires du fameux Almanach des Jesuites, worin die Jesuiten so derbe abgemalt wurden, daß man nun über sie allein lachte. S. Nicolii adnotat. ad Montaltii litteras provinc.

daß dem Vorurtheilsfreien die Meinung von 70 Mitgliedern, welche bei der Vertheidigung Arnauld's nichts zu gewinnen hatten, bei weitem wichtiger seyn würde, als das Urtheil hundert Anderer, die bei seiner Verdammung nichts zu verlieren hatten."

„Dessenungeachtet hielten sie es für ersprießlich, eine Censur zu verbreiten, möge sie auch nur durch einen Theil der Mitglieder der Sorbonne ausgefertigt, möge sie erzwungen seyn durch Aufhebung der Freiheit der Richter oder durch andere eben nicht sehr gerechte Mittel, möge sie auch nicht die Streitpuncte enthalten, und nicht zeigen, worin die Ketzerei eigentlich bestehe, die sie verdammen, möge sie auch aus Furcht, sich zu verschnappen, nur aus wenigen Zeilen bestehen Gerade dieses Schweigen ist dem wenig Gebildeten ein Geheimniß, und die Censur hat dadurch den großen Vortheil, daß selbst die gelehrtesten, scharfsichtigsten Theologen darin keinen falschen Satz auffinden können."

„Seyn Sie deshalb ohne Sorgen und befürchten Sie nicht, durch Beibehaltung jener Lehre ein Ketzer zu werden; sie ist nirgends ketzerisch, als im zweiten Briefe des Arnauld. Trauen Sie etwa meinen Worten nicht, so werden Sie doch dem Doctor Moinius, dem strengsten jener Richter, Glauben beimessen; dieser sprach noch diesen Morgen mit einem meiner Freunde über die Sache, und als dieser ihn fragte, worin denn die Ketzerei bestehe, und ob man nicht mehr das behaupten dürfe, was die Kirchenväter behaupten, so gab er ihm die vortreffliche Antwort: die an Arnauld verdammte Lehre sey in dem Munde jenes Andern orthodox, und die Sorbonne verdamme sie an Keinem, als an Arnauld. Wundern muß man sich über die Ränke des Jesuitism, der so unerhörte Neuerungen in der Kirche macht; was bei den Kirchenvätern orthodox ist, das ist in Arnauld's

Schriften ketzerisch, und was einst bei den Semipelagianern [a]) Ketzerei war, das ist im Munde der Jesuiten eine heilige Lehre; der so alte Glaube des heil. Augustin ist eine nicht zu duldende Neuerung, und die neuen Lehrsätze, die man täglich vor unsern Augen schmiedet, werden ausgegeben für alte, wahre Lehren der Kirche."

So sprach mein Freund und ich ging fort. Sein Unterricht gab mir vollends Aufklärung, und ich erkannte, daß dieses eine Ketzerei ganz neuer Art war; nicht die Lehren Arnauld's sind ketzerisch, sondern nur seine Person; er ist nicht ein Ketzer, weil er so dachte und schrieb, sondern weil er Arnauld ist; das ist sein ganzes Verbrechen, und hört er nicht auf, Arnauld zu seyn, so wird er auch nie orthodox werden. So lange er die Gnade des heil. Augustin vertheidigt, wird sie nie für eine wahre Lehre gelten; würde er ihr aber widerstreiten, sogleich würde sie ein orthodoxes Dogma der Kirche. Das wäre vielleicht ein sicheres und wohl das einzige Mittel, die Lehre von der Gnade festzustellen und den Molinism zu untergraben. So sehr schadet die Person Arnauld's der Lehre, welche er doch vertheidigt.

---

a) Pelagianer, die Anhänger des Pelagius, eines Ketzers des 5ten Jahrhunderts, leugneten die Erbsünde, erklärten Adam schon vor dem Sündenfalle für sterblich, gaben von der Gnade lauter natürliche Erklärungen, leugneten die wirkende Gnade u. s. w. Pelagius wurde von Innocenz I., Zosimus I. und Cölestin I. in Bann gethan. Seine Anhänger breiteten sich sehr aus; vorzüglich eiferte Augustin gegen sie in seinem Werke de gratia contra Pelagianos. Die Semipelagianer entstanden gleichfalls im 5ten Jahrhunderte durch einen Mönch aus Marseille; sie mäßigten die Ketzerei der Pelagianer und eigneten dem freien Willen nicht mehr so viel zu, der Anfang unserer Bekehrung sey dem freien Willen, die Vollführung derselben aber der Gnade Gottes zuzuschreiben u. s. w.; sie halten gleichsam das Mittel zwischen den Pelagianern und den Rechtgläubigen, und fanden zahlreiche Anhänger. Auch gegen sie kämpfte Augustin s. p. 6 Anmerk. a.

Lassen wir diese Zwistigkeiten, sie gehen die Theologen, nicht aber die Theologie an. Wir, die wir nicht Weise sind, haben uns nicht zu mischen in die Streite der Weisen. Sorge dafür, daß alle unsere Freunde die Bulle kennen lernen. Leb' wohl.

# Vierter Brief

## an den Provinzial

von einem seiner Freunde.

### Ueber die wirkende Gnade.

Paris am 25sten Februar 1656.

Ich kenne Dominikaner, ich kenne Doctoren der Sorbonne, ich kenne Menschen aller Geschlechter, sie sind nichts in Vergleich mit den Jesuiten; so viel hatte ich noch von Keinem gelernt als von ihnen; alle andere Menschen sind nur Nachdruck von ihrer Weisheit. Um also aus der Quelle selbst zu schöpfen, ging ich in Begleitung meines Jansenisten, mit dem Du mich schon bei den Dominikanern gesehen hast, zu einem der Klügsten unter den Jesuiten. Ich wollte gern unterrichtet seyn über ihren Streit mit den Jansenisten, betreffend die wirkende Gnade — wie sie genannt wird —; ich sagte deshalb dem Jesuiten, er würde mir einen großen Gefallen thun, wenn er mich seines Unterrichts würdigen wolle, ich kenne nicht einmal die Bedeutung dieses Ausdrucks, und müsse ihn deshalb sehr bitten, mir diese nicht zu verschweigen.

„Mit dem größten Vergnügen," sagte er, „will ich das thun, ich liebe die Wißbegierde; hören Sie also die Definition: wirkende Gnade nennen wir eine Inspiration Gottes, durch welche dieser uns seinen Willen lehrt und uns antreibt, denselben zu vollziehen."

Wodurch unterscheidet Ihr Euch denn in dieser Sache von den Jansenisten? fragte ich.

„Dadurch," antwortete er, „daß wir behaupten, Gott gebe diese Gnade allen Menschen in jeder Versuchung, weil erhellet, daß wenn Gott diese wirkende Gnade nicht in jeder Versuchung zum Sündigen gebe, viele Sünden begangen würden, die dem Sündigenden nicht angerechnet werden könnten. Die Jansenisten dagegen lehren, es seyen auch die Sünden strafbar, welche ohne diese Gnade begangen würden; aber das ist Schwärmerei."

Ich merkte wohl, wohin er wollte; damit er sich jedoch deutlicher erklären möchte, sagte ich zu ihm: ich habe noch nicht recht den Ausdruck wirkende Gnade verstanden, weil ich wenig gewohnt bin über dergleichen Dinge zu denken; Sie würden mir deshalb einen angenehmen Dienst erweisen, wenn Sie mir dasselbe mit etwas andern Worten umschreiben wollten.

„Recht gern;" erwiederte er, „ich soll Ihnen demnach die Sache mit andern Ausdrücken erklären, hören Sie also: wir nehmen als unleugbare Glaubenslehre an, daß eine Handlung nicht als Sünde betrachtet werden kann, wenn Gott uns nicht vor dem Begehen derselben ihre Schlechtigkeit zeigt und uns zur Verabscheuung derselben mahnt; verstehen Sie mich nun?"

Ich entsetzte mich vor dieser Erklärung; alle Fehler also, die aus Unwissenheit, und alle die, welche in einem Zustande begangen werden, in welchem man nicht an Gott denkt, können nach dieser Lehre nicht als strafbar betrachtet werden. Ich wendete mich an meinen Begleiter und sah wohl an seinen Mienen, daß er ganz anders dachte, als der Jesuit; da er aber schwieg, so wendete ich mich wieder zu diesem und sagte ihm: ich bin doch neugierig zu sehen, womit Sie Ihre aufgestellte Lehre beweisen wollen.

„So?“ erwiederte er, „gleich will ich Ihnen Beweise geben, und das kräftige; warten Sie nur einen Augenblick.“ Er ging fort Bücher zu holen.

Während dem fragte ich meinen Begleiter, ob der Jesuit wohl wirklich Schriftsteller aufzeigen könne, die seiner Meinung wären.

Darnach fragen Sie noch? erwiederte der Jansenist; weder die heil. Schrift, noch die Kirchenväter, noch die Concilien, noch die Päbste, noch ein anderes wahrhaft religiöses Buch aus neueren Zeiten wird er aufweisen können, aber herbeischleppen wird er eine Menge Casuisten und neuerer Scholasten.

Diese Schriftsteller, sagte ich, werde ich aber nicht annehmen, wenn sie der heil. Schrift entgegen sind.

Daran thun Sie ganz recht, erwiederte der Jansenist; während dem aber trat der Jesuit mit Büchern belastet wieder zu uns, und das, was er gerade in der Hand hielt, mir darreichend, sagte er: „Lesen Sie hier das Capitel von der Sünde; das Buch ist von Baunius [a]) und bereits in der fünften Auflage, wie Sie sehen, woraus erhellet, daß es ganz vorzüglich gut ist.“

Schade, flüsterte mir mein Jansenist ins Ohr, daß es in Rom und von den Bischöfen Frankreichs verdammt ist.

„Lesen Sie hier nur auf der 906 Seite;“ und ich las folgende Worte: damit irgend eine Handlung eine Sünde und vor Gott strafbar werde, muß derje-

---

a) **Baunius** — **Stephan Bauny** — ein Jesuit aus Champagne, geboren 1565, gestorben zu Lyon 1649, schrieb unter andern

Summam casuum conscientiae, somme des pechez;
Theologiam moralem u. s. w.

nige, der sie begehen will, vorher wissen, daß die Handlung auch wirklich schlecht sey, oder zum wenigsten zweifeln, fürchten und muthmaßen, daß Gott an der Handlung, zu welcher er sich anschickt, Mißfallen haben werde und sie verbiete, und dennoch sich nicht enthalten sie zu thun, sondern seiner Leidenschaft folgend kühn das Gebot überschreiten.

Das fängt schön an, sagte ich. „Nun sollen Sie auch sehen," fiel der Jesuit ein, „was der Neid thut; über diese Worte des Baunius fiel Hallier [a]) (er war damals noch nicht unser Freund) her, und wendete auf Baunius die Worte der Schrift an: Sehet den Mann, der die Sünden der Welt hinwegnimmt — Ecce, qui tollit peccata mundi." — Wirklich nicht übel, sagte ich, denn Baunius erdachte da eine ganz neue Methode, die Welt von Sünden zu reinigen.

„Wollen Sie," fuhr er fort, „noch einen gewichtvollern Beweis haben, so sehen Sie hier des Annat [b]) Schrift, die

a) Hallier, gebürtig aus Chartres, Doctor und Professor der Sorbonne, später Bischof von Cavaillon und auch Jesuit, machte sich schon in früher Jugend als Schriftsteller bekannt. Durch sein Buch zu Gunsten des Clerus gegen die Mönche zog er sich mehre Feinde zu, deren Zahl sich noch vermehrte durch die heftigen Streitigkeiten, die er mit Baunius, Cellot u. A. hatte. Er starb 1658 im 63sten Jahre seines Lebens.

b) Annat — Franz — wurde 1590 zu Rovergue geboren, trat 1607 in die Societät Jesu, lehrte zu Toulouse Philosophie und Theologie, wurde hernach Rector zu Montpellier und Toulouse; er wohnte als Abgeordneter seiner Provinz der 8ten allgemeinen Versammlung der Jesuiten zu Rom 1645 bei, und zeichnete sich hier so sehr aus, daß er zum Provinzial von Frankreich gewählt wurde. 16 Jahre war er Beichtvater Ludewigs XIV. Er griff mit gewaltigem Eifer die Jansenisten an, wie aus den vielen gegen sie gerichteten Schriften von ihm erhellet. In diesen Briefen werden angeführt die letzte, welche er gegen Arnauld schrieb; lesen Sie nur auf der 34sten Seite, wo das Oehrchen eingeschlagen ist, die Zeilen, welche ich unterstrichen habe, sie sind Goldes werth." Ich las da die Worte: Der, welcher weder Gott noch die Sünde kennt, und nichts fühlt — keine Kenntniß hat, erklärte der Jesuit — von der Verbindlichkeit, die Acte der Liebe Gottes und der Reue zu vollziehen, der hat nicht die wirkende Gnade, diese auszuüben und sündigt nicht, wenn er sie unterläßt, und wird er verdammt, so kann er nicht deshalb verdammt werden. Einige Zeilen weiter las ich: dasselbe gilt in Hinsicht der Vollziehung etwas Bösen.

„Sie sehen," sagte der Jesuit, „wie er nichts vergißt, er spricht nicht nur von der Unterlassung des Guten, sondern auch von der wirklichen Vollziehung des Bösen; was sagen Sie nun?"

Vortrefflich, antwortete ich, wie so schöne Früchte sehe ich schon! ich durchschaue die Folgen, was einzige verborgene Wirkungen bieten sich mir dar! ich sehe mehre Menschen gereinigt durch ihre Unwissenheit und ihr Nichtdenken an Gott, als durch die Gnade und die Sacramente. Aber, ehrwürdiger Herr, Sie täuschen mich doch nicht durch eine leere Freude!

---

La doctrine de Jansenius contraire au Siege apostolique.
Recueil des plusieurs faussetez et impostures sur le sujet de la morale et de l'Apologie des Jesuites.
La bonne foi de Jansenistes dans la citation des Auteurs.
Reponses à quelques demandes touchant la premiere lettre de M. Arnauld.
Reponse au livre: theologie morale des Jesuites.
Cavilli Janseniorum contra latam in ipsos a Sede constit. seu Confutatio trium Calumniarum.
u. s. w.
Annat starb 1670.

es ist hier doch nicht etwas Aehnliches im Hintergrunde, wie bei der hinreichenden Gnade, die nicht hinreicht? ich höre schon wieder das schreckliche: Du mußt unterscheiden — distinguo; — reden Sie denn wirklich im Ernste?

„Was?" sagte der Jesuit, „Sie spotten! keine Zweideutigkeit ist hier vorhanden," setzte er etwas erhitzt hinzu. Ich spotte nicht, erwiederte ich, allein jemehr ich es wünsche, desto mehr fange ich an, es zu fürchten.

„Damit Sie sich also noch mehr überzeugen, fuhr er fort, „so sehen Sie hier die Schriften des Moinius, der seine Lehren öffentlich in der Sorbonne vortrug; er schöpfte sie aus uns und hat sie recht gut aus einander gesetzt und begründet. Er behauptet, daß, wenn eine Handlung eine Sünde seyn soll, sich in der Seele dessen, der sie begehen will, alle diese Dinge zutragen müssen. Lesen Sie selbst und merken Sie auf jedes Wort." Ich las in lateinischer Sprache die Worte:

1. Von Seiten Gottes entsteht in der Seele eine gewisse Liebe, von der man sich fortgezogen fühlt zu der Sünde; auf der andern Seite aber zieht die verderbte menschliche Natur zu der Sünde hin. 2. Gott erregt das Bewußtseyn der eigenen Schwäche in ihr. 3. Gott erweckt die Kenntniß des Arztes, der sie heilen kann. 4. Gott erregt in ihr den Wunsch nach Heilung. 5. Gott erweckt das Verlangen, ihn zu bitten und anzurufen um seine Hilfe.

„Wenn alle diese Acte," setzte der Jesuit hinzu, „nicht in der Seele vorgehen, so ist die That nicht eigentlich eine Sünde, wenigstens ist sie dem Fehlenden nicht anzurechnen, wie Moinius hier und in der Folge aus einander setzt. Wollen Sie noch andere Zeugnisse? Da sind sie." — Lauter neuere, flüsterte mir der Jansenist zu. — Ich sehe das, sagte ich, und mich zu dem Jesuiten wendend, rief ich aus: wie glücklich sind nun doch viele meiner Bekannten; ich muß Ihnen einige davon anführen, denn vielleicht sahen Sie niemals Unschuldigere; sie denken nie an Gott, weil ihre Laster sie der Vernunft berauben; sie haben nie ihre Schwäche erkannt, nie den Arzt, der sie heilen kann; sie haben nie daran gedacht, die Gesundheit ihrer Seele zu wünschen und noch weniger Gott darum zu bitten, sie leben also nach der Lehre des Moinius noch in kindlicher Unschuld. Sie dachten nie daran, Gott zu lieben und ihre Sünden zu bereuen, sie begingen also nach der Lehre des Annat nie eine Sünde, indem sie die Pflicht der Liebe und Reue unterließen. Ihr ganzes Leben besteht aus einer Kette fortwährender Belustigungen aller Arten, und keine Gewissensbisse stören sie darin; ich gab sie längst verloren wegen ihrer Ausschweifungen, Sie aber haben mir gezeigt, daß gerade diese ihr Seelenheil fest begründen. Gesegnet seyen Sie, daß Sie so die Menschen heiligen! Andere glauben ihr Heil zu finden durch die mühseligsten Anstrengungen; Sie aber zeigen mir, daß gerade diejenigen gut sind, welche ich längst für verloren hielt. Herrlicher Weg zum Glücke in dieser und in jener Welt! Bis diesen Augenblick glaubte ich, daß der am meisten sündige, welcher am wenigsten an Gott denkt; allein nun sehe ich ein, daß derjenige gar nicht sündigt, welcher es einmal so weit gebracht hat, daß er Gott ganz vergessen hat. Fort also mit jenen Halbsündern, die noch einiges Gefühl für Tugend haben, sie alle sind verloren. Aber jene frechen, verhärteten, vollendeten Sünder, sie faßt nicht die Hölle, sie spotten des Teufels, während sie ganz sich ihm zu ergeben scheinen.

Der Jesuit fühlte die richtige Folge meiner Schlußsätze aus seiner Lehre und entzog sich ganz kaltblütig, sey es aus natürlicher Freundlichkeit oder aus Klugheit, indem er mir sagte: „Damit Sie einsehen mögen, wie wir diesen Knoten lösen, so wissen Sie, daß wir die Gottlosen, von denen Sie eben gesprochen haben, nur dann für schuldlos erklären, wenn sie nie daran gedacht haben, sich zu bessern und zu Gott zurückzukehren; aber wir behaupten, daß es nie einen Menschen gebe, der nicht einst so dachte, und daß Gott ihn nicht fallen lasse, ohne ihm vorher die Bosheit der zu begehenden That zu zeigen, und ihm den Wunsch einzugeben, entweder die Sünde zu fliehen oder doch zum wenigsten seine Hilfe zur Vermeidung des Bösen anzurufen. Dieses leugnet außer den Jansenisten Niemand."

Ist es denn, fragte ich, eine Ketzerei, wenn die Jansenisten leugnen, daß man jedesmal vor dem Begehen einer Sünde Gewissensbisse fühle, welche man unterdrücke, und so es wage, das Gebot zu überschreiten, wie Baunius sich ausdruckt? Das wäre doch eine sonderbare Ketzerei. Ich habe wohl geglaubt, daß Viele deshalb verdammt sind, weil sie keine gute Gedanken hatten, aber daß Jemand verdammt werde, weil er nicht glaubt, daß die ganze Welt solche Gedanken hat, das habe ich wahrhaftig nie gehört. Mein Gewissen verpflichtet mich, Sie aus dem Irrthum zu reißen; sagen muß ich Ihnen, daß es Tausende gibt, die nichts von dergleichen göttlichen Verlangen fühlen, die ohne Schmerz mit Freude sündigen, sich sogar eine Ehre daraus machen. Sie gerade müssen das am besten wissen, denn wie oft ereignete es sich wohl nicht schon, daß einer von denjenigen, von denen ich redete, bei Ihnen beichtete, da gerade unter den Großen der Haufen dieser Menschen so groß ist. Jedoch merken Sie wohl, was für gefährliche Folgen Eure Grundsätze haben können. Fühlen Sie nicht, wie groß der Eindruck solcher Lehren seyn müsse auf jene Zügellosen, die immer nur an der Religion Zweifel aufsuchen? was für eine Quelle öffnet Ihr ihnen durch die Aufstellung des Grundsatzes, man fühle vor jeder Sünde eine göttliche Ermahnung und innere Abrathung? werden sie nicht durch eigene Erfahrung von der Falschheit dieses Eures als Dogma aufgestellten Satzes überzeugt, ein gleiches Urtheil von allen Euren Lehren fällen? irren die sich in einem Satze, werden sie sagen, so sind sie verdächtig in allen, und so werdet Ihr sie zu dem Schlusse zwingen, entweder die ganze Religion sey Gaukelei, oder Ihr wäret derselben nicht kundig.

Hier unterbrach mich mein Begleiter, und meine Rede fortsetzend sprach er zu dem Jesuiten: Besser wäre Eurer Lehre gerathen, wenn Ihr nicht so deutlich das Wort wirkende Gnade erklärt hättet; wie könnt Ihr doch, ohne allen Glauben zu verlieren, öffentlich behaupten, daß Niemand sündige, der nicht vorher von Gott eine Kenntniß eigener Schwäche, eine Kenntniß des Arztes, ein Verlangen nach der Heilung und nach dem Gebete um diese erhalten habe? wird man es Euch auf das Wort glauben, daß die Geizhälse, Ehebrecher, Räuber und Mörder wirklich ein Verlangen fühlen nach Menschenfreundlichkeit, Keuschheit und den andern ihren Lastern entgegengesetzten Tugenden? wer wird glauben, daß diejenigen Philosophen, welche die Kräfte der Natur so sehr erhoben, etwas von ihrer Schwäche und der Nothwendigkeit des Arztes gefühlt haben? Wollt Ihr denn behaupten, daß diejenigen, welche als festen Grundsatz aufstellen, die Tugend sey kein Geschenk Gottes, und um sie habe niemals Jemand gebetet, sich einfallen lassen werden, Gott darum zu bitten? Wer kann sich einbilden, daß die Epikureer [a]), die eine göttliche Vorsehung leugneten, das Verlangen

a) Anhänger des Epikur, eines griechischen Philosophen, welcher von 306 bis 270 v. Chr. zu Athen lehrte. Sein System wird mit Recht des Atheismus und des Materialismus beschuldigt; er verbot das Laster und empfahl die Tugend, nicht ihrer selbst willen, sondern nur, weil er das Laster als unvereinbar mit dem Wohlseyn und die Tugend als unentbehrliche Stütze desselben erkannte. Bis in die neuesten Zeiten wurde Epikur als ein dem Laster und der sinnlichen Lust ergebener Philosoph verschrieen, nach dem Gebete gefühlt haben, da sie behaupten, es sey eine Beleidigung, ihn anzurufen, gerade als ob er um uns sich kümmere und an uns denke? Wer kann endlich glauben, daß die Götzendiener und Atheisten in allen Versuchungen, die sie zum Falle bringen — und das geschieht doch unzählige Male, — ein Verlangen zum Gebete zu Gott fühlen, den sie nicht kennen, um eine Tugend, die sie gleichfalls nicht kennen?

Wir werden das immer behaupten, sagte der Jesuit in einem entschlossenen Tone, und ehe wir annehmen, man könne sündigen, ohne vorher das Böse gekannt und ein Verlangen zur Tugend gefühlt zu haben, vertheidigen wir die Meinung, daß alle Welt, die Gottlosen und Abtrünnigen solche Gedanken von Gott her und solches Verlangen zur Tugend in jeder Versuchung haben, denn Sie können mir in der heil. Schrift keinen Satz zeigen, der diesem entgegen wäre.

Muß man denn gerade zu der heil. Schrift seine Zuflucht nehmen, sagte ich, um eine so deutliche Sache zu beweisen? sie ist weder ein Glaubenspunct, noch sonst ein speculativer Satz, sie ist eine Thatsache, die wir sehen, fühlen und ganz durchdringen können.

Mein Jansenist hielt sich an die Worte des Jesuiten und sagte: ich will Ihnen nur die heil. Schrift entgegensetzen, wenn Sie es wünschen, fangen Sie aber nicht an, auch ihr zu widersprechen, und wenn da geschrieben steht, Gott habe nicht den Heiden seine Gesetze offenbart, sondern lasse sie in ihren Irrthümern [a]), dann legen Sie mir nicht denen ein göttliches Licht bei, welche die heil. Schrift als verlassen in der Finsterniß und im Schatten des

und aus dieser Mißdeutung seiner Lehre schreibt es sich her, daß man einen Menschen, dessen Prinzip der sinnliche Genuß war, einen Epikureer nannte.

a) Psal. CXLVII, 20. Act. XIV, 16.

Todes [a]) darstellt. Reicht es nicht hin, den Irrthum Ihrer Lehre einzusehen, wenn der heil. Paulus sich den größten der Sünder nennt, wegen einer Sünde, die er aus Unwissenheit und blindem Eifer [b]) beging? Ist Ihnen das nicht Beweis genug, wenn das Evangelium sagt, daß die Kreuziger Christi der Verzeihung bedurften, um welche Jesus seinen Vater bat, da sie doch die Schlechtigkeit ihrer Handlung nicht erkannten, und nach dem heil. Paulus auch nicht so gehandelt haben würden, wenn sie gewußt hätten, daß sie sündigten? [c]) Ist Ihnen das nicht Beweis genug, daß Christus sagt, die Kirche werde beständig Verfolger haben, die Gott einen angenehmen Dienst zu erweisen dächten, wenn sie diese gänzlich zerstörten, um uns darauf aufmerksam zu machen, daß diese Sünde, welche die Aposteln die größte der Sünden nennen, von denjenigen begangen werde, welche so weit entfernt sind, die Bosheit ihres Wandels zu ahnen, daß sie es für Sünde halten würden, wenn sie die Verfolgung der Kirche unterließen? [d]) Reicht das nicht hin, daß Christus sagt, es gebe zwei Arten von Sündern, von denen die eine mit Bewußtseyn, die andere ohne dieses sündige, und daß sie beide aber auf ungleiche Art bestraft werden? [e])

Der Jesuit gedrängt durch so viele Beweise aus der heiligen Schrift, zu welcher er selbst seine Zuflucht genommen hatte, fing an zu weichen, und zugebend, daß die Boshaften ohne Inspiration sündigten, sagte er: zum wenigsten werdet Ihr doch nicht leugnen, daß die Gerechten jemals fallen, ohne von Gott . . . .

Stand gehalten, rief ich, Sie wollen uns ent-

a) Jes. IX, 2.

b) 1. Timoth. I, 13, 15.

c) Luc. XXIII, 34. 1. Cor. II, 8.

d) Joh. XVI, 2.

e) Luc. XII, 47, 48.

weichen sich zurückziehend, Sie verlassen den Streitpunct, und da Sie einsehen, daß Ihr Satz nicht auf die Schlechten anwendbar ist, soll er doch wenigstens für die Gerechten gelten; dann aber paßt er nur auf wenige Fälle, und es möchte sich deshalb schwerlich der Mühe lohnen, weiter darüber zu streiten.

Mein Begleiter schien den ganzen Streit schon diesen Morgen durchgemacht zu haben, er war deshalb auf alles gefaßt, und sagte zu dem Jesuiten: das ist die letzte Schutzwehr, auf die Ihr Euch immer zurückzieht, allein es geht Euch da um nichts besser, das Beispiel der Gerechten schützt Euch nicht. Wer zweifelt wohl, daß auch sie zuweilen aus Unachtsamkeit fallen, ohne es zu merken? Gestehen nicht selbst die Heiligen, daß auch sie oft in die heimlichen Fallstricke der Begierden gerathen, und ist es nicht sehr gewöhnlich, daß auch selbst die Mäßigsten sich dem Vergnügen ergeben, während sie nur die Nothdurft zu befriedigen gedenken, wie der heil. Augustin in seinen Bekenntnissen [a]) von sich selbst sagt? Sieht man nicht oft die größten Eiferer der Wahrheit in Hitze gerathen, des eigenen Interesse halber, indem sie doch in demselben Augenblicke nur für die Wahrheit zu streiten glauben, und werden sie nicht oft diesen Irrthum erst lange nachher gewahr? was soll man von denen sagen, die sich oft eifrig dem Bösen hingeben, während sie es für gut halten? häufige Beispiele davon gibt uns die Kirchengeschichte, und die Väter erklären dieses dessenungeachtet für Sünde.

Wo bleiben ohne dieses die verborgenen Sünden der Gerechten [b]), wo die Wahrheit, daß nur Gott allein deren Größe und Zahl kenne? daß Niemand wisse, ob er des Hasses oder der Liebe würdig sey [c])? und daß die größten Heiligen, obgleich

a) Augustinus in confessionibus.
b) Psalm. XVIII, 13.
c) Eccl. 1.

sie sich nichts Bösen bewußt sind, beständig in Furcht und Zittern für ihr Heil sorgen, wie der heil. Paulus von sich selbst sagt? [a])

Sehen Sie nun wohl, daß Eure Voraussetzung, man müsse, um zu sündigen, das Böse kennen und die entgegengesetzte Tugend lieben, sowohl durch das Beispiel der Gerechten als Gottlosen für nichtig erklärt wird, denn die Gottlosen haben eine solche Leidenschaft zum Bösen, daß sie nicht das mindeste Verlangen fühlen tugendhaft zu werden, und die Liebe, mit welcher die Gerechten die Tugend umfassen, beweiset hinlänglich, daß sie nicht jedesmal eine Kenntniß des Bösen haben, welches sie doch nach der heiligen Schrift an einem Tage mehre Male begehen. Es ist eben so wahr, daß die Gerechten auf diese Weise fallen, als es selten ist, daß große Heilige anders fallen; denn wie kann man annehmen, daß diese reinen Seelen, die mit solcher Liebe und solchem Eifer alles fliehen, was Gott nur im Mindesten mißfallen könnte, und die doch täglich mehrmals fallen, jedesmal erst die Kenntniß eigener Schwäche, die Kenntniß des Arztes, das Verlangen nach der Heilung und nach dem Gebete fühlen, und daß dennoch alle diese göttlichen Wirkungen solche eifrige Seelen nicht von der Sünde abhalten sollten?

Daraus folgt also, daß weder die Sünder noch die Gerechten alle diese göttlichen Eingebungen jedesmal fühlen, daß sie also, um mich Ihrer Ausdrücke zu bedienen, nicht jedesmal die wirkende Gnade haben. Sagen Sie also nicht mehr mit Ihren Casuisten, daß es unmöglich sey, zu sündigen, wenn man die Gerechtigkeit nicht kenne; sagen Sie vielmehr mit dem hl. Augustin und den andern Kirchenvätern, es sey unmöglich, nicht zu sündigen, wenn man die Gerechtigkeit nicht kennt — necesse est ut peccet, a quo justitia ignoratur. —

---

a) 1. Cor. II, 3.

Der Jesuit mußte seinen Satz sowohl hinsichtlich der Gerechten als Gottlosen aufgeben. Ohne jedoch den Muth zu verlieren, fuhr er nach einigem Nachdenken fort: Seht hier die Waffen, womit ich Euch schlagen werde, — er zeigte wieder auf dieselbe Stelle des Baunius — seht hier die Gründe seines Satzes; ich wußte wohl, daß es ihm an guten Gründen nicht fehlte; leset nur die von ihm aus Aristoteles citirte Stelle, und Ihr müßt gestehen, daß die Bücher dieses großen Philosophen verbrannt werden sollten, oder daß unsere Lehre die richtige sey; achtet also auf die Sätze, auf die sich Baunius stützt. Er sagt zuerst, *eine Handlung kann nicht als Sünde angerechnet werden, wenn sie nicht freiwillig geschah.* Das gebe ich zu, sagte der Jansenist.

Zum ersten Male, daß ich Euch einig sehe, fiel ich ein, und mich an den Jesuiten wendend bat ich ihn hier aufzuhören.

Dann hätte ich nichts gethan, anführen will ich die nothwendigen Bedingungen einer freien Handlung, erwiederte er. Wie sehr fürchte ich doch, sagte ich, daß wieder ein Streit entstehe.

Sie haben nichts zu fürchten, fiel er ein, die Sache ist abgethan, ich habe Aristoteles auf meiner Seite; höret denn, was Baunius sagt: *damit eine Handlung eine freiwillige sey, muß der Handelnde erkennen, wissen und genau einsehen, was Gutes und Böses dieselbe in sich trage — voluntarium est, um mit dem Philosophen zu sprechen* (Sie wissen, sagte er mir die Hand drükkend, daß Aristoteles so genannt wird), *quod fit a principio cognoscente singula, in quibus est actio. — Wenn also der Wille in Uebereilung und ohne genaue Untersuchung irgend eine Handlung wünscht oder verabscheuet, thut oder läßt, ehe der Verstand entscheidet, ob etwas Böses in dem Wunsche, dem Verabscheuen, Thun oder Lassen liegt, so ist eine solche Handlung weder eine gute* noch eine böse, weil vor dieser Untersuchung des Guten und Bösen in der Handlung die Handlung keine freiwillige ist.

Sind Sie nun zufrieden? fragte mich der Jesuit. Allerdings scheint Aristoteles der Meinung des Baunius zu seyn, erwiederte ich, allein ich wundere mich darüber sehr. Es ist also nicht hinreichend zu einer freien Handlung, daß man sie thut, weil man sie will, und daß man weiß, was man thut; man muß überdieß auch noch wissen, erkennen und genau einsehen, was Gutes und Böses an der Handlung ist. Wenn das sich so verhält, dann gibt es wenige freiwillige Handlungen, weil man gewiß selten an das alles denkt; welche Verschwörungen beim Spiele, welche wollüstige Ausschweifungen, welche Schwelgereien gibt es demnach, die nicht freiwillig sind, und folglich nicht gut noch böse genannt werden dürfen, weil man an das Gute und Böse dieser Handlungen bei ihrem Begehen gar nicht denkt. Kann aber Aristoteles so etwas behaupten? man hält ihn ja sonst gewöhnlich für sehr weise und gelehrt.

Ich will Ihnen sogleich Aufklärung geben, sagte der Jansenist, ließ sich von dem Jesuiten die Moral des Aristoteles geben, schlug den Anfang des dritten Buches auf, aus welchem Baunius jene Worte genommen hatte, und sprach zu dem Jesuiten: Es ist Ihnen zu verzeihen, daß sie dem Baunius aufs Wort glauben, Aristoteles sey mit ihm einerlei Meinung; denn hätten Sie Aristoteles gelesen, so würden Sie anders urtheilen. Er lehrt freilich, eine Handlung sey nur dann eine freie, wenn man die Einzelheiten derselben kenne — singula, in quibus est actio; — er versteht aber darunter weiter nichts als die einzelnen Nebenumstände, wie deutlich aus seinen dort gebrauchten Beispielen erhellet, denn er führt nur solche an, in denen man einen von diesen Nebenumständen nicht kennt, z. B. einen Menschen, der eine Maschine zeigen will, und unvorsichtigerweise damit Jemanden verwundet; oder den Meropas, der seinen Feind zu tödten glaubt, und seinen Sohn tödtet, und dergleichen.

Sie sehen also, damit eine Handlung eine unfreie werde, ist eine Unwissenheit der einzelnen Umstände nöthig, was von den Theologen — wie Sie recht gut wissen — ignorantia facti genannt wird. Rücksichtlich der ignorantia juris aber, d. h. der Unwissenheit dessen, ob die Handlung gut oder schlecht sey, lassen Sie uns mal sehen, ob auch darin Aristoteles dem Baunius beistimme. Sehen Sie seine Worte: Kein Gottloser weiß, was er thun und was er fliehen soll, und gerade dadurch wird er böse und lasterhaft; deshalb sage man nicht, die Handlungen eines Menschen, der nicht weiß, wie er seiner Pflicht genügen soll, seyen unfreiwillige, denn nicht die Unkunde des Guten und Bösen in einer Handlung macht diese zu einer unfreiwilligen, sondern nur zu einer schlechten; die Unwissenheit, welche eine Handlung zu einer zu entschuldigenden unfreiwilligen macht, betrifft nur die Einzelheiten und besondern Umstände der That, und dann verdient der Handelnde Mitleid und Verzeihung, weil er als gegen seinen freien Willen handelnd betrachtet werden muß.

Sagen Sie nun noch, Aristoteles sey Eurer Meinung? Wundern muß man sich, daß ein heidnischer Philosoph eine für Moral und Seelenheil so wichtige Materie, als die Kenntniß der Bedingungen ist, die eine Handlung zu einer frei- oder unfreiwilligen machen, und also die Sünde entschuldigen oder nicht entschuldigen, besser auseinandersetzt, als Eure Gelehrten. Hoffen Sie deshalb nicht länger auf diesen Ersten der Philosophen, und widersprechen Sie nicht mehr dem Ersten der Theologen, welcher diesen Streit so schlichtet lib. 1. Retr.

cap. 15: Diejenigen, die aus Unwissenheit sündigen, handeln, weil sie wollen, und sündigen, ohne sündigen zu wollen. Und so kann diese Sünde aus Unwissenheit nicht anders begangen werden, als durch den Willen dessen, der sie begeht, aber nur durch einen Willen zu der Handlung, nicht durch einen Willen zur Sünde; dessenungeachtet aber ist die Handlung eine Sünde, weil es hinreicht, das gethan zu haben, was zu unterlassen Pflicht war.

Der Jesuit war sehr betroffen, und, wie es schien, mehr über die Lehre des Aristoteles, als über die des heil. Augustin. Als er aber antworten wollte, wurde ihm die Marschallin von . . . . und die Marquisin von . . . . gemeldet. Im Weggehen sagte er in Eile: ich werde mit unsern Vätern darüber sprechen, sie werden antworten können, denn es sind darunter einige sehr scharfsinnige. Wir merkten wohl, warum der Jesuit so eilte. Als wir allein waren, sagte ich meinem Freunde, daß ich sehr über die Verwirrungen dieser Menschen in der Moral erstaune; er aber wunderte sich über mein Erstaunen, mich fragend, ob ich denn nicht wisse, daß die Irrthümer der Jesuiten gerade in der Moral die größten seyen? Er führte mir davon einige schreckliche Beispiele an, und verwies mich mit noch mehren auf eine andere Zeit. Ich will sie Dir mittheilen, sobald ich sie von dem Jansenisten erfahren habe. Leb' wohl.

# Fünfter Brief
## an den Provinzial
### von einem seiner Freunde.

Zweck der Jesuiten bei der Begründung ihrer neuen Theologie. Freie und strenge Casuisten; Nutzen dieser Verschiedenheit. Erste Züge der Probabilitätslehre. Vernachlässigung der Kirchenväter in Sachen der Moral.

Paris am 20sten März 1656.

Ich erfülle Dir mein Versprechen; sieh' also hier die ersten Züge der Moral der Jesuiten, der Männer, ausgezeichnet durch Klugheit und Gelehrsamkeit und begeistert von einer göttlichen Weisheit, die viel sicherer ist, als alle Philosophie. Du denkst vielleicht, ich wolle mit diesen Worten spotten; glaub' das ja nicht, ich rede sehr ernsthaft, wenigstens waren das ihre eigenen Worte, die ich aus ihrem Werke: Imago primi saeculi genommen habe. Ich schrieb ihre Worte nur ab, so wie ich auch die folgenden Zeilen im Verfolge jener Lobrede fand: Sie ist eine Gesellschaft von Menschen, oder vielmehr von Engeln, welches Jesaias durch die Worte bezeichnete: gehet, ihr schnellen hurtigen Engel. Hätte sie der Prophet wohl besser bezeichnen können? Diese alles durchdringende Geister, diese Versammlung von Phönixen, — denn daß mehre unter ihnen Phönixe seyen, hat neulich noch ein Schriftsteller gezeigt, — diese Männer, die es vermochten, der christlichen Welt eine neue Gestalt zu geben. Ihren eigenen Worten wird man doch glauben, und Du wirst Dich selbst im Verfolge unserer Unterhaltung, welche Dir ihre Grundsätze entwickeln soll, davon überzeugen.

Ich wollte mich von Allem aus dem Grunde unterrichten; ich trauete deshalb nicht den Worten meines Freundes, sondern ging zu den Jesuiten, um aus der Quelle selbst zu schöpfen, und ich fand, daß er in allen Stücken die Wahrheit geredet hatte; ich glaube, er lügt nie; lies nur, und Du siehst es selbst.

Als ich mich mit meinem Freunde über diese Gegenstände unterhielt, sagte er mir so sonderbare Grundsätze von den Jesuiten, daß ich ihm fast nicht glaubte; allein er zeigte sie mir in ihren Büchern so klar, daß für sie kein weiterer Entschuldigungsgrund übrig bleibt, als dieser, daß nämlich solche Lehren nur die Verirrungen einzelner Mitglieder sind, und nicht der Gesellschaft überhaupt zugeschrieben werden dürfen. Ich kenne, sagte ich, Männer unter ihnen, die sich eben so sehr durch Strenge auszeichnen, als die eben erwähnten durch ihre Abweichungen. Diese Worte waren meinem Freunde Veranlassung, mir den Geist der Gesellschaft zu eröffnen, der gewiß wenig bekannt ist, und den auch Du begierig seyn wirst zu erfahren. Höre also die Worte meines Freundes: Du denkst, sprach er, die Jesuiten sehr zu rechtfertigen, wenn Du zeigst, daß einige ihrer Mitglieder mit dem heil. Evangelium eben so sehr übereinstimmen, als andere ihm zuwider sind, und Du schließest daraus, daß diese schlechten Grundsätze nicht die der Gesellschaft im Allgemeinen sind, und darin hast Du Recht, sonst würde man ja jene strengern Glieder nicht in der Gesellschaft dulden; weil sie aber auch so sehr von dem Evangelium abweichende Mitglieder haben, so folgt daraus, daß auch nicht jener strenge Geist Einzelner der Geist der ganzen Körperschaft ist, denn in diesem Falle würden jene abweichenden Mitglieder nicht geduldet.

Was ist denn nun aber der Geist der Gesellschaft im Allgemeinen? fragte ich. Gewiß dieser, daß sie gar keine feste Lehre haben, und jeder nach Belieben sagen darf, was er denkt. Keineswegs, sagte er, eine so große Gesellschaft würde schleunigst untergehen, wenn nicht ein blinder Gehorsam gegen einen Einzigen sie leitete und alle ihre Bewegungen bestimmte. Ueberdieß haben sie ein besonderes Gesetz, was ihnen befiehlt, nichts zu verbreiten ohne die besondere Erlaubniß ihrer Obern. Wie können aber, fragte ich, diese Obern so verschiedenen Grundsätzen beipflichten?

Das eben will ich Dir erklären, erwiederte mein Freund; denke ja nicht, es wäre ihre Absicht, die Sitten zu verderben, das ist nicht der Fall; aber auch ist es nicht ihre einzige Absicht, diese zu verbessern, denn das wäre gegen die Klugheit; ihre wahre Tendenz ist diese: die Jesuiten haben eine so gute Meinung von sich selbst, daß sie es für nützlich und gleichsam für nothwendig zum Wohle der Religion halten, ihr Ansehen überall zu verbreiten und Aller Gemüther zu leiten. Weil nun die strengen Grundsätze des Evangeliums sehr passend sind, die Gemüther einiger Menschen sicher zu lenken, so behalten sie diese bei, wo sie ihnen nützlich scheinen; weil aber für die Meisten diese Strenge nicht paßt, so geben sie dieselbe auf, sobald sie mit diesen zu thun haben, und daher kommt es, daß sie Jedermann zu genügen scheinen. Es war also nöthig, daß sie nach der Verschiedenheit des Standes und des Geschlechtes der einzelnen Personen, auch einzelne für sie passende Casuisten hatten.

Aus diesem Grundsatze erhellet, daß sie ihren Zweck, die Lenkung der ganzen Welt, verfehlt haben würden, wenn sie lauter freidenkende Mitglieder gehabt hätten, denn die wahrhaft Frommen verlangen eine viel strengere Leitung; dieser Menschen gibt es aber nur wenige, es bedurfte also zu ihrer Leitung die Gesellschaft auch nur weniger strenger Mitglieder, während die freiern Casuisten sich haufenweise denen darbieten, welche haufenweise nach einem freiern Leben trachten. Diese schmeichelnden, verschiedengestalteten Grundsätze — wie Petavius [a]) sie nennt — sind es, durch die sie Jeden fesseln. Kommt ihnen Jemand, der ein unrecht erworbenes Gut wieder zurückgeben will, — fürchte nicht, daß sie ihn abhalten werden, sie loben seinen Entschluß und suchen ihn noch mehr darin zu befestigen; kommt aber ein Anderer, und will von ihnen losgesprochen werden, ohne zurückzugeben? — eine schwierige Aufgabe, allein sie wissen Auswege, erklären die Zurückgabe für keine Pflicht und suchen ihn in dieser Meinung durch ihr Ansehen zu bestärken.

So bewahren sie ihre Freunde, und stellen sich sicher gegen ihre Feinde; wirft man ihnen ihre Abweichungen vor, gleich sind ihre strengern Lehrer da mit ihren Schriften, in welchen sie ein wahrhaft strenges Leben nach der Lehre Christi fordern, und die arglosen nicht auf den Grund sehenden Menschen sind mit diesen Beweisen zufrieden. Auf diese Weise sind sie eingerichtet für jede Classe von Menschen, und auf jede Frage, die man ihnen vorlegt; sind sie an einem Orte, wo der gekreuzigte Heiland ein Anstoß ist, so reden sie nur von dem glorreichen Heilande, verschweigen seine Leiden und seine Kreuzigung. So machten sie es in Indien und in China, wo sie selbst den Christen den Bilderdienst erlaubten durch einen ihrer feinen Kniffe; sie lehrten nämlich die Menschen, ein Bild von Jesus Christus unter ihren Kleidern zu verbergen, und nun scheinbar den öffentlichen Verehrungen beizuwohnen, welche man

---

a) Petav — Dionysius — geboren zu Orleans 1583, wurde 1602 Professor der Philosophie zu Bourges, und trat 1604 in die Societ. Jesu, wurde darauf 1621 Professor der Theologie zu Paris, wo er 1652 starb. Er war einer der gelehrtesten Männer seiner Zeit, weshalb er auch allgemein geachtet wurde. Schrieb de theolog. dogmatibus, de poenitentia et communione u. s. w.

vor den Bildern des Chacim-choan und Keum-fucum hielt, wie ihnen von dem Dominikaner Gravina [a]) vorgeworfen, und was bewiesen wird durch das spanische Memoir, welches Philipp dem IV. von drei Franziscanern auf den Philippinen vorgelegt und von Tho. Hurtado [b]) aufgenommen wurde in sein Werk: Marthyrthum des Glaubens S. 427. Die Sache kam so weit, daß die Congregation der Cardinale de propaganda fide [c]) den Jesuiten ausdrücklich verbot, unter keinem Vorwande bei Strafe der Excommunication mehr den Bilderdienst zu erlauben, und das Mysterium des Kreuzes denen vorzuenthalten, die eingeweiht zu seyn wünschen in die Grundsätze der christlichen Religion, keinen zu taufen, der dieses Mysterium nicht kenne, und aus ihren Kirchen nicht mehr das Bild des Kreuzes entfernt zu halten. Alles dieses findet man weitläufiger in der Bulle der erwähnten Congregation vom 9ten Julius 1646, unterzeichnet vom Cardinal Capponi.

So verbreiteten sie sich denn über die ganze Erde durch Hilfe ihrer Lehre der Probabilität, welche die Grundlage und die Quelle aller ihrer übrigen schändlichen Grundsätze ist. Am besten erfährst Du das aus ihrem eigenen Munde, denn sie verbergen es nicht, sondern sagen es gerade so, wie ich es Dir sage, mit dem Unterschiede, daß sie ihre menschlichen Liste und Ränke für christliche, göttliche Weisheit ausgeben, gerade als

---

a) Gravina — magister sacri palatii — starb zu Rom 1643 im 70sten Jahre seines Lebens. Er schrieb de christiana religione in Armenia u. s. w.

b) Thomas Hurtado aus dem Minoritenorden von Toledo in Spanien gebürtig, lehrte zu Rom, Alcala und Salamanca, starb 1619 in 70sten Jahre in Sevilien. In der Kirchengeschichte ist er bekannt durch seinen Streit mit Raynaud.

c) Congregatio de propaganda fide, ein Jurisdiction in Rom, bestehend aus 12 Cardinalen und einigen Prälaten — Consultores, — die sich vorzüglich um Ketzereien bekümmerte, die Inquisition lenkte u. s. w.

ob Glaube und die ihn erhaltende Tradition nicht überall und zu allen Zeiten ewig unveränderlich sey, als ob man ein Gesetz, wenn man einen nach ihm zu beurtheilenden Gegenstand mit ihm vereinbaren will, erst umdrehen dürfe, als ob das Herz, um sich von seinen Makeln zu reinigen, den Glauben des Erlösers umbilden dürfe, statt daß dieser, voll Heiligkeit und ohne Makel, jenes umbildet nach seinen heilsamen Lehren.

Geh' doch selbst hin zu den Jesuiten; ich bin überzeugt, daß Du in ihrer verdrehten Moral die Quelle entdecken wirst, aus der ihre Lehre von der Gnade sich ergoß. Du wirst dort eine solche Unwissenheit in den christlichen Tugenden, eine solche Entfernung von der Liebe, in der Geist und Leben ist, Du wirst so viele Laster bemäntelt und so viele Ausschweifungen geduldet finden, daß Du Dich nicht mehr wundern wirst, wenn sie annehmen, alle Menschen besäßen fortwährend hinlängliche Gnade, um in dem von ihnen geschilderten Zustande der Frömmigkeit zu leben. Da ihre Moral eine durchaus heidnische ist [a]), so reicht auch die Natur hin, sie zu erfüllen. Wenn wir behaupten, zur Tugend sey eine wirkende Gnade erforderlich, so verstehen wir darunter eine ganz andere Tugend; es sollen nicht Laster durch Laster geheilt, nicht bloß die äußern religiösen Pflichten erfüllt werden, wir meinen eine Tugend, die weit erhaben ist über die der Pharisäer und selbst über die der weisesten Heiden. Zur Erfüllung jener Tugenden sind das Gesetz und die Vernunft die wirkenden Gnaden; aber das Herz losreißen von der Liebe zur Welt, von dem, was sie am meisten hier fesselt, und das sich selbst so abgestorbene einzig und un-

a) Die Vergleichung der jesuitischen Lehren mit der Moral der heidnischen Philosophen findet man in dem 1726 zu Paris erschienenen Buche:

Paralelle de la Doctrine des payens avec celle des Jesuites et de la Constitution du pape Clement XI, qui commence par ces mots: Unigenitus Dei filius etc.

veränderlich zu Gott führen, das kann nur die allmächtige Gnade. Deshalb ist es auch eben so unvernünftig zu behaupten, daß man beständig über diese eine völlige Kraft habe, als es widersinnig ist zu leugnen, jene Tugenden ohne Liebe, welche die Jesuiten für christliche ausgeben, seyen nicht beständig in unserer Gewalt.

So sprach mein Freund voller Betrübniß, denn er kränkt sich sehr über jene Verdrehungen der christlichen Moral. Ich bewunderte die außerordentliche Schlauheit der Jesuiten, ging dem Rathe meines Freundes folgend hin in ihr Collegium, und fragte nach einem Casuisten, um absichtlich mit ihm die schon früher gemachte Bekanntschaft zu erneuern. Ich wußte nun, wie man mit ihnen umgehen mußte, und brachte ihn deshalb bald auf mein Thema. Er empfing mich sehr freundlich, denn er war stets ein Freund von mir, und nach einigen gleichgiltigen Gesprächen faßte ich die jetzige Fastenzeit auf, und machte ihm mehre Fragen in Rücksicht derselben, um ihn so unvermerkt zu dem Puncte zu leiten, wo ich ihn wünschte.

Ich sagte ihm zu dem Ende, daß mir die Fasten sehr beschwerlich würden, und er ermahnte mich zur Strenge; als ich aber nicht aufhörte zu klagen, fühlte er Mitleid und suchte Entschuldigungsgründe auf. Er sagte mir deren mehre, die mir nicht gefielen; endlich fragte er mich, ob ich ohne Abendmahlzeit nicht schlecht schliefe? Allerdings, antwortete ich; gerade dies zwingt mich oft, des Mittags eine Collation zu mir zu nehmen, und die Mittagsmahlzeit auf den Abend zu verschieben. Wie froh machen mich Ihre Worte, fiel er ein, ich kann Sie nun von der Last befreien, ohne daß Sie sündigen, denn Sie brauchen nicht mehr zu fasten. Ich verlange nicht, daß Sie aufs Wort mir das glauben sollen; kommen Sie nur mit in meine Bibliothek.

Wir gingen, und mir ein Buch darreichend sagte er: Sie haben da einen Beweis, und das einen guten; es ist

Escobar [a]). Escobar? fragte ich, wer ist denn der? Wie? antwortete er, Sie kennen nicht den Escobar? er ist aus unserer Gesellschaft und trug diese seine Moraltheologie aus vier und zwanzig unserer Väter zusammen; er vergleicht deshalb sein Buch in der Vorrede mit jenem Buche in der Apokalypse, welches mit sieben Siegeln versiegelt war, und fügt hinzu, daß dieses eben so vom Lamme versiegelt vier Thieren dargereicht werde, dem Suarez [b]), Vasquez [c]), Molina [d]) und Valentia [e]) in Gegenwart von 24 Jesuiten, welche die 24 Alten vorstellten. Er las diese ganze Vergleichung,

---

a) Escobar von Mendoza, ein spanischer Jesuit, gebürtig von Valladolid, trat 1604 in die Societät Jesu, starb 1669. Unter seinen Werken ist bekannt Comment. in vetus et novum testament., vorzüglich seine Theologia moralis in 7 Folianten, welche wenigstens 40 mal aufgelegt wurde. Auch sein Examen y practico des confessores erlitt 39 Auflagen.

b) Suarez — Franz — ein spanischer Jesuit, geboren 1548, lehrte zu Segovia, Valladolid, Rom, Alcala und Salamanca; darauf wurde er Professor der Theologie zu Coimbra und stand in gewaltigem Ansehen, er starb zu Lissabon 1617. Er schrieb opuscula varia theologica; de sacramentis; de poenitentia u. s. w. Der Jesuit Noel gab 1732 ein Auszug aus seinen vielen Schriften heraus.

c) Vasquez, geboren 1551 zu Belmonte, trat 1569 in die Societät, lehrte 29 Jahre zu Rom und Alcala, und starb 1604. Er schrieb Comment. in 8 epp. Pauli; Comment. in Thomae theologiam, vol. 8; de cultu u. s. w. Seine Werke erschienen 1620 zu Lion gesammelt in 10 Bänden fol.

d) Molina s. pag. 25 Anmerk.

e) Valentia — Gregor de — ein spanischer Jesuit, geboren 1551, war einer der berühmtesten seiner Gesellschaft: er kam nach Deutschland, lehrte zu Ingolstadt und starb zu Neapel im 51sten Jahre seines Alters. Unter seinen Schriften sind die bekanntesten Comment. in Thomae summam; de rebus fidei suo tempore controversis; de idolatria u. s. w.

die ihm unübertrefflich schien und mir die Schönheit des Werkes beweisen sollte. Plötzlich fand er die gesuchte Stelle vom Fasten, und zeigte mir tract. 1. ex. 13. num. 67. die Worte: Ist derjenige, der nicht schlafen kann ohne Abendmahlzeit, verpflichtet zu fasten? Keinesweges. Ist Ihnen das Beweis genug? fragte er. Nicht ganz, erwiederte ich, denn ich kann das Fasten wohl aushalten, wenn ich nur des Mittags collationire und des Abends die Mittagsmahlzeit halte. Lesen Sie doch nur weiter, antwortete er, die haben an alles gedacht. Und wenn Jemand sagt, daß er sich wohl befinde, wenn er des Mittags collationirt und des Abends die Mittagsmahlzeit hält? In dem Falle bin ich, fiel ich ein. Auch der ist nicht verpflichtet zu fasten, denn Keiner ist verbunden, die Ordnung seiner Mahlzeiten umzudrehen. Trefflicher Beweis! rief ich aus. Aber sagen Sie mir, fuhr der Jesuit fort, trinken Sie viel Wein? Nein, war meine Antwort, meine Gesundheit leidet das nicht. Ich erwähnte das nur, sagte er, um Sie darauf aufmerksam zu machen, daß Sie, ohne die Fasten zu brechen, trinken können, wenn Sie wollen; sehen Sie hier den Beweis am angef. Orte num. 75: Darf man, ohne die Fasten zu brechen, zu jeder beliebigen Stunde Wein und viel Wein trinken? Ja wohl, und selbst Hypocras.

Diesen Hypocras hatte ich doch ganz vergessen, sagte der Jesuit, ich will ihn mir nur bemerken. Welch ein trefflicher Mann, dieser Escobar, sagte ich. Die ganze Welt schätzt ihn, fuhr er fort, wegen seiner artigen Fragen; lesen Sie hier nur an derselben Stelle num. 38: Wenn ein Mensch nicht genau weiß, ob er 21 Jahr alt sey, ist der verbunden zu fasten? Nein. Gesetzt aber, es wäre morgen Fasttag, und ich wäre diese Nacht um ein Uhr 21 Jahr alt, muß ich morgen fasten? Keinesweges, denn bis ein Uhr kann ich essen, so viel ich will, weil ich noch nicht 21 Jahr alt bin; ich habe also noch das Recht den Fasttag zu brechen bis ein Uhr, und bin deshalb auch den übrigen Tag nicht dazu verbunden.

Wie das alles so allerliebst ist, sagte ich. Man kann sich gar nicht davon trennen, bemerkte er, Tag und Nacht lese ich ihn.

Als der Jesuit sah, daß ich an seiner Unterhaltung Vergnügen fand, lächelte er, und zeigte mir noch einen Tractat von Filiuz [a]), einem der oben erwähnten 24, und las Tom. 2. tract. 27. Part. 2. cap. 6. num. 123. die Worte: Ist derjenige, welcher durch irgend eine Handlung ermüdet ist z. B. dadurch, daß er einem Mädchen nachjagt, verpflichtet zu fasten? Durchaus nicht. Hat er sich aber ermüdet, um nur nicht fasten zu brauchen? Auch dann nicht, obgleich er vorsätzlich sich ermüdete.

Hätten Sie das wohl geglaubt? fragte der Jesuit. Wahrhaftig, erwiederte ich, das glaube ich jetzt noch nicht; ist es denn keine Sünde, nicht zu fasten, wenn man kann? ist es erlaubt, die Gelegenheit zur Sünde zu suchen, muß man sie nicht vielmehr fliehen? Das wäre freilich sehr bequem. Man braucht das nicht immer, erwiederte er, sondern nur nach Beschaffenheit der Umstände. Und die wären? fragte ich. Gesetzt, man hätte Unannehmlichkeiten beim Fliehen jener Gelegenheiten, erwiederte der Jesuit, so müßte man sie nach Ihrer Meinung dennoch fliehen; aber nicht so denkt Baunius, Sum. pecc. pag. 1084: Man darf nicht denen die Absolution ver-

---

a) Vincent Filliuzi geboren 1566, lehrte zu Rom, wo er 1622 starb; er schrieb Quaestiones morales, Tom. 2; de statu clericorum; de beneficiis; de alienat. rerum spirit. u. s. w.

weigern, welche in der nächsten Gelegenheit zum Sündigen bleiben, wenn sie dieselbe nicht verlassen können, ohne dem Volke Anlaß zum Geschwätze zu geben, oder ohne selbst Schaden davon zu haben.

Herrlich: sagte ich, es bleibt nur noch übrig, daß Ihr behauptet, man könne diese Gelegenheit mit Vorsatz aufsuchen. Auch das ist zuweilen erlaubt, antwortete er, der berühmte Casuist Basilius Pontius [a]) behauptet dieses, Baunius stimmt ihm bei in seinem Tract. de poen. quaest. 4. pag. 94: Man darf eine Gelegenheit zur Sünde direct — primo et per se — aufsuchen, wenn man dadurch ein geistiges oder körperliches Gut für sich oder seinen Nächsten gewinnt.

Wache oder träume ich denn, rief ich aus, daß ich fromme Ordensmänner so reden höre! Sagen Sie mir auf Ihre Ehre, ist dies Ihre eigene Denkungsart? Keineswegs, sagte er. Sie reden also wider Ihre Ueberzeugung? fragte ich. O nein, war seine Antwort, ich sagte Ihnen ja nicht, wie ich, sondern wie Pontius und Baunius denken, und diesen können Sie unbesorgt folgen, denn sie sind gelehrte Männer. Wie? erwiederte ich, weil jene so sprachen, deshalb ist es erlaubt, Gelegenheiten zur Sünde aufzusuchen? ich glaube, daß nur das Gesetz ist, was die heil. Schrift und die Tradition der Kirche, nicht aber was Eure Casuisten sagen. Großer Gott, seufzte er, Sie erinnern mich da wieder an die Jansenisten; können denn Baunius und Pontius ihre Meinung nicht zu einer probabeln machen! Ich will aber, fiel ich ein, keine Probabilität, sondern

a) Basilius Ponce de Leon, ein Augustinermönch von Granada, lehrte Theologie zu Alcala, dann wurde er Professor und Kanzler der Akademie zu Salamanca und starb im 59sten Lebensjahre 1629. Er hinterließ viele Schriften, unter andern de sacramento confirmat.; de sacram. matrimon.; primera parte de discursos para todos los evang. etc.

Gewißheit. Ich sehe wohl ein, versetzte der Jesuit, daß Sie nicht wissen, was man unter probabeln Meinungen versteht, sonst würden Sie so nicht sprechen; ich will Sie davon unterrichten, und Sie werden gewiß nicht die Zeit bereuen, denn ohne diese Lehre, welche die Basis unserer ganzen Moral ist, können Sie nichts verstehen.

Ich freuete mich, so den Jesuiten auf dem rechten Flecke zu haben und bat ihn um die Definition seiner probabeln Meinung. Unsere Schriftsteller mögen für mich sprechen, sagte er, sie reden hier alle aus einem Munde, hören Sie nur die 24 im Eskobar in princ. Exam. 3. n. 8: Eine Meinung heißt eine probable, wenn sie sich stützt auf Gründe von einiger Wichtigkeit. Hieraus erhellet, daß zuweilen ein einziger Gelehrter, wenn er sonst Ansehen hat, eine Meinung zu einer probabeln machen kann, weil ein Mann ganz den Wissenschaften ergeben sich keiner Meinung hingeben wird, wenn sie nicht einen guten hinreichenden Grund für sich hat.

Dann kann ein einziger Gelehrter, erwiederte ich, die Gewissen Aller drehen und wenden, wie er will, und das beständig mit Gewißheit! Verlachen Sie ja nicht diese Lehre, oder denken Sie dieselbe nicht umzuwerfen, fiel er ein, hüten Sie sich wohl; den Jansenisten ging es dafür schlecht, sie ist zu fest begründet; hören Sie nur, was einer unserer berühmtesten Genossen Sanchez [a]) sagt, Sum. lib. 1. cap. 9. num. 7: Ihr zweifelt, daß ein einziger guter und gelehrter

a) Sanchez — Thomas — geboren zu Cordova 1551, wurde 1567 Jesuit, war Professor der Theologie, und ward von Clemens VIII. häufig in Rath gezogen; er starb zu Granada 1610. Von seinen Schriften gehören hierher Summa theologiae moralis; opera moralia, 2 vol. fol; opuscula mor. in decalog. 2 vol. fol; de sacram. matrim. u. s. w.

Doctor eine Meinung zu einer probabeln erheben könne? Ich aber sage ja, und das behauptet auch Angelus, Sylvius [a]), Navarra [b]), Emmanuel Sa [c]) und A. Der Beweis aber ist dieser: eine probable Meinung ist eine solche, die sich nicht auf einen oberflächlichen Grund stützt, das Ansehen eines weisen und gelehrten Mannes aber ist nicht ein oberflächlicher, sondern vielmehr ein wichtiger Grund; denn — geben Sie wohl Acht — gibt es nicht einer z. B. in Rom geschehenen That ein großes Gewicht, wenn ein gelehrter Mann das behauptet? warum sollte in den Lehren der Moral nicht dasselbe gelten?

Wie nachläßig Ihr doch weltliche Dinge mit geistlichen verwechselt! sagte ich. Gedulden Sie sich nur, war seine Antwort, auch hierüber gibt Sanchez in den folgenden Zeilen Aufschluß: Die Einschränkung, welche einige Schriftsteller machen, daß das Ansehen eines gelehrten Mannes wohl in weltlichen Dingen entscheide, aber nicht in geistlichen, mißbillige ich, denn jenes ist so wichtig in der einen als in der andern Rücksicht.

Ich erklärte dem Jesuiten unverhohlen, daß mir diese Regel nicht gefalle; denn, sagte ich, da Eure Casuisten sich ihres eigenen Verstandes zur Beurtheilung religiöser Dinge bedienen,

---

a) Sylvius — Franz — aus Hennegau, lehrte anfänglich zu Löwen, nachher zu Douay und endlich zu Cambray. Er schrieb D. Thomae Aquin. opuscula MSt. codd. emend. 2 vol. 800; Comment. in summam integram D. Thomae Aquin. u. s. w.

b) Navarra — Peter —, ein spanischer Theolog von Toledo, lebte im Anfange des 17ten Jahrhunderts; er schrieb 4 Bücher de ablatorum restitutione in foro conscientiae, 2 Bände.

c) Emmanuel Sa s. pag. 72 Anmerk. b.

wer steht mir dafür, daß auch der eine so entscheidet, wie alle die Andern? die Menschen sind in ihren Meinungen so verschieden.—

Sie haben mich nicht recht verstanden, unterbrach er mich, ich sagte Ihnen ja nicht, daß alle unsere Casuisten einig sind, sie trennen sich manchmal, allein das schadet nicht; jeder macht seine Meinung durch sich probabel und sicher; sie sind oft einander entgegengesetzt, aber desto besser; sie sind fast nie einig, selten werden Sie eine Frage finden, die der eine nicht bejaht, während sie ein Anderer verneint, und in allen diesen Fällen ist sowohl die eine Meinung als die andere eine probable. Deshalb sagt Diana [a]) Part. 3. t. 4. Resol. 244. Pontius und Sanchez sind hierin entgegengesetzter Meinung; weil aber beide gelehrte Männer sind, so ist auch die Meinung beider probabel.

Wie großen Verirrungen ist man aber ausgesetzt, sagte ich, wenn man nach diesen Meinungen handeln soll! Nichts weniger, erwiederte er; wählen Sie diejenige, welche Ihnen am besten gefällt. Wäre aber die entgegengesetzte Meinung mehr probabel? Das macht nichts. Wäre sie aber viel sicherer? Auch das thut nichts, wie Sie schön auseinandergesetzt finden in unserm Emmanuel Sa [b]) in seinen Aphorismen, be-

---

a) Diana — Anton — gehört nicht in die Societät; er war Clericus regularis zu Palermo; lebte 1650 unter Innocenz X., war Examinator der Bischöfe und Consultor bei der Congregation de prop. fide s. p. 63 Anm. c. Er schrieb resolutiones morales, die 1655 in 11 Theilen zu Antwerpen erschienen; die von Pascal citirten Miscell. stehen im 11ten Bande dieser Ausgabe. Ueberdieß hat man von ihm Comment. in Thomae summam und m. A.

b) Sa — Emmanuel — ein portugisischer Jesuit, geboren zu Conda, lehrte zu Gent, Coimbra und Rom. Pius V. ließ ihn eine neue Ausgabe der Bibel bereiten. Er starb 1596 zu Aronno im Mayland. Er schrieb Aphorismos confessorum; Scholia in quatuor evangelia u. s. w.

titelt Dubium, p. 183: Man darf das thun, was eine probable Meinung erlaubt, obgleich die entgegengesetzte Meinung viel sicherer ist, denn das Ansehen eines einzigen Gelehrten reicht hin.

Wäre aber eine Meinung offenbar wenig probabel und wenig sicher, die entgegengesetzte aber sehr probabel und sehr sicher, darf man dann doch der erstern folgen? Allerdings, hören Sie nur Filiuz, den großen Jesuiten Rom's, Mor. Quaest. tract. 21. cap. 4. num. 128: Man darf einer wenig probabeln Meinung folgen, wenn sie auch wenig sicher ist; das behaupten alle neuern Schriftsteller. Zweifeln Sie noch? Ich bin völlig im Reinen, erwiederte ich; durch Eure gefälligen probabeln Meinungen erlangten wir eine herrliche Freiheit des Gewissens. Aber Ihr übrigen Casuisten, habt Ihr denn dieselbe Freiheit in Euren Antworten? Allerdings, erwiederte er, wir antworten den Fragenden nach Belieben, oder vielmehr wir antworten nach dem Belieben der Fragenden. Hören Sie die Vorschriften unserer Societät, genommen aus Laiman [a]) Theol. mor. lib. 1. tract. 1. cap. 2. §. 2. num. 7; Vasquez Dist. 62. cap. 9. n. 47, Sanchez Sum. l. 1. c. 9. n. 23, Escobar in seinen 24 Princ. Ex. 3. n. 24; Laiman's Worte lauten: Ein Doctor kann nicht nur eine Antwort geben, die er selbst für probabel hält, sondern auch die entgegengesetzte, wenn sie nur bei Andern probabel ist, falls diese dem Fragenden angenehmer und erwünschenswerther ist — si forte haec illi favorabilior seu exoptatior sit. — Und ich behaupte auch, es sey erlaubt,

a) Laiman — Paul — 1575 zu Insbruck geboren, lehrte auf mehren Akademien Deutschlands und starb zu Costnitz 1535. Vorzüglich bekannt ist er durch seinen Streit mit den Benedictinermönchen. Er schrieb unter andern eine Theol. moral. in 5 Büchern.

daß er dem Fragenden eine Antwort gebe, die bei Andern probabel ist, obgleich er sie selbst für durchaus falsch hält.

Wahrhaftig, Eure Lehren müssen gefallen, sagte ich. Ja und nein sagen zu dürfen zu seiner Wahl? man kann diese Lehre nicht genug loben. Ich erkenne, wozu Euch die widerstreitenden Meinungen Eurer Casuisten dienen; die eine nützt beständig, während die andere nicht schadet; gefällt Euch diese nicht, so wählt Ihr jene, und Ihr seyd immer in Sicherheit. Ganz richtig, erwiederte der Jesuit, und so können wir mit Diana ausrufen, als Baunius für ihn und Lugo [a]) gegen ihn war: verläßt uns einer der Götter, dann hilft ein anderer — saepe premente Deo fert Deus alter opem. —

Alles recht gut; aber ein Zweifel bleibt mir doch noch. Gesetzt, es fragte Jemand einen Eurer Casuisten und nähme von diesem eine recht freie Meinung an, so könnte er ja sehr in Verlegenheit gerathen, wenn er zu einem strengern Casuisten käme, und dieser ihm die Absolution nicht anders ertheilen wollte, als nachdem er jene freiere Meinung abgelegt hätte; habt Ihr dagegen kein Mittel erdacht? Daran können Sie noch zweifeln? erwiederte er; alle Beichtsväter sind unter Androhung einer Todsünde verbunden, Jeden in Rücksicht probabler Meinungen zu absolviren, wenn er auch selbst die entgegengesetzte Meinung für probabel hält; unter solchen Umständen wird denn kein Beichtsvater die Absolution verweigern. Die Unsern zeigen das deutlich; unter Andern Baunius in seinem tract. de poenit. tract. 4. quaest. 13. pag. 83: handelte der Beichtende, lauten seine Worte, nach einer probabeln Meinung, so muß ihn der Beichtsvater absol-

a) Lugo, spanischer Jesuit, lebte von 1583 bis 1642, wo er als Professor der Theologie zu Rom starb; schrieb de justitia et jure; de sacramentis u. s. w.

viren, wenn er selbst auch die entgegengesetzte Meinung hat. Darin steht ja aber kein Wort von einer Todsünde, sagte ich. Was Sie doch so auf alles achten, erwiederte er, lesen Sie nur weiter und Sie finden die Worte: Einem Beichtenden, der nach einer probabeln Meinung handelte, die Absolution verweigern, ist eine Sünde, die ihrer Natur nach eine Todsünde ist. Dazu führt er als Beweis drei unserer berühmtesten Casuisten an, Suarez Tom. 4. disp. 32. sect. 5, Vasquez disp. 62. cap. 7 und Sanchez num. 29.

Wahrhaftig, eine weise Verordnung, sagte ich; es ist nun weiter nichts zu befürchten, denn unter solchen Umständen wird sich gewiß kein Beichtsvater gegen Eure Regel verstoßen. Wohl wußte ich längst, daß Ihr eine große Kraft hattet, Sünden zu vergeben; aber neue Sünden zu machen, daß Ihr auch diese Gewalt besäßet, das war mir unbekannt, denn ich wußte nicht, daß Ihr den Uebertretern Eurer Gesetze die ewige Verdammung ansagen konntet; jetzt erkenne ich, daß Ihr über alles Macht habt. Ihre Worte, fiel er ein, wollen nicht so recht passen; wir machen keine Sünden, wir zeigen sie nur an; es thut mir leid, daß ich da wieder einen Beweis habe, wie so ganz unkundig und fremd Sie sind in der scholastischen Theologie.

Lassen wir das, erwiederte ich; Sie haben meinen Zweifel gehoben, aber ich muß Ihnen nun noch einen andern vorlegen. Wie helft Ihr Euch in den Fällen, wo die Kirchenväter Euren Meinungen ihre Zustimmung versagen. Wie Ihnen doch das alles so ganz fremd ist, sagte er, die Kirchenväter für ihre Zeiten, die Casuisten für unsere; nicht mehr nach jenen, nach diesen richtet man jetzt. Lesen Sie nur unsern Cellot [a]) — er folgte unserm berühmten Reginald [b]) — de

a) Cellot, geboren 1588 zu Paris, trat 1605 in die Societät

hierarch. lib. 8. cap. 16. pag. 714; er sagt: In den Streitigkeiten der Moral sind die neuern Casuisten den alten Kirchenvätern vorzuziehen, obgleich die Kirchenväter näher an den Zeiten der Apostel lebten. Diana folgte derselben Regel, wenn er behauptet part. 5. tract. 8. res. 31: Sind die Benefiziaten verpflichtet, ihre schlecht verwalteten Revenüen zurückzugeben? die Alten sagen ja, die Neuern nein; man darf also nicht abfallen von der Meinung dieser, welche von der Verbindlichkeit der Zurückgabe befreiet.

Herrliche Lehren, rief ich aus, und voll des Trostes für Viele! Wir überlassen die Väter, fuhr der Jesuit fort, denen, welche positive Theologie treiben; wir aber, die wir die Herzen lenken, lesen jene wenig, und führen in unsern Schriften nur die neuern Casuisten auf. Als Beispiel mag Ihnen der Verfasser so vieler Schriften, Diana, dienen; er gibt im Anfange seiner Werke ein Verzeichniß der angeführten Schriftsteller; ihre Anzahl beläuft sich auf zweihundert sechs und neunzig, von denen der älteste noch nicht vor 80 Jahren schrieb.

So weit also hat es Eure Gesellschaft zu bringen gewußt! sagte ich; seit ihrer Entstehung hört man auf, in Sachen der Moral den heil. Augustin, den heil. Chrisostomus, den heil. Ambrosius, den heil. Hieronymus und die übrigen Kirchenväter zu fragen! damit ich aber doch wenigstens die Namen derjenigen kenne, welche für sie aufgetreten sind, so nennen

---

Jesu, wurde Rector zu Rouen und Fleche, und hernach Provinzial von Frankreich, starb in seiner Geburtsstadt. Er schrieb de Hierarchia et Hierarchis.

b) Reginald — Valerius — geboren zu Usez 1543, gestorben zu Dole in der Franch-Comte 1623; er schrieb Praxin fori poenitentiae; Summam casuum conscientiae; Theologiam pract. moralem; de prudentia Confessoris u. s. w.

Sie mir wohl einige von ihnen. Es sind lauter gelehrte und weise Männer, sagte er; unter Andern Villalobos [a]), Coninck [b]), Llamas [c]), a Chokier [d]), de Alkozer [e]), Verakruz [f]), de la Cruz ), Ugolin [h]), Tambourin [i]),

---

a) Henriquez de — ein Minorite aus Zamora in Spanien, starb 1637 zu Salamanca, wo er lange Zeit Theologie gelehrt hatte; er schrieb Suma de la theologia moral y canonica, II Th.; Manual de confessores u. s. w.

b) Conink — Aegidius — s. am Ende des 9ten Briefes.

c) Hieronymus aus Cuenca, ein Cistercienser von S. Clement, Hofprediger zu Madrid, Abt zu Cariaceti, starb 1610. Schrieb methodum curationis animarum; Summa ecclesiastica.

d) Erasmus — geboren zu Lüttich 1569, gestorben 1625, ein Rechtsgelehrter, schrieb Tractatum de jurisdictione ordinaria in execratos etc.

e) Franz — Franziskaner in der zweiten Hälfte des 16ten Jahrhunderts zu Santiago, schrieb tratado contra el juego; Confessionario breve.

f) Alphonsus — von Capuenna bei Toledo, Augustiner, war Professor zu Salamanca, darauf Provinzial von Mexico und Professor auf der neu errichteten Universität daselbst, starb um 1590. Schrieb de sacramento matrimonii; speculum conjugatorum u. s. w.

g) Johann, gebürtig von Talavera, lebte im Anfange des 17ten Jahrhunderts, schrieb de statu religionis und directorium conscientiae, woran er 30 Jahr gearbeitet haben soll.

h) Barthol., ein italienischer Rechtsgelehrter des 16ten Jahrhunderts aus der Lombardei, stand bei Sixtus VI., Clemens VIII. und Paul V. in großem Ansehen, schrieb de censuris, de usuris, de simonia u. s. w.

i) de Marradio, Abt zu Passignano, Gewissensrath bei Carl von Medicis im Anfange des 17ten Jahrhunderts. Schrieb de jure Abbatum et aliorum Praelat.; de jure Abbatiss. et monialium.

Fernandez[a]), Martinez[b]) Suarez[c]), Henriquez[d]), Vasquez[e]), Lopez[f]), Gomez[g]), Sanchez[h]), de Vachis[i]), de Grassis[k]), de Grassalis[l]), de Pitigia-

a) Anton — geboren zu Lissabon 1565, trat 1592 in die Societät, ging nach Indien und starb zu Goa 1642. Er schrieb opus sex dierum; praecepta pro audiendis confessionibus u. s. w.

b) Gregor — ein spanischer Predigermönch von Segovia, war Censor, lehrte zu Valladolid, Prior seines Ordens zu Cuenca und Medina, starb zu Valladolid 1637. Schrieb Commentat. in D. Thomam, III. vol.

c) Unter diesem Namen kommen in Diana zwei Schriftsteller vor, Franz Suarez, der Jesuit s. pag. 66. Anmerk. b. und Johann Franz Suarez, ein unbekannter spanischer Schriftsteller aus dem 16ten Jahrhunderte, schrieb Enchiridion casuum conscientiae. s. Anton. bibl. hisp.

d) Henriquez, ein Portugiese, geboren 1536, trat 1552 in die Societät Jesu, lehrte zu Corduba und Salamanca und starb 1608. Er schrieb Summam theologiae. Man sagt von ihm, daß er es in dem Streite de gratia mit den Dominikanern hielt.

e) Vasquez — Gabriel — s. pag. 66. Anm. c.

f) Ludewig — ein Dominikaner aus Madrid, starb am Ende des 16ten Jahrhunderts, schrieb instructorium consciensiae, II. vol; de contractibus et negotiationibus.

g) So heißen zwei in Diana vorkommende Schriffsteller; Anton von Talavere, ein Professor des Rechts zu Salamanca im 16ten Jahrhundert, schrieb var. resolut. jur. civ. u. s. w.; und Balth. de Amesqua von Toledo, Jurist zu Neapel, schrieb tractatum de potestate in se ipsum.

h) Sanchez s. pag. 70. Anm. a.

i) Bartholomäus, ein Kapuziner am Ende des 16ten Jahrhunderts, schrieb praxin observandam in admittendis novitiis.

k) Carl, ein Advocat zu Palermo, starb um das Jahr 1628. Er schrieb Tractatum de effectibus clericatus u. s. w.

l) Carl de Grassalis schrieb libros II regalium Franciae.

nis [a]), de Graffeis [b]), Squilanti [c]), Bizozeri [d]), Bariola [e]), de Bobadille [f]), Simanche [g]), Perez de Lara [h]), Aldretta [i]), Lorca [k]), de Scortia [l]), Qua-

a) Franz, ein Franziskaner von Arezzo um 1580. Schrieb Summam theologiae; explicationes in duos priores libros Aristotelis; in 4 sentent.; Pract. Criminalis Can. u. s. w.

b) Jacob de Graffeo, von Capua, Benedictinerabt zu Monte Cassino im Anfange des 17ten Jahrhunderts, schrieb de arbitrariis confessariorum; decisiones casuum conscientiae, vol. II; consilia seu responsiones cas. conscient. u. s. w.

c) Paul Squillante, Rechtsgelehrter, apostolischer Protonotarius, Canonicus zu Neapel, schrieb 1629 tractat. de obligationibus et privilegiis episcoporum.

d) Johann Baptist — bekannt durch seine Summa casuum conscientiae, die 1631 und seine Dissert. de Sacramentis, die 1622 erschienen ist.

e) Ludewig — ein Jurist aus dem Augustinerorden in Mayland, schrieb Aphorism. utriusque juris; flores director. Inquisit; consilia moralia u. s. w.

f) Castill, ein Spanier aus Medina, schrieb Politica pare corregidore y sennores de vasallos etc. II Tom.

g) Spanischer Rechtsgelehrter am Ende des 16ten Jahrh. Consultor der Inquisition, Bischof zu Cindad-Real, Badajoz und Zamora, Interims-Vicegouverneur zu Neapel, schrieb praxin haereseos u. s. w.

h) Perez de Lara, ein spanischer Rechtsgelehrter um 1670, Rathsherr zu Granada und Valladolid, schrieb Compendio de las tores gracias de sa santa cruçada u. s. w.

i) Joseph Alberete, ein Jesuit aus Malaga, Canonicus zu Corduba, Rector des Collegiums zu Granada, starb 1616 im 56sten Jahre. Er schrieb de religiosa disciplina tuenda, allegationem juris pro regular. exempl.

k) Peter de — ein Cistercienser aus Bellomonte, Professor der Theologie zu Salamanca, Provinzial seines Ordens in Spanien; starb 1606 im 51sten Jahre. Er schrieb Comment. in 1. 2. und 2. 2. D. Thomae, vol. II. u. s. w.

l) Johann, ein Jesuit, war aus der berühmen Familie dieses

ranta [a]), Scophra [b]), Pedrezza [c]), Cabrera [d]), Bisbe [e]), Diaz [f]), de Clavasio [g]), Villagut [h]), David a Manden [i]), Iribarne [k]), Binsfeld [l]),

---

Namens zu Genua, wo er 1553 geboren wurde und 1627 starb; er schrieb de missae sacrificio; in constitut. Pontif. epitomas et theoremata.

a) Stephan — Clericus zu Neapel, Rath des Inquisitionsgerichts daselbst, 1650 Erzbischof, schrieb Summam bullarii, Tract. de concilio provinciali etc.

b) Remigius Scophra, bekannt durch seine Abhandlung: opusculum de invaliditate professionis.

c) Johann de Pedraca, spanischer Dominikaner, Professor zu Coimbra, starb 1567 in dem Dominikanerkloster zu Lissabon; er schrieb Suma de casas de conscientia, auch unter dem Titel: Instruzzione per confessori.

d) Peter de, aus Cordua, ein Mönch des Ordens des hl. Hieronymus, schrieb de sacramentis in 3 partem D. Thomae und starb im Anfange des 17ten Jahrhunderts.

e) Fructuosus Bisbe hinterließ eine Schrift unter dem Titel: Tract. de comoediis.

f) Bernard, geboren zu Lugo in Spanien, Bischof zu Calahovia, starb 1576. Schrieb Practicam criminalem; Instruccion de Prelados u. s. w.

g) Angelus de Clava aus Genua, starb 1596, nachdem er seine Summam casuum conscientiae angelicam herausgegeben hatte.

h) Ein Neapolitaner am Ende des 16ten Jahrhunderts, Decan des Benedictinerordens, schrieb quaestiones de usuris; methodum procedendi in caus. crim. contra cler. regul. et secular. u. s. w.

i) Licenziat der Rechte, Pastor zu Brüssel, lebte von 1575 bis 1641, schrieb Discursus moral. in praecepta decalogi; speculum aureum vitae moralis u. s. w.

k) Johann, ein Franziskaner aus Arragoinen, lebte zu Saragossa um 1610, schrieb über Joh. Scoti sententiarum Librum IV; de actibus humanis u. s. w.

l) Binsfeld, ein gelehrter Bischof von Luxemburg, starb 1598.

Wolfgang von Vorburg [a]), Strevesdorf [b]), Vega [c]).

Heftig erschrocken fragte ich den Jesuiten, ob die genannten Männer lauter Christen wären? Was? Christen? erwiederte er; habe ich Ihnen nicht gesagt, daß diese gerade es sind, durch welche wir die ganze christliche Welt regieren?

Ich ärgerte mich gewaltig; jedoch meinen Zorn unterdrückend fragte ich ihn nur, ob sie denn lauter Jesuiten wären. Das nicht, war seine Antwort, allein es macht dieses auch nichts; sie schreiben sämmtlich unübertrefflich. Sie nahmen dabei freilich das Meiste aus unsern Casuisten, indeß gönnen wir ihnen das recht gern, um so mehr, da sie unsere Väter immer mit Auszeichnung nennen; sehen Sie nur, wie Vasquez von Diana, der nicht zu unserer Societät gehört, gelobt wird; er nennt ihn den Phönix der großen Geister, und sagt mehrfach, daß Vasquez ihm eben so viel gelte, als alle übrigen Menschen zusammen — esse sibi instar omnium. — Dafür führen denn aber auch die Unsern oft den Diana an, und wenn Sie unsere Probabilitätslehre genau kennten, so müßten Sie selbst gestehen, daß es uns ganz einerlei ist, ob Jemand zu unserer Gesellschaft gehöre oder nicht; im Gegentheile ist es uns sehr erwünscht, daß auch Nichtjesuiten probable Meinungen aufstellen können, weil man sie so nicht alle uns beimessen kann; hat irgend ein

Er schrieb Enchiridion theologiae pastoralis; de simonia; de usuriis; de injuriis u. s. w.

a) Lebte im Anfange des 17ten Jahrhunderts, war gebürtig aus der adligen Familie dieses Namens am Rheine, schrieb rudimenta jur. canon. u. s. w.

b) Wolther, am Ende des 16ten Jahrhunderts, schrieb Comment. in D. Thomam de justitia et jure.

c) Alphonsus, ein spanischer Minorit, lebte um 1576; er schrieb la Selva de casos; Espejo de Curas u. s. w.

Schriftsteller eine probable Meinung aufgestellt, so können wir sie aufnehmen, und wir sind nicht verantwortlich dafür, wenn jener nicht in die Societät gehört.

Alles recht gut, sagte ich; ich sehe wohl, daß außer den alten Kirchenvätern Jeder bei Euch geduldet ist; Ihr seyd die Sieger des Platzes und dürft Euch kühn erheben, so weit es Euch beliebt; aber drei oder vier Hindernisse werden sich Euch dennoch in den Weg stellen. Welche denn? rief er ganz erschreckt. Die heilige Schrift, die Päbste und Concilien, die Ihr als die reine Lehre des Evangeliums doch nicht verwerfen könnt, war meine Antwort. Ist das alles? fragte er; Sie haben mir da einen gewaltigen Schreck um nichts eingejagt. Glauben Sie denn, daß wir etwas so dicht vor den Augen Liegendes nicht sahen oder nicht beachteten? Wahrhaftig, ich wundere mich sehr, daß Sie uns für Gegner der heil. Schrift, der Päbste und Concilien halten. Ich will Sie eines Bessern belehren, denn nicht darf ich es dulden, daß Sie von uns eine so irreligiöse Meinung hegen; wahrscheinlich wurden Sie verleitet durch einen Satz aus unsern Casuisten, der jenen entgegen zu seyn scheint; aber er scheint das auch nur. Um Ihnen jedoch dieses gehörig erklären zu können, müssen wir mehr Zeit haben; wollen Sie morgen wiederkommen, so verspreche ich Ihnen völlige Aufklärung.

So endigte sich denn meine Unterhaltung mit dem Jesuiten, und damit mag sich denn auch mein Brief endigen; er ist ohnehin schon ziemlich weitläufig. Ich denke, er wird Dir nicht unangenehm gewesen seyn, so wie Du auch begierig seyn wirst auf meine nächste Unterhaltung mit dem Jesuiten. Bis dahin leb' wohl.

# Sechster Brief
## an den Provinzial
von einem seiner Freunde.

---

Verschiedene Methoden der Jesuiten, ihre Lehren zu vereinigen mit den Bestimmungen des Evangeliums, der Concilien und Päbste. Fortsetzung der Probabilitätslehre. Ihre Begünstigungen für die Benefiziaten, Mönche und Priester. Geschichte Johann Alban's.

Paris am 10ten April 1656.

Der Jesuit versprach mir, wie Du Dich aus meinem letzten Briefe erinnern wirst, Aufklärung über die Art, wie die Meinungen der Casuisten vereinigt werden können mit den Lehren der heil. Schrift, der Concilien und Päbste. Ich ging deshalb wieder zu ihm, und erfuhr, was ich Dir hier mittheilen will.

Die eine der Methoden, hub er an, durch welche wir diese scheinbaren Widersprüche heben, besteht in der gehörigen Erklärung irgend eines bestimmten Ausdrucks; z. B. Gregor XIV. erklärt die Meuchelmörder für verlustig des Rechts des Asyls der Kirchen, und bestimmt, daß man sie mit Gewalt ergreifen könne, falls sie sich dahin geflüchtet hätten. Dagegen sagen unsere 24 beim Escobar tract. 6. exam. 4. num. 27: nicht einen jeden vorsätzlichen Todschläger treffe die Strafe der Bulle. Das scheint der Bestimmung Gregor's zu widersprechen; allein es stimmt mit ihr recht gut überein, sobald nur das Wort Meuchelmörder gehörig erklärt wird, und das machen sie so; sie stellen die Frage auf: Sind die Meuchelmörder der kirchlichen Rechte für verlustig zu halten? Ja, nach der Bulle Gregor's XIV.; wir verstehen aber unter Meuchelmörder einen solchen Todschläger, der für Geld gedungen Jemanden hinterlistig tödtet; wer also ungedungen und etwa nur seinen Freunden zu Gefallen tödtet, der ist kein Meuchelmörder.

Eben so lies't man in der heil. Schrift: gib Almosen von deinem Ueberflusse. Dennoch haben die Casuisten Mittel gefunden, selbst die Reichsten von dieser Pflicht loszumachen. Das scheint ungereimt, allein auch hier hilft die Erklärung des Wortes Ueberfluß, welche so eingerichtet ist, daß nach ihr Niemand Ueberfluß hat. Vasquez thut dieses tract. de eleemos. cap. 4. num. 4, wo es heißt: was die Laien gebrauchen zur Erhöhung ihres eigenen Standes oder des Standes ihrer Verwandten, ist nicht Ueberfluß; man findet daher schwerlich Jemanden, der Ueberfluß hat, selbst nicht unter den Königen. Auch Diana führt dieselben Worte des Vasquez an — denn er stützt sich in der Regel auf unsere Casuisten — und zieht daraus den Schluß: obgleich die Behauptung, die Reichen müssen von ihrem Ueberflusse Almosen geben, theoretisch volle Probabilität hat, so tritt doch die Verpflichtung dazu in der Praxis entweder gar nicht oder nur höchst selten ein.

Ich sehe wohl, sagte ich, daß aus Vasquez Worten der Schluß ganz richtig abgeleitet ist; was würden Sie mir aber antworten, wenn ich Ihnen einwürfe, es sey nach Vasquez ein nicht minder sicherer Weg zum Heile, wenn man kein Almosen gibt von seinem Ueberflusse, weil man wegen zu vielen Ehrgeizes nichts Ueberflüssiges hat, als es nach der Bibel ein sicherer Weg zum Heile ist, wenn man ohne jenen Ehrgeiz Ueberfluß hat und davon Almosen gibt. Man antwortet, erwiederte der Jesuit, daß beide Wege sicher sind nach demselben Evangelium, einmal nach dem buchstäblich genommenen Evangelium, und dann nach dem Evangelium erklärt von Vasquez.

Sie sehen, wie nützlich solche Erklärungen sind. Wo aber die Worte zu deutlich und zu bestimmt ausgesprochen sind, als daß sich eine solche Erklärung anbringen ließe, da bedienen wir uns der Bezeichnung günstiger Nebenumstände. Als Beispiel mag Ihnen Folgendes dienen: die Päbste haben die Klostergeistlichen excommunicirt, im Falle sie ihr Habit mit weltlichen Kleidern vertauschen; dessenungeachtet fragen unsere 24 beim Escobar tract. 6. exam. 7. num. 103: bei welchen Gelegenheiten darf ein Klostergeistlicher sein Habit ablegen, ohne deshalb excommunicirt zu seyn? Sie führen deren mehre an, unter andern diese: wenn er es aus einem beschimpfenden Grunde, um etwa Spitzbüberei zu treiben, oder um unerkannt in ein Freudenhaus zu gehen u. s. w., ablegt, und es gleich hernach wieder anzieht. Diese Umstände berührt dann naturlich nicht die päbstliche Bulle.

Ich traute kaum meinen Ohren und bat den Jesuiten, mir jene Stelle im Originale selbst zu zeigen, und er schlug das Capitel: Praxis ex societate Jesu Doctoribus — Praxis nach der Schule der Societät Jesu — auf, wo ich die Worte las: si habitum demittat, ut furetur occulte vel fornicetur. Dasselbe zeigte er mir bei Diana in den Worten: ut eat incognitus ad lupanar. Weshalb hat man sie denn aber in solchen Umständen von der Excommunication frei zu machen gesucht? fragte ich. Der Grund liegt doch wohl am Tage, erwiederte er; was für ein Aergerniß würde es seyn, wenn ein Klostergeistlicher bei solchen Gelegenheiten mit seinem Habite ertappt würde! Wissen Sie denn nicht, was man auf die Bulle Contra sollicitantes erwiederte? und wie unsere 24 in dem oben erwähnten Capitel die Bulle Pius des V.

Contra Clericos [a]) erklären? Davon weiß ich kein Wort, erwiederte ich. Lesen Sie denn gar nicht den Escobar? fragte er mich. Wie konnte ich das, war meine Antwort, da ich ihn gestern erst nach vieler Mühe erhalten habe; ich kenne nicht die Ereignisse des Tages, aber jenes Buch wird von Jedermann gesucht. Was ich Ihnen sagte, fiel der Jesuit ein, ist enthalten im tr. 1. Ex. 8. n. 102; lesen Sie die Stelle fleißig, Sie finden da ein treffendes Beispiel von der Art, wie man die Bullen wohlgefällig erklärt.

Noch am Abende desselben Tages las ich jene Stelle; ich mag sie Dir jedoch nicht mittheilen, lieber Freund, sie ist zu abscheulich [b]).

---

a) Die Bulle Pius des V. contra Clericos sodomitas hat folgenden Inhalt: dieses entsetzliche Laster — die Sodomiterei — um welches Gott einst ganze Städte durch Feuer verwüstete, nimmt unsere Kräfte in Anspruch; es auszurotten u. s. w. Was deshalb im Concilium zu Lateran verordnet ist, weiß Jedermann — alle Geistliche nämlich, die eines so unnatürlichen Lasters überführt werden, sollten in die Klöster gesperrt werden und büßen für ihre Frevel. — . . . . . . Um dieses Laster desto kräftiger auszurotten, so schließen wir jeden Priester, jeden Geistlichen ohne Unterschied seiner Würde, der sich einem so entsetzlichen Laster ergibt, von allen Aemtern und Würden, allen Benefizien aus u. s. w., kraft unserer u. s. w.

b) Diese Stelle enthält verschiedene Entschuldigungen eines Lasters, dessen Name unter Christen nicht einmal bekannt seyn sollte. Escobar stellt die Frage auf: verpflichtet die Bulle Pius des V. contra Clericos Sodomitas im Gewissen? Er ersinnt allerlei Ausflüchte, sie zu entkräften, indem er sagt: Henriquez stelle die probable Meinung auf, daß sie niemals in Ausübung gebracht sey, und also vor dem Richterstuhle des Gewissens nicht verpflichte; daß sie, falls sie auch in Ausübung gebracht sey, dennoch nach Suarez nicht verpflichte, als in den und den Fällen — er erklärt hier die Umstände, die so abscheulich sind, daß sie selbst die Schamhaftigkeit eines Wollüstlings beleidigen

Sie erkennen nun wohl, fuhr mein Jesuit fort, wie man sich der günstigen Nebenumstände bedient; zuweilen sind jedoch die Worte zu bestimmt, als daß auch diese Methode sich anwenden ließe, und in solchen Fällen würden Sie uns denn wohl für Widersacher der Päbste halten, allein auch da würden Sie irren. Zum Beispiel, drei Päbste haben entschieden, daß die Ordensgeistlichen, welche sich durch ein besonderes Gelübde zu dem Quadragesimalleben [a]) verpflichtet haben, davon nicht dispensirt werden sollen, selbst wenn sie zu Bischöfen erhoben würden. Dessenungeachtet sagt Diana: sie sind davon dispensirt. Wie will er aber das mit der Entschei-

müssen; daß sie nach Suarez nicht in Ausübung gebracht werden könne gegen die, welche dieses Laster nur ein- oder zweimal begingen; daß ferner nach Suarez selbst diejenigen, denen dieses Laster eine Gewohnheitssünde geworden sey, dann nur dieser Strafe der Bulle sich zu unterwerfen haben, wenn der Richter sie ihnen zuerkenne, weil Niemand schuldig sey, seine Sünden zu offenbaren und sich selbst anzuklagen; hieraus schließt Escobar, ein Geistlicher, der gegen die Bulle Pius des V. sich verstößt, muß absolvirt werden und seine Würden und Benefizien behalten.

Was für Ausschweifungen eine so abscheuliche Lehre nach sich zog, kann man einigermaßen aus dem Briefe des Bischofs von Angalopolis, Johann Palafax de Mendoza, den er am 8ten Januar 1649 an Innocenz X. schrieb, beurtheilen, worin er erzählt, er habe in seiner Diöcese einen Provinzial der Jesuiten gekannt, welcher binnen 3 Jahren aus seiner Provinz 38 Mitglieder seiner Societät habe fortjagen müssen, und ein anderer Provinzial habe 80 aus derselben Provinz entfernt, obgleich die Anzahl sämmtlicher Jesuiten nicht über 300 betragen habe. S. diesen Brief, der überdieß noch viele andere merkwürdige Umstände in Bezug auf die Moral der Jesuiten enthält, im ersten Bande der Theologie morale des Jesuites et des nouveaux Casuistes.

a) Gelübde, die viertägige Fasten zu halten.

dung der Päbste reimen? fragte ich. Auf die sinnreichste Art, erwiederte der Jesuit, durch eine Manier, welche sehr scharfsinnig aus der Probabilitätslehre abgeleitet ist. Merken Sie wohl auf. Bei den meisten Meinungen hat, wie Sie gestern gesehen haben, sowohl der bejahende als der leugnende Theil seine Probabilität, und das hinreichend, um jedem mit gutem Gewissen folgen zu können, nicht als könnten bei einem und demselben Satze entgegengesetzte Meinungen wahr seyn, sondern weil beide zugleich probabel und also sicher sind.

Hierauf stützt sich Diana, wenn er sagt part. 5. tr. 13. res. 39: *Rücksichtlich der Entscheidung der drei Päbste erkläre ich, daß ich nicht ihrer Meinung bin, indem sie sich auf die bejahende Seite wenden; diese ist nach meinem Urtheile eine probable; daraus folgt aber nicht, daß der verneinenden die Probabilität fehle.* In demselben Tract. res. 65, wo er rücksichtlich eines andern Gegenstandes dem Pabste zuwider ist, spricht er; *Ich will, daß der Pabst dieses als Oberhaupt der Kirche sage; er sagt es aber nur in der Sphäre der Probabilität seiner Meinungen.* Sie sehen, daß dadurch das Ansehen der päbstlichen Decrete nicht geschwächt wird, sonst würde man sich in Rom, wo doch Diana in so großem Ansehen steht, so etwas nicht sagen lassen; er spricht ja auch den päbstlichen Entscheidungen nicht ihre Probabilität ab, sondern sie ganz lassend in der Sphäre ihrer Probabilität, legt er nur der entgegengesetzten Meinung auch ihre Probabilität bei. Aeußerst religiös, fiel ich ein. Und viel feiner, fuhr er fort, als die Worte, welche Baunius gegen seinen damaligen ärgsten Verfolger Hallier unvorsichtig ausstieß, da seine Schriften zu Rom verdammt wurden: *was hat Frankreich zu thun mit den Censuren der Päbste?*

Hieraus sehen Sie, daß man beständig entweder durch eine bloße Worterklärung oder durch Auseinandersetzung günstiger Umstände, oder endlich durch die doppelte Probabilität des Für und Gegen diese vermeinten Widersprüche heben kann, ohne der heil. Schrift, den Concilien und Aussprüchen der Päbste im Mindesten zu nahe zu treten.

Glücklich die Welt, rief ich aus, daß sie Euch zu Lehrern hat, daß Ihr durch Eure Lehre der Probabilität sie beglückt. Bisher wußte ich noch nicht recht, warum Ihr so sehr dahin arbeitetet, festzustellen, daß das Ansehen eines einzigen wichtigen Lehrers eine Meinung zu einer probabeln machen könne, daß man mit völliger Gewissensruhe von dem Für und Wider gerade das wählen könne, was am meisten gefällt, daß ein Beichtsvater, der die Absolution wegen einer probabeln Meinung verweigert, verdammt sey. Jetzt erkenne ich, daß jeder Casuist nach Belieben neue Regeln der Moral aufstellen, ganz nach Willkühr neue Sittenlehren machen könne.

Sie müssen mit etwas mehr Mäßigung reden, sagte der Jesuit, geben Sie deshalb recht Acht auf das, was ich Ihnen jetzt mittheile; ich will Ihnen auseinandersetzen, wie allmälig die Lehre der Probabilität von ihrem ersten Entstehen an sich entwikelt habe, und so nach und nach zu der Reife gediehen sey, in der sie jetzt blüht. Zuerst stellte sie jener wichtige Doctor, dem sie ihr Daseyn verdankt, an das Licht, und warf sie aus, wie ein Saamenkorn, daß es Wurzeln fasse; sie ist schwach, allein die Zeit muß sie stärken. Deshalb sagt der große Erfinder vieler solcher Meinungen, Diana, irgendwo: ich stelle diese Lehre auf, und weil sie neu ist, überlasse ich sie der Zeit zum Reifen — relinquo tempori maturandam. — So wächst sie unvermerkt, und nach einiger Zeit ist sie autorisirt durch die stillschweigende Billigung der Kirche, nach der großen Maxime unsers Baunius tr. 6. p. 312: wenn die Casuisten eine Meinung aufstellen, und die Kirche nicht dawider auftritt, so ist das ein Beweis, daß diese jene Meinung billigt.

Dadurch bestätigt er eine seiner dort aufgestellten Meinungen. Also, sagte ich, billigt die Kirche alle die Mißbräuche, die sie duldet, und alle die Irrthümer der Bücher, welche sie nicht verdammt? Streiten Sie doch wider Baunius, erwiederte der Jesuit, und nicht gegen mich, denn ich führe Ihnen nur seine Meinungen an; niemals muß man sich streiten über eine Thatsache; doch zurück. Ich sagte Ihnen, daß eine Meinung, sobald sie durch die Zeit zur Reife gediehen ist, probabel und völlig sicher wird. Deshalb sagte der gelehrte Caramuel [a]) in dem Briefe, in welchem er dem Diana seine Fundamentaltheologie widmet, daß der große Diana mehre Meinungen zu probabeln gemacht habe, die es vorher nicht waren, und daß man jetzt nicht mehr sündige, wenn man ihnen folge, obgleich man früher gesündigt habe — jam non peccant, licet ante peccaverint. —

Wie groß sind doch die Vortheile Eurer Lehre, sagte ich. Thun zwei Menschen dieselbe Handlung, so sündigt der, welcher Eure Lehre nicht kennt, der aber, der sie kennt, sündigt nicht; Eure Grundsätze machen also die Menschen nicht nur weiser, sondern auch gerechter; der göttliche Glaube machte nach dem heil. Paulus Alle zu Sündern, Ihr aber habt sie gereinigt. Ich bitte Sie, mich gehörig zu unterrichten; ich kann Sie nicht eher verlassen, bis Sie mir die Hauptlehren Ihrer Casuisten auseinandergesetzt haben.

Wäre es uns doch vergönnt gewesen, hub er an, überall nur die Grundsätze des heil. Evangeliums in ihrer völligen Strenge zu lehren! Nichts wäre uns erwünschter; denn die

a) Caramuel, wegen seiner Schriften und seltenen Schicksale sehr berühmt, geboren 1608 zu Madrid, Abt zu Malrose in Schottland, dann Professor zu Löven, dann Abt zu Dissembourg, zuletzt Erzbischof von Prag. Darauf nahm er Kriegsdienste, ward Intendant in Böhmen, nachher Bischof in Mailand, starb 1682. Schrieb Hierarchia ecclesiastica; cabbalae theologiae u. s. w.

Strenge unserer eigenen Sitten beweiset gewiß hinlänglich, daß wir mehr aus kluger Willfährigkeit, als aus böser Absicht an Andern eine größere Freiheit dulden. Wir sind gezwungen; denn die Welt ist jetzt so verdorben, daß nicht mehr die Menschen zu uns kommen, sondern daß wir zu ihnen gehen müssen, man würde uns sonst ganz verlassen und voll Trotz sich völlig dem Laster ergeben. Durch diese Gründe bewogen, achteten unsere Casuisten darauf, welchen Fehlern sich die Menschen in jeder Lage am meisten ergeben, und stellten nun der Wahrheit ungeschadet so gefällige Grundsätze auf, daß nur ein Griesgram noch gefälligere verlangen kann. Denn der Hauptzweck unserer Societät zum Besten der Religion war dieser, Niemanden, wer er auch sey, von sich zu entfernen, um die Welt nicht der Verzweiflung preis zu geben. Wir haben deshalb auch besondere Lehren für jede Sorte von Menschen, für die Benefiziaten, Priester und Mönche, für die Herrschaften und Diener, für Reiche und Arme, für Eheleute, für fromme und ausschweifende Weiber, für Betrüger und Lasterhafte; nichts entging der klugen Vorsicht unserer Casuisten. Ihr habt also eigene Grundsätze für die Geistlichkeit, den Adel und den Pöbel, fiel ich ein; fahren Sie also nur fort, meine Neugier zu befriedigen.

Wir wollen bei den Benefiziaten anfangen, fuhr der Jesuit fort; es kann Ihnen nicht unbekannt seyn, welchen ausgebreiteten Handel man jetzt mit den Benefizien treibt, und wie viele Simoniten [a]) man jetzt in der Kirche haben würde, wenn man den Dekreten der Kirchenväter und des heil. Thomas folgen wollte. Es war daher sehr nothwendig, daß un-

a) Simonie ist der Kauf eines kirchlichen Amtes für Geld: Simoniten sind also diejenigen, welche durch Mittel der Art eine solche Würde erlangen. Der Name Simonie rührt von Simon dem Zauberer her, der von dem Apostel Simon Petrus die Gaben des heilgen Geistes kaufen wollte. Act. 8. v. 18, 19.

sere Casuisten diese Strenge der Alten mäßigten; wie fleißig sie das thaten, sieht man aus den Worten des Valentia — eines von den vier Thieren des Escobar; — sie sind der Schluß eines langen Diskourses, worin er mehre nützliche Lehren an die Hand gibt; hier haben Sie das vorzüglichste Tom. 3. d. 6. q. 16. p. 3. pag. 2042: Gibt man ein zeitliches Gut für ein geistiges, z. B. Geld für ein Benefiz, und gibt man das Geld als Preis für das Benefiz, so ist das offenbare Simonie. Betrachtet man aber das Gegebene als ein Mittel, sich den Willen desjenigen geneigt zu machen, der die Pfründe vergibt, so ist das keine Simonie, auch dann nicht, wenn der, welcher die Pfründe vergibt, das Geld als Endzweck betrachtet. Auch unser Tanner [a]) ist derselben Meinung, Tom. 3. pag. 1519, obgleich er bekennt, der heil. Thomas sey diesem entgegen, indem dieser ausdrücklich behauptet, es sey jedesmal Simonie, ein zeitliches Gut für ein geistiges zu geben, wenn das zeitliche dabei Zweck ist. Durch dieses Mittel beugen wir unzähligen Simonien vor; denn wer wird so gottlos seyn, sich zu weigern, das Geld als Mittel zu betrachten, sich dem Geber der Pfründe geneigt zu machen und es nicht als Preis der Pfründe zu geben? So gänzlich von Gott verlassen ist doch gewiß Niemand. Ganz gewiß, sagte ich, hat Jedermann zu einem solchen Kniffe die hinreichende Gnade. Unstreitig, erwiederte er; so helfen wir denn den Benefiziaten.

Was die Priester betrifft, so haben wir mehre Maximen, die ihnen sehr günstig sind; so steht z. B. in den 24 beim Escobar tr. 1. Ex. 11. num. 96: Darf ein Priester, der

---

a) Tanner — Adam — geboren 1572 zu Insbruck, trat 1590 in die Societät, lehrte zu Ingolstadt, starb 1632 zu Unken. Schrieb Comment. in summam D. Thomae; Apologiam pro societate Jesu u. s. w.

eine Messe für Geld lieset, noch anderweitig Geld für die Messe nehmen? Allerdings, sagt Filiuz, indem er den ihm als Priester zukommenden Theil der Messe dem überläßt, der ihm von Neuem dafür bezahlt; nur darf er sich nicht nochmals für eine ganze Messe, sondern nur für einen Theil, etwa für ein Drittel, bezahlen lassen.

Das ist gewiß einer von den Fällen, fiel ich ein, wo das Für und Wider zugleich probabel ist, denn Eure Behauptung ist es durch das Ansehen des Escobar und Filiuz, allein trotzdem kann man sie in der Sphäre ihrer Probabilität lassend nach meiner Meinung auch das Gegentheil behaupten; die Kirche erlaubt den Priestern, welche arm sind, für ihre Messen Geld zu nehmen, weil es billig ist, daß die, welche dem Altare dienen, auch vom Altare leben; sie will aber damit nicht sagen, daß der Priester die Messe für Geld verkaufen, noch weniger, daß er sich freiwillig aller der Gnaden berauben dürfe, die ihm zuerst aus ihr fließen sollen. Hinzufügen möchte ich noch, daß der Priester nach der Lehre Paulus verbunden ist, das heil. Opfer zuerst für sich, und dann für das Volk darzubringen; es ist ihm wohl erlaubt, Andern an den Früchten dieses Opfers Theil nehmen zu lassen, aber nicht selbst freiwillig darauf Verzicht zu leisten, und sie einem andern für den dritten Theil des Stipendiums, etwa für 2 oder 3 Groschen, zu verkaufen. Wahrlich, ich machte diese Meinung probabel, hätte ich nur im Geringsten Auctorität. Das hat weiter nichts auf sich, sie ist offenbar probabel, erwiederte der Jesuit; die Schwierigkeit beruhete nur darin, die Probabilität der Meinungen zu zeigen, die offenbar probabeln entgegengesetzt sind, und das können nur große, vortreffliche Genies.

Vorzüglich zeichnete sich Baunius darin aus; ein wahres Vergnügen ist es, wenn man sieht, wie er sich bald auf diese bald auf jene Seite wendet, und wie es ihm nirgends an Gründen fehlt. Einen solchen Fall, in Bezug auf die Priester, will ich Ihnen anführen; er sagt im 10. tract. pag. 474: Der Priester kann durch kein Gesetz verpflichtet werden, alle Tage das Meßopfer zu verrichten, weil er durch solch ein Gesetz unstreitig — haud dubie — der Gefahr ausgesetzt wäre, dasselbe zuweilen im Zustande der Todsünde zu halten. Aber in demselben tr. 10. pag. 441 sagt er wieder: wenn ein Priester Geld erhielt, um täglich eine Messe zu lesen, so muß er sie lesen, und kann sich nicht damit entschuldigen, er sey nicht genugsam darauf vorbereitet, da er ja täglich Reue erwecken kann, und es seine eigene Schuld ist, wenn er dies nicht thut, ohne daß diejenigen dafür können, für welche er die Messe lesen soll. Und um die größte Schwierigkeit, die ihn abhalten könnte, täglich eine Messe zu lesen, zu heben, redet er so in demselben tract. quaest. 32. pag. 457: Darf ein Priester an demselben Tage, an dem er eine Todsünde, und zwar eine von den strafbarsten, beging, die heil. Messe lesen? Villalobos sagt nein, und führt den Stand der Unreinheit des Priesters als Grund an; Sancius [a]) aber sagt ja, und ich halte seine Meinung für eine sichere, der man in der Praxis folgen muß — Et tuta et sequenda in praxi. —

Wie, man muß dieser Meinung in der Praxis folgen? fragte ich. Ein Priester, der mit einem solchen Schandflecken behaftet ist, darf es wagen, nach der Meinung des Baunius, an demselben Tage noch vor den Altar zu treten? Nimmt man denn gar keine Rücksicht mehr auf den alten Glauben der

---

a) Sancius, ein spanischer Jesuit, trat in die Societät zu Alcala, war nachher Missionarius und starb in Mexico 1579. Er schrieb unter andern conciones per totum annum u. s. w.

Kirche, welche auf immer, oder wenigstens auf eine lange Zeit, die Priester vom Opfer ausschloß, wenn sie ein Laster der Art begangen hatten? soll man vielmehr Eurer Meinung folgen, die den Priester an demselben Tage noch opfern läßt, an dem er so tief fiel? Daß Sie doch so schwach von Gedächtniß sind, versetzte der Jesuit, ich habe Ihnen ja erst gestern aus Cellot und Reginald bewiesen, daß man in Sachen der Moral nicht den alten Kirchenvätern, sondern den neuern Casuisten folgen muß. Das weiß ich noch recht gut, erwiederte ich, allein hier treten nicht nur die Kirchenväter, sondern die heilige Schrift selbst gegen Euch auf. Das ist allerdings wahr, antwortete der Jesuit, allein dagegen muß man den Satz unsers Filiuz halten, tom. 2. tr. 25. n. 33: die Regeln der heil. Schrift verlieren ihre Kraft, wenn sie schon außer Gebrauch gekommen sind — cum jam desuetudine abierunt. — Wir kennen ja das besser, was gegenwärtig der Kirche nützlich ist, als die Alten; wollte man mit solcher Strenge die Priester vom Altare ausschließen, so würden wir bei weitem nicht mehr so viele Messen haben, und aus dieser Masse von Messen entspringt doch so viel zur Ehre Gottes und zum Nutzen der Menschen, daß ich mit unserm Cellot de Hierarch. part. 1. lib. 7. cap. 11. dreist behaupte: man würde nicht zu viel Priester haben, wenn nicht nur alle Männer und Frauen, sondern selbst die unvernünftigen Thiere und leblosen Körper in Priester verwandelt würden, um das Meßopfer zu feiern.

Ich war so betroffen über die Verrücktheit dieser Worte, daß ich keine Sylbe herauszubringen vermochte; der Jesuit fuhr deshalb fort:

Das sey genug über die Priester, ich werde sonst zu weitläufig; fort denn zu den Mönchen. Da ihnen die größte Unannehmlichkeit in dem Gehorsame gegen ihre Obern besteht, so mußten wir sie davon vor allen andern Dingen befreien. Unser Castrus Palaus [a]) that dieses oper. mor. part. 1. disp. 2. p. 6: es ist außer Zweifel — non est controversia, — daß ein Mönch seinen Obern nicht zu gehorchen braucht, wenn er eine probable Meinung für sich hat, obgleich die Meinung der Obern die viel probablere ist; denn in solchem Falle ist es ihm erlaubt, die ihm angenehmere zu ergreifen — quae sibi gratior fuerit, wie Sanchez sagt l. 6. in decal. c. 3. n. 7. — Und ist auch der Befehl der Obern ein gerechter, so braucht der Mönch doch nicht zu gehorchen, weil jener nicht immer und nicht in jeder Beziehung ein gerechter — non undequoque juste praecipit, — sondern nur probabel ist, und so ist es probabel zu gehorchen und auch probabel nicht zu gehorchen — probabiliter obligatus et probabiliter deobligatus. —

Der große Nutzen Eurer doppelten Probabilität ist gar nicht zu verkennen, sagte ich. Außerordentlich groß, erwiederte der Jesuit; jedoch lassen Sie uns kurz machen, und hören Sie den Ausspruch unsers großen Molina, zu Gunsten der wegen ihrer Laster aus den Klöstern verjagten Mönche; Escobar führt ihn an tr. 6. Ex. 7. n. 111 mit diesen Worten: Molina behauptet, ein aus seinem Kloster vertriebener Mönch sey nicht verbunden, sich zu bessern, um zurückkehren zu können, und er sey von seinem Gelübde des Gehorsams befreiet.

---

a) Castro Palao wurde 1581 zu Leon in Spanien geboren, ging 1596 in die Societät Jesu, lehrte zu Valladolid und Salamanca, war Censor der Inquisition und Rector zu Sidonia, wo er 1633 starb. Schrieb Manuale Christianismi; de virtutibus et vitiis u. s. w. Seine Schriften wurden gesammelt unter dem Titel Ferd. Castri Palai opera moralia.

Ich sehe wohl, daß Eure Casuisten für die Kirchendiener gut gesorgt haben, allein sie sorgten ja zugleich mit für sich; ich befürchte aber, daß sie gegen die übrigen Stände nicht so gelinde verfuhren, denn jeder sorgt für sich zuerst. Das nicht, versetzte der Jesuit, sie sahen auf Alle mit gleicher Liebe, von dem Höchsten bis zum Niedrigsten; vernehmen Sie deshalb nur unsere Grundsätze für die Diener.

Zuerst bemerkten wir das Ungemach, welchem die Diener wollüstiger Herren ausgesetzt sind, falls sie selbst der Tugend gehorchen; dienen sie nicht allen Befehlen, so zürnt der Herr, und dienen sie, so fühlen sie Gewissensbisse. Um sie davon zu befreien, setzten unsere Casuisten die Dienste fest, welche sie ihrem Herrn leisten dürfen; hier sehen Sie einige Escobar tr. 7. Ex. 4. n. 23: Briefe und Geschenke überbringen, Thüren und Fenster öffnen, Wache halten, ihrem Herrn in die Fenster helfen, die Leiter dabei halten, alles das ist erlaubt und keine Sünde; bei dem Leiterhalten sind sie jedoch mehr bedroht als sonst, weil das Hineinsteigen in das Fenster mit der Leiter eine grobe Beleidigung für den Herrn des Hauses ist.

So klug ist das alles von den Unsrigen angeordnet. Es läßt sich ja gar nicht anders erwarten, sagte ich, von einem Buche, was aus 24 Jesuiten zusammengetragen ist.

Vortrefflich, fuhr er fort, hat Baunius für die Diener, welche ohne Sünde alle diese Dienste ihren Herren leisten wollen, gesorgt, indem er sie lehrt, nicht zu sehen auf die Sünde, zu der sie mithelfen, sondern nur auf den Vortheil, der ihnen daraus erwächst. Er setzt das schön aus einander in seiner Summa peccat. p. 710, erste Ausgabe, wo er sagt: der Beichtsvater soll die Diener, welche für ihre Herren schlechte Botschaften tragen, nicht absolviren, wenn sie einstimmen in die Sünde ihrer Herren; thun sie es aber nur zeitlichen Gewinnes halber, dann muß er sie absolviren. Und so ist ihnen denn gleich geholfen, denn sie werden nun gewiß nicht einstimmen in die Sünde ihrer Herren.

Eben so hat Baunius für diejenigen, welche nicht zufrieden sind mit dem bedungenen Lohne, den wichtigen Satz aufgestellt, Sum. p. 213 und 214, sechste Ausgabe: Dürfen die Diener, welche nicht zufrieden sind mit ihrem Lohne, denselben durch heimliche Entwendungen so lange vermehren, bis sie glauben, für ihre Mühe entschädigt zu seyn? Sie dürfen das allerdings unter einigen Bedingungen thun, wenn sie nämlich, als sie ihrem Herren Dienste antrugen, so arm waren, daß sie gezwungen wurden, um jeden beliebigen Sold zu dienen, und wenn andere Diener in denselben Verhältnissen mehr Lohn erhalten.

Dahin gehört ja, fiel ich ein, die Geschichte des Johann Alban. Welcher Johann Alban? wie verhält sich das? fragte er. Wissen Sie denn nicht mehr, erwiederte ich, was 1647 hier in Paris vorging? wo waren Sie denn damals? Ich tradirte, antwortete er, in einem unserer Collegien weit entfernt von Paris Casuistik. Sie kennen also die Geschichte nicht, fiel ich ein, ich will sie Ihnen erzählen, wie ich sie neulich noch von einem sehr angesehenen Manne gehört habe. Dieser Johann Alban war Diener in Eurem Cleremontanercollegium auf der Jakobsstraße, er glaubte zu wenig Lohn zu erhalten und stahl deshalb, um sich zu entschädigen. Eure Brüder erfuhren es und ließen ihn ins Gefängniß bringen, ihn des Hausdiebstahls anklagend. Die Untersuchung wurde im Chatelet [a]), wenn ich nicht irre, am 6ten April 1647 vorgenom-

a) Chatelet war der oberste Gerichtshof in Paris — Gerichtshof der Prevoté und Vicomté. —

men — alle die einzelnen Umstände wurden genau angegeben, weil man sonst an einer so unglaublichen Geschichte würde gezweifelt haben. — Der Bösewicht bekannte, daß er Euren Brüdern einige zinnerne Gefäße entwendet habe, behauptete jedoch, sie nicht gestohlen zu haben, indem er den Richtern die Lehre des Baunius vorlegte und die Schriften eines Eurer Brüder zeigte, der dasselbe behauptete, und von welchem er in der Casuistik unterrichtet war. Monrouge, der erste der Senatoren, erklärte, man dürfe den Menschen nicht freisprechen wegen dieser schändlichen, verderblichen jesuitischen Grundsätze, die zuwider seyen allen göttlichen und menschlichen Rechten, ganze Familien zu Grunde richteten, indem sie den Hausdiebstahl für erlaubt erklärten. Dieser zu getreue Schüler solle vor dem Hause der Jesuiten von dem Scharfrichter öffentlich mit Ruthen gepeitscht, zugleich aber sollten jene Schriften vor den Augen Aller verbrannt und den Verfassern bei Lebensstrafe angekündigt werden, nie wieder eine solche Lehre aufzustellen. Man war sehr neugierig auf den Ausgang dieses Urtheils, das von Vielen gebilligt ward; wegen einiger besonderer Umstände aber wurde der förmliche Urtheilsspruch auf einen andern Tag verschoben; allein während dem wurde der Eingekerkerte befreit, man weiß nicht weshalb, und man sprach nicht mehr davon; auch gab der Dieb nichts zurück.

So sprach jener mit dem Beisatze, daß das Urtheil von Monrouge in den Acten des Chatelets noch vorhanden sey, wo es jeder lesen könne. Mir machte diese Geschichte vielen Spaß.

Worüber freuen Sie sich denn so? fragte der Jesuit; warum doch erzählen Sie das? Ich will mit Ihnen reden über die Maximen unserer Casuisten, und war gerade an den

Adel gekommen, und nun unterbrechen Sie mich durch die Erzählung solcher kleinlicher Stadtmärchen, die so weit von unserm Vorhaben abliegen. Ich erzählte das nur so im Vorbeigehen, erwiederte ich, um Sie darauf aufmerksam zu machen, daß in der Feststellung Eurer Probabilitätslehre ein Hauptpunct übergangen ist. Was sollte denn das seyn, fragte der Jesuit, das so viele große Geister übersehen hätten? Ihr habt freilich, antwortete ich, Eure Anhänger in Sicherheit gebracht gegen Gott und Gewissen, denn man ist sicher, wenn man nur Einen Eurer Casuisten für sich hat; Ihr habt sie ferner in Sicherheit gebracht gegen die Beichtsväter, denn sie sind bei einer Todsünde zu absolviren verbunden wegen probabler Meinungen; allein Ihr habt vergessen, sie gegen weltliche Richter sicher zu stellen, indem man Ketten und Banden nicht entlaufen wird, wenn man Eurer Probabilitätslehre folgt. Das ist doch ein Hauptversehen. Sie haben Recht, erwiederte der Jesuit, ich danke für ihre Bemerkung. Jene Unvollkommenheit aber rührt daher, weil wir nicht so viel über die Richter, als über die Beichtsväter vermögen, denn diese sind verbunden, sich in Gewissensfällen an uns zu wenden, und über sie haben wir die oberste Gewalt. Ich sehe das ein, sagte ich; allein seyd Ihr auch von der einen Seite die Richter der Beichtsväter, so seyd Ihr auch von der andern die Beichtsväter der Richter; verpflichtet also diese, die loszusprechen, welche einer probabeln Meinung folgten, unter Androhung der Strafe der Ausschließung von den Sacramenten, so habt Ihr nicht zu befürchten, daß diejenigen, die Eure Probabilitätslehre theoretisch für Unschuldige erklärt, von den Richtern practisch mit Ruthen gepeitscht oder an den Galgen demonstrirt werden. Wie wird auch ohne dieses Eure Lehre Anhänger finden?

Die Sache ist von Wichtigkeit, versetzte der Jesuit; ich will sie unserm Provinzial vorlegen. Sie hätten jedoch diese Erinnerung besser verschieben und mich nicht unterbrechen sollen, da ich gerade im Begriffe war, Ihnen unsere Lehren zu Gunsten des Adels mitzutheilen, und ich werde das nun nicht anders thun, als wenn Sie mir versprechen, mich nicht wieder durch dergleichen Geschichten zu stören.

Das sey Dir, theurer Freund, für diesmal genug; es ist unmöglich, alles in einen Brief zusammenzufassen, was man in einer einzigen solchen Unterredung von dem Jesuiten lernt. Leb' wohl.

---

# Siebenter Brief

## an den Provinzial

### von einem seiner Freunde.

---

Begünstigungen der Jesuiten für den Adel. Methode der Absichtslenkung. Erlaubniß zum Todschlage und zum Duelle. Entscheidung der von Caramuel aufgestellten Frage: dürfen die Jesuiten die Jansenisten tödten?

Paris am 21sten April 1656.

Nachdem ich dem Jesuiten, der durch die Erzählung von Johann Alban ein wenig verwirrt war, das Versprechen gegeben hatte, ihn nicht wieder durch ähnliche Geschichten zu stören, war er besänftigt, und fuhr fort, mir die Maximen der Casuisten in Bezug auf den Adel beinah mit folgenden Worten zu erzählen.

Sie wissen, daß bei diesen Leuten, sprach er, Ehrsucht — point d'honneur — die herrschende Leidenschaft ist, die sie oft zu Thaten verleitet, welche der Christuslehre sehr zuwider seyn würden, wenn nicht unsere Casuisten die Strenge der Religion einigermaßen nach der Schwäche dieser Menschen gemäßigt hätten. Ihre besondere Liebe zu Gott litt keine Entfernung vom Evangelium, und ihre große Liebe zu den Mitmenschen zwang sie, einigermaßen davon abzugehen; sie hatten deshalb alle Anstrengung des Geistes nöthig, gefällige Mittel ausfinden zu machen, welche die Dinge mit solch' einer Gerechtigkeit mäßigten, daß man unverletzt seine Gewissensruhe erhalten, und doch seine Ehre schützen könne durch Mittel, deren man sich gewöhnlich dazu bedient; es mußten also zwei Dinge zugleich beschützt werden, Frömmigkeit und Ehre, die doch einander gerade entgegengesetzt sind. Je nützlicher irgend ein Mittel schien, desto schwieriger war die Ausführung; Sie erkennen gewiß die Größe, aber auch die Mühe eines solchen Unternehmens. Ich erstaune über beides, antwortete ich ganz kalt. Das glaube ich, erwiederte er, und das ist auch nicht zu verwundern. Denn von der einen Seite sagt das Evangelium: fügt nicht Böses für Böses zu und lasset Gott die Rache, und von der andern befehlen menschliche Gesetze Beleidigungen selbst mit dem Blute der Feinde, und ohne auf sich selbst Rücksicht zu nehmen, zu rächen; kann wohl etwas mehr entgegengesetzt seyn? Wundern werden Sie sich über die Klugheit unserer Casuisten, mit der sie so verschiedene Meinungen zu einigen wußten. Ich fühle mehr, als ich sage, fiel ich ein, und ich würde das Ding für ganz unausführbar halten, wenn ich nicht wüßte, daß Euch das leicht ist, was andern Menschen unmöglich zu seyn scheint. Ihr werdet gewiß ein Mittel gefunden haben, ich bewundere es, ohne es zu kennen, und bitte Sie, mir es nicht vorzuenthalten.

Wenn Sie so denken, erwiederte der Jesuit, dann kann ich Ihnen Ihre Bitte nicht abschlagen; wissen Sie denn, daß dieses bewunderungswürdige Mittel in der großen Methode der

Absichtslenkung besteht, welche von solchem Einflusse auf unsere Moral ist, daß ich sie mit der Probabilitätslehre vergleichen möchte. Sie haben im Vorigen schon einige Male Gelegenheit gehabt, den Nutzen dieser Erfindung einzusehen; ich sagte Ihnen, wie ein Diener mit gutem Gewissen seinem Herren schlechte Dienste leisten könne, wenn er nur nicht seine Absicht auf das Böse, dessen Mithelfer er ist, sondern auf den für ihn daraus entspringenden Gewinn richtet. Das nennen wir Absichtslenkung — directio intentionum. — Eben so würden ohne dieses Mittel diejenigen Simoniten werden, die Geld für Pfründen anbieten. Damit Sie jedoch sehen, was man alles von dieser Methode zu erwarten habe, so will ich sie Ihnen in vollem Glanze an dem Todschlage zeigen, den sie in tausend Fällen rechtfertigt.

Ich sehe schon, bemerkte ich, daß sie alles erlaubt und rechtfertigt. Wenn Sie doch nur nicht immer von einem Extreme ins andere fielen, sagte der Jesuit, gehen Sie doch einmal die Mittelstraße. Um Ihnen zu beweisen, daß wir nicht alles erlauben, wissen Sie z. B., daß wir nicht dulden, wenn Jemand den Willen hat zu sündigen aus Vorsatz zur Sünde, und hat er beim Sündigen keinen andern Zweck, als nur zu sündigen, so sind wir mit ihm gebrochen, das erklären wir für teuflisch und nicht zu entschuldigen durch Alter, Geschlecht oder Verhältnisse. Hat aber nicht Jemand einen so schändlichen Vorsatz, dann wenden wir unsere Methode der Absichtslenkung an, die darin besteht, daß man sich zum Zwecke seiner Handlungen einen erlaubten Gegenstand wählt; nicht als ob wir die Menschen, wenn wir können, nicht abhalten von unerlaubten Handlungen, wir reinigen wenigstens die Absicht, wenn wir die Handlung selbst nicht verhindern können, und so bessern wir durch einen guten Zweck die Schlechtigkeit der Mittel.

Diese Methode war es denn, wodurch unsere Casuisten

die Gewaltthätigkeiten entschuldigen, die man sich zum Schutze seiner Ehre erlaubt; man lenkt nämlich seine Absicht ab von dem Verlangen nach Rache, welches schlecht ist, und sieht nur auf die Vertheidigung seiner Ehre, die erlaubt ist, nach der Meinung unserer Väter, und so genügen wir denn Gott und den Menschen, diesen, indem wir ihre Handlungen nicht verhindern, und der Lehre des Evangeliums, indem wir die Absichten heiligen. Das konnten die Alten nicht, und unserer Gesellschaft hat man es zu verdanken; was sagen Sie dazu? Vortrefflich, antwortete ich, den Menschen gestattet Ihr den äußern Effect und das Körperliche der Handlung, Gott aber gebt Ihr die innere geistige Richtung der Absicht, und durch diese Theilung verbindet Ihr den göttlichen Gesetzen die menschlichen Leidenschaften. Um jedoch aufrichtig zu seyn, gestehe ich, daß ich Ihren Worten nicht ganz traue, und zweifle, ob Eure Casuisten auch so denken, wie Sie.

Sie beurtheilen mich falsch, erwiederte er, ich sage nichts, was ich nicht beweisen kann; Zeugnisse will ich Ihnen herbeibringen in solcher Masse und von solchem Gewichte, daß Sie staunen werden. Damit Sie also erkennen, wie unsere Lehrer die Lehre des Evangeliums anknüpften an die der Welt durch ihre Absichtsleitung, so hören Sie unsern Reginald prax. l. 21. num. 62. p. 260: *Sich rächen heißt Böses für Böses zufügen, und die Rache ist den Privatpersonen verboten, denn Paulus sagt in seinem 12ten Briefe an die Römer: füget nicht Böses für Böses zu; eben so Jesus Sirach 28. cap.: wer sich rächt, an dem wird auch Gott sich rächen, und seine Sünden werden nicht vergessen werden; dasselbe sagt das Evangelium über Verzeihung der Beleidigungen im 8ten und 16ten Capitel beim Matthäus.* Wenn aber jetzt noch Reginald etwas anders sagt, als die Schrift, fiel ich ein, so muß das fein ausgedacht seyn;

was sagt er denn? Lesen Sie: Hieraus erhellet, daß ein Soldat seinen Feind, der ihn verwundete, verfolgen kann, nicht aber aus der Absicht um Böses mit Bösem zu vergelten, sondern um seine Ehre zu schützen.

Sehen Sie, wie eifrig sie den Vorsatz, Böses mit Bösem zu vergelten, verhindern, weil die heil. Schrift ihn mißbilligt? sie duldeten ihn nie; lesen Sie, um sich davon zu überzeugen, Lessius [a]) de just. et jur. lib. 2. cap. 9. dis. 12. num. 79: wer eine Ohrfeige bekommt, kann die Beleidigung von sich zurückwenden, selbst mit dem Degen, nicht aber um sich zu rächen, sondern um der Beschimpfung zu entgehen. Wir sind so weit entfernt, den Wunsch nach Rache zu dulden, daß wir nicht einmal erlauben, aus Haß seinen Feinden den Tod zu wünschen; lesen Sie nur den Escob. tr. 5. Ex. 5. n. 145: du darfst deinen Feinden, wenn sie dir schaden wollen, nicht den Tod wünschen aus Rache, sondern nur deshalb, daß sie dir nicht mehr schaden können. Ist diese Absicht da, dann ist auch der Wunsch so billig, daß unser Hurtado de Mendoza [b]) sagt: will dich Jemand verfolgen, so darfst du Gott bitten, ihn zu tödten, wenn anders das Uebel sich nicht abwenden läßt; de spe

---

a) Lessius — Leon. Lesius — ein Jesuit zu Antwerpen, geboren 1554 zu Brecht, starb 1623. Er war einer der ersten, welcher Molina's Grundsätze in den Niederlanden vortrug, und dadurch die Verdammung der Jesuiten von den Theologen zu Löven 1586 herbeiführte. Er schrieb de justitia et jure, ceterisque virtutibus cardinal.; de perfectionibus moribusque divinis u. s. w.

b) Hurtado de Mendoza, ein spanischer Jesuit, war Präfect zu Valladolid und Salamanca, starb als Inquisitor zu Madrid 1651. Er schrieb comment. de spe et caritate; de incarnatione verbi divini u. s. w.

et car. vol. 2. dis. 15. sect. 4. §. 48. Diana part. 5. tr. 13. res. 48.

Die Kirche, sagte ich, hat nicht wohl gethan, daß sie solche Gebete nicht mit aufgenommen hat in die gewöhnlichen Breviare. Muß man denn über alles Gebetsformeln haben? erwiederte er; überdieß war das gar nicht einmal möglich, da diese Lehren jünger sind, als die Breviare, Sie begehen da einen chronologischen Schnitzer. Hören Sie noch eine Stelle aus unserm Gaspar Hurtado a) — einem der 24 des Escobar — de sub. pecc. diss. 9. von Diana angeführt part. 5. tr. 14. res. 99: Ein Benefiziat kann ohne Todsünde demjenigen, der von seinem Benefize eine Pension zieht, den Tod wünschen, eben so ein Sohn seinem Vater, und sich freuen, wenn dieser stirbt, nicht aber aus persönlichem Hasse, sondern nur wegen des Nutzens den er davon hat.

Gewaltige Früchte Eurer Lehre der Absichtslenkung! rief ich aus, wie weit sie sich ausdehnt! dessenungeachtet sind noch einige Fälle übrig, rücksichtlich des Adels, diesem sehr nützlich, aber wohl schwer zu lösen. Lassen Sie hören, sagte er. Zeigen Sie mir also, erwiederte ich, daß das Duell erlaubt sey. Unser große Hurtado de Mendoza wird Ihnen diesen Zweifel lösen, war seine Antwort, in einer Stelle, die Diana anführt part. 5. tract. 14. res. 99: Wird ein Edelmann zum Duelle aufgefordert, von dem man weiß, daß er nicht fromm ist, und den man täglich sündigen sieht, so daß man glaubend, er verweigere nicht das

a) Hurtado — Gaspar — ein spanischer Jesuit, geboren 1575, trat 1607 in die Societät, starb als Decan der theologischen Facultät und Censor der Inquisition 1646. Er schrieb unter andern Werken auch sieben Bände theologischen Inhalts, de matrimonio, de peccatis, de justitia et jure, de sacramentis in genere u. s. w.

Duell aus Gottesfurcht, sondern aus Feigheit, ihm den Vorwurf macht, er sey eine Memme und kein Mann, der kann hingehen an den zum Duelle bestimmten Ort, um seine Ehre zu retten, nicht mit der Absicht zu kämpfen, sondern nur sich zu vertheidigen, wenn der Gegner ihn angreift; seine Handlung ist eine gleichgiltige, denn wie kann es Sünde seyn, auf das Feld hinausgehen, dort umherschreiten und sich vertheidigen, wenn man angegriffen wird! Und so sündigt er in keiner Hinsicht, denn er hat nicht das Duell angenommen, wenn er seine Gesinnungen auf andere Umstände richtete, indem die Annahme des Duells in der wirklichen Absicht zu kämpfen besteht, die hier nicht vorhanden ist.

Sie erfüllen nicht Ihr Versprechen, sagte ich; das heißt nicht das Duell erlauben, im Gegentheile hält Hurtado dasselbe für so verboten, daß er ihm, um es zu erlauben, erst den Namen Duell rauben zu müssen glaubt. Ha, ha, lachte der Jesuit, Sie fangen an tiefer zu sehen, das freuet mich. Dessenungeachtet könnte ich Ihnen beweisen, daß das Duell erlaubt sey, mit allem dem, was nur von den Kämpfern gewünscht werden mag; jedoch soll es unser Laiman für mich thun, damit Sie sich desto besser überzeugen; er gibt das Duell im eigentlichen Sinne zu, wenn man nur seine Absicht auf die Erhaltung der Ehre und der Glücksgüter richtet, part. 3. lib. 3. cap. 3. num. 2 und 3: Ist ein Soldat oder ein Hofedelmann in den Verhältnissen, daß er durch Verweigerung eines Duells seine Ehre oder seine Glücksgüter einbüßen könnte, so wüßte ich nicht, warum er es nicht annehmen sollte, in der Absicht, sich zu vertheidigen. Petrus Hurtado sagt nach Angabe des Escobar dasselbe, tr. 1. ex. 7. n. 96, und n. 98.

fügt er diese Worte des Hurtado hinzu: man darf sich schlagen zur Vertheidigung seiner Glücksgüter, sobald man kein anderes Mittel dazu hat, denn jeder hat das Recht, sein Eigenthum zu schützen, selbst durch den Tod seiner Feinde.

Ich ärgerte mich sehr, zu sehen, daß die Frömmigkeit der Jesuiten alle ihre Kunst anwendete, das Duell in die Kirche einzuführen, während die Frömmigkeit des Königs alle Kraft aufbietet, es gänzlich aus seinen Landen zu vertreiben. Den Jesuiten durch Betrachtungen dieser Art zu stören, war nicht rathsam, denn er war so im Zuge, daß er das gewiß würde übel aufgenommen haben; ich ließ ihn deshalb ungestört fortfahren.

Endlich, sagte er, geht Sanchez — merken Sie nur auf die Männer, die ich Ihnen anführe — noch weiter, denn er duldet nicht nur die Annahme des Duells, sondern selbst die Herausforderung bei gehöriger Absichtslenkung. Escobar folgt ihm darin, am angef. Orte n. 96. Ich gebe mich gefangen, sagte ich, wenn dem so ist; allein ich glaube nicht, wenn ich nicht selbst sehe. So lesen Sie denn selbst, war seine Antwort, Sanchez Theol. mor. l. 2. c. 39. n. 17. und ich fand die Worte: Es ist sehr vernünftig, zu behaupten, ein Mensch dürfe sich duelliren um seine Ehre, sein Leben oder sonst ein ansehnliches Gut zu erhalten, wenn es bekannt ist, daß man ihm ungerechter Weise diese Güter durch Betrug und List entwenden will, und er sich nicht anders retten kann. Und Navarrus [a]) sagt ganz richtig, daß man bei einer

a) Navarrus, eigentlich Martin ab Azpilcueta, so genannt, weil er von Verasoin bei Pampelona im Königreiche Navarra gebürtig war, einer der berühmtesten Rechtsgelehrten seiner Zeit, starb als päbstlicher Beichtsvater in Rom 1597 im 94sten Jahre seines Alters. Seine zahlreichen Schriften erschienen zu Venedig in 6 vol. fol. gesammelt.

solchen Gelegenheit ein Duell nicht nur annehmen, sondern auch anbieten dürfe — licet acceptare et offerre duellum; — selbst darf man unter solchen Umständen, wenn man kann, seinen Feind heimlich tödten, und braucht sich gerade nicht des Duells zu bedienen; denn dadurch entzieht man sich der Gefahr, sein Leben in dem Duelle zu verlieren, und macht sich nicht theilhaftig der Sünde, welche der Gegner durch das Vollziehen des Duells begehen würde.

Allerdings eine vorsätzlich böse That aus Frömmigkeit, sagte ich, aber es ist doch immer eine vorsätzlich böse That, seinen Feind verrätherisch zu tödten. Verrätherisch? erwiederte er, wann habe ich Ihnen das gesagt? Ich sagte nur, heimlich dürfe man ihn tödten, und nun sagen Sie verrätherisch, gerade als ob beides einerlei sey. Hören Sie also, was Escobar sagt tr. 6. Exam. 4. n. 26: Jemanden verrätherisch tödten, heißt ihn tödten, wenn er es auf keine Weise ahnen kann; wer also seinen Feind tödtet, tödtet nicht verrätherisch, wenn er ihn auch aus einem Hinterhalte oder rückwärts durchbohrt — licet per insidias aut a tergo percutiat. — In demselben Tract. n. 56 heißt es: Wer mit seinem Feinde ein Bündniß knüpft, sich wechselseitig nicht mehr nach dem Leben zu trachten, und ihn hernach doch tödtet, von dem kann man nicht behaupten, er habe durch Verrätherei getödtet, falls sie nicht eine engere Freundschaft — arctiorem amicitiam — schlossen.

Sie sehen daraus, daß Sie nicht einmal die Bedeutung der gewöhnlichsten Wörter kennen, und doch reden Sie immer mit der Miene eines Doctors. Ich gestehe, erwiederte ich, das sind mir ganz neue Dinge, und ich erkenne aus Eurer

Definition, daß schwerlich je ein Mensch verrätherisch getödtet ist, denn es wird wenige Meuchelmörder geben, die nicht Feinde sind von denen, welche sie tödten. Sey dem wie ihm wolle, man darf also ganz unverzagt, ohne Verräther zu heißen, aus einem Hinterhalte oder rücklings den Verläumder durchbohren, der uns vor Gericht verfolgt. Ganz richtig, versetzte der Jesuit, aber die Absicht muß gehörig gelenkt werden, Sie vergessen doch immer die Hauptsache. Dasselbe vertheidigt Molina tom. 4. tr. 3. disp. 12. Nach Reginald l. 21. cap. 5. n. 57 ist es selbst erlaubt, die falschen Zeugen, die jener Verläumder gegen uns aufstellt, zu tödten. Und nach unsern großen Tanner und Emmanuel Sa darf man falsche Zeugen und selbst den Richter tödten, wenn er mit ihnen einstimmt; sehen Sie hier die Worte Tanner's tom. 3. disp. 4. q. 8. n. 83: Sotus [a]) und Lessius behaupten, es sey nicht erlaubt, falsche Zeugen und Richter zu tödten, die einen Unschuldigen zu Grunde richten wollen; allein Emmanuel Sa und A. haben Recht, wenn sie behaupten, man dürfe das thun, wenigstens ohne Gewissensscrupel. Auch beweiset er an derselben Stelle, daß man sowohl Zeugen als Richter tödten könne.

Ich durchschaue nun, sagte ich, Eure Lehre von der Absichtslenkung, ich möchte nur noch gern die Folgen davon sehen, und alle die Fälle wissen, wo diese Lehre die Erlaubniß zum Todschlagen gibt; lassen Sie uns also das Gesagte noch einmal zusammenfassen, damit ich mich ja nicht irre, denn ein Versehen könnte hier sehr gefährlich werden; man darf nicht ohne Ueberlegung und ohne durch eine rechtmäßige Probabilität gedeckt zu seyn, aufs Todschlagen ausgehen. Aus Ihrem

---

a) Sotus — Franz de Soto — spanischer Jesuit in Andalusien trat 1581 in die Societät, starb zu Cadix 1634 im 66sten Jahre seines Lebens. Er schrieb viel, unter andern de Eucharistia u. s. w.

Unterrichte habe ich gelernt, daß man, wenn man nur seine Absichten gehörig lenkt, zum Schutze seiner Ehre und seiner Güter ein Duell annehmen und anbieten dürfe, daß man einen falschen Ankläger mit seinen Zeugen und selbst mit dem bestochenen Richter tödten dürfe; daß man eine empfangene Ohrfeige mit dem Schwerdte rächen könne; allein Sie haben mir nicht gesagt, wo man Halt machen müsse. Als ob hier auch noch ein Zweifel bleiben könne, erwiederte er, man darf ohne Schuld bis zum Todschlage gehen; dieses beweiset sehr schön unser gelehrter Henriquez l. 14. c. 10. n. 3, und andere unserer Casuisten beim Escobar tr. 1. ex. 7. n. 48. mit den Worten: Wir dürfen den tödten, der uns eine Ohrfeige gibt, wenn er auch entflieht, nur darf es nicht aus Haß und Rache geschehen, auch nicht großen Schaden oder außerordentliche Gefahren für den Staat herbeiführen. Der Grund ist dieser: man gelangt so wieder zu seiner Ehre, wie zu einem geraubten Gute, denn wenn auch die Ehre nicht in den Händen des Feindes ist, wie das Gestohlene in den Händen des Diebes, so kann man sie doch auf dieselbe Weise wiedererlangen, indem man dadurch Beweise von Ansehen und Größe gibt, und sich so die Achtung der Welt erwirbt. Ist es denn nicht einleuchtend, daß derjenige, der eine Ohrfeige bekommen hat, so lange seiner Ehre beraubt ist, bis er seinen Feind tödtet?

Mit Mühe nur verbarg ich mein Entsetzen über diese abscheulichen Lehren; um jedoch alles zu erfahren, bezähmte ich mich und ließ ihn weiter reden. Ja man kann, fuhr er fort, um einer Ohrfeige, der man sonst nicht entgehen kann, zu entfliehen, den tödten, der sie uns versetzen will. Unsere Lehrer stimmen darin überein; so sagt Azor [a]) — gleichfalls einer von

---

a) Azor — Johann — aus Murcia in Spanien, trat 1559

den 24 des Escobar — inst. mor. part. 3. pag. 105: es ist einem Manne von Ehre erlaubt, den zu tödten, der ihm eine Ohrfeige versetzen oder ihn mit dem Stocke schlagen will. Einige billigen diese Lehre nicht, weil sie behaupten, das Leben des Nächsten sey mehr werth, als die eigene Ehre; Andere aber billigen sie, und das mit Recht, wenn sonst kein Ausweg vorhanden ist, denn ohne dieses wäre die Ehre der Unschuldigen beständig preisgegeben dem Uebermuthe der Schlechten. So sagt Filiuz tom. 2. tr. 29. c. 3. n. 50; Hereau de homicid. Hurtado de Mendoza in 2. 2 disp. 170. sec. 16. §. 137. Becan [a]) Summ. th. t. 1. q. 64 de hom. So sagen unser Flahaut und Court in ihren Schriften, welche von der Pariser Universität in ihrer 3 postul. verschrieen wurde, aber vergebens; eben so urtheilt Escobar ibid n. 48. Diese Lehre ist so allgemein aufgenommen, daß Lessius davon redet, als ob kein Casuist ihr zuwider wäre, denn er führt eine große Anzahl von Casuisten an, die für sie sind, aber keinen gegen sie; auch führt er l. 2. c. 9. n. 77 den Navarra an, der im Allgemeinen über Beleidigungen, von denen doch die Ohrfeige die bitterste ist, spricht, und den Todschlag nach der Meinung aller Casuisten für erlaubt hält — licet ex sententia omnium contumeliosum occidere, si aliter ea injuria arceri nequit. — Verlangen Sie noch mehr Beweise?

Ich war zufrieden, denn ich hatte so schon zu viel gehört; um jedoch zu erfahren, wie weit sie es trieben mit ihren schänd-

---

in die Gesellschaft Jesu, lehrte zu Piazenza und Rom, wo er 1607 starb. Unter seinen Schriften erwähnen wir institutiones morales, part. III; Comment. in canticum.

a) Becan, geboren 1561, Jesuit aus Brabant, lehrte zu Mainz, Würzburg und Wien, wo er zugleich Beichtsvater Ferdinand's II. war, und wo er 1624 starb. Er schrieb Summam theologiae scholast., manuale controversiarum u. s. w.

lichen Lehren, fragte ich, ob es denn niemals erlaubt sey, Jemanden wegen einer geringern Beleidigung, z. B. weil er uns Lügner nennt, zu tödten? Allerdings, erwiederte er, nach unserm Baldell [a]), l. 3. disp. 24 angeführt von Escobar, am genannten Orte n. 49: Es ist erlaubt, den zu tödten, der dich einen Lügner nennt, wenn du sonst die Beleidigung nicht abwenden kannst. Selbst um andere Schmähworte darf man tödten, denn Lessius, dem Hereau folgt, sagt am angeführten Orte: Sucht Jemand meinen guten Namen durch Lästerungen bei angesehenen Männern zu untergraben, und kann ich das nicht hindern, ohne ih'n zu tödten, darf ich es thun? Allerdings, nach dem Urtheile der neuern Casuisten, und selbst in dem Falle, wenn das Verbrechen wahr, aber geheim ist, und auf dem gewöhnlichen Wege nicht entdeckt werden kann, und zwar deshalb, weil ich den, der mir durch eine Ohrfeige meine Ehre raubt, durch Waffen hindern darf, weil also dieselbe Vertheidigung erlaubt ist, wenn er durch die Zunge meine Ehre verletzt; die Ehre ist höher, als das Leben, man darf tödten, um sein Leben zu vertheidigen, also auch tödten, um seine Ehre zu retten. Da haben Sie denn doch Schlüsse in reiner Form; der räsonnirt nicht, sondern beweiset strenge nach den Regeln. Endlich zeigt auch dieser große Lessius noch in demselben Bande n. 78, daß man Jemanden tödten dürfe, weil er Mienen zum Schmähen macht, und seine Nichtachtung durch Zeichen ausdruckt; man kann, sagt er, die Ehre eines Menschen auf verschiedene Weise angreifen und verletzen,

a) Baldell, geboren 1572, bekleidete mehre ansehnliche Würden der Societät, war Professor der Theologie in Rom, wo er 1655 starb. Schrieb de theologia morali.

wenn man ihn mit dem Stocke schlägt, oder ihm Ohrfeigen gibt, oder wenn man ihn beleidigt durch Worte und selbst nur durch Mienen — sive per signa, — und in allen diesen Fällen ist die Vertheidigung erlaubt.

Alles, was zur Erhaltung der Ehre nur irgend zu wünschen steht, leistet Ihr, sagte ich; aber wie gefährlich ist es nun, zu leben, wenn man rings wegen kleiner Beleidigungen, und selbst wegen verächtlicher Mienen mit gutem Gewissen todschlagen kann. Sie haben völlig Recht, erwiederte er; da aber unsere Casuisten für alles sorgten, so fanden sie es rathsam, in der Praxis den Menschen wegen solcher kleiner Beleidigungen das Morden zu verbieten, denn sie sagen, daß man diese Lehre practisch kaum anwenden dürfe — Practice vix probari protest, — und das nicht ohne Grund. — Den kenne ich schon, fiel ich ein, weil Gott den Todschlag verbietet. Nicht so urtheilen jene, erwiederte er, sie halten ihn für erlaubt, wenn man nur auf das Innere der Wahrheit sehen will. Warum verbieten sie ihn denn? Wegen äußerer Ursachen; die Staaten würden im Kurzen entvölkert seyn, wenn man jedes Schmähwort mit dem Tode rächen wollte. Darüber sagt Reginald l. 21. n. 63. p. 260: Obgleich die Meinung, man dürfe tödten wegen einer bloßen Schmähung, theoretisch volle Probabilität hat, so muß man doch practisch dem Gegentheile folgen; denn bei seiner Vertheidigung muß man beständig darauf sehen, daß nicht dem Staate Verderben daraus erwachse, und es ist einleuchtend, daß wenn man so rings todschlagen dürfte, sich im Kurzen eine Unzahl von Mördern bilden würde. Eben so sagt Lessius am angeführten Orte: man muß wohl darauf sehen, daß die Anwendung dieser Lehre nicht dem Staate verderblich werde, denn sonst darf sie nicht geduldet werden — tunc enim non est permittenda. —

Das ist ja, sagte ich, ein politischer und kein religiöser Beweis; daran wird man sich wenig kehren, besonders im Zorne; Jeder wird glauben, dem Staate nicht Schaden sondern Nutzen zuzufügen und ihn eines Bösewichts zu entledigen. Deshalb, erwiederte er, hat auch Filiuz tr. 39. c. 3. n. 51. diesem Beweise einen noch viel kräftigern hinzugefügt, nämlich man würde gestraft von der weltlichen Gerechtigkeit, wenn man wegen solcher Ursachen tödtete. Gut würdet Ihr thun, sagte ich, wenn Ihr nie eine Lehre aufstelltet, bei der Ihr nicht die weltlichen Richter auf Eurer Seite hättet. Diese, erwiederte er, bekümmern sich nicht um das Gewissen, sondern sehen nur über das Aeußere der Handlung, wir aber sehen vorzüglich auf die Absicht, und daher rührt es, daß unsere Grundsätze von den ihrigen oft etwas abweichen. Macht nichts, sagte ich; so viel ist gewiß, daß man nach Eurer Lehre, wenn der Staat keinen Schaden davon hat, Schmähungen mit gutem Gewissen mit dem Tode züchtigen darf, nur muß man gegen die weltliche Gerechtigkeit sich sicher zu stellen wissen.

Habt Ihr Euch denn aber nicht um die Glücksgüter bekümmert, da Ihr doch für die Ehre so sehr sorgtet? Ich weiß recht gut, daß sie lange nicht so bedeutend sind, als die Ehre, es scheint mir aber doch, als ob man auch zu ihrer Rettung einen Todschlag begehen dürfe. Allerdings, erwiederte er, ich will es Ihnen beweisen. Alle unsere Lehrer sind darin einig, und erlauben den Mord selbst dann, wenn man von dem Räuber keine Gewaltthätigkeit mehr zu befürchten hat, wenn er z. B. auf der Flucht ist. So sagt Azor p. 3. l. 2. c 1. q. 20.

Wie viel muß denn die Sache werth seyn, um zu diesem Extreme greifen zu dürfen? fragte ich. Sie muß, nach Reginald l. 21. c. 5. n. 66. und Tanner 2. 2. disp. 4. q. 8. d. 4. n. 69, nach dem Urtheile eines weisen Mannes von großem Werthe seyn. Laiman und Filiuz sagen dasselbe. Das heißt so viel als nichts gesagt, erwiederte ich, denn da ein weiser Mann eine so seltene Erscheinung ist, wo soll man einen solchen finden, um von ihm sich seine Sachen taxiren zu lassen. Geben Eure Casuisten nicht den genauen Werth an? Halten Sie es denn für eine Kleinigkeit, sagte er, das Leben eines Menschen und eines Christen nach Gelde zu schätzen? Da sehen Sie die Nothwendigkeit unserer Casuisten; vergebens sucht man bei den Alten die Entscheidung der Frage: gegen wie viel darf man einen Menschen tödten? man findet nur die Worte: du sollst nicht tödten — non occides. — Wer hat denn nun aber diesen Werth bestimmt? fragte ich. Unser große unübertreffliche Molina, die Zierde unserer Societät, erwiederte er, welcher durch seine unvergleichliche Klugheit tom. 4. tr. 3. disp. 16. d. 6, den Werth eines Menschenlebens auf 6 oder 7 Ducaten schätzt; um diese darf man den Dieb tödten, selbst wenn er schon auf der Flucht ist. Auch sagte er in demselben Bande: wer wird es wagen, einen Menschen als einen Sünder zu verschreien, der den tödtet, welcher ihm eine Sache vom Werthe eines Thalers und noch geringer stehlen will — unius aurei, vel minoris adhuc valoris. — Daraus bildete denn Escobar den allgemeinen Grundsatz n. 44: man darf ohne Gewissensbisse einen Menschen gegen die Erhaltung eines Werthes von einem Thaler tödten, nach Molina.

Wodurch, sagte ich, wurde denn Molina so sehr erleuchtet, daß er eine so wichtige Sache ohne irgend eine Auctorität der heil. Schrift, der Concilien und Kirchenväter ganz für sich bestimmen konnte? Ich sehe wohl, daß ihm bei seinen Lehren über Mord und Gnade Quellen zu Gebote gestanden haben müssen, die dem heil. Augustin verstopft waren. Ich glaube selbst schon dieses Capitel recht gut zu fassen, denn ich sehe ein, daß man Jedermann tödten könne, der Andern, die Diener der Kirche ausgenommen, Schaden zufügt an ihrer Ehre und ihren Glücksgütern. Sind Sie gescheut! fiel der Jesuit mit schneller Heftigkeit ein; halten Sie es denn für billig, daß gerade diejenigen, denen man die meiste Achtung schuldig ist, allein dem Uebermuthe der Bösen ausgesetzt seyn sollen? Dafür sorgten unsere Lehrer wohl, denn Tanner sagt tom. 2. d. 4. q. 8. d. 4. num. 76: Es ist den Kirchendienern und selbst den Mönchen erlaubt zu tödten, um ihr Leben, ihre oder ihrer Gesellschaft Güter zu schützen. Alle andere Casuisten sagen dasselbe; Molina im Escobar n. 43; Becan in 2. 2. t. 2. q. 7. de hom. concl. 7. n. 5; Reginald l. 21. c. 3. n. 68; Laiman l. 3. tr. 3. pag. 3. cap. 3. n. 4; Lessius l. 2. cap. 9. d. 11. n. 72. Und nach unserm großen Franz Amicus [a]) ist es den Priestern und Mönchen erlaubt, diejenigen zu tödten, welche ihre Ehre durch böse Gerüchte verletzten; aber hier muß immer eine gehörige Absichtslenkung vorhanden seyn; sehen Sie seine Worte tom. 5. disp. 36. num. 118: Es ist dem Kirchendiener und dem Mönche erlaubt, einen Verläumder zu tödten, welcher ärgerliche Verbrechen von ihm oder von seiner Societät zu verbreiten droht, wenn er ihn sonst nicht daran hindern kann; denn da es ihm erlaubt ist, den zu tödten, der ihn tödten will, so ist es ihm auch erlaubt, den zu tödten, der seine oder die Ehre seiner Gesellschaft angreift, eben so wie dem Weltmenschen.

---

a) Amicus, von Cosenza gebürtig, trat in seinem 16ten Jahre 1596 in die Societät Jesu, wurde Kanzler der Akademie zu Grätz, und nachher Generalinspector; starb 1651. Er schrieb Cursum theologiae juxta schol. soc. J. methodum u. A.

Das sind mir ganz neue Lehren, sagte ich; bisher glaubte ich in meiner Einfalt immer das Gegentheil, weil die Kirche so sehr das Blut scheuet, daß sie den geistlichen Richtern selbst den Beisitz im Criminalgerichte untersagte. Lassen Sie das, erwiederte er; unser Amicus lobt diese Lehre sehr, obgleich er in seiner Abhandlung die seiner so würdige Bescheidenheit so hoch treibt, daß er das vollständige Urtheil dem vernünftigen Leser überläßt; Caramuel, unser große Beschützer, führt sie in seiner Fundamentaltheologie p. 543 an, und hält sie für so gewiß, daß er die entgegengesetzte für nicht probabel erklärt; er zieht daraus herrliche Folgesätze, wie dieser z. B. ist, den er den Schluß der Schlüsse — conclusionum conclusionem — nennt: ein Priester darf nicht nur unter gewissen Umständen einen Verläumder tödten, sondern es können selbst Fälle eintreten, wo es ihm Pflicht wird — etiam aliquando debet occidere. — Er entscheidet auch noch mehre neue Fragen, die auf diesem Grundsatze beruhen, z. B.: dürfen die Jesuiten die Jansenisten tödten?

Ein neues unerhörtes Capitel der Theologie! rief ich aus; nach der Meinung des Amicus ist es um die Jansenisten geschehen. Keinesweges, antwortete der Jesuit, Caramuel folgert gerade das Gegentheil, num. 1136 u. 1147 pag. 547 u. 548. die Jansenisten nennen die Jesuiten Ketzer; darf man sie deshalb tödten? Nein, weil die Jansenisten eben so wenig den Ruhm der Societät verdunkeln können, als eine Mücke den Glanz der Sonne; sie erhöheten ihn, ohne es zu wollen — occidi non possunt, quia nocere non potuerunt. — Das Leben der Jansenisten, sagte ich, hangt also bloß davon ab, daß Ihr glaubt, sie schaden Eurem Ruhme nicht; wenn das ist, dann gebe ich nichts für ihre Sicherheit; denn sobald es nur einigermaßen probabel wird, daß sie Euch im Wege stehen, so erklärt Ihr sie sofort des Todes würdig, beweiset das durch einen vollendeten Syllogism, fügt die Absichtslenkung hinzu, und das ist genug, Jemanden mit gutem Gewissen los zu werden. Glücklich sind die, welche nicht beleidigen wollen, wenn sie Eure Lehre kennen; aber unglücklich auch, wer je beleidigt. Wahrlich es ist nicht so gefährlich, unter Räubern zu leben, als unter denen, die nach Euren Lehren sich richten. Was hilft dem Verwundeten die Absicht dessen, der ihn verwundete? er fühlt die Wunde und nicht die geheime Absichtslenkung des Feindes. Ich weiß wahrhaftig nicht, ob ich nicht lieber grausam mich wolle tödten lassen von dem Beile eines Wütherichs, ehe ich mich von solchen frommen Menschen auf eine religiöse Art umbringen ließe [a]). In Wahrheit, alles

a) Hinzugefügt werden könnte noch die Erlaubniß der Jesuiten, Könige und Fürsten zu tödten. Tolet Summa lib. 5. cap. 6. n. 17. p. 738 sagt: Einem Privatmanne ist es erlaubt, einen König zu tödten, falls dieser ein Tyrann ist und man seiner auf keine andere Weise loswerden kann. Mariane läßt auch diesen letzten Zusatz weg, de Rege et Regis institutione, indem er sagt: man begehet nicht die geringste Sünde, wenn man den König tödtet, falls dieses allgemeiner Wunsch ist. Dieses Buch wurde am 8ten Juni 1610 wegen der vielen Lästerungen, die es auf Heinrich III. enthielt, durch den Scharfrichter auf den Befehl des Pariser Parlaments öffentlich verbrannt. Sie bewogen sogar durch heimliche Ueberredungen den Pabst Clemens XI., die drei Erdrosselten Guignard — er hatte Theil an dem Morde Heinrich's III. durch den Dominikanermönch Johann Clemens am 1sten August 1589, und besaß die Frechheit, selbst noch bei seiner Hinrichtung zu behaupten, Heinrich III. sey mit Recht ermordet und auch Heinrich VI. müsse umgebracht werden, falls er nicht im Kriege schon getödtet würde, — Oldecorne und Garnet, damaliger Provinzial der Jesuiten, — wegen Begünstigung und Theilnahme an der Pulververschwörung 1605 unter Jakob I. — für drei vorzügliche Martyrer der Religion zu dieses erregt mir doch ein Grausen, und die Lehren des Amicus und Caramuel gefallen mir nicht. Warum das? fragte er, Sie sind doch kein Jansenist! Aus einem ganz andern Grunde, erwiederte ich, ich schreibe nämlich von Zeit zu Zeit an einen meiner Provinzialfreunde das, was ich über die Lehren Eurer Societät erfahre; obgleich ich nun weiter nichts thue, als die Lehren Eurer Casuisten treu abschreibe, so fürchte ich doch, ein schlechter Mensch möchte es erfahren und es Euch als eine Beleidigung darstellen, und so könnte mir denn Uebles begegnen. Gehen Sie doch, antwortete er, es wird Ihnen deshalb nichts Böses geschehen, ich bin Bürge; denn was unsere Lehrer schrieben, und noch dazu mit Zustimmung ihrer Obern schrieben, das ist nicht schlecht und kann ohne Gefahr verbreitet werden.

Ich schreibe Dir also alles getrost, mich verlassend auf die Bürgschaft des Jesuiten; aber es mangelt der Platz für alle diese wichtigen Lehren, ganze Bände müßte man schreiben, um alles zu erschöpfen. Leb' wohl.

---

erklären!! S. Recueil de pieces touchant l'histore de la Compagnie de Jesus, composé par le Pere Jouvenei p. 8. 28. 29. 184. 186. 188. 190. 191. Auch Parallele de la doctrine u. s. w.

# Achter Brief
## an den Provinzial
### von einem seiner Freunde.

---

Mancherlei jesuitische Verdrehungen der Moral zur Begünstigung der Richter, Wucherer und öffentlichen Betrüger. Der Contract Mohatra. Wahrsager, Zauberer und Huren. Restitution.

Paris am 28sten May 1656.

Du glaubst nicht, wie neugierig man unsere Namen auskundschaftet, aber vergebens; einige halten mich für ein Mitglied der Sorbonne, andere glauben, diese Briefe rühren von vier oder fünf Männern her, die wie ich weltlich sind. Aus allen diesen falschen Muthmaßungen schließe ich nicht übel gehandelt zu haben, wenn ich mich keinem weiter offenbarte, als Dir und jenem Jesuiten; dieser duldet so meine täglichen Besuche und ich dulde dafür seine Reden, freilich manchmal nur mit vieler Mühe, aber ich muß wohl schweigen, sonst bricht er seine Unterhaltung ab, und ich muß mein Versprechen, dich in ihrer Moral zu unterrichten, unerfüllt lassen. Du bist meiner Ueberwindung vielen Dank schuldig, denn es ist unerträglich, einen Menschen alle christliche Moral durch so abscheuliche Lehren verhunzen zu sehen und ihm nicht auf der Stelle widersprechen zu dürfen. Jedoch denke ich mich zu entschädigen, wenn ich erst so weit mit dem Jesuiten gekommen bin, daß er mir seine ganze Lehre entdeckt hat; bis dahin schweige ich, um alles zu erfahren. Schon in meiner letzten Unterhaltung lernte ich so viel, daß ich kaum alles es sagen kann; Du wirst da sehr bequeme Lehren finden, die von der Zurückgabe unrecht erworbenen Gutes ganz frei machen. Sie bemänteln freilich ihre Maximen auf alle mögliche Art, und daher erstreckt sich jene Befreiung vorläufig auf ungerechte Richter, Wucherer, öffentliche Betrüger, Diebe, Huren und Zauberer, die alle der Pflicht entledigt werden, das zurückzugeben, was sie durch ihre Künste sich erwarben. Diese Lehren setzte mir denn der Jesuit so auseinander.

Ich verpflichte mich, hub er an, Sie in die Lehren einzuweihen, die unsere Casuisten zu Gunsten aller Stände aufstellten; ich handelte schon von den Benefiziaten, Priestern, Mönchen, Dienern und Edelleuten; ich komme jetzt zu den übrigen Ständen und will mit den Richtern anfangen. Zuerst will ich Ihnen die wichtigste und nützlichste unserer Lehren für sie zeigen, sie ist von Castrus Palaus, einem der 24 beim Escobar tr. 6. ex. 6. n. 45: darf ein Richter bei der Entscheidung eines Rechtsstreits einer probabeln Meinung folgen und von einer viel probablern abweichen? Ja, und selbst gegen eigene Ueberzeugung — imo contra propriam opinionem, dummodo probabilitas sit circa jus. —

Trefflicher Anfang, sagte ich, viel verdanken Euch die Richter, und ich kann nicht begreifen, warum sie manchmal Eurer Probabilität so sehr zuwider sind; Ihr gebt Ihnen dadurch eben so viel Rechte über die Güter der Menschen, als Ihr selbst über die Gewissen derselben erlangt habt. Sie sehen daraus, erwiederte er, daß nicht eigener Vortheil uns leitet, sondern nur der Wunsch, den Richtern Gewissensruhe zu verschaffen. Diese Absicht hatte auch Molina, der sich so sehr für sie interessirte, daß er, um ihnen jeden Scrupel zu nehmen, alle die Fälle durchging, wo der Richter mit gutem Gewissen von seinen Parteien Geschenke nehmen darf, wenn nicht ein besonderes Gesetz es ausdrücklich verbietet, tom. 1. tr. 2. d. 88. n. 6: der Richter darf Geschenke annehmen von seinen Parteien, wenn man sie ihm gibt aus Freundschaft oder Dankbarkeit für eine gewonnene Rathsache, oder um eine künftige zu gewinnen, oder um ihn zu einer besondern Sorge für seine Sache zu bewegen, oder um ihn anzuspornen, daß er sie schnell beendige. Auch sagt Escobar tr. 6. ex. 6. n. 48: Wenn mehre Personen mit gleichem Rechte die Entscheidung eines Processes erwarten, und die eine dem Richter ein Geschenk macht, um ihn zu bewegen, daß er ihren Prozeß zuerst entscheide, sündigt der Richter, wenn er es thut? Keinesweges, nach Lima, denn er thut dadurch nach dem natürlichen Gesetze den Andern kein Unrecht, indem er die Sache eines Jeden zuerst hätte entscheiden können, und er nun gegen denjenigen, der ihn beschenkte, noch eine besondere Verbindlichkeit hat, welche dem Geber einen Vorzug bewirkt, und dieser Vorzug scheint nach dem Werthe des Geschenkes taxirt werden zu müssen — quae obligatio videtur pretio aestimabilis. —

Ich erstaune, sagte ich, über diese neu erlangte Freiheit der Richter, die gewiß den ersten Magistratspersonen unbekannt ist, denn der Oberpräsident ließ im Parlamente eine Verordnung ergehen, welche den Schreibern die Annahme eines Geschenkes für einen solchen Vorzug strenge untersagte, und dieses beweiset, daß es den Richtern noch weit weniger erlaubt sey; von allen Seiten wurde dieses Gesetz als ein gutes, nützliches gelobt. Ist das wahr? erwiederte der Jesuit ganz verwirrt; ich habe davon noch nichts gehört. Unsere Meinung ist nur probabel und das Gegentheil ist es gleichfalls. Aufrichtig, sagte ich, die Welt findet jenes Gesetz des Oberpräsidenten mehr als probabel, weil es den Lauf einer öffentlichen und so lange geduldeten Bestechung hemmte. Ich bin ganz Ihrer Meinung, antwortete er, aber lassen wir das; es sey dieses von den Richtern genug gesagt. Sie haben Recht, sagte ich, denn die Richter werden Euch für die Freiheiten, die Ihr ihnen gebt, wenig dankbar seyn. Nicht deshalb, erwiederte er, sondern nur, weil wir noch im Allgemeinen so viel zu sagen haben, daß wir uns im Einzelnen der Kürze befleißigen müssen.

Gehen wir fort zu den Geschäftsmännern; Sie wissen, daß man mit ihnen am meisten zu thun hat, wenn man sie vom Wucher entfernt halten will. Darauf sahen denn unsere Casuisten ganz vorzüglich, und sie hassen dieses Laster so sehr, daß Escobar tr. 3. ex. 5. n. 1. sagt: es ist eine Ketzerei, den Wucher für keine Sünde zu halten. Baunius in seiner Summ. pecc. cap. 14. unterhält sich mehre Seiten mit den Strafen für die Wucherer, er erklärt sie für entehrt ihre ganze Lebenszeit und nicht würdig des Begräbnisses.

Solch' eine Strenge, erwiederte ich, habe ich nicht von Baunius vermuthet. Wo es nöthig ist, sagte der Jesuit, da ist er strenge; da aber dieser gelehrte Mann wahrnahm, daß der Wucher nur aus einem Verlangen nach Gewinn entsteht, so sagt er an demselben Orte: man würde der Welt einen großen Dienst erweisen, wenn man die bösen Folgen des Wuchers und aller aus ihm fließenden Laster hemmte, und dafür ein Mitel ausfindig machte, von seinem Gelde eben so viel und noch mehr Gewinn zu ziehen auf einem guten und gerechten Wege, als wenn man damit wuchern wollte. Allerdings, sagte ich, würde dann jeder Wucher aufhören. Deshalb schlägt er denn auch, antwortete der Jesuit, eine allgemeine Methode vor, anwendbar auf jede Classe von Menschen, und so leicht ausführbar, daß sie nur in dem Aussprechen einiger Wörter besteht; hat man diese ausgesprochen, so kann man von seinem Gelde Gewinn ziehen, ohne zu wuchern, welcher

Gewinn ohne jene Worte unzweifelhaft Wucher gewesen wäre. Was für geheimnißvolle Worte sind denn das? fragte ich. Lesen Sie selbst, erwiederte er, Summa peccat. — sie ist in französischer Sprache geschrieben, damit Jedermann sie verstehen könne, und den Zweck hatte Baunius, wie er selbst in der Vorrede sagt: — derjenige, von dem man Geld leihen will, sagt: ich habe nichts was ich dir leihen kann, ich habe aber Geld, was ich auf eine erlaubte Weise benutzen will, um daraus einen erlaubten Gewinn zu ziehen; willst du also Geld haben, um damit für dich und mich zu gewinnen, so kann ich vielleicht dir dienen; weil es aber vielen Schwierigkeiten ausgesetzt ist, hinsichtlich des einstigen Gewinns eine Theilung vorzunehmen, so werden wir leichter fertig, wenn du mir gleich eine bestimmte Summe aussetzst; ich zahle dir dann das Geld aus. Ist das nicht ein gemächlicher Weg, Geld zu gewinnen, ohne dabei zu sündigen? Mit Recht fügt deshalb Baunius hinzu: Auf diese Weise, denke ich, kann der größte Theil der Menschen, der vorhin durch Wucher, Erpressungen, unerlaubte Contracte sich den Haß Gottes zuzog, sein Seelenheil retten, und dabei doch von seinem Gelde einen guten erlaubten Gewinn ziehen.

Kräftige Zauberworte! sagte ich, denn unstreitig liegt in denselben eine verborgene Kraft, die ich nicht wahrnehme; bisher glaubte ich immer, Wucher bestände darin, von seinem Gelde mehr zu nehmen, als nach den gewöhnlichen Gesetzen erlaubt ist. Wie Sie doch, erwiederte er, der Dinge so unkundig sind! nach unserer Meinung besteht der Wucher aus nichts anderm, als der Absicht, Geld auf eine wucherische Weise zu gewinnen. Deshalb lehrt Escobar den Wucher durch eine einfache Absichtslenkung vermeiden tr. 3. ex. 5. n. 4. 33. 44:

Es ist Wucherei, Nutzen zu verlangen von verliehenem Gelde als eine Pflicht der Gerechtigkeit, aber keine Wucherei, wenn man ihn als Pflicht der Freundschaft verlangt. Und n. 3: Es ist nicht erlaubt, unmittelbar von ausgeliehenem Gelde Zinsen zu ziehen; aber sie zu erhalten durch Vermittelung des Wohlwollens des Leihenden — media benevolentia, — das ist kein Wucher.

Lauter scharfsinnige Methoden! wir haben deren eine große Menge, so daß jeder nach Belieben wählen kann; eine der besten scheint mir jedoch die zu seyn, welche man den Contract Mohatra — auch Barata — nennt. Contract Mohatra — sagte ich. Ich sehe wohl, fiel er ein, daß Sie ihn nicht kennen, jedoch ist Ihnen nur der Name auffallend, Escobar soll ihn erklären, tract. 3. exam. 3. num. 36: Der Contract Mohatra besteht darin, daß man Waaren theuer und auf Credit kauft, und sie sogleich dem Verkäufer um eine baare viel geringere Summe wieder verkauft. Das ist der Contract Mohatra, durch welchen man also eine baare Summe erhält und hernach eine größere zurückzahlen muß. Escobar, sagte ich, ist wohl der einzige, der von diesem Contracte Mohatra spricht, oder reden Eure übrigen Casuisten auch davon? Sie wissen aber auch von allen diesen Dingen gar nichts, erwiederte er; das letzte Werk über Moraltheologie, welches noch in diesem Jahre in Paris erschienen ist, redet von Mohatra, und das recht gelehrt; es führt den Titel Epilogus summarum, es enthält nämlich einen kurzen Abriß aller Lehren des Suarez, Sanchez, Lessius, Fagundez, Hurtado und anderer berühmten Casuisten, wie das Titelblatt zeiget. Auf der 54 Seite heißt es: Mohatra nennt man den Vertrag, wo Jemand, der 20 Pistolen bedarf, von einem Kaufmanne für 30 Pistolen Waaren kauft, die er nach einem Jahre etwa bezahlen soll, und ihm nun die Waaren auf der Stelle für baare 20 Pistolen wieder verkauft. Sie sehen also, daß der Mohatra nicht ungebräuchlich ist. Ist denn aber ein solcher Contract erlaubt? fragte ich. Escobar sagt am angeführten Orte, erwiederte er, daß mehre Gesetze ihn bei Androhung der strengsten Strafen verbieten. Wozu dient er denn aber? sagte ich. Thut nichts zur Sache, erwiederte er, Escobar gibt in demselben Buche hinlängliche Mittel an, ihn erlaubt zu machen, selbst dann, sagt er, ist der Mohatra erlaubt, wenn der, welcher verkauft und wiederkauft, zur Hauptabsicht seinen Nutzen hat, es dürfen aber die gekauften Sachen im Verkaufe nicht ihren höchsten und im Wiederverkaufe nicht ihren niedrigsten Preis übersteigen, auch darf man vorher dieses nicht durch bestimmte Worte oder auf sonstige Weise ausmachen. Lessius de just. l. 2. c. 21. d. 16 sagt: selbst dann, wenn man beim Verkaufe die Absicht hatte, um einen geringen Preis die Sache wieder zu kaufen, ist man nicht verpflichtet seinen Vortheil zurückzugeben, wenn nicht etwa die Liebe dazu treibt, im Falle nämlich, daß der Kaufende arm ist, und der Verkaufende ohne eigenen großen Schaden seinen Vortheil aufgeben kann — si commode potest. — Das ist alles, was sich über diesen Gegenstand sagen läßt. Es reicht hin, sagte ich, denn eine größere Nachgiebigkeit würde Sünde seyn. Unsere Lehrer, fiel er ein, wissen recht gut das richtige Maaß zu treffen; Sie sehen übrigens, wie nützlich der Mohatra ist.

Ich könnte Ihnen noch andere Methoden anführen, allein diese mögen hinreichen, und ich gehe fort zu denen, die von zerrütteten Vermögensumständen gedrückt werden. Auch für sie sorgten unsere Casuisten; denn wenn sie nicht so viel haben, um anständig leben zu können und zugleich ihre Schulden zu bezahlen, dann ist es ihnen, nach der Lehre unserer Casuisten, erlaubt, ihren Gläubigern den Concurs anzukündigen und einen Theil ihres Vermögens in Sicherheit zu bringen. So sagt Lessius, und Escobar stimmt ihm bei tr. 3. ex. 2. n. 163: Darf der, welcher Concurs macht, von seinen Gütern so viel behalten, als hinreicht zu einer anständigen Erhaltung seiner Familie? — ne indecore vivat? — Ich sage mit Lessius ja, wenn er auch seine Schulden durch Ungerechtigkeit und offenbare Laster gemacht hat — ex injustitia et notorio delicto, — in diesem Falle aber darf er nicht so viel behalten, als sonst. Durch welche unerhörte Liebeslehre wollt Ihr denn aber den Gläubigern den Besitz ihrer Güter streitig machen, und sie demjenigen zusichern, der sie räuberisch an sich brachte? fragte ich. Man kann es nicht Jedem recht machen, antwortete er, und unsere Casuisten wollten dadurch nur dem Elende beistehen. Dieselbe Absicht hatte Vasquez, wenn er bei Palaus tom. 1. tr. 6 d. 6. p. 6. num. 12 sagt: will Jemand einen Armen bestehlen, so darf man ihm, um ihn davon abzuhalten, irgend einen Reichen bezeichnen, und ihm rathen, diesen statt den Armen zu bestehlen. Haben Sie etwa nicht den Vasquez und auch nicht den Palaus bei der Hand, so finden Sie dasselbe im Escobar, denn dieser sagt beinah nichts aus sich, sondern nimmt fast alles aus seinen 24 Alten. Lesen Sie nur den tr. 5. ex. 5. n. 120. betitelt: Praxis circa materiam de caritate ex Societatis nostrae Doctoribus — Praxis unserer Societät über die Nächstenliebe. — Eine ganz besondere Liebe, sagte ich, den Nutzen des Einen durch den Schaden des Andern zu bewirken; ich glaube, daß man die Nächstenliebe in vollem Sinne des Worts ausüben müsse, daß also derjenige, der einen solchen Rath gibt, in seinem Gewissen verbunden ist, dem Reichen das wieder zuzustellen, was er durch seinen Rath verloren hat. Keinesweges, erwiederte der Jesuit, denn er hat es nicht selbst gestohlen, sondern nur dazu den Rath gegeben. Hören Sie deshalb die Weisheit unsers Baunius in einem andern Falle, wo man noch viel mehr glauben muß, man sey zur Zurückgabe gezwungen; er sagt Summ. pec. cap. 13: Es bittet Jemand einen Soldaten, seinen Nachbarn zu schlagen, oder dessen Scheune anzuzünden, weil dieser ihn beleidigte; es fragt sich, ob dieser Mensch, wenn der Soldat seinen Bitten folgt, von seinem Eigenthume den zugefügten Schaden ersetzen müsse? Ich sage nein, denn nur der braucht zurückzugeben, der die Gerechtigkeit verletzte; wie sollte aber dadurch die Gerechtigkeit verletzt werden, daß man um etwas bittet? wie auch die Bitte beschaffen seyn mag, der Gebetene behält immer Freiheit, ihr zu willfahren oder nicht; mag er deshalb thun was er will, es ist sein eigener Wille. Jenen wird also zur Zurückgabe nichts bewegen können, als etwa seine Güte und Menschenfreundlichkeit. Vergütet daher der Soldat den Schaden nicht, so kann die Pflicht nicht auf den fallen, durch dessen Bitten der Schaden zugefügt ist.

Diese Worte waren recht geeignet, unsere Unterhaltung auf einmal abzubrechen, denn ich war nahe daran, laut aufzulachen über die Güte und Menschenfreundlichkeit eines Mordbrenners, und über jene verrückten Lehren, welche den ersten und wahren Urheber von der Vergütung frei sprechen, da ihn die weltliche Gerechtigkeit doch wenigstens würde aufknüpfen lassen. Jedoch ich hielt mich, um den Jesuiten nicht zu beleidigen, denn er redete sehr ernsthaft und fuhr auch in demselben Tone fort.

Aus so vielen Beweisen sehen Sie gewiß die Nichtigkeit Ihrer Einwürfe, durch die wir von unserm Vorhaben abgekommen sind; lassen Sie uns also zurückkehren, wir waren gerade an denen, die gedrückt sind durch zerrüttete Vermögensumstände. Um ihnen Hilfe zu schaffen, sagt Lessius lib. 2. cap. 2. num. 2: es ist erlaubt, nicht nur in der höchsten, sondern auch in einer sehr großen Noth zu stehlen. Andere sagen dasselbe, namentlich Escobar, tr. 1. ex. 9. n. 29.

Eine wunderliche Meinung! sagte ich; wer hat wohl nicht oft seine große Noth, und wie Vielen gebt Ihr also die Erlaubniß, mit gutem Gewissen stehlen zu können? Und wenn Ihr auch nur den wirklich Unglücklichen diese Erlaubniß zugesteht, so öffnet Ihr doch dadurch das Thor zu unzähligen Räubereien, welche von der Justiz bestraft werden, ungeachtet der großen Noth, und dem müßt Ihr doch zuvorkommen, da Ihr nicht nur Gerechtigkeit, sondern auch Liebe unter den Menschen verbreiten sollt, die durch jene Lehren gänzlich verbannt wird. Oder heißt das etwa Liebe, wenn man raubt, schadet und seines Nächsten Güter zu seinem Vortheile an sich zieht? Bisher hörte ich immer, daß dieses gerade die Liebespflicht verletzen hieße. Das ist nicht immer wahr, erwiederte er, denn der große Molina lehrt, tom. 2. tr. 2. disp. 228. n. 8: Die Pflicht der Liebe erfordert nicht, sich einen Vortheil zu entziehen, um seinem Nächsten einen gleichen Schaden zu verhüten. Er führt dieses an, um folgenden Satz zu beweisen: Man darf mit gutem Gewissen die Güter behalten, die uns von einem Andern gegeben sind, damit er sie seinen Gläubigern entziehe. Lessius ist derselben Meinung, und bedient sich auch desselben Grundes zum Beweise, l. 2. c. 20. d. 19. n. 16. Sie sind lange nicht mitleidig genug gegen die Elenden; unsere Väter hegten viel mehr Liebe, sie sorgten für

Reiche und Arme, ja selbst für Sünder. Denn obgleich sie den Lasterhaften an sich sehr entgegen sind, so stellen sie doch die Lehre auf, daß man das durch ein Laster Erworbene behalten dürfe. Darüber urtheilt Lessius im Allgemeinen, lib. 2. cap. 14. d. 8: Man ist weder nach dem Naturrechte noch nach dem positiven Rechte verpflichtet, das zurückzugeben, was man durch eine schlechte Handlung, z. B. durch einen Ehebruch sich erworben hat, obgleich diese Handlung an sich der Gerechtigkeit zuwider ist. Denn nach Escobar, tr. 1. ex. 8. n. 59, sind die Güter, die ein Weib sich durch den Ehebruch erwirbt, auf eine unrechtmäßige Weise erworben, dessenungeachtet aber ist der Besitz ein rechtmäßiger. Daraus ziehen denn auch die berühmtesten unserer Casuisten den förmlichen Schluß, daß die Geschenke, die ein Richter erhält, damit er zu Gunsten des Gebers ein falsches Urtheil fälle, die ein Soldat erhält, damit er Jemanden tödte, so wie überhaupt dasjenige, was man durch die schändlichsten Laster sich erworben hat, rechtmäßiger Besitzthum sind. Diesen Schluß sammelte Escobar aus unsern Schriftstellern, und bildete daraus die allgemeine Regel, tr. 3. ex. 1. n. 23: die Güter, welche man sich erwirbt durch ungerechte Mittel, z. B. durch einen Mord, ein ungerechtes Urtheil, Unzucht u. s. w., besitzt man rechtmäßigerweise, und ist nicht verbunden, sie zurückzugeben. Eben so sagt er, tr. 5. ex. 5. n. 53: man darf frei entscheiden über das, was man sich durch Todschlagen, Fällen ungerechter Urtheile, Unzucht u. s. w. erworben hat, weil der Besitz davon ein rechtmäßiger ist, und man über seinen rechtmäßigen Besitzthum freie Disposition hat.

Den Weg zum Reichthume kannte ich bisher noch nicht, sagte ich, aber ich fürchte, daß die Justiz dazu nicht ja sagen, und Todschlag, Ungerechtigkeit und Ehebruch nicht als Titel eines rechtmäßigen Besitzthums anerkennen wird. Was die Rechtsbücher, erwiederte der Jesuit, darüber sagen, weiß ich nicht; aber das ist gewiß, daß unsere Casuisten, die für das Gewissen Gesetze schreiben, alle mit mir einstimmig sind. Nur in einem einzigen Falle gebieten sie die Zurückgabe, nämlich in dem Falle, wo man die Güter von Jemanden erhält, der nicht über sein Eigenthum frei zu disponiren hat, z. B. von Kindern und Klostergeistlichen; denn unser große Molina schließt sie aus tom. 1. de just. tr. 2. d. 94: wenn nicht das Weib die Geschenke von einem erhalten hat, der nichts verschenken darf, etwa von einem Mönche oder einem Familiensohne. In diesem Falle ist die Restitution Pflicht, Escobar tr. 1. ex. 8. n. 59 und tr. 3. ex. 1. n. 23.

Ich sehe wohl, sagte ich, daß Ihr den Klostergeistlichen gewogener seyd, als andern Menschen. Nichts weniger, erwiederte er, wir schließen alle Minderjährige aus, und unter diese gehören die Klostergeistlichen ihr ganzes Leben hindurch, es ist also billig, sie auszuschließen. Allen Andern aber ist man nicht verpflichtet das zurückzugeben, was man für eine schlechte Handlung von ihnen empfangen hat. Lessius beweiset das hinlänglich, l. 2. de just. c. 11. d. 8. n. 52: eine schlechte Handlung kann nach Gelde taxirt werden, in so fern man den Nutzen in Erwägung zieht, den der davon hat, der sie thun läßt, und die Gefahr, welcher der sich aussetzt, der sie thut; deshalb ist man nicht verbunden, zurückzugeben, was man erhielt für eine solche böse That, sey sie ein Todschlag, ein ungerechtes Urtheil oder eine unzüchtige Handlung — denn dieser Beispiele bedient sich Lessius durchgehends in diesem Capitel, — wenn man nur nicht von solchen erhält, die über ihr Vermögen keine freie Disposition haben. Man könnte freilich einwenden, daß derjenige sündige, welcher für irgend eine böse That Geld nimmt; allein ich antworte: ist die That einmal vollbracht, so ist es weder Sünde, das Versprochene zu zahlen, noch es anzunehmen. Filiuz setzt das noch weiter auseinander, denn er sagt, man sey in seinem Gewissen verpflichtet, die eine böse Handlung höher zu bezahlen, als die andere, auch müsse man sehen auf die verschiedene Lage der Personen, die sie begehen. Er stellt dafür sichere Gründe auf, tr. 31. c. 9. n. 231: Einer heimlichen Hure ist man verpflichtet zu zahlen, und zwar mehr, als einer öffentlichen, weil die Liebesdienste einer heimlichen Hure viel höher zu schätzen sind, als die einer öffentlichen, und weil kein positives Gesetz gebietet, ihr nichts zu zahlen. Eben so verhält es sich mit den Geschenken, die man einer Jungfrau, einer Gattin, einer Nonne und Andern macht; überall gilt derselbe Grund.

Hierauf zeigte er mir solche Schändlichkeiten in ihren Schriftstellern, daß ich mich schäme, sie wieder zu erzählen; er selbst würde sich vor ihnen entsetzt haben — denn er ist ein braver Mann, — wenn er nicht aus blinder Achtung für seine Mitbrüder alles, was von ihnen kommt, als gut ehrte. Ich schwieg indeß, nicht als ob ich gewünscht hätte, er möchte in dieser Materie fortfahren, sondern weil ich mich entsetzte über die abscheulich schändlichen und verrückten Lehren, womit ich die Bücher dieser Kirchendiener angefüllt sah. Er setzte deshalb ungestört seine Rede fort, und schloß mit den Worten: hieraus entschied unser Molina — und ich glaube, daß Sie nun zufrieden seyn werden — die Frage: Wenn Jemand Geld empfangen hat, um dafür Böses zu thun, ist er verbunden, das Geld zurückzugeben? — so: thut er das Böse nicht, wofür man ihn bezahlte, so muß er zurückgeben, thut er es aber, dann ist er dazu nicht verpflichtet, — si non facit hoc malum tenetur restituere, secus si fecit — Escobar tr. 3. ex. 2. n. 138.

Das sind nun so einige Lehren über die Restitution, es sey dies genug; lassen Sie nun mal hören, ob Sie auch alles wohl begriffen haben, antworten Sie mir: muß ein Richter die Geschenke zurückgeben, die er erhielt, um zu Gunsten zu urtheilen? Sie sagten mir, nein, erwiederte ich. Dacht ich's doch, fiel er ein; habe ich Ihnen das im Allgemeinen gesagt? ich erklärte nur, daß er nicht zurückzugeben brauche, wenn der, zu dessen Gunst er urtheilte, Unrecht hatte; hat dieser aber Recht, soll er denn dem Richter das abkaufen, was ihm von Rechtswegen gebührt? Das wäre ja unvernünftig. Sehen Sie denn nicht ein, daß der Richter die Gerechtigkeit ausüben muß, und also dafür nichts nehmen darf, daß er aber die Ungerechtigkeit nicht üben soll, und für die Ausübung dieser erst bezahlt werden muß? So sagen einstimmig unsere größten Schriftsteller, Molina disp. 94 u. 99. Reginald l. 10. n. 184, 185 u. 187. Filiuz tr. 31. n. 220 u. 298. Escobar tr. 3. ex. 1. n. 21 u. 23. Lessius l. 2. c. 14. d. 8. n. 21 u. 23: ein Richter ist verbunden das zurückzugeben, was er für die Ausübung der Gerechtigkeit erhalten hat, wenn es ihm nicht sonst aus Freigebigkeit geschenkt ist; er ist aber nicht verbunden, etwas zurückzugeben, wofür er ein ungerechtes Urtheil gesprochen hat.

Ich erstaunte über die Verkehrtheit dieser Lehre, und während ich die schädlichen Folgen derselben überdachte, legte mir der Jesuit eine zweite Frage vor: Muß der Wahrsager das durch seine Kunst Erworbene zurückgeben? Wie Sie wollen, erwiederte ich. Wie ich will? antwortete er, wunderlicher Mensch! als ob die Wahrheit von meinem Willen abhinge! Ich sehe wohl ein, daß Sie die Frage nie selbst werden lösen können; sehen Sie deshalb, wie Sanchez sie beantwortet — dafür ist er aber auch Sanchez; — zuerst unterscheidet er Summa lib. 2. c. 38. n. 94, 95 u. 96, ob der Wahrsager sich der Astrologie und anderer natürlicher Dinge bedient habe, oder ob er die Kunst des Teufels anwendete; in dem einen Falle muß er zurückgeben, in dem andern nicht. Können Sie mir nun wohl sagen, in welchem Falle er zurückgeben müsse und in welchem nicht? Das hat keine Schwierigkeit, sagte ich, ich sehe wohl, was Ihr wollt; er muß zurückgeben in dem Falle, wo er sich des Teufels bediente. Wenn Sie es doch nur ein einziges Mal träfen, erwiederte er, gerade wieder das Gegentheil; sehen Sie selbst den Beweis von Sanchez, am angeführten Orte: bediente er sich nicht der Hilfe des Teufels, das zu erfahren, was er auf keine andere Weise wissen konnte, so muß er restituiren; thut er dieses aber, so ist er dazu nicht verpflichtet. Warum denn aber dieses? fragte ich. Wissen Sie denn nicht, erwiederte er, daß man durch die Teufelskunst wahrsagen könne, nicht aber aus der Astrologie? Wenn nun aber, sagte ich, der Teufel nicht die Wahrheit sagt, und er ist doch gewiß nicht wahrhaftiger als die Astrologie, dann muß doch der Wahrsager restituiren? Nicht immer, antwortete er; denn auch hier macht Sanchez einen Unterschied, ist der Wahrsager unkundig der Teufelskunst, so muß er restituiren; ist er aber ein geschickter Wahrsager, und spart er keine Mühe, die Wahrheit zu erfahren, so ist er nicht dazu verpflichtet, denn in diesem Falle muß man seinen Fleiß bezahlen — diligentia a mago apposita est pretio aestimabilis. —

Recht hübsch, sagte ich, und ein gutes Mittel, die Zauberer anzutreiben, sich weise und geschickt in ihrer Kunst zu machen, weil sie nach Eurer Lehre nur dann auf Gewinn hoffen dürfen, wenn sie dem Pöbel mit Treue dienen. Sie scheinen zu spotten, erwiederte er, lassen Sie das ja; denn sprächen Sie so bei einem Menschen, der Sie nicht genau kennte, so möchten Ihre Worte übel gedeutet, und Sie selbst für einen Religionsspötter gehalten werden. Das würde ich leicht abwenden, sagte ich; denn ich glaube, daß man, wenn man den Sinn meiner Worte genauer erforschen wollte, leicht gerade das Gegentheil finden würde; doch findet sich vielleicht einmal in unsern Unterhaltungen eine bessere Gelegenheit, Ihnen das zu erklären. Ha, ha, fiel der Jesuit ein, wie Sie doch so schnell aufhören zu lachen! Wenn man mich, erwiederte ich, für einen Religionsspötter hält, so handelt man ungerecht, und mir ist das sehr unangenehm. Ich wollte das nicht sagen, antwortete er, doch lassen Sie uns ernsthafter reden. Recht gern, sagte ich, ganz nach Belieben; ich verhehle nicht, daß ich mich wundere, wie Eure Lehrer für alle Menschenclassen sorgten, und selbst den Wahrsager und Zauberer nicht vergaßen.

Nicht zu Vielen kann man das sagen, fuhr der Jesuit fort, auch nicht zu genau die einzelnen Fälle hervorheben, und nicht zu oft in verschiedenen Büchern dasselbe wiederholen. Es wird Ihnen dieses eine Stelle aus einem unserer größten Lehrer — denn er ist gegenwärtig unser Provinzial — Cellot Hierarch. lib. 8. c. 16. §. 2. beweisen, wo er erzählt: Ein Mensch, der eine große Summe Geldes bei sich hatte, um sie auf Befehl seines Beichtsvaters zu restituiren, kehrte unterweges ein in die Buchhandlung eines seiner Freunde und fragte nach Neuigkeiten; man zeigte ihm eine eben erschienene Moraltheologie; er blätterte ohne weitere Gedanken darin herum, traf zufällig auf seinen Fall, und lernte, daß er nicht zu restituiren verbunden sey; er ging nun, von seinem Scrupel befreit und sein Geld im Sacke behaltend, ganz vergnügt zurück nach Hause — abjecta srucupli sarcina, retento auri pondere levior domum repetiit. —

Zweifeln Sie nun noch an der Nützlichkeit unserer Lehren für den, der Sie kennt? Oder spotten Sie auch hier wieder? werden Sie nicht vielmehr mit Cellot voll froher Frömmigkeit ausrufen: Solche Zufälle ereignen sich durch die Vorsehung Gottes, durch den Schutz der Engel, und sind für den, welchen sie treffen, eine Wirkung seiner Prädestination. Gott wollte von Ewigkeit her, daß die goldene Kette seines Heils angeknüpft war an diesen einzigen Schriftsteller, und nicht an tausend andere, die ihm nicht in die Hände fielen. Hätte nicht gerade dieser Schriftsteller geschrieben, so wäre jener nicht gerettet. Beschwören wollen wir bei der Liebe Christi diejenigen, welche auf die Menge unserer Schriftsteller schelten, daß sie nicht mehr die Bücher mit Neid ansehen mögen, die ihnen die ewige Wahl Gottes und das Blut Jesu Christi bereitete. Durch diese herrlichen Worte beweiset er den Satz, daß es sehr nützlich sey, über Moraltheologie eine große Menge Schriftsteller zu haben — *quam utile sit, de Theologia morali multos scribere.* —

Ich werde, erwiederte ich, bei einer andern Gelegenheit Ihnen sagen, was ich über diese Worte denke; jetzt kann ich weiter nichts, als Sie bitten, in Ihrer Belehrung immer weiter fortzufahren, denn ich sehe ein, wie fruchtbar und wie werth sie der Verbreitung ist. Mein Freund, an den ich meine Briefe schicke, sorgt eifrigst dafür, daß so Viele, als möglich, sie sehen; nicht als hätten wir dabei eine andere Absicht, sondern weil wir eine so nützliche Lehre gern der ganzen Welt bekannt machen möchten. Sie sollen sehen, antwortete er, daß ich Ihnen nichts verschweige; ich will deshalb bei Ihrem nächsten Besuche über die Bequemlichkeiten und Süßigkeiten des Lebens sprechen, die unsere Lehrer gestatten, um den Weg zum Heile leichter und die Frömmigkeit angenehmer zu machen; dann werden Sie über diesen Gegenstand völlig unterrichtet seyn, denn Sie sollen sehen, wie jene auch im Allgemeinen Alle lieben, und die Sorge derselben für Einzelne habe ich Ihnen schon gezeigt.

Mit diesen Worten ging er fort. Leb' wohl [a]).

---

# Neunter Brief
## an den Provinzial
### von einem seiner Freunde.

---

Falsche Verehrung der Mutter Gottes; Himmelsschlüssel. Neue Methode zur Frömmigkeit. Erleichterungen für die Ruhmsucht, den Geiz, den Neid, die Schwelgerei. Lehre des heimlichen Vorbehalts in Gedanken; von der Lüge, dem Meineide, der Keuschheit und Eitelkeit der Frauen. Pflicht, Messe zu hören.

Paris am 3ten Julius 1656.

Ich mag Dich nicht aufhalten, lieber Freund, mit den freundschaftlichen Reden, womit mich mein Jesuit beim letzten

---

a) Hier folgt in einigen Ausgaben der Provinzialbriefe noch eine Bemerkung über die verschiedenen Ausgaben des Escobar. Diese Bemerkung hielt der Uebersetzer sich befugt wegzulassen, weil seitdem noch viele Ausgaben von Escobar erschienen sind, und die Ausgabe, welche dort als die beste angeführt ist, die zu Brüssel 1651 erschien, schon sehr selten geworden zu seyn scheint.

Besuche empfing; kaum sah er mich, so lief er auf mich zu, und in ein Buch sehend, was er gerade in der Hand hielt, rief er aus: Von welchem Dankgefühle wirst du dich durchdrungen fühlen, denn es öffnet dir das Paradies! Würdest du nicht Millionen hingeben für einen Himmelsschlüssel, der dir das Paradies öffnete, wenn du Lust hättest hineinzugehen? du brauchst nicht deine Schätze, hier hast du einen, ja hundert solcher Schlüssel auf eine viel wohlfeilere Art.

Ich wußte nicht, ob der Jesuit das aus dem Buche las, oder ob er es aus sich sagte, bis er endlich meinen Zweifel lösete und zu mir sprach: es sind das die ersten Worte eines trefflichen Werkes von unserm Barrius [a]), denn ich sage nichts aus mir selbst. Wie heißt das Buch? Lesen Sie hier den Titel: Paradies geöffnet der Philagie durch hundert leichte Liebeswerke zur Mutter Gottes [b]). Und jedes dieser leichten Liebeswerke reicht hin, den Himmel zu öffnen? fragte ich. Ja, erwiederte er, lesen Sie nur: So viele Verehrungen du in diesem Buche siehst, so viele Himmelsschlüssel hast du, die dir das Paradies öffnen, wenn du sie nur ausführen willst. Deswegen sagt er am Schlusse: es ist genug, eine von diesen hunderten auszuüben.

Zeigen Sie mir einige der leichtesten, bat ich. Leicht sind sie alle, erwiederte er; die heil. Jungfrau grüßen, wenn man vor ihrem Bilde vorbeigeht; den Ro-

---

a) Barrius — Paulus de Barry — 1587 geboren, trat 1605 in die Societät Jesu, starb als Rector zu Avignon. Seine Werke sind zahlreich, Coelum Philagiae apertum; Blanditiae sacrae u. s. w.; sie wurden aus der französischen Sprache vielfach in andere Sprachen übersetzt.

b) Paradisus apertus Philagiae per centum pietatis officia in deiparam Virginem observatu facilia.

senkranz der zehn Freuden der Jungfrau beten; zuweilen den Namen Maria aussprechen; den Engeln den Auftrag geben, sie in unserm Namen zu grüßen; ihr mehr Kirchen wünschen, als alle Monarchen zusammen ihr bis jetzt erbauet haben; Morgens und Abends sie grüßen; jeden Tag das Ave Maria beten zu Ehren des Herzens der Maria. Und dieses Liebeswerk, fügte er hinzu, ist am meisten geeignet, sich des Herzens der Maria zu versichern. Unter der Bedingung doch nur, sagte ich, daß man ihr auch ganz das seinige widmet. Ist nicht nöthig, erwiederte er; hören Sie nur: Herz für Herz, das wäre freilich billig, aber das deinige hangt zu sehr an der Welt; deshalb möchte ich dir nicht rathen, sofort diesen flüchtigen Sclaven, den man Herz nennt, der heil. Jungfrau zu weihen. Barrius begnügt sich also mit dem Ave Maria, wie er im Anfange es vorschrieb. Diese Liebeswerke finden Sie S. 33, 59, 145, 156, 172, 258 und 420 der ersten Ausgabe.

Der Weg zum Himmel ist so leicht, sagte ich, daß Keiner sich scheuen wird, ihn zu betreten. Da kennen Sie die Welt und die Hartherzigkeit gewisser Menschen nicht, antwortete der Jesuit; auch das ist ihnen zu viel, daß sie täglich der heil. Jungfrau guten Morgen und guten Abend sagen, weil sie das nicht ohne eine gewisse Anstrengung des Gedächtnisses thun können; ihnen zu Gefallen stellte Barrius noch leichtere Liebeswerke auf, wie diese sind: beständig einen Rosenkranz, entweder in Form eines Armbandes am Arme oder sonst auf irgend eine Weise, bei sich tragen, oder ein Bildniß der heil. Jungfrau mit sich führen, pag. 14, 326 und 447. Nun sag' mir noch, ich hätte dir nicht leichte Wege gezeigt, wie du dir die Gnade der heil. Jungfrau erwerben könnest, pag. 106.

Etwas Leichteres wäre wohl unmöglich, fiel ich ein. Weiter durfte man denn auch nicht gehen, erwiederte er, und es ist auch genug; denn wer wird wohl so verderbt seyn, daß er nicht einmal einen Augenblick in seinem ganzen Leben an die heil. Jungfrau dächte, sich einen Rosenkranz um den Arm bände oder in die Tasche steckte, um so sich seines Heils zu versichern, und das mit einer solchen Gewißheit, daß nie einer von denen verloren ging, die es versuchten, mochten sie gelebt haben wie sie wollten, obgleich wir dessenungeachtet einen tugendhaften Wandel sehr anempfehlen. Ich will Ihnen nur ein Beispiel aus Barrins pag. 34 anführen: Eine Frau verrichtete täglich das Liebeswerk, daß sie das Bild der heil. Jungfrau grüßte; sie lebte fortwährend in einer Todsünde, und starb auch darin, und doch wurde sie wegen jenes Liebeswerkes selig. Wie ist das möglich? rief ich aus. Um sie zu retten, erwiederte er, erweckte sie Gott wieder von den Todten. So sicher wird man seines Heils gewiß, wenn man eins von diesen Liebeswerken ausübt.

Ich sehe, sagte ich, daß die Verehrungen der heil. Jungfrau ein kräftiges Mittel sind, in den Himmel zu gelangen, und daß selbst die leichtesten sehr wichtig sind, wenn sie fließen aus der Quelle des Glaubens und der Liebe, wie dies bei den Heiligen der Fall war, die sie übten. Aber denjenigen, die sich derselben bedienen und doch ihr Leben nicht bessern, vorzuschwatzen, sie werden dessenungeachtet im Tode zu Gott gelangen oder wieder zum Leben erweckt werden, ist gewiß sehr gefährlich; denn sie werden gerade durch dieses blinde Zutrauen angetrieben, in ihrem Sündenlaufe fortzuwüthen, und nicht wahrhaft sich bessern und in wirklicher Gnade leben. Was ist denn auch daran gelegen, erwiederte er; wenn wir in den Himmel kommen, ob wir zur Thür hineingehen oder durchs Fenster hineingeworfen werden; sehr schön spricht bei einer ähnlichen Gelegenheit Binet [a]), der unser Provinzial war, in seinem trefflichen Werke Notae praedestinationis n. 31. p. 130: Gesprungen oder geflogen in den Himmel, wenn wir nur darin sind. Das gebe ich zu, sagte ich, aber hier ist die Rede davon, ob wir auch auf jenem Wege hineinkommen. Dafür sorgt die heil. Jungfrau, erwiederte er, wie Sie sehen aus den letzten Worten des Barrius: Will der böse Feind im Tode auf dich Jagd machen, und entsteht in der kleinen Republik deiner Gedanken ein Aufruhr, dann brauchst du nur zu sagen, die Jungfrau vertrete dich, an sie müsse man sich wenden.

Damit möchten Sie doch wohl schwerlich durchkommen, sagte ich, wenn Ihnen Jemand widersprechen wollte; denn woher wissen Sie, daß die heil. Jungfrau uns vertreten wird? Barrius steht dafür ein, war seine Antwort, p. 465: Rücksichtlich des daraus entspringenden Nutzens bin ich Bürge für die Mutter Gottes. Wer ist denn aber für Barrius Gewährsmann? fragte ich. Wie? sagte er, ist er nicht aus unserer Gesellschaft? ist also nicht die ganze Gesellschaft Bürge für ihn? ist sie nicht Bürge für alle Schriften ihrer Mitglieder? Vergessen Sie ja nicht den wichtigen Umstand, daß es bei uns Gesetz ist, nichts ohne Einwilligung unserer Obern, und ohne Billigung unserer Theologen und unserer ganzen Societät herauszugeben. Dieses Gesetz gab Heinrich III. am 10ten May 1583; es wurde bestätigt von Heinrich IV. am 10ten December 1603 und von Ludewig XIII. am 14ten Februar 1612. Unsere ganze Verbindung ist also für die Schriften jedes Einzelnen verantwortlich; ein Eigen-

a) Binet — Stephan — ein Jesuit von Dijon, geboren 1569, bekleidete 40 Jahre die vornehmsten Aemter seines Ordens, starb als Rector im Clermontanercollegium in Paris 1639. Schrieb Vie des saintes; Notes de la prédestination; Consolation des malades u. s. w.

thum unserer Gesellschaft; daher kommt denn auch kein Buch von unsern Mitgliedern heraus, in dem nicht der Geist der Gesellschaft herrschte. Vergessen Sie das nie. Ich freue mich sehr, fiel ich ein, über diese Ihre Belehrung; und es thut mir leid, das nicht früher gewußt zu haben, denn dieser Umstand macht, daß man Eure Schriftsteller mit noch größerer Aufmerksamkeit lies't. Ich hätte Ihnen das schon früher gesagt, erwiederte er, wenn sich gerade eine Gelegenheit dazu dargeboten hätte, aber benutzen Sie es für die Zukunft und lassen Sie uns fortfahren.

Ich glaube Ihnen der sichern und leichten Mittel zum Heile eine hinlängliche Anzahl gezeigt zu haben. Unsere Casuisten wollten jedoch nicht, daß man auf der untersten Stufe, wo man weiter nichts thut, als was unmittelbar zum Heile nothwendig ist, stehen bleiben sollte. Ihr eigenes Streben ist die Verherrlichung Gottes, sie trachteten deshalb auch darnach, die Menschen zu einem viel religiösern Leben zu bewegen; und weil die Menschen meistens von der Frömmigkeit durch fremdartige Gedanken, die man ihnen davon beigebracht hat, abgehalten werden, so glaubten sie erst dieses Hinderniß fortschaffen zu müssen. Hierin erwarb sich Moinius große Verdienste durch seine Schrift La devotion aisée — de commoda pietate — die er zu diesem Zwecke ausarbeitete. Er malt darin die Frömmigkeit so angenehm und so lieblich, daß gewiß niemals Jemand sie so genau kannte. Es erhellet dieses aus den ersten Worten seines Werkes; die Tugend — sagt er pag. 92 — enthüllte sich bisher Niemanden, man hatte von ihr kein Bild, was ihr ähnlich war; es ist daher nicht zu verwundern, wenn so Wenige auf ihrer rauhen Bahn wandelten. Man malte sie aus als eine Griesgrame, die nur die Einsamkeit liebe, nur mit Mühe und Schmerz zu erlangen sey, als eine Feindin des Vergnügens und Scherzes, worin doch die Glückseligkeit des Lebens besteht, und welche die Beschwerden desselben würzen.

Es ist aber doch weltbekannt, sagte ich, daß die größten Heiligen ein beschwerliches, mühevolles Leben führten. Das ist ganz richtig, erwiederte er, aber es gab auch Heilige voll Höflichkeit und feiner Sitten, wie Moinius pag. 191 sagt; auch beweiset er pag. 68, daß die Verschiedenheit ihrer Lebensart nur aus ihrem Temperamente herrühre. Ich gebe zu, sagt er, daß es Heilige gibt blaß von Gesicht und melancholischen Temperaments, die Zurückgezogenheit und Einsamkeit lieben, deren Blut voll Sanftmuth ist, deren Augen zur Erde sehen. Es gibt aber auch viele andere, die ein glücklicheres Temperament haben, voll jenes freundlichen, angenehmen Sinnes, jenes heitern und reinen Blutes, woraus die Freude sich ergießt.

Sie lernen hieraus, daß nicht allen Frommen die Liebe zur Einsamkeit und Zurückgezogenheit eigen ist, und daß dieses, wie ich vorhin schon sagte, mehr Eigenschaft des Temperaments, als der Frömmigkeit ist. Jene rauhen Sitten, die Sie so sehr lobten, sind das Zeichen der Rohheit und Ungebildetheit; deshalb stehen sie auch unter den lächerlichen und groben Sitten eines finstern Narren aufgezählt in der Beschreibung von Moinius im 7. lib. pinctur. moral.; ich führe Einiges davon an: Er fühlt nicht die Schönheiten der Kunst und der Natur, er scheuet das Vergnügen, wie eine gehäßige Last; an den Festtagen sucht er seinen Aufenthalt unter den Todten; er sitzt lieber auf einem Baumstamme und in einer Grube, als in einem Pallaste und auf einem Throne; Beleidigungen und Schmähungen bewegen ihn nicht mehr, als die Augen und Ohren einer Statue davon bewegt werden; Ehre und Ruhm sind ihm Scheinbilder, die er nicht kennt und denen er nicht opfert; ein schönes Mädchen ist ihm ein Gespenst, und jene angenehm gebieterischen Blicke, die uns freiwillig ohne Ketten fortreißen, sie wirken auf sein Auge nicht mehr, als die Sonne auf das Auge einer Nachteule u. s. w.

Wahrhaftig, fiel ich ein, ich versichere Sie, hätten Sie mir nicht den Moinius als Verfasser dieses Gemäldes genannt, ich glaubte sicher, es rühre von einem Bösewichte her, der die Heiligen verspotten wolle. Entweder hörte ich nicht, was ich hörte, oder jenes Gemälde ist das eines Heiligen, der völlig sich freimachte von den Fesseln der Lüste, welche das Evangelium so sehr verabscheuet. Lernen Sie daraus, erwiederte er, wie Sie so ganz unerfahren sind in Dingen dieser Art; denn dieses sind, wie Moinius am Ende seines Gemäldes noch hinzufügt, die Züge eines ungebildeten, rohen Geistes, der nicht jene feinern, natürlichen Leidenschaften kennt, die er doch besitzen sollte. Moinius betrat diesen Weg, die Tugend und christliche Philosophie darzustellen, wie er selbst in der Vorrede seines Werkes sagt. Man kann nicht leugnen, daß diese Methode, fromm zu werden, eine bei weitem angenehmere ist, als die, deren man sich vor uns bediente. Gar kein Vergleich, sagte ich; ich fühle nun doch schon, daß Sie Ihre Verheißungen erfüllen werden. Die Folge wird Sie davon noch besser überzeugen, antwortete er, denn ich habe bisher nur von der Frömmigkeit im Allgemeinen gesprochen.

Um Ihnen nun aber auch im Einzelnen zu zeigen, wie sehr unsere Casuisten sorgten, so sagen Sie, kann wohl für den Ruhmdurstigen etwas mehr Trost seyn, als wenn man ihm zeigt, daß Frömmigkeit mit einer unordentlichen Liebe nach Ehre bestehen könne? Selbst dann, fragte ich, wenn diese Liebe zügellos ist? Allerdings, erwiederte er, sie ist nur eine läßliche

Sünde, wenn nicht etwa Jemand deshalb nach Ehre strebt, um desto ungehinderter gegen Staat und Gott sündigen zu können; was aber nicht Todsünde ist, hindert nicht die Frömmigkeit, denn selbst die Heiligen waren nicht frei von den läßlichen Sünden. Hören Sie darüber den Escobar tr. 2. Ex. 2. n. 17: Die Ruhmsucht, die eine übertriebene Liebe zu Ehrenstellen und glänzender Größe ist, ist an sich selbst keine Todsünde; strebt man aber nach ihnen, um dem Staate zu schaden, oder um desto freier gegen Gott sündigen zu können, so machen diese äußern Umstände sie zu einer Todsünde.

Recht angenehm, sagte ich. Ist auch nicht das, fuhr er fort, eine süße Lehre für den Geizigen, wenn Escobar tr. 5. ex. 5. n. 154 sagt: der Reiche sündigt nicht tödlich, wenn er dem in größter Noth schmachtenden Armen kein Almosen von seinem Ueberflusse gibt — scio, in gravi pauperum necessitate divites non dando superflua non peccare mortaliter. — Wahrhaftig, sagte ich, wenn das ist, dann muß ich bekennen, daß ich noch gar nicht gewußt habe, was Sünde war.

Ich will Ihnen das noch besser zeigen; glauben Sie nicht, daß der, welcher in seinen eigenen Werken sich gefällt, und deshalb eine große Meinung von sich faßt, schwer sündige? werden Sie sich nicht sehr wundern, wenn ich Ihnen zeige, daß dieses Selbstgefallen keine Sünde sey, sondern als ein Geschenk Gottes betrachtet werden muß? Nicht möglich! rief ich aus. Allerdings, erwiederte er, nach der Lehre unsers Garassus [a]) in seinem französischen Werke: Somme des veritez

a) Garassus, geboren zu Angouleme 1585, trat 1601 in die Societät und starb 1631 zu Poitiers. Er schrieb Somme de la theologie, de verites capitales de la Religion, welche 1626 von der Sorbonne verdammt wurde, u. s. w.

capitales de la Religion p. 2 p. 419: Es ist der Billigkeit angemessen, daß jede redliche That belohnt werde, entweder durch öffentliches Lob oder durch eigenes Wohlgefallen. Schreibt ein großes Genie ein vortreffliches Werk, so wird ihm dafür öffentliches Lob zu Theil; quält sich aber ein trübseliger Schriftsteller, und bringt er nichts zu Stande, was des öffentlichen Lobes würdig wäre, so gab ihm Gott, damit sein Bemühen doch nicht ganz unbelohnt bleibe, das eigene Wohlgefallen an seinen Arbeiten, was ihm Niemand ohne eine unmenschliche Ungerechtigkeit beneiden wird. So verlieh der gerechte Gott den Fröschen, daß sie sich ergötzen an ihrem eigenen Gesange.

Prächtige Lehren für die Eitelkeit, den Hochmuth und den Geiz, sagte ich; und der Neid, ist der etwa schwerer zu entschuldigen? Das ist ein kitzliges Ding, erwiederte er, man muß sich halten an den Unterschied, den Baunius Summ. pecc. c. 7. p. 123 edit. 5 und 6 macht: der Neid, sagt er, um ein geistiges Gut seines Nächsten ist eine Todsünde, aber der Neid um ein zeitliches Gut ist eine läßliche. Und weshalb das? fragte ich. Aus dem Grunde, weil die zeitlichen Güter vor Gott und seinen Heiligen von so geringer Bedeutung sind, daß sie ihnen nichts gelten. Wenn das ist, sagte ich, warum erlaubt Ihr denn, daß man ihrethalben einen Menschen todschlagen dürfe? Sie verstehen mich nicht, erwiederte er, vor Gott gelten diese zeitlichen Güter nicht, wohl aber vor den Menschen. Daran hatte ich nicht gedacht, sagte ich, und ich hoffe schon sehr von diesem Unterschiede, daß auf der Welt gar keine Todsünde bleiben werde. Denken Sie das ja nicht, war seine Antwort, denn es gibt Sünden, die ihrer Natur nach Todsünden sind, z. B. die Faulheit im Guten.

Wehe, schrie ich auf, alle Bequemlichkeiten des Lebens sind wieder verloren! Hören Sie doch nur erst die Definition dieser Sünde, Escobar tr. 2. ex. 2. n. 81: Die Faulheit im Guten ist eine Traurigkeit darüber, daß die geistigen Dinge geistige sind, wenn sich z. B. Jemand darüber beklagen wollte, daß die Sacramente die Quelle der Gnaden sind. Und diese Sünde ist eine Todsünde. So verkehrt, fiel ich ein, kann gewiß nie ein Mensch werden, daß er diese Art von Faulheit besitzt. Deshalb, antwortete er, sagt auch Escobar sogleich ibid. n. 105: Ich gestehe, daß es selten einen Menschen geben wird, der diesen Fehler begeht. Sehen Sie nun, was die Erklärung der Wörter hilft? Ja, sagte ich, ich erinnere mich hier wieder an Eure Erklärungen vom Meuchelmorde, vorsätzlichem Todschlage, Ueberflusse. Weshalb aber wendet Ihr diese Methode nicht auf alle Fälle an, und definirt jede Sünde so, daß man nicht mehr sündige, wenn man seinen Lüsten fröhnt?

Es ist nicht immer nöthig, die Definitionen der Dinge so zu wenden, erwiederte er; Sie sollen es sehen an unsern Lehren über die Schmauserei, welche für eine der größten Vergnügungen des Lebens gilt, und welche Escobar erlaubt, Praxis societ. nostrae n. 102. tr. 2. exam. 2: Ist es erlaubt zu essen und zu trinken ganz nach Belieben und bloß zu seinem Vergnügen? Allerdings, nach Sanchez, nur darf die Gesundheit nicht dabei leiden; und der Grund ist, weil der natürliche Appetit durch seine Genüsse sich sättigen darf [a]).

---

a) An comedire et bibere usque ad satietatem absque necessitate ob solam voluptatem sit peccatum? Cum Sanctio negative respondeo, modo non obsit valetudini; quia licite potest appetitus naturalis suis actibus frui.

Noch nie schien mir ein Grundsatz Eurer Moral so einleuchtend und so deutlich bestimmt zu seyn, und nie war gewiß einer folgenreicher, sagte ich; Schwelgerei ist also auch nicht einmal eine kleine Sünde. Nein, erwiederte er, nach der Art, wie ich Ihnen gesagt habe; sie wird aber eine läßliche Sünde nach Escobar n. 56, wenn man ohne irgend einen Grund bis zum Erbrechen trinkt oder ißt [a]).

Doch genug hiervon. Ich will Ihnen nun noch die Erleichterungen zeigen, welche unsere Lehrer zum Vermeiden der Sünden im Umgange mit Andern und in den gewöhnlichen Intrügen der Welt gemacht haben. Das gewöhnlichste und schwerste Uebel ist hier das Vermeiden der Lüge, besonders dann, wenn man Jemanden zu etwas Falschem überreden will. Dazu hilft denn ganz vorzüglich unsere Lehre der schwankenden Wörter, nach welcher es erlaubt ist, sich unbestimmter Ausdrücke zu bedienen, die man Andern anders beizubringen sucht, als man sie selbst glaubt. S. Sanchez oper. moral. part. 2. lib. 3. cap. 6. num. 13. Die Methode kannte ich längst, sagte ich. Wir suchten sie so sehr zu verbreiten, erwiederte er, daß sie beinah schon Jeder kennt. Wissen Sie denn aber auch wohl, wie man sich in dem Falle hilft, wo man dergleichen schwankende Wörter nicht auffinden kann? Nein, war meine Antwort. Das glaube ich wohl, fuhr er fort, denn die Sache ist eine neue Erfindung; es ist die Lehre des heimlichen Vorbehalts in Gedanken, welche Sanchez aufstellt am angeführten Orte: Man darf schwören, man habe eine That nicht gethan, obgleich man sie gethan hat, indem man für sich dabei denkt, daß man sie nicht an einem bestimmten Tage verübte, oder ehe man geboren war, oder indem man einen andern ähnlichen Umstand hinzu-

a) Si quis se usque ad vomitum ingurgitet.

denkt; natürlich enthalten dann die Worte nichts von dem, was man denkt. Diese Methode ist in vielen Fällen sehr vortheilhaft und eine sehr gerechte, sobald sie nothwendig oder auch nur nützlich ist zur Erhaltung der Gesundheit, der Ehre oder der zeitlichen Güter.

Heißt das, sagte ich, nicht lügen und Meineide schwören? Keinesweges, erwiederte er, Sanchez beweiset es am angef. Orte, so wie auch unser Filiuz t. 25. c. 11. n. 331. weil, wie er sagt, die Absicht den Werth einer Handlung bestimmt. Auch gibt er n. 328. ein anderes Mittel an, wodurch man die Lüge umgehen kann. Nämlich, man sagt laut: ich schwöre, daß ich dieses nicht gethan habe, und setzt leise hinzu: heute. Oder man sagt laut: ich schwöre, setzt nun leise dazwischen: daß ich sage, und fährt laut fort, dieses nicht gethan zu haben. Sie sehen, daß man so die Wahrheit sagt. Das ist wohl wahr, sagte ich; allein man sagt doch nur leise die Wahrheit, laut aber lügt man. Ueberdieß ist diese Methode nicht sehr anwendbar, denn die meisten Menschen besitzen nicht Geistesgegenwart genug, sich ihrer zu bedienen. Auch für diese sorgten unsere Casuisten, erwiederte der Jesuit; für sie ist es hinreichend, zu sagen, sie hätten dieses oder jenes nicht gethan, was sie doch gethan haben, wenn sie nur dabei denken, ihre Worte sollten die Bedeutung haben, die ihnen ein gebildeter, gescheuter Mann würde untergelegt haben.

Sagen Sie die Wahrheit; sind Sie nicht zuweilen in Verlegenheit gewesen, weil Sie diese Lehre nicht kannten? Zuweilen, erwiederte ich. Und wäre es Ihnen, fragte er weiter, nicht manchmal recht angenehm gewesen, wenn Sie das nicht hätten zu halten brauchen, was Sie versprachen? Hätte sich das machen lassen, antwortete ich, nichts wäre mir erwünschter gewesen. Hören Sie deshalb, fuhr er fort, was Escobar tr. 3. Ex. 3. n. 48. sagt, wo er diese allgemeine Regel gibt: Das Versprechen bindet nicht, wenn man, während man es machte, es nicht zu halten die Absicht hatte. Jedoch hat man wohl selten diese Absicht, wenn man nicht etwa durch einen Eidschwur oder einen Contract sein Versprechen bekräftigt; sagt man also schlechtweg, ich will das thun, so denkt man dabei, ich will es thun, wenn mein Wille sich nicht ändert, denn man will sich nicht durch ein Versprechen seine Freiheit rauben lassen. Er gibt dort noch andere Mittel an, die Sie selbst nachsehen können, und fügt am Schlusse hinzu, er habe dieses alles aus Molina und unsern andern Lehrern, so daß nicht der geringste Zweifel überbleibt.

Daß die Methode der Absichtslenkung auch die Kraft habe, ein gegebenes Wort nichtig zu machen, das wußte ich bisher nicht. Sie sehen nun gewiß ein, sagte er, wie manche Unbequemlichkeiten im Umgange mit Menschen diese Methode wegräumt; nichts aber machte uns mehr Schwierigkeiten, als die Verhältnisse zu den Weibern, denn in Rücksicht der Schaamhaftigkeit waren unsere Lehrer sehr vorsichtig; jedoch geben sie auch hier manche recht angenehme Lehre, besonders für Verheirathete und Verlobte.

Ich vernahm nun von dem Jesuiten der allerausschweifendsten Lehren so viele, daß ich mehre Briefe damit anfüllen könnte; allein auch selbst die Stellen, die er mir darlegte, will ich nicht anzeigen, denn meine Briefe sind für Leser aller Art bestimmt, und ich möchte nicht gern durch das Nachlesen jener Stellen denen dienen, welche nur ihrem Vergnügen nachleben. Eins nur will ich anführen von dem, was er mir in den Schriften ihrer Schriftsteller, selbst in denen seiner Landsleute zeigte, was Du nämlich in der Summ. pecc. des Baunius

p. 165 finden kannst; er spricht da von mehren kleinen Vertraulichkeiten, und entschuldigt sie, wenn nur die Absicht auf etwas Anständiges gerichtet ist, z. B. um als ein feiner, gebildeter Mann zu gelten. Gewaltig aber wirst Du erstaunen, wenn Du dort p. 148 den unerhörten Lehrsatz der Moral findest, ein Mädchen handele nicht ungerecht gegen seine Eltern, wenn es seiner Keuschheit sich nach Willkühr bediene; lies hier seine eigenen Worte: Begeht die Tochter einen Fehler, so ist dem Vater weder von ihr, noch von ihrem Geliebten Unrecht geschehen, auch ist nicht die Gerechtigkeit verletzt, denn sie besitzt ihre Schaamhaftigkeit, wie ihren Körper als Eigenthum, sie kann also ganz nach Belieben mit diesen ihren Gütern schalten, nur darf sie sich nicht tödten und auch nicht verstümmeln. Hieraus kannst Du schließen auf ihre übrigen Lehren. Ich erinnere mich dabei der Stelle eines heidnischen Dichters, der ein viel besserer Moralist war, als diese Jesuiten; er sagt: die Jungfrauschaft eines Mädchens gehört nur zum Theile ihr, ein Theil gehört dem Vater und ein Theil der Mutter, deshalb darf sie nicht für sich allein über das Heirathen disponiren*). Ich glaube wohl nicht, daß es einen Richter geben wird, bei dem die Meinung dieses heidnischen Dichters der Meinung des Baunius nachstehen müsse.

Das nur führe ich Dir an aus der Rede des Jesuiten über diesen Gegenstand; er war darin so unerschöpflich, daß ich ihn bitten mußte, zu etwas anderm überzugehen. Er that dieses, und fing an zu sprechen von der Kleidung der Frauen. Wir reden hier nicht nur von denen, sagte er, welche unreine

*) Virginitas non tota tua est, ex parte parentum est.
Tertia pars data patri, pars data tertia matri,
Tertia sola tua est.

Begierden haben, sondern auch über die andern druckt sich Escobar tr. 1. Ex. 8. n. 5. so aus: Putzt sich ein Weib ohne schlechte Absicht und nur aus natürlichem Hange zur Eitelkeit — ob naturalem fastus inclinationem, — so ist das entweder eine läßliche Sünde oder gar keine. Ferner sagt Baunius Summ. cap. 46. p. 1094: weiß auch ein Weib, welche Eindrücke ihre Putzsucht auf den Körper und Geist der Männer, die sie in ihrer Kleiderpracht erblicken, hervorbringt, so sündigt sie doch nicht, wenn sie sich in derselben zeigt. Auch Sanchez führt er unter Andern als dieser Meinung zugethan an.

Was sagen denn aber, fragte ich, Eure Lehrer zu der heil. Schrift, die doch selbst die kleinsten Vergehen dieser Art so hart verbietet? Sehr gelehrt, erwiederte er, hebt Lessius diese Schwierigkeit de just. lib. 4. cap. 4. d. 14. n. 114: diese Stellen der heil. Schrift, sagt er, gelten nur für die Weiber jener Zeit, um die Heiden durch die Bescheidenheit der Frauen zu erbauen. Womit beweiset denn aber Lessius das? fragte ich. Es ist ganz einerlei, erwiederte er, woraus er diese Lehre nahm, er stellt sie auf und sie ist probabel durch sein Ansehen. Moinius beschränkt jedoch diese allgemeine Regel einigermaßen, denn er will den alt gewordenen Weibern durchaus die Kleiderpracht nicht erlauben; er sagt Commod. piet. pag. 127 und 157: Die Jugend darf sich schmücken, weil ihr die Prachtliebe angeboren ist, und weil sie in einem Alter lebt, welches die Blüte und der Frühling des Lebens ist; diese Freiheit hört aber auf bei zunehmendem Alter, und was wäre auch wohl unbilliger, als Rosen im Schnee zu suchen; nur die Sterne tanzen ewig, weil ihre Jugend ewig ist. Frage die Vernunft und den Spiegel, damit du nichts thust, was sich nicht schickt; ergib dich in die Nothwendigkeit und geh' zu Hause, wenn die Nacht einbricht.

Das heißt vernünftig reden, sagte ich. Hören Sie eine andere Regel, fuhr er fort; unsere Casuisten sorgen für alles. Sie geben den Frauen die Erlaubniß zu spielen; weil ihnen aber diese Erlaubniß nichts nützt, wenn sie kein Geld haben, so sagt Escobar tr. 1. ex. 9. n. 13: Ein Weib darf spielen, und das Geld dazu von ihrem Manne nehmen. Das habt Ihr klug gemacht, fiel ich ein. Ich könnte Ihnen, fuhr er fort, noch mehre dergleichen Lehren anführen, allein ich gehe fort zu wichtigern Dingen, zu den Erleichterungen in Ausübung heiliger Handlungen, z. B. in dem Beiwohnen der heil. Messe. Unsere großen Theologen Gaspar Hurtado de Sacr. tom. 2. d. 5. dist. 2. und Conink[a]) q. 83. a. 6. n. 197. setzen fest, es sey hinreichend, körperlich der Messe beiwohnen, wenn man auch mit dem Geiste abwesend ist, nur müsse man eine äußerlich ehrerbietige Stellung annehmen. Vasquez geht noch weiter; er sagt, man genüge seiner Pflicht, wenn man eine Messe höre, obgleich man nicht die Absicht habe, sie zu hören. Dieses alles findet man beim Escobar gleichfalls tr. 1. ex. 11. num. 74. u. 107., und tr. 1. ex. 1. num. 116., wo er die Sache einleuchtender zu machen sucht durch einen Gefangenen, der mit Gewalt in die Messe getrieben wird, obgleich er selbst keine Messe hören will.

Nimmermehr glaubte ich das, sagte ich, aus dem Munde eines Andern. Da haben Sie Recht, erwiederte er; solche

a) Conink — Aegid. de Coningk — geboren in Flandern, 1571, trat 1593 in die Societät Jesu, starb 1636 zu Löwen. Er schrieb Comment. in universam Doctrinam S. Thomae; de actibus supernaturalibus; de incarnatione u. s. w.

Lehren bedürfen des Gewichts solcher großer Männer. Von dieser Art ist auch der Satz, welchen Escobar t. 1. ex. 11. n. 31. aufstellt: Auch dann leistet man dem Gesetze des Messehörens Genüge, wenn man während desselben ausschweifende Gedanken hat, z. B. ein Weib mit lüsternem Verlangen betrachtet. Nec obstat alia prava intentio, ut aspiciendi libidinose foeminas.

Eine recht bequeme hierher gehörende Lehre stellt unser gelehrte Turrian [a]) auf, select. part. 2. disp. 16. dub. 7: man kann die Hälfte der Messe bei diesem Priester und die Hälfte bei einem andern hören; auch kann man erst den letzten Theil der Messe und dann den ersten hören. Noch mehr, man darf zwei Hälften der Messe von verschiedenen Priestern zu derselben Zeit hören, wenn z. B., da die eine angeht, die andere bei der Elevation ist, weil man auf beide seine Absicht richten kann, und weil zwei Hälften ein Ganzes ausmachen. So sagt Baunius tr. 6. q. 9. pag. 312; Hurtado de sacr. to. 2 de Miss. d. 5. diff. 4; Azor p. 1. l. 7. cap. 3. q. 3; Escobar tr. 1. ex. 11. n. 73. in dem Capitel: Praxis audiendae missae ex Societatis nostrae Doctoribus. Die Folgesätze, die Escobar aus dieser Lehre zieht, findet man in demselben Buche edit. Lugd. an. 1646 und 1644: Hieraus folgt, daß du in sehr kurzer Zeit eine Messe hören kannst, wenn z. B. vor vier Altären vier Messen zu derselben Zeit

a) Turrian, ein spanischer Jesuit, geboren zu Alcala, trat 1582 in die Societät, lehrte 40 Jahre Theologie, war Rector und Inquisitor, starb 1635 zu Madrid im 73 Jahre. Schrieb disp. in 2. 2 D. Thomae de fide, spe et charit. De justitia et jure. De poenitentia et Censuris. Selectas disput. Part. II. Summa theolog. Part. II. u. s. w.

gelesen werden, und die eine da jedesmal anfängt, wo die andere aufhört, die eine ist etwa im Anfange, die zweite am Evangelium, die dritte an der Consecration und die vierte an der Communion. Da kann man ja, sagte ich, in Paris in der Kirche der Mutter Gottes — Notre Dame — in einem Augenblicke Messe hören! Sie sehen also, daß dieses Geschäft sich wohl schwerlich noch mehr erleichtern ließe, antwortete der Jesuit.

Ich will Ihnen nun zeigen, wie unsere Casuisten auch aus dem Gebrauche der Sacramente, und vorzüglich der Beichte, alle Schwierigkeiten entfernt haben; hier werden Sie erstaunen, wenn Sie sehen, daß die Frömmigkeitslehre, vor der alle Welt sich fürchtete, von ihnen so klug gemäßigt ist, daß jener Schrecken, als hielten vor dem Eingange zum Tempel der Frömmigkeit nur Dämonen die Wache, gänzlich verschwunden, die Tugend leichter als das Laster, und angenehmer als die Ausschweifung ist, so daß es jetzt schwieriger seyn möchte, in Einfalt, als in Frömmigkeit zu leben, wie Moinius sagt p. 244 u. 291. Ist das nicht eine schöne Veränderung?

Ich kann nicht umhin, sagte ich, Ihnen zu sagen, was ich darüber denke; ich fürchte, Ihr habt das Maaß zu sehr überschritten, und diese Nachgiebigkeit wird mehr mißfallen als gefallen; denn die Messe z. B. ist eine so große und heilige Handlung, daß die Meisten Euren Schriftstellern allen Glauben versagen werden, wenn sie sehen, wie Ihr davon sprecht. Wir schreiben ja nicht für die meisten, wir schreiben für alle Menschen, erwiederte er; Sie scheinen das schon wieder vergessen zu haben, was ich Ihnen so oft über diesen Gegenstand sagte. Ich will nun das nächste Mal mit Ihnen über unsere Erleichterungen der Beichte sprechen, und ich denke Sie da über jenen Gegenstand so vollkommen zu unterrichten, daß Sie ihn nie wieder vergessen sollen.

So gingen wir aus einander, und in der nächsten Unterhaltung werde ich nun wohl die Politik der Jesuiten kennen lernen. Leb' wohl.

---

# Zehnter Brief

## an den Provinzial

### von einem seiner Freunde.

---

Erleichterungen der Beichte, der Buße; Reue und Vorsatz zur Besserung; nächste Gelegenheit zur Sünde. Liebe zu Gott.

Paris am 2ten August 1656.

Du erfährst in diesem Briefe noch nicht die politischen Künste der Jesuiten, aber doch eine ihrer wichtigsten Lehren, die Erleichterung der Beichte, wodurch sie alles an sich ziehen. Die Kenntniß dieser Lehre mußte dem Uebrigen vorangeschickt werden, deshalb fuhr der Jesuit so fort.

Aus dem bisher Gesagten werden Sie eingesehen haben, wie unsere Lehrer durch ihre Klugheit es dahin brachten, daß jetzt eine Menge von Dingen erlaubt sind, die früher verboten waren. Indessen bleiben doch noch einige Sünden über, die sich nicht entschuldigen lassen, die also auch nur durch die Beichte vergeben werden können; wie man nun auch hier noch Erleichterungen anbrachte, wird Ihnen aus Folgendem erhellen. Sie wissen schon, wie man die Gewissensscrupel dadurch vermeidet, daß man das als gut beweiset, was sonst für böse galt; ich will Ihnen nun jetzt zeigen, wie man auch den wirklichen Sünden hilft, indem man die Beichte eben so leicht macht, als sie sonst schwer war. Wie aber wollt Ihr das bewerkstelligen? fragte ich. Durch die bewundernswerthen Feinheiten, erwiederte er, die ein Eigenthum unserer Gesellschaft sind, und welche von unsern Casuisten aus Flandern in ihrem Werke Image de notre premier Siecle lib. 3. or. 1. pag. 401 und lib. 1. cap. 2. fromme, heilige Klugheit und gottesfürchtige List genannt werden — pia et religiosa calliditas et pietatis solertia l. 3. c. 8. —; durch diese werden die Laster mit mehr Kraft getilgt, als sonst begangen, so daß die meisten Menschen von ihren Fehlern eben so schnell abgewaschen werden, als sie damit befleckt wurden — plurimi vix citius maculas contrahunt, quam eluunt. — Zeigen Sie mir doch diese heilige List, sagte ich. Man hat deren mehre Arten, antwortete er, denn so wie man in der Beichte auf verschiedene Schwierigkeiten stößt, so hat man dafür auch verschiedene Mittel; die größten bestehen jedoch darin, daß man sich schämt, manche Sünde zu beichten, daß man die einzelnen Umstände genau angeben, die Buße verrichten, den Vorsatz zur Besserung fassen, die Gelegenheit zur Sünde fliehen und die begangenen Sünden bereuen soll; ich will Ihnen deshalb zeigen, daß unsere Casuisten aus allen diesen Stücken die Unannehmlichkeiten entfernten; so groß war die Sorge unserer Lehrer, aus einem so nothwendigen Gnadenmittel alle Bitterkeit und Strenge wegzuschaffen.

Um bei der Schaam, gewisse Sünden zu beichten, anzufangen, so ist einleuchtend, daß oft sehr viel daran gelegen seyn muß, sich bei einem Beichtsvater in der guten Meinung zu erhalten. Deshalb ist es eine große Erleichterung, daß unsere Lehrer, namentlich Escobar, der überdieß den Suarez anführt, tr. 7. ex. 4. n. 135, festsetzten, man dürfe zwei Beichtsväter haben, den einen für die Todsünden, den andern für die läßlichen Sünden, so daß man sich bei seinem eigentlichen Beichtsvater in seinem guten Rufe erhalten könne — uti bonam famam apud ordinarium tueatur, — und die Beichte sey giltig, wenn man keine Todsünde verschweige.

Auch noch ein anderes nützliches Mittel gibt er an, seinem ordentlichen Beichtsvater eine Sünde zu beichten, ohne daß er es merke, daß man sie seit der letzten Beichte begangen habe; man verrichtet nämlich, sagt er, eine Generalbeichte, und schließt diese Sünde mit in die übrigen ein, deren man sich im Allgemeinen anklagt ex. 2. n. 73. Eben so tr. 7. ex. 4. n. 136. Auf dieselbe Weise überhebt uns das Mittel, welches Baunius Theol. mor. tr. 4. q. 15. n. 137. angibt, der Schaam, einzelne Sünden zu beichten; einige wenige Fälle ausgenommen, sagt er, darf der Beichtsvater nicht darnach fragen, ob eine gewisse begangene Sünde eine Gewohnheitssünde sey; auch ist man nicht verpflichtet, ihm das zu sagen, weil er nicht das Recht hat, seine Beichtskinder durch das Bekenntniß der Gewohnheitssünden schaamroth machen.

Auf diese Weise, sagte ich, hätte ja wohl der Arzt auch nicht das Recht zu fragen, ob es schon lange sey, daß der Kranke das Fieber habe. Sind denn die Sünden nach solchen verschiedenen Umständen nicht auch verschieden? und muß nicht der, welcher seine Sünden aufrichtig bereuet, sich ganz seinem Beichtsvater offenbaren, mit eben der Wahrheit und Offenherzigkeit, als ob er zu Christus redete, dessen Stelle doch der Priester vertreten soll? Oder handelt er nicht sehr gegen die Lehre Christi, wenn er die öfftere Wiederholung einer Sünde verschweigt, um nicht deren Größe fühlbar zu machen?

Das verwirrte den Jesuiten; doch schien er mehr den Einwurf verlachen, als heben zu wollen, indem er mir eine andere Lehre anführte, die nur eine neue Unordnung macht, und nicht die Meinung des Baunius, die allerverderblichste, weil sie die Menschen in der Gewohnheit zu sündigen bestärkt, rechtfertigte. Ich gebe zu, sagte er, daß die Gewohnheit zu sündigen die Größe der Sünde einigermaßen vermehrt, aber sie ändert doch nicht die Natur derselben, und deshalb braucht man sie nicht zu beichten nach dem Grundsatze, den Escobar anführt princ. ex. 2 u. 39: man ist nicht verbunden, andere Umstände zu beichten, als die, welche die Natur der Sünde ändern, nicht aber solche, die sie nur vergrößern.

Auf diesen Grundsatz stützt sich unser Granados [a]), wenn er sagt, part. 5. contr. 7. tr. 9. d. 9. n. 22: Hat man in der Fastenzeit Fleisch gegessen, so braucht man nur zu sagen: ich habe die Fasten gebrochen, ohne zu bestimmmen, ob man sie durch Fleischessen oder durch das Halten zweier Mahlzeiten gebrochen habe. Eben so sagte Reginald tr. 1. l. 6. c. 4. n. 114: Ein Wahrsager, der sich der Teufelskunst bediente, ist nicht verbunden, diesen Umstand zu beichten; er sage nur: ich habe gewahrsagt, ohne zu bestimmen, ob aus der Hand oder mit Hilfe des Teufels. Auch sagt Fagundez [b]) p. 2. l. 4. c. 3. n. 17: Die Entführung ist nicht ein solcher Nebenumstand, daß man ihn zu beichten braucht, wenn die Entführte einstimmte. Escobar führt dieses alles gleichfalls an, princ. ex. 2. n. 61.

---

a) Granados, geboren zu Cadix 1560, trat 1586 in die Societät Jesu, starb 1622 zu Granada. Er schrieb Comment. in Summ. theologiae; de immaculata conceptione B. Virginis u. s. w.

b) Fagundez, ein portugiesischer Jesuit, geboren 1577 zu Viana, trat 1594 in die Societät Jesu, lehrte zu Lissabon, wo er 1645 starb. Schrieb Quaestiones de christ. officiis et casibus conscientiae; de justitia et contractibus u. s. w.

62. 41, nebst vielen andern merkwürdigen Fragen über das Beichten der Nebenumstände; Sie können das selbst nachlesen.

Eine recht angenehme fromme Klugheit, sagte ich. Das alles wäre so gut wie nichts, erwiederte er, wenn man nicht auch die Buße erleichtert hätte; allein die allerweichlichsten Menschen können nicht mehr dadurch von der Beichte abgeschreckt werden, nachdem wir in den Clermontschen Thesen den Satz vertheidigten: Legt der Beichtsvater eine passende — convenientem — Buße auf, und will man dieselbe nicht annehmen, so kann man sich fortbegeben, Verzicht leistend auf die Absolution und die aufgelegte Buße. Auch sagt Escobar Praxis poenitentiae ex Soc. tr. 7. ex. 4. n. 118: Erklärt der Beichtende, er wolle in jener Welt dulden und im Fegefeuer alle verdienten Strafen abbüßen, so muß der Beichtsvater ihm freilich, damit das Sacrament bleibe, eine Buße, aber eine sehr leichte, auflegen, vorzüglich wenn er merkt, daß der Beichtende eine schwerere nicht annehmen werde. Dann darf doch, sagte ich, die Beichte nicht mehr das Sacrament der Buße genannt werden? Mit nichten, erwiederte er, denn einige Buße wird jedesmal dem Beichtenden aufgelegt.

Wie aber, fragte ich weiter, kann man einen Menschen der Absolution würdig halten, der sich zur Tilgung seiner Schuld nicht einmal einigen Beschwerden unterwerfen will? muß man ihm nicht vielmehr seine Sünden aufbehalten, statt sie ihm zu vergeben? Habt Ihr denn auch wohl eine richtige Idee Eures Amtes, und bedenkt Ihr auch, daß Ihr binden und lösen könnt? Glaubt Ihr denn, Ihr dürftet Jeden, der es verlangt, lossprechen, ohne daran zu denken, ob auch Christus die im Himmel lösen werde, die Ihr hier löset? Was?

erwiederte er, glauben Sie, wir wüßten nicht, daß der Beichtsvater sich gehörig unterrichten müsse von dem Zustande des Beichtenden, und Unwürdigen nicht das Sacrament reichen dürfe? befahl ihm nicht Christus, ein getreuer Spender seiner Gnade zu seyn, und nicht das Heilige den Hunden vorzusetzen, weil er ein Richter ist, und als solcher die Verpflichtung hat, die Würdigen zu lösen und die Unwürdigen zu binden, und weil er nicht freisprechen darf, was Christus verdammt? Wessen sind diese Worte? fragte ich. Des Filiuz t. 1. tr. 7. n. 354, erwiederte er. Das wundert mich sehr, fuhr ich fort, denn ich hielt sie für die Worte eines Kirchenvaters; aber diese Lehre muß doch den Beichtsvätern sehr unangenehm seyn, denn nach ihr sollen sie nur mit Vorsicht dieses Sacrament austheilen, und erst gehörig prüfen, ob die Reue des Beichtenden aufrichtig, und der Vorsatz, sich zu bessern, ihm Ernst sey. Gar nicht, antwortete er, so viele Mühe wollte Filiuz nicht den Beichtsvätern machen; deshalb gibt er ihnen auch sogleich eine viel leichter zu haltende Regel: der Beichtsvater kann sich leicht eine Kenntniß des Zustandes des Beichtenden verschaffen, denn gibt dieser nicht hinlängliche Zeichen der Reue, so fragt der Beichtsvater, ob er seine Sünden von Herzen bereue, und sagt nun der Beichtende ja, so muß der Beichtsvater es glauben. Hinsichtlich des guten Vorsatzes macht er es eben so, wenigstens dann, wenn nur eine allgemeine Verpflichtung zur Restitution, oder im Allgemeinen eine nächste Gelegenheit zu fliehen, da ist.

Daß diese Worte von Filiuz waren, hätte ich ohne Ihr Erinnern gewußt, sagte ich. Und doch sind sie nicht von Filiuz selbst, erwiederte er, sondern nur abgeschrieben aus Suarez part. 3. tom. 4. disp. 32. sect. 2. n. 2. Diese Worte des Filiuz, fuhr ich fort, widersprechen ja aber seinen oben aufgestellten; denn die Beichtväter sind nun nicht mehr Richter über den Zustand des Beichtenden, weil sie diesem auf sein Wort glauben müssen, selbst dann, wenn er nicht hinlängliche Zeichen der Reue an den Tag legt. Oder hat etwa das bloße Versprechen des Beichtenden die Kraft, daß es auch sein Herz zum Wollen zwinge? Ich zweifle beinah, daß Ihr aus der Erfahrung lerntet, daß auch alle diese Menschen ihr gegebenes Versprechen halten; Ihr habt gewiß oft das Gegentheil gefunden. Das thut nichts, erwiederte er, der Beichtsvater muß dem Worte des Beichtenden glauben, denn Baunius, welcher diese Sache aus dem Grunde untersucht, sagt Summ. pecc. c. 46. pag. 1090, 1091 u. 1092: So oft Jemand mit derselben Sünde, ohne irgend eine Hoffnung zur Besserung, zu dem Beichtsvater kommt, und sagt, er bereue die begangene Sünde und wolle sich bessern, so muß der Beichtsvater ihm glauben, obgleich er wohl einsieht, daß das Versprechen mehr aus dem Munde als aus dem Herzen komme, und fällt dieser Mensch nun nachher wieder und noch gröber in dieselbe Sünde zurück, so muß er doch nach meiner Meinung absolvirt werden. Diese Worte werden Ihnen doch wohl jeden Zweifel nehmen.

Da legt Ihr aber, sagte ich, den Beichtsvätern eine schwere Last auf, sie sollen das Gegentheil von dem glauben, was sie mit ihren Augen sehen. Sie verstehen mich nicht, erwiederte er, wir wollen damit nur sagen, daß sie verbunden sind, so zu handeln und zu absolviren, als ob sie glaubten, der Beichtende habe wirklich den festen Vorsatz, sich zu bessern; sie brauchen das aber nicht selbst zu glauben. Sehr schön erklären dies Suarez und Filiuz, denn nach den Worten: der Priester ist verbunden, dem Beichtenden aufs Wort zu glauben, setzen sie hinzu: er braucht dessenungeachtet nicht wirklich zu glauben, daß der Beichtende sich bessern werde, es reicht hin, wenn er glaubt, der Beichtende habe im Beichtstuhle den guten Vorsatz, den er freilich außer demselben gleich wieder brechen wird. Und so lehren alle die Unsrigen: Ita docent omnes auctores. An einer Lehre, der alle unsere Schriftsteller zugethan sind, werden Sie doch wohl nicht zweifeln?

Was wird denn aber, fragte ich, aus den Worten des Petav, die er freilich gezwungen in der Vorrede seiner Poenit. publ. ausspricht: alle Kirchenväter, Concilien und Theologen stimmen darin überein, es sey eine allgemeine Lehre, daß die Reue als Vorbereitung zum heil. Abendmahle eine wahre, aufrichtige und beständige seyn müsse, und nicht eine laue und nachlässige, die gleich wieder in dieselben Fehler zurückfallen lasse? Petav, erwiederte er, redet von der alten Kirche; seine Meinung paßt, um mich des Ausdrucks unserer Lehrer zu bedienen, so wenig mehr für den Zeitgeist, daß nach Baunius allein die entgegengesetzte Meinung die wahre ist, Theol. mor. p. 1. tract. de poenit. q. 15. pag. 96: Einige behaupten, man dürfe nicht die absolviren, die oft in denselben Fehler zurückfallen, und vorzüglich dann, wenn sie schon mehrmals von demselben absolvirt sind und sich nicht besserten; Andere aber behaupten das Gegentheil. Die einzig wahre Lehre ist, daß man ihnen die Absolution nicht weigern darf, auch dann nicht, wenn sie den ihnen so oft gegebenen guten Rath nicht beachteten, wenn sie ihr Versprechen, sich zu bessern, nicht halten, wenn sie sich nicht bemühen zu einem reinen Lebenswandel; was auch immer Einige sagen mögen, die einzig wahre zu befolgende Lehre ist, man muß sie absolviren. Und tr. 4. q. 22. p. 100 sagt er: man darf die Absolution nicht verweigern oder aufschieben bei denen, die in Gewohnheitssünden gegen Gott, Natur und Kirche verharren, wenn auch keine Hoffnung zur Besserung da ist — *etsi emendationis futurae nulla spes appareat.* —

Aber, sagte ich, diese Gewißheit, absolvirt zu werden, wird sie nicht die Sünder . . . — Ich weiß schon, was Sie sagen wollen, unterbrach er mich; hören Sie Baunius quaest. 15: Man kann den absolviren, der die Gewißheit absolvirt zu werden mißbrauchte, und mit desto größerer Freiheit sündigte, was er ohne diese nicht gethan haben würde. Caussinus [a]) vertheidigt diese Meinung Resp. ad Theol. mor. p. 211 und sagt: wäre diese Lehre nicht wahr, so würden die Meisten den Nutzen der Beichte entbehren müssen, und es bliebe für die Sünder nichts übrig, als Nagel und Strick.

---

a) Caussin — Nicole — geboren 1570 zu Troyes in Champagne, trat 1596 in die Societät Jesu, war Beichtsvater Ludewigs XIII., wurde nach Bretagne verwiesen, kam aber nach Richelieu's Tode, der sein eifriger Vorfolger war, nach Paris zurück, wo er 1651 starb. Unter seinen vielen Schriften nennen wir sein diarium christianum; sapientiam evangel.; responsiones ad theolog. moral.

Wie wird man zu Euren Beichtstühlen hinströmen, angezogen durch solche Grundsätze, sagte ich. Sie können sich nicht denken, erwiederte er, welche Masse zu uns läuft; wir sind überhäuft und werden gleichsam niedergedrückt durch den Strom unserer Beichtskinder — Poenitentium numero obruimur — wie es heißt in Imag. prim. seculi l. 3. c. 81. Ich weiß ein leichtes Mittel, sagte ich, Euch von dieser Last zu befreien, verpflichtet nur die Beichtenden, die nächste Gelegenheit zur Sünde zu fliehen; das allein wird hinreichen zu Eurer Befreiung. Die wünschen wir nicht, erwiederte er, im Gegentheile ist sie uns lieb; denn es heißt in demselben Werke l. 3. c. 7. p. 374: die Gesellschaft hat die Absicht, Tugend zu verbreiten, die Laster zu bekriegen und Vielen nützlich zu werden.

Weil nun aber die Wenigsten die nächste Gelegenheit zur Sünde fliehen wollen, so war eine Erklärung dieses Wortes nöthig; man findet sie im Escobar Prax. Soc. nost. tr. 7. ex. 4. n. 276: man nennt nicht die nächste Gelegenheit eine solche, worin man nur selten sündigt, z. B. wenn Jemand mit einem Weibe, mit dem er zusammen wohnt, durch plötzliche Leidenschaft drei- oder viermal im Jahre sündigt, oder nach Baunius Summa — in französischer Sprache abgefaßt — pag. 1082, ein- oder zweimal des Monats. Auch heißt es daselbst pag. 1089: was soll man mit Herren und Dienerinnen, Verwandten und Verwandtinnen machen, die zusammen wohnen und diese Gelegenheit benutzen, mit einander zu sündigen? Man trenne sie, sagte ich. Eben so, antwortete er, urtheilt Baunius, wenn sie zu oft und beinah täglich sündigen; fallen sie aber nur selten, etwa ein- oder zweimal des Monats, und können sie ohne großen Schaden nicht von einander getrennt werden, so darf man sie absolviren nach der Meinung unserer Autoren, unter Andern nach Suarez, wenn sie versprechen, sich zu bessern, und wenn sie eine wahre Reue über ihre begangenen Sünden haben. Was diese wahre Reue betrifft, sagte ich, so kenne ich die bereits hinlänglich aus dem Vorigen, denn ich weiß nun schon, wie die Beichtsväter über sie zu urtheilen haben.

Auch erlaubt Baunius pag. 1083 u. 1084, fuhr er fort, denjenigen, in der nächsten Gelegenheit zu bleiben, welche sich nicht davon losreißen können, ohne der Welt Anlaß zum Gespräche zu geben, oder ohne selbst Unbequemlichkeiten davon zu haben. Eben so sagt er in seiner Theol. mor. tr. 4. de poen. q. 14. p. 94 und q. 13. p. 93: man kann und muß ein Weib absolviren, die einen Mann zu sich ins Haus nahm, mit dem sie oft sündigt, wenn sie ihn nicht auf eine anständige Art entfernen kann, oder wenn sie einige Ursache hat, ihn zu behalten — si non potest honeste ejicere aut habeat aliquam causam retinendi; — nur muß sie den Vorsatz haben, nicht mehr mit ihm zu sündigen.

Wenn man von der Pflicht, die nächste Gelegenheit zur Sünde zu vermeiden, befreiet ist, sobald man Unannehmlichkeiten davon hat, dann ist keiner Pflicht leichter zu genügen. Gesetzt aber, man hätte auch diese nicht, dann ist man doch wohl nach Eurer Lehre dazu verpflichtet? Ja wohl, versetzte er, aber auch hier heißt es, keine Regel ohne Ausnahme. Denn Baunius sagt ibid: Es ist Jedem erlaubt, in die Freudenhäuser zu gehen in der Absicht, die verderbten

Weiber zu bessern, wenn er auch voraussieht, daß er wahrscheinlich dort sündigen werde, und aus Erfahrung weiß, daß er oft gefallen ist durch die Schmeichelcien und Verführungskünste dieser Weiber. Man hat freilich auch Theologen, die nicht dieser Meinung sind, und die glauben, man dürfe nicht sein eigenes Heil auf's Spiel setzen, um dem Nächsten das seinige zu gewinnen; dessenungeachtet aber stimme ich mit vielem Vergnügen für die entgegengesetzte Meinung.

Eine ganz besondere neue Gattung von Predigern! rief ich aus; worauf stützt sich denn aber diese Meinung des Baunius? Auf den Grundsatz des Basilius, den er an derselben Stelle anführt, und den auch Sie aus dem Vorigen schon kennen, erwiederte der Jesuit, man darf nämlich geradezu — primo et per se — eine solche Gelegenheit aufsuchen, um ein geistiges oder zeitliches Gut seiner selbst oder seines Nächsten zu retten.

Diese Worte entsetzten mich so, daß ich beinah das Gespräch abgebrochen hätte; jedoch faßte ich mich, um weiter zu hören, und sagte nur: wie stimmt aber diese Lehre mit der Lehre des Evangeliums, die uns befiehlt: reiß' dir das Auge aus, und wirf selbst das Nothwendigste weg, sobald es deinem Heile schadet. Wie könnt Ihr behaupten, daß der aufrichtig die Sünde scheue, der sich in die nächste Gelegenheit dazu begibt? ist es nicht im Gegentheile einleuchtend, daß er sie nicht so scheut, wie er sollte, und daß er noch nicht zu der Geistesstärke gekommen ist, die eben so sehr Gott liebt, als er vorhin die Welt liebte?

Wie? fiel er ein, das wäre ja eine reine Reue über seine Sünden aus Liebe zu Gott! Sie scheinen nicht zu wissen, was unser Pinterell [a]), Abbat. Boissiac. part. 2. pag. 50, sagt: alle unsere Lehrer stimmen darin überein, daß es ein Irrthum und beinah eine Ketzerei ist, zu sagen, die Reue aus Liebe zu Gott sey nothwendig, und daß die Reue aus Furcht vor den ewigen Strafen, die doch den Willen zur Sünde ausschließt, nicht hinreiche zum Sacramente.

Ihr stellt also den Satz, daß die Reue aus Furcht vor den ewigen Strafen zum Sacramente hinreiche, beinah unter die Glaubenssätze, sagte ich. Ich halte das für eine Eigenheit Eurer Lehrer, denn wenn auch einmal ein Anderer diese Reue für hinreichend erklärt, so vermischt er sie doch mit einiger Liebe zu Gott; überdieß scheinen mir Eure Lehrer nicht immer alle derselben Meinung gewesen zu seyn, denn Euer Suarez sagt de poenit. q. 90. art. 4. disp. 13. sect. 4. n. 19: Obgleich die Meinung, daß die Reue aus Furcht vor den Strafen hinreichend sey, eine probable ist, so ist sie doch nicht eine sichere und kann selbst falsch seyn — nec est certa et potest esse falsa. — Ist sie aber falsch, so reicht diese Reue nicht hin; wer also in einem solchen Zustande stirbt, setzt sich der Gefahr der ewigen Verdammniß aus. Auch ist diese Meinung nicht alt und nicht sehr allgemein — nec valde antiqua nec multum communis. — Auch Sanchez hielt sie nicht für untrüglich, weil er in seiner Summ. l. 1. c. 9. n. 34. sagt: Der Kranke und sein Beichte-

a) Pintereau — Pinterell — französischer Jesuit, zu Chaumont 1603 geboren, war Director zu Caen und starb zu Paris 1664. Schrieb de attritione sufficiente in sacr. poenitentiae; errata typograph. Portus regii; reliquiae Abbatis S. Cyrani u. s. w.

vater, der sich in der Todesstunde mit der Reue aus Furcht vor den ewigen Strafen zum Sacramente begnügt, sündigen tödlich wegen der großen Gefahr der Verdammung, der sich der Beichtende aussetzt, falls die Meinung, die Reue aus Furcht vor den Strafen sey hinreichend, falsch seyn sollte. Auch Comitolus[a]) billigt sie nicht, wenn er Resp. mor. l. 1. q. 32. n. 7. 8. sagt: Es ist nicht sehr sicher, daß jene Reue zum Sacramente hinreicht.

Hier unterbrach mich der Jesuit mit den Worten: Sie lesen also unsere Schriftsteller! Sie thun wohl; aber besser wäre es jedoch, sie nicht, ohne einen von uns zum Erklärer zu haben, zu lesen. Hielten Sie nicht gleich, da Sie jene allein lasen, sie entgegen unserer Lehre von der Reue, statt daß ich Ihnen bewiesen hätte, daß sie dieselbe nur bestätigen? Wie ehrenvoll ist es doch für uns, diese Privatmeinung von der Reue bald so weit verbreitet zu haben, daß es nicht mehr einen einzigen Theologen geben wird, der sie nicht für einen von jeher existirenden Glaubenssatz hält! Da Sie beweisen, daß diese Meinung noch vor wenigen Jahren eine schwankende war, was beweisen Sie da anders, als daß unsern letzten Schriftstellern die Ehre der Begründung gebühre!

Deshalb glaubte denn auch der große Diana uns einen angenehmen Dienst erwiesen zu haben, wenn er die Grade bezeichnete, durch welche man bis hierher gekommen ist; er thut dieses p. 5. tr. 13, wo es heißt: Sonst glaubten die äl-

---

a) Paul Comitolus, gebürtig aus Perugia in Italien, trat 1559 in die Societät, starb in seiner Geburtsstadt 1626 im 81sten Jahre seines Lebens. Er schrieb Consilia moralia; apologeticum in Venetois etc.

tern Scholasten, die Reue aus Liebe zu Gott sey nothwendig, und ohne sie beginge man eine Todsünde; darauf hieß es, man sey nur an den Festtagen dazu verbunden; dann, wenn irgend ein großes Unheil das Volk bedrohe; darauf hielt man dafür, sie sey nicht aufzuschieben, wenn Jemand dem Tode sich nähere. Unser Hurtado aber und Vasquez verwerfen alle diese Meinungen, und stellten den Satz auf, man sey zu dieser Reue nicht verbunden, wenn man auf eine andere Weise absolvirt werden könne, und so lange man nicht in der Todesstunde liege.

Um Ihnen die größern Fortschritte dieser Lehre zu zeigen, so haben unsere Fagundez prac. 2. t. 2. cap. 4. num. 13., Granados in 3. part. cont. 7. tr. 3 d. 3. sec. 4. num. 17., Escobar tr. 7. ex. 4. n. 88. Prax. Soc. festgesetzt: die Reue aus Liebe zu Gott ist nicht nöthig, selbst in der Todesstunde nicht, denn reichte die Reue aus Furcht vor den Strafen nicht hin zum Sacramente in der Todesstunde, so folgte daraus, daß sie überhaupt nicht hinreichte. Unser gelehrte Hurtado de sacr. d. 6 angeführt von Diana part. 4. tr. 4. Miscell. R. 193. und von Escobar tr. 7. ex. 4. n. 91 geht noch weiter, indem er sagt: Ist die Reue, die aus bloßer Betrübniß wegen zeitlicher Güter, z. B. wegen des Verlustes seiner Gesundheit oder seines Geldes, entsteht, hinreichend? Man unterscheide. Denkt der Beichtende dabei nicht, daß Gott ihm dieses Uebel schicke, so reicht die Reue nicht hin; denkt er aber, es komme von Gott — so wie denn alles Uebel außer der Sünde nach Diana von Gott kommt — so ist die

Reue hinreichend. So sagt Escobar Prax. Soc. und auch unser Fr. Amicus behauptet dasselbe t. 8. disp. 3. n. 13. Das nimmt mich sehr wunder, sagte ich, ich sehe ja in dieser Reue gar nichts Uebernatürliches; Ihr behauptet also, daß ein Sünder der Absolution würdig werden könne ohne eine übernatürliche Gnade, und doch weiß Jedermann, daß dieser Satz im Tridentinum verdammt ist. Ich würde auch so denken, als Sie, erwiederte er, wenn die Sache sich nicht anders verhielte, denn unsere Cleremontaner behielten unter ihren Thesen vom 23sten May und vom 6ten Juni 1644 den Satz bei col. 4. num. 1: Die Reue aus Furcht vor der Strafe ist heilig und hinreichend zum Sacramente, obgleich sie keine übernatürliche ist, und unter denen vom August 1643: die Reue, wenn sie auch eine natürliche ist, reicht hin zum Sacramente, nur muß sie eine ehrbare seyn — *ad sacramentum sufficit attritio naturalis modo honesta.* —

Weiter läßt sich über diesen Punct nichts sagen, wenn man nicht noch den Folgesatz hinzufügen will, der aus dem Gesagten sofort erhellet, daß nämlich die Reue aus Liebe zu Gott zum Sacramente gar nicht nöthig, sondern ihm schädlich ist, denn sie reinigt durch sich die Sünden, es bliebe also dem Sacramente nichts zu reinigen übrig. Dieses behauptet unser berühmte Valentia Tom. 4. Disp. 7. q. 8. p. 4: die Reue aus Liebe zu Gott ist nicht nöthig, weil man doch den Hauptnutzen des Sacraments erreichen kann, im Gegentheile ist sie oft hinderlich — imo obstat. — Mehr kann man denn doch wohl nicht verlangen.

Ich glaube das, sagte ich; aber verzeihen Sie, daß ich Ihnen meine Meinung sage, und zeige, wohin diese Lehre führt. Ihr behauptet, die Reue aus bloßer Furcht vor den ewigen

Strafen genüge zur Buße und reinige den Sünder; folgt nicht daraus, daß Jemand sein ganzes Leben hindurch seine Sünden so tilgen und zum ewigen Heile gelangen könne, ohne im Geringsten Gott geliebt zu haben? Oder waget Ihr etwa, auch das zu behaupten?

An dieser Frage erkenne ich, erwiederte der Jesuit, daß Sie unsere Lehre von der Liebe Gottes nicht kennen; sie ist die Krone unserer Moral und von allen Lehren die wichtigste. Sie hätten freilich schon aus dem, was ich Ihnen über Reue sagte, abnehmen müssen, wie wir über die Liebe zu Gott denken, ich will Ihnen jedoch das genauer aus einander setzen; unterbrechen Sie mich aber nicht, sondern achten Sie wohl auf die Reihenfolge.

Escobar führt die verschiedenen Meinungen unserer Schriftsteller über diesen Gegenstand an in seiner Praxis divini amoris ex soc. — Praxis der Liebe zu Gott — tr. 1. ex. 2. n. 21 und tr. 5. ex. 2. n. 8: Ist man verbunden, Gott wirklich zu lieben? Suarez sagt, es sey genug ihn vor dem Lebensende zu lieben, ohne eine genauere Zeit anzugeben. Vasquez behauptet, man brauche ihn nur in der Todesstunde zu lieben. Andere sagen, wenn man getauft würde, Andere, wenn man verpflichtet ist, seine Sünden zu bereuen, Andere, an den Festtagen. Palaus verwirft alle diese Meinungen, und das mit Recht, tom 1. tr. 6. d. 1. p. 4. n. 3 u. 4. Hurtado von Mendoza 2. 2. dist. 74. sect. 6. §. 36. will jedes einzelne Jahr eine solche Liebe einmal, und glaubt damit nicht zu viel zu thun. Conink meint, man müsse alle drei oder vier Jahre einmal Gott lieben, Henriquez alle fünf Jahre tr. 5. ex. 4. n. 8. Filiuz mißbilligt auch dieses letztere, und überläßt die Zeitbestimmung der Liebe zu Gott dem Urtheile der Vernünftigen.

Ich störte ihn nicht in dem Unsinne, und hörte ruhig zu, wie der Geist dieser Menschen mit der Liebe zu Gott so übermüthig seinen Scherz trieb. Er aber fuhr fort: unser Antonius Sirmond [a]), welcher über diesen Gegenstand triumphirt in seinem bewunderungswürdigen Werke, la defense de la vertu, wo er mit seinen Landsleuten in ihrer Muttersprache redet, spricht so tr. 2. sect. 1. p. 12. 13. 14. u. s. w.: der heil. Thomas sagt, man müsse Gott lieben, sobald man seiner Vernunft mächtig wird. Das ist zu früh. — Scotus jeden Sonntag. Weshalb das? — Andere in der Zeit der Versuchung. Ganz richtig, wenn man nicht anders ihr entfliehen kann. — Scotus nach erhaltenen Wohlthaten. Ein Zeichen der Dankbarkeit. — Andere in der Todesstunde. Sehr spät. — Ich glaube auch nicht, daß es nöthig sey beim Empfange eines Sacraments; die Reue aus Furcht vor den Strafen, und etwa die Beichte, wenn sie sonst sich bequem haben läßt, genügen. Suarez sagt, man sey einmal verpflichtet Gott zu lieben. Aber wann? Er überläßt es dem eigenen Gutdünken und weiß es selbst nicht; wenn der es nicht weiß, wer soll es denn wissen? Hieraus zieht Sirmond endlich den Schluß, daß diejenigen, welche Gott nie lieben und nie an ihn denken, den göttlichen

a) Anton Sirmond, geboren zu Riom in Auvergne 1591. trat 1608 in die Societät Jesu, starb zu Paris 1643. Er ist der Verfasser des berüchtigten Buches la defense de la vertu, was selbst von den Jesuiten getadelt wurde; auch schrieb er auditorem verbi Dei u. s. w.

Gesetzen genügen und nicht sündigen, wenn sie nur die übrigen Gebote halten und ihn nicht hassen. Diesen Betrachtungen widmet er sein ganzes zweites Buch, auf jeder Seite findet man sie, unter andern p. 16, 19, 24, 28, wo er sagt: Gott gibt uns freilich das Gesetz, ihn zu lieben, aber er begnügt sich, wenn wir nur seine übrigen Gebote halten. Hätte er gesagt: erfüllt ihr auch meine übrigen Gebote und seyd ihr mir nicht mit eurem Herzen ergeben, so hasse ich euch, wäre das wohl dem Zwecke angemessen gewesen, dem Gott folgen mußte und konnte? Wir sollen also Gott lieben, d. h. wir sollen seinen Willen so erfüllen, als ob wir wirklich ihn liebten, als ob die Liebe der Beweggrund unserer Handlungen wäre. Ist das wirklich der Fall, desto besser; ist es aber auch nicht so, dann erfüllen wir doch in voller Strenge das Gebot der Liebe, wenn wir nur seine Gesetze halten. Er befiehlt also — bewundernswerth ist doch die Liebe Gottes gegen die Menschen! — nicht so sehr, ihn zu lieben, als nur ihn nicht zu hassen.

Auf diese Weise befreieten unsere Lehrer das Menschengeschlecht von der mühsamen Pflicht, Gott zu lieben, und diese Lehre ist so wichtig, daß unser Annat, Pinterell, Moinius und Sirmond selbst sie auf das eifrigste gegen ihre Angreifer vertheidigten. Sie finden diese Streitigkeiten in ihren resp. ad Theol. mor. und in der Schrift ad Abbat. Bossiac. p. 53, wo Sie von dieser Dispensation am besten urtheilen können, aus dem Preise, den sie gekostet hat; es ist dieser das Blut unsers Jesus Christus. Lesen Sie das sorgfältig, es ist die Krone unserer Lehre. Sie sehen nun, daß diese Befreiung von der verdrießlichen Pflicht, Gott zu lieben, ein Privilegium der christlichen Religion vor der jüdischen ist. Es war vernünftig, sagt jener, daß Gott durch die Gnade des neuen Testaments die Menschen von der beschwerlichen und verdrießlichen Pflicht, eine vollkommene Reue und eine Liebe gegen Gott zu empfinden, befreite, und dafür die Sacramente einsetzte, um so den Menschen auf eine leichtere Art zu seinem Heile zu helfen; sonst hätten ja die Christen, die Kinder Gottes, noch eben die Mühe, sich die Liebe ihres Vaters zu erwerben, als die Juden, die doch nur Sclaven waren und von ihrem Herrn aus Erbarmung aufgenommen wurden.

Da riß meine Geduld, ich konnte mich nicht mehr halten. Mensch, rief ich aus, Sie mißbrauchen meine Langmuth, mich grauet vor den Abscheulichkeiten, die ich da von Ihnen höre. Warum, fiel er ein, fassen Sie denn mich an, als ob ich das aus mir gesagt hätte! Ich weiß, erwiederte ich, daß diese schrecklichen Lehren nicht Ihre Erfindung sind, allein Sie verabscheuen sie nicht; statt ihre Schöpfer zu verachten, haben Sie Ehrfurcht vor ihnen. Fürchten Sie denn nicht, sich selbst dadurch des Lasters theilhaftig zu machen? Denken Sie nicht an den Spruch des heil. Paulus, welcher sagt: verdammt sind, die solche Uebel erzeugen, verdammt aber auch, die ihnen beipflichten? Es genügt Euch nicht, so viele Laster zu bemänteln und sie in dieser verdeckten Gestalt den Menschen zu erlauben; Ihr gebt auch Gelegenheit zu Lastern, die Ihr nicht bemänteln könnt, durch die Leichtigkeit und Sicherheit der Absolution, die Ihr ihnen versprecht. Ihr hebt gänzlich die göttliche Gewalt der Priester auf, indem Ihr sie wie Sclaven zur Absolution derer verpflichtet, die festgewurzelt sind in der Sünde, ohne Hoffnung zur Besserung, ohne irgend ein Zeichen der Reue über Sünden, die sie tausendmal begingen, ohne Buße, wenn sie solche nicht annehmen wollen, und ohne die Gelegenheit zur Sünde zu fliehen, wenn sie nur irgend eine Unbequemlichkeit davon haben.

Aber auch damit seyd Ihr nicht zufrieden. Die Frechheit, womit Ihr die heiligsten Gesetze des christlichen Wandels erschüttert, hebt sich frei empor zur Zerstörung der Worte Gottes. Umwerfen wollt Ihr die Lehre des Evangeliums und der Propheten; aus dem Herzen jagt Ihr fort die Frömmigkeit und den Geist, der das Leben ist; die Liebe zu Gott haltet Ihr für unnütz, und bis dahin erhebt sich Eure unzügelbare Ausschweifung, daß Ihr behauptet, diese Befreiung von der Liebe zu Gott sey der große Nutzen, den Christus der Welt verschaffte. Höher vermöchte sich doch wohl nicht zu heben Eure Gottlosigkeit! Deshalb soll Jesus Christus sein Blut für uns vergossen haben, damit er uns freimache von der Pflicht, ihn zu lieben! Vor der Menschwerdung unsers Heilands hieß es: du sollst Gott lieben; allein seit dem Augenblicke, wo Gott so sehr die Welt liebte, daß er seinen eingebornen Sohn für sie hingab, seitdem heißt es nicht mehr: du sollst Gott lieben! Entsetzliche Lehren unserer Tage! Oeffentlich verlacht man den Spruch des heil. Paulus: verdammt sind die, welche Gott nicht lieben, die Lehre des heil. Johannes: wer Gott nicht liebt, wird verloren gehen; selbst gegen die Worte des Erlösers lehnt man sich auf: wer mich nicht liebt, kann meine Gebote nicht halten, und erklärt die für würdig der ewigen Glückseligkeit, die nie in ihrem Leben daran dachten, Gott zu lieben. O Geheimnisse voll der Bosheit und des Entsetzens! Oeffnen Sie doch endlich die Augen, Freund, und wenn die frühern Lehren Eurer Casuisten es nicht vermochten, so wird doch gewiß diese letztere Gottlosigkeit hinreichend seyn, Sie von ihnen zu trennen. Ich wünsche das von ganzem Herzen

Ihnen und allen Ihren Brüdern. Möge Gott Euch einsehen lassen, wie trüglich das Licht war, welches Euch hinleitete zu solchen Grundsätzen! Möge er mit seiner Liebe die erfüllen, welche es wagen, die Menschen von der Pflicht der Gegenliebe loszusprechen! —

So sprach ich noch Einiges und ging fort, und ich werde nun wohl nicht zurückkehren können; jedoch hast Du nicht Ursache das zu bedauern, denn soll ich noch weiter fortfahren, so habe ich bereits so viel die Bücher der Jesuiten gelesen, daß ich Dir ihre Moral und Politik eben so gut werde auseinandersetzen können, als jener. Leb' wohl.

# Zweite Abtheilung.

# Briefe an die Jesuiten.

# Eilfter Brief.

## An die Jesuiten.

Ueber Irrthümer darf man mit Recht lachen; Vorsichten dabei, beobachtet von Pascal, vernachläßigt von den Jesuiten. Grobe Scherze des Moinius und Garassus.

Paris am 18ten August 1656.

Ich habe die verschiedenen Schriften gelesen, die Ihr gegen meine Briefe über Eure Moral herausgegeben habt. Ihr macht mir darin den Vorwurf, ich habe über Eure Lehren nicht mit gebührendem Ernste gesprochen; beinah in jeder Zeile beschuldigt Ihr mich dessen, und scheuet Euch nicht zu sagen, ich habe die heiligsten Gegenstände mit Spott behandelt.

Dieser Vorwurf, ehrwürdige Väter, war mir eben so unerwartet, als er ungerecht ist; womit wollt Ihr doch beweisen, daß ich Spott treibe mit heiligen Dingen? Ihr führt als Belege den Contract Mohatra und die Geschichte von Johann Alban an. Sind denn das heilige Dinge? Ist Euch etwa der Mohatra so ehrwürdig, daß Ihr es für Gotteslästerung haltet, wenn man nicht mit dem größten Ernste davon spricht? Sind die Vorlesungen des Baunius über den Diebstahl, die den Johann Alban verleiteten, Euch selbst zu bestehlen, so heilig, daß Ihr den für einen Gottlosen ausschreit, der über solche Lehren lacht? Darf man sich nicht beschweren über die Worte des Escobar, und über die fantastischen, unchristlichen Lehren Eurer übrigen Schriftsteller, ohne für einen Religionsspötter gehalten zu werden? Und Ihr wagt es noch, eine so unsinnige Beschuldigung so oft zu wiederholen? und Ihr fürchtet Euch nicht vor neuem Spotte? wäre es mir nicht eine Kleinigkeit, der ganzen Welt zu beweisen, daß ich nur über das lachte, was ich in Euren Schriften lächerlich fand, und daß ich spottend über Eure Moral eben so weit entfernt bin über heilige Gegenstände zu spotten, als diese entfernt ist von der wahren Lehre des Evangeliums?

Im Ernste, ehrwürdige Väter, groß ist der Unterschied zwischen einem Spötter über Religion, und einem Menschen, der über die spottet, welche durch ihre abweichenden Lehren die Religion entweihen. Gottlos ist es, die Achtung für die Wahrheiten der göttlichen Offenbarung aus den Augen zu setzen; gottlos aber auch, die Irrthümer nicht zu verachten, die der Mensch jenen Wahrheiten Gottes entgegenstellt. Bedenket doch — Ihr zwingt mich ja mit Gewalt, das zu sagen, — daß, wie die Wahrheiten des Evangeliums der Achtung und der Liebe würdig sind, die Irrthümer, die man ihnen entgegenstellt, Verachtung und Haß verdienen; die göttliche Schönheit unserer Religion macht sie liebenswerth, und die heilige Majestät derselben ehrwürdig; eben so macht aber auch die Gottlosigkeit den Irrthum verabscheuungswerth, und die Dummheit ihn lächerlich. Die Heiligen hatten für die wahre Lehre immer diese Empfindungen, die Liebe und die Ehrfurcht, mit Ehrfurcht fing ihre Weisheit an, mit Liebe hörte sie auf; für den Irrthum hatten sie aber auch die beiden Empfindungen des Hasses und der Verachtung, und ihr Eifer strebte sowohl dahin, mit Kraft die Bosheit der Gottlosen zu unterdrücken, als auch ihre Dummheit und Tollheit zu belachen.

Vergebens macht Ihr deshalb der Welt die Gaukelei vor, als wäre das Lachen über Irrthümer eines Christen unwürdig; gerecht und billig ist es, wie sich leicht beweisen läßt; die Kirchenväter bedienten sich des Spottes, durch die heil. Schrift wird er autorisirt im Beispiele der größten Heiligen und in dem Gottes selbst; denn Gott haßt und verachtet die Lasterhaften; selbst in der Stunde des Todes, wo ihr Schicksal am meisten beweinenswerth ist, freuet sich die göttliche Weisheit des Spottes und des Belachens im Grimme und in der Rache, welche sie zu den ewigen Qualen verdammt Prov. I. v. 26: Bei eurem Untergange werde ich lachen und frohlocken — in interitu vestro ridebo et subsannabo. — Von demselben Geiste waren die Heiligen beseelt; sie werden, sagt David, Psalm 51, 8. die Bestrafung der Gottlosen sehen, sie werden zittern und sie verspotten — videbunt justi et timebunt et super eum ridebunt. — Eben so sagt Hiob 21, 19: Der Gerechte wird über sie frohlocken — innocens subsannabit eos. — Vorzüglich gehören hierher die Worte, welche der Allmächtige dem gefallenen ersten Menschenpaare zurief, sie sind ein beißendes Gespött und eine treffende Verhöhnung nach den Kirchenvätern. Denn sobald Adam, angetrieben durch die ihm von der Schlange gemachte Hoffnung Gott ähnlich zu werden, das Gesetz übertrat, da unterwarf ihn nach der heil. Schrift der Ewige der Sterblichkeit zur Strafe für seine Sünde, und verspottete ihn noch überdies in dem erbärmlichen seiner Sünde angemessenen Zustande mit den Worten, genes. III. 22: Siehe da den Menschen, der mir gleich ist — Ecce Adam factus est quasi unus ex nobis. — Das war für Adam ein scharfer Stachel des Spottes und der Verhöhnung, wie der heil. Chrysostomus und die Interpreten bezeugen hom. 18. in Genes. u. 5 in Matth. Adam, sagt Rupert in Genes., verdiente so verspottet zu werden, denn er fühlte durch diese beißende Ironie besser seine Schwäche, als wenn sie ihm in ernsthaften Ausdrücken wäre vorgeworfen worden. Hugo in Genes. sagt dasselbe und fügt noch hinzu, seiner thörichten Leichtgläubigkeit sey dieser Spott angemessen, und diese Art der Ironie sey ein Act der Gerechtigkeit, falls man sie gegen Jemanden braucht, der ihrer werth ist.

Ihr erkennet also, ehrwürdige Väter, daß der Spott oft ein recht passendes Mittel ist, die Menschen zurückzuführen aus dem Labyrinthe ihrer Irrthümer, zumal da derselbe ein Act der Gerechtigkeit ist; die Handlungen der Irrenden, sagt Jeremias X, v. 14, sind des Belachens werth wegen ihrer Thorheiten — vana sunt et risu digna. — Dieser Spott ist so wenig ungerecht, daß ihn vielmehr der heil. Augustin serm. 22. cap. 8. die Wirkung einer göttlichen Weisheit nennt: der Weise lacht über den Thoren, weil er weise ist, nicht aber durch seine eigene, sondern durch die Weisheit Gottes, die über den Thoren lacht.

Erfüllt vom Geiste des Ewigen bedienten sich auch die Propheten des Spottes, wie wir beim Daniel und Elias sehen, 3. Reg. XVIII. v. 27 und Dan. XIV. v. 26, und selbst Jesus Christus wendete ihn an. So sagt der heil. Augustin tr. 12 in Joh. von Christus, dieser habe, um den Nikodemus, welcher stolz war auf seine Kenntnisse der Religion, und sich aufblähete als Lehrer der Juden, zum Gefühle seiner Schwäche zu bringen, den Hochmuth dieses Menschen gebändigt durch die Größe der ihm vorgelegten Fragen, und als er unvermögend war zu antworten, so sprach Christus zu ihm: wie, du bist Lehrer in Israel und kennst nicht diese Dinge? Gerade als ob er zu ihm gesagt hätte: erkenne stolzer Priester, daß du nichts weißt. Der heil. Chrysostomus und der heil. Cyrillus sagen, Nikodemus habe diesen Spott verdient.

Wenn nun auch heut zu Tage Menschen aufstehen, die sich für Lehrer der Christen ausgeben, wie Nikodemus und die Pharisäer bei den Juden, und die ersten Grundsätze der Religion nicht kennen, indem sie z. B. behaupten, man könne zum ewigen Heile gelangen, ohne Gott jemals geliebt zu haben: dann tritt man in die Fußstapfen Christi, wenn man lacht über ihren Hochmuth und ihre Dummheit.

Ich glaube, ehrwürdige Väter, diese Beispiele beweisen hinlänglich, daß man spotten dürfe über die Irrthümer und Abweichungen der Menschen von der wahren Lehre. Dürften wir das nicht thun, so fehlten auch die größten Lehrer der Kirche, welche sich dieses Mittels zur Belehrung bedienten, der heil. Hieronymus in seinen Briefen epist. 84, 99 u. 101, und in seinen Schriften gegen Jovinianus, Vigilantius, Rufinus und die Pelagianer; Tertullian in seiner Apologie gegen die Götzendiener, Apologet. cap. 16; der heil. Augustin, Aug. in Mon. cap. 29, 31, 32, gegen die Mönche in Afrika, welche er langhaarige nennt; der heil. Irenäus gegen die Gnostiker; der heil. Bernard epist. 236 und andere Kirchenväter, die dem Beispiele der Apostel folgen und von den Gläubigen aller Zeiten nachgeahmt werden sollen, deren Sitten und Lehren gemäß auch noch die jetzige Christenheit leben soll, was immer Ihr dagegen sagen mögt.

Ich trat in ihre Fußstapfen, und fürchte nicht, mich zu irren; ich glaube das deutlich genug gezeigt zu haben, und führe nur noch die Worte des Tertullian an, welche vollkommen die Richtigkeit meines Verfahrens beweisen; das, was ich bisher that, sagt er adv. Valent. cap. 6, ist nur ein Vorspiel zu dem ernstlichen Kampfe; ich schlug nicht so sehr wirkliche Wunden, als ich nur die Blößen zeigte, von denen man beikommen kann;

findet sich in meinen Büchern etwas, worüber der Leser lacht, so lacht er über die Materie selbst. Es sind da so viele Dinge, welche man bespotten und belachen muß; wollte man ernsthaft auf sie losgehen, dann möchten sie wohl um so eher festen Fuß fassen; nichts gebührt dem Hochmuthe mehr, als Verspottung; Spott paßt zu der Wahrheit, denn er belustigt, und seine Feinde verlachen ist ein sicheres Mittel, sie zu schlagen. Freilich muß man sich in Acht nehmen, daß der Spott nicht auf Untiefen führe; wo dieses aber nicht zu fürchten ist, da ist es Pflicht, sich desselben zu bedienen.

Paßt das nicht ganz auf unsere Lage, ehrwürdige Väter? Meine Briefe waren bisher nur ein Vorspiel zu einem ernstlichen Treffen; ich lachte nur, und begnügte mich, Eure Blößen zu zeigen, ohne Euch wirklich zu verwunden. Ich citirte wörtlich die Stellen Eurer Schriftsteller, ohne irgend welche Bemerkungen von mir selbst daran zu knüpfen; findet man also in meinen Briefen Lächerlichkeiten, so lacht man über Euch und nicht über mich, und was sollte im Ernste auch wohl mehr lächerlich seyn, als die fantastischen Träume, die Eure Lehrer für eine so heilige Sache ausgeben, als die christliche Moral es ist. Ihr redet von Grundsätzen, die Jesus Christus selbst Euch geoffenbart haben soll, und dann sagt Ihr, ein Priester, der schon Geld für eine zu lesende Messe erhielt, dürfe überdieß noch von andern Menschen Geld nehmen, ihnen den Theil der Messe abstehend, der ihm selbst gebührt; — oder ein Mönch sey nicht excommunicirt, wenn er sein Habit ablege, um auf Räubereien auszugehen oder um unerkannt die Freudenhäuser zu besuchen; — oder man erfülle die Pflicht des Messehörens, wenn man auf einmal vier Viertel der Messe von vier verschiedenen Priestern höre; — kann man sich bei so widerstreitenden Dingen des Lachens enthalten? Kann wohl etwas mehr zum Lachen zwingen, als wenn man einen kräftigen, ungeheuren Riesen erwartet, und dann plötzlich ein winziges, kraftloses Zwergchen vor sich sieht?

Ich behaupte ferner, daß man lachen könne, ohne die Liebespflicht zu verletzen, einen Vorwurf, den Ihr mir so oft in Euren Schriften macht. Denn gerade diese ist es, die uns oft dazu verpflichtet, über die Irrthümer der Menschen zu lachen, um dadurch zu bewirken, daß auch sie diese verlachen und dann verabscheuen, nach den Worten des heil. Augustin: lache voll Mitleid über ihre Irrthümer, damit du auch ihnen sie lächerlich und verächtlich machest — haec tu misericorditer irride, ut eis ridenda et fugienda commendes. — Eben dieselbe Liebe verpflichtet uns auch, manchmal die Irrthümer mit Heftigkeit zu widerlegen, nach den Worten des heil. Gregor, des Naziazeners: auch der Geist der Liebe und des Wohlwollens hat seine Heftigkeit und seinen Zorn. Deshalb sagt auch der heil. Augustin: wer wagt zu behaupten, daß die Wahrheit unbewaffnet bleiben müsse gegen die Lüge, und daß es den Feinden des Glaubens erlaubt sey, die Gläubigen mit harten Reden anzugreifen und durch gefällige Worte sich über sie lustig zu machen, daß aber die Gläubigen nur mit einer den Leser einschläfernden Kälte gegen sie auftreten dürfen?

Müßte man nicht mit Stillschweigen die ausschweifendsten, verderblichsten Irrthümer in die Kirche einführen sehen, wenn man, ohne das Wohlwollen gegen seinen Nächsten aus dem Auge zu setzen, sie nicht mit Verachtung bespotten und mit Heftigkeit angreifen dürfte? Dann wäre es Euch erlaubt zu behaupten, man dürfe, um einer Ohrfeige oder einer andern Beleidigung zu entgehen, Jemanden todschlagen, und es wäre nicht erlaubt, einen so öffentlich ausgesprochenen und so schrecklichen Irrthum anzugreifen; dann dürftet Ihr frei sagen, ein Richter könne mit gutem Gewissen sich für eine begangene Ungerechtigkeit bezahlen lassen, und man hätte nicht die Freiheit, Euch zu widersprechen; dann dürftet Ihr mit dem Privilegium des Königs und mit dem billigenden Urtheile Eurer Obern die Lehre drucken lassen, man könne zum ewigen Heile gelangen, ohne jemals Gott geliebt zu haben, und Ihr würdet denen den Mund verbieten, die sich zur Vertheidigung des Glaubens aufwerfen wollten, ihnen den Vorwurf machend, sie verletzten die Liebe durch ihren Widerspruch, und die christliche Bescheidenheit durch das Lachen über Eure Lehren.

Ich zweifle, daß Ihr Jemanden von dieser Lehre werdet überzeugen können; sollte sich indeß Einer oder der Andere finden, den Ihr glauben machtet, ich habe durch mein Lachen über Eure Moral die brüderliche Liebe verletzt, der möge wohl darauf achten, was in ihm eine solche Meinung erzeugte. Vielleicht glaubt er, der heilige Eifer, welcher nicht duldet, daß man seinen Nächsten beschuldigt; allein ich bitte ihn, zu bedenken, es sey doch wohl nicht unmöglich, daß diese Meinung in etwas Anderm ihren Grund habe, es sey selbst sehr wahrscheinlich, daß sie ihren Ursprung habe in dem heimlichen, oft uns selbst verborgenen Mißfallen an denjenigen, welche sich einer gefälligern Moral widersetzen. Ich will ihm eine Regel angeben, wonach er den Grund seiner Meinung beurtheilen kann; beklagt er sich zu derselben Zeit, zu der er sich über meine Beschuldigungen gegen die Jesuiten beschwert, auch über die angeführten Lehren dieser Menschen, dann gebe ich zu, daß seine Meinung von mir aus einem gewissen religiösen Eifer, den er selbst aber nicht genau kennt, entstanden ist, und dann werden meine angeführten Worte hinlänglich seyn zu seiner Belehrung; beklagt er sich aber bloß über meine Briefe, und nicht über die Lehren, die darin getadelt sind, dann sage ich öffentlich, er ist sehr im Irrthume und sein Eifer ist vollends blind. Entsetzlicher religiöser Eifer, der sich beschwert über die Tadler öffentlicher Laster und nicht über die Lasterhaften selbst! Unerhörte Nächstenliebe, die verletzt wird durch den Angriff offenbarer Irrthümer, und die es duldet, daß die Moral verkehrt werde in solche Irrthümer! Gesetzt es würde Jemand bedroht von einem Straßenräuber, könnte sich der darüber beschweren, daß ein Freund ihm die Gefahr offenbarte, und ihm den Hinterhalt zeigte, woraus man ihm nachstellt? könnte er diesen der verletzten Nächstenliebe gegen den Räuber beschuldigen, weil er das beabsichtigte Verbrechen desselben verrieth? Oder wenn ein Freund dich abhält, eine Speise zu essen, die vergiftet ist, oder in eine Stadt zu gehen, worin die Pest herrscht, hast du Ursache, dich über ihn zu beschweren?

Es fehlt also auch nicht denen die Liebe, welche die der Religion schädliche Lehren aufdecken, da man nicht den der Lieblosigkeit beschuldigen darf, welcher dem Leben und der Gesundheit nachtheilige Dinge offenbart. Aber das Leben liebt man, und greift deshalb mit Eifer nach allem, was der Gesundheit dienlich ist, und gegen die Wahrheit ist man gleichgiltig, man läßt deshalb nicht nur keinen Vertheidiger derselben zu, sondern man sieht es selbst ungern, wenn Jemand darauf ausgeht, die Lüge zu entlarven.

Möchten doch die Menschen vor Gott bedenken, was für eine schändliche und verderbliche Sittenlehre Eure Casuisten von allen Seiten her zu verbreiten suchen, was für ungeheure, entsetzliche Freiheiten sie in die Moral einführen, und was für eine eigensinnige Hartnäckigkeit Eurerseits dazu gehöre, diese Frevel noch immer zu vertheidigen! Wer nach diesen Betrachtungen nicht erklärt, es sey Zeit, gegen solchen Unfug mit Kraft sich zu erheben, — der ist eben so blind als Ihr und mit Euch zu beklagen; er hat sich mit Euch vor den Worten des heil. Augustin zu fürchten, Aug. 3. contra Parm. cap. 4: wehe dem Blinden, der führt, wehe aber auch dem Blinden, der folgt — vae coecis ducentibus, vae coecis sequentibus. —

Damit Euch aber, ehrwürdige Väter, gar kein Grund übrig bleibe, diese Meinung weder Andern mitzutheilen, noch selbst zu billigen, so will ich Euch erklären — ich schäme mich beinah, Euch etwas sagen zu müssen, was ich billigermaßen von Euch hätte lernen sollen, — welche Zeichen die Kirchenväter angeben, um zu erkennen, ob eine Beschuldigung aus dem Geiste der Frömmigkeit und Liebe, oder aus dem Geiste der Bosheit und des Hasses fließe.

Das erste dieser Kennzeichen ist dieses: der Geist der Frömmigkeit redet stets mit Wahrheit und Aufrichtigkeit, statt daß Lüge und Verläumdung die Waffen der Bosheit und des Hasses sind. So sagt der heil. Augustin l. 4 doctr. Christ. cap. 28. Wer der Lüge sich bedient, der ist erfüllt vom Geiste des Bösen; keine Absichtslenkung macht die Lüge unstrafbar; ginge der Erdball darüber zu Grunde, so darf man nicht einen Unschuldigen beleidigen, denn nicht darf man Böses thun eines guten Zweckes wegen, wie der Apostel sagt: auch bedarf die göttliche Wahrheit nicht unserer Lüge, Job. cap. 13, 17. Zur Vertheidigung der Wahrheit darf nur die Wahrheit dienen, sagt Hilarius, Hilar. cont. Constant.

Vor Gott dem Allmächtigen betheure ich es, ehrwürdige Väter, daß ich nichts so sehr verabscheue, als die Unwahrheit, sey sie auch noch so klein, und daß ich immer mit aller Sorgfalt dahin strebte, nicht nur nichts Falsches aus Euren Schriftstellern anzuführen — das wäre himmelschreiend, — sondern auch im Geringsten nicht den Sinn einer Stelle zu verdrehen. Deshalb halte ich mich berechtigt, mit dem heil. Hilarius auszurufen: Sagen wir die Unwahrheit, dann möge auf ewig unserm Namen dieser Schandfleck bleiben; zeigen wir aber, daß unsere Worte wahr sind, dann sind unsere Vorwürfe in den Grenzen der apostolischen Bescheidenheit und Freiheit.

Nicht hinreichend ist es, nur die Wahrheit zu sagen, man darf auch nicht immer alles sagen, was wahr ist; denn nur das, was nützt, darf man anführen, nicht aber das, was nur schadet und nicht nützt. Die erste Regel ist also: rede die Wahrheit, die zweite: rede die Wahrheit nur mit Auswahl. Die Bösen, sagt der heil. Augustin epist. 48, verfolgen die Guten blindlings sich der Leidenschaft hingebend; die Guten verfolgen gleichfalls die Bösen, aber mit weiser Mäßigung. Jene gleichen dem Beispiele des Räubers, der wenig sich darum kümmert, wie er Wunden schlage; diese aber dem Beispiele des Arztes, der nur mit Vorsicht verwundet. Ihr selbst wisset wohl, ehrwürdige Väter, wie manche Eurer Lehren ich unberührt ließ, weil ich wußte, daß es Euch zu schmerzlich gewesen wäre, wenn ich davon hätte reden wollen, obgleich ich ohne Ungerechtigkeit das hätte thun können, denn viele gelehrte Männer, und vorzüglich Katholiken, führen sie an. Wer Eure Bücher kennt, der muß bekennen, daß ich sehr schonend Euch behandelte; ich tadelte keinen Einzelnen, und führte nicht verborgene und persönliche Fehler an, obgleich ich sie recht gut kannte; es ist ein Zeichen der Bosheit und des Hasses, solches zu thun, wenn nicht ein großer Vortheil der Kirche es mit Nothwendigkeit erfordert. Daraus geht hervor, daß ich bei meinem Tadel Eurer Moral mich in keiner Hinsicht gegen eine kluge, verschwiegene Auswahl verfehlte, und statt mich einer boshaften Plaudersucht zu beschuldigen, solltet Ihr mir vielmehr Dank wissen für meine Mäßigung.

Die dritte Regel ist diese, man belache, wenn man einmal

gezwungen ist sich des Spottes zu bedienen, erfüllt vom Geiste der Frömmigkeit nur Irrthümer, nie aber heilige Gegenstände; nur der Geist der Gemeinheit, Gottlosigkeit und Ketzerei kann über diese spotten. Rücksichtlich dieser Eurer Beschuldigung habe ich mich bereits erklärt, und man ist kaum diesem Fehler ausgesetzt, wenn man nur die Lehren fremder Schriftsteller anführt, wie das bei mir mit Euren Casuisten der Fall war.

Was die übrigen Regeln anbelangt, so will ich mich kurz fassen und nur noch eine einzige nennen, in deren Grenzen alle andern eingeschlossen sind: der Geist der Liebe muß in unserm Herzen denjenigen wohlwollen, gegen die man spricht, und in demselben Augenblicke, wo man ihnen Vorwürfe macht, muß man Gott für ihr Heil bitten. Beständig, sagt der heil. Augustin epist. 5, soll man voll Liebe seyn; selbst dann, wenn man Dinge thun muß, die der Welt hart scheinen, tadle man mit Strenge, aber mit Liebe, denn man muß den Nutzen vorziehen dem Vergnügen.

Ich hoffe, ehrwürdige Väter, Ihr werdet mir in meinen Briefen nichts nachweisen können, woraus hervorginge, daß mir dieser Wunsch für Euer Wohl gemangelt habe; könnt Ihr das aber nicht beweisen, so verpflichtet Euch die Liebe zu glauben, ich habe immer diesen Wunsch gehegt. Ihr könnt nicht zeigen, daß ich mich gegen diese, so wie überhaupt gegen eine andere Liebespflicht verstoßen habe, deshalb ist es Unrecht, wenn Ihr das dennoch von mir behauptet.

Wollt Ihr, ehrwürdige Väter, eine Lehre sehen, die sich gegen alle die angeführten Liebespflichten verfehlt, und die wirklich den Geist der Gemeinheit, der Bosheit und des Hasses in sich trägt, so will ich Euch davon Beispiele anführen, und ich werde sie, um Euch desto verständlicher zu seyn, aus Euren eigenen Schriften nehmen. Laßt uns anfangen bei der gemeinen Behandlungsart, mit der Eure Schriftsteller über heilige Gegenstände zu sprechen sich erdreisten, sowohl wenn sie voll Witz für die feine Welt schreiben, als auch wenn sie im Ernste reden. Findet Ihr denn die vielen lächerlichen Erzählungen in Eurem Binet consul. aegrotor. dem Zwecke angemessen, den er dabei hatte, die Kranken zu trösten? Nennt Ihr die profanen, weibischen Worte, in denen Euer Moinius devot. commod. von der Frömmigkeit redet, ein passendes Mittel, die hohe Ehrfurcht zu erregen, die der christlichen Tugend gebührt? flößen sie nicht vielmehr Verachtung gegen die Frömmigkeit ein? Drückt sich in seinen ganzen moralischen Gemälden pinct. moral., sowohl im gebundenen als ungebundenen Style, ein anderer Geist aus, als der der Eitelkeit und des weltlichen Leichtsinns? Ist das eine würdige Arbeit eines Priesters, wenn er eine Ode macht, wie die des siebenten Buches mit dem Titel: Lobrede der Schaam, worin gezeigt wird, daß alles Schöne roth oder dem Errötheu unterworfen sey? Er schrieb sie, um eine gewisse Dame, Delphine von ihm genannt, zu trösten, welche oft erröthete. Fast in jeder Zeile behauptet er deshalb, daß Dinge von dem größten Werthe roth sind, die Rose, der Granatapfel, der Mund, die Zunge; dann versteigt er sich zu Schmeicheleien, die ganz eines Priesters unwürdig sind, und scheut sich nicht, selbst die heil. Geister, die vor dem Throne des Allmächtigen anbeten, und von denen nur mit Ehrfurcht der Christ sprechen darf, mit hineinzubringen.

Der Cherubinen ew'ge Pracht
Erleuchtet Gott von seiner Macht;
Aus seinen Augen strahlt das Licht
Auf ihrer Glorie Angesicht.
Vor Liebe glühend hebt die Flügel
Der Seraph auf, und kühlt die Brunst,
Sey's innre Kraft, sey sie vom Hügel
Des Gottes ihm durch seine Gunst.
In Glut erstrahlt sein Angesicht,

Des Fächers Kühlung scheucht sie nicht.
Auf deinen Wangen glänzt jedoch,
Delphine, Röthe schöner noch;
In Schaam erglüht dein Angesicht,
Des Königs Purpur glänzt so nicht.
u s. w. *)

Was sagt Ihr dazu, ehrwürdige Väter? sind das religiöse Gedanken, die Röthe der Delphine vorzuziehen dem Glühen der Engel, welches nur Liebe ist, und den Fächer eines Mädchens zu vergleichen mit den geheimnißvollen Flügeln der Cherubine, und das alles im Munde eines Mannes, welcher täglich das große Opfer unsers Jesus Christus feiert? Ich weiß wohl, daß er das nur that aus Galanterie und zum Scherze; allein das heißt seinen Spott treiben mit heiligen Dingen. Dürfte er wohl, wenn ihm Gerechtigkeit widerfahren sollte, dem Verdammungsurtheile entgehen, trotz seines schnöden Schutzgrundes: die Sorbonne habe keine Gerechtsame auf dem Parnaß, und weder sie noch die Inquisition dürfe sich kümmern um Irrthümer, die hier vorfielen? Gerade als ob man Gotteslästerer und Ketzer seyn

---

*) Les Cherubins, ces glorieux,
Composez de teste et de plume,
Que Dieu de son esprit allume,
Et qu'il éclaire de ses yeux,
Ces illustres faces volantes
Sont toujours rouges et brulantes,
Soit du feu de Dieu, soit du leur,
Et dans leur flames mutuelles
Font du mouvement de leurs aisles
Un évantail à leur chaleur.
Mais la rougeur éclatte en toy
Delphine, avec plus d'avantage,
Quand l'honneur est sur ton visage
Vestu de pourpre comme un Roy etc.

dürfe, wenn man nur in Versen schreibt! Zum wenigsten würde diese Stelle nicht durchgehen, die er in demselben Buche anführt: Das Wasser des Flusses, an dessen Ufer er seine Gedichte schrieb, sey so tauglich Dichter zu machen, daß wenn man daraus geweihetes Wasser machen wollte, dieses nicht den Dämon der Poesie austreiben würde. Eben so ginge es einer Stelle Eures Garassus summ. verit. capit. rel. pag. 649, wo er neben der Ketzerei auch Gotteslästerung treibt, und so von der Menschwerdung spricht: die Person des Menschen ist der Person des Wortes eingepfropft, und reitet auf ihr gleichsam zu Pferde. Eben so ginge es einer andern Stelle desselben Autors — viele andere übergehe ich, — wo er über das Zeichen des Namens Christi, was gewöhnlich durch I+HS dargestellt wird, so spricht: Einige nehmen das Kreuz weg, bloß IHS behaltend, und haben so einen geplünderten Jesus.

So behandelt Ihr denn die christlichen Wahrheiten auf eine gemeine Weise, und verstoßt Euch gegen die unverletzbare Regel, daß man nur mit Ehrfurcht von ihnen sprechen soll. Aber eben so sehr fehlt Ihr gegen die Regel, man soll mit Wahrheit und Mäßigung reden. Was ist gewöhnlicher, als Verleumdungen in Euren Schriften? Redet Euer Bisacerius die Wahrheit, wenn er, 4. part. p. 24 u. 25, von den Nonnen des Port Royal behauptet, sie beteten nicht zu den Heiligen und hätten keine Bilder in ihrer Kirche? kann man wohl unverschämter lügen, da das Gegentheil offen vor den Augen von ganz Paris da liegt? Und redet er mit Mäßigung, wenn er die Unschuld dieser Jungfrauen angreift, die doch ein strenges, reines Leben führen, sie Unbußfertige, Sacramentsleugnerinnen, Verschmäherinnen des Abendmals, ausschweifende, fantastische Weiber, Verzweifelte nennt, und was ihm sonst beliebt, und sie so sehr mit Lügen verfolgte, daß er sich der Censur des Erzbischofs von Paris würdig machte? wenn er ferner I. par. p. 22 Priester von untadelhaftem Rufe verleumdet, und von ihnen sagt, sie machten Neuerungen hinsichtlich der Beichte, um unschuldige Mädchen zu überlisten, und begingen so entsetzliche Laster, daß er sie vor Abscheu nicht nennen könne?

Ist es nicht mehr als teuflische Verwegenheit, so entsetzliche Verleumdungen gegen die beliebtesten Männer auszustoßen, nicht nur ohne allen Beweis, sondern selbst ohne die geringste Wahrscheinlichkeit? Ich halte mich dabei jetzt nicht länger auf, ein anderes Mal will ich weiter mit Euch reden, denn ich habe Euch noch mancherlei über diese Materie zu sagen; für jetzt mag es genügen, bewiesen zu haben, daß Ihr Euch gegen Wahrheit und Mäßigung überall verfehltet.

Vielleicht sagt Jemand: aber gegen die zuletzt aufgestellte Regel, daß man nämlich voll Liebe und voll des Wunsches für das Wohl deren seyn müsse, welche man tadelt, verfehlten sich doch die Jesuiten nicht, und eines solchen Verbrechens kann man sie nicht beschuldigen, denn das sind Gedanken und Gott allein offenbar. Traurig genug, daß man auch dieses Fehlers Euch überführen muß, denn der Haß gegen Eure Gegner ging so weit, daß Ihr um die ewige Verdammniß derselben batet; Eure Blindheit war so entsetzlich, daß Ihr, statt im Stillen für ihr Wohl zu flehen, das Verlangen nach ihrer Verdammniß selbst öffentlich bekanntet; Zeuge davon ist die Stadt Caen, Zeuge die ganze Kirche, die einen solchen Wunsch verabscheuete; aber noch höher hob sich Eure Bosheit, selbst in öffentlichen zu Paris erschienenen Schriften vertheidigtet Ihr diese teuflischen Wünsche. Höher denn doch wohl könnte sich nicht die Bosheit schwingen!

Ihr spottet und redet verächtlich über heilige Dinge, schreckliche Laster dichtet Ihr fälschlich Priestern und Jungfrauen an, Ihr machet Gebete für die ewige Verdammniß Eurer Mitmenschen; habt Ihr denn gar keine Schaam mehr, daß Ihr mich beschuldigt, ich habe die Liebespflicht verletzt, der ich doch nur mit Wahrheit und Mäßigung redete, ohne ein Wort zu sagen von den erschrecklichen Verstoßungen gegen diese Liebespflicht, deren Ihr Euch durch so heillose Verleumdungen schuldig macht?

Zum Schlusse will ich mich noch rechtfertigen über einen andern Vorwurf, den Ihr mir macht, und der darin besteht, daß ich eine Menge der Lehren wieder ans Licht zog, die längst von Andern Euch vorgeworfen wurden; Ihr beschwert Euch, daß ich das wiederholte, was Euch schon vordem gesagt war. Um so mehr Recht habe ich aber dazu, weil Ihr Euch nicht bessertet. Was nützten die vielen Schriften gelehrter Männer, und selbst der ganzen Pariser Universität, in denen man Euch Vorwürfe macht über Eure Lehren? Was thaten Euer Annat, Caussin, Pinterell und Moinius in ihren Antworten, als daß sie die verleumdeten, welche ihnen so heilsame Ermahnungen gaben? Verachtet Ihr wohl die Bücher, worin jene Lehren aufgestellt sind? verachtet Ihr wohl die Verfasser derselben? seyd Ihr wohl im Mindesten vorsichtiger geworden? Erscheinen nicht nach jenen Vorfällen so viele Schriften in Frankreich, Spanien und Belgien von Escobar? stellen nicht täglich noch Cellot, Bagot, Baunius, Amicus, Moinius und Andere dieselben Lehren und noch viel abweichendere auf?

Ihr habt Euch also nicht zu beklagen, daß ich Euch Vorwürfe mache über Grundsätze, die Ihr nicht ablegen wollt, daß ich Euch noch vieler neuer beschuldige, daß ich über alle lache. Leset sie nur, und Eure Schande, so wie meine Vertheidigung liegt klar vor den Augen.

Wer kann sich des Lachens enthalten bei den Lehren für Mordbrennerei von Baunius, für die Restitution von Cellot, für die Wahrsager von Sanchez? wer muß nicht laut ausplatzen bei den Entschuldigungen für das Duell von Hurtado, bei den närrischen Worten des Baunius zur Verhütung der Wucherei, zur Vermeidung der Simonie, zur Abwendung des Meineides durch bald leises, bald lautes Sprechen, und bei den übrigen Grundsätzen Eurer Casuisten? Bedarf ich noch wohl etwas Weiteres zu meiner Rechtfertigung? was ist, um mich der Worte des Tertullian zu bedienen, dem Wahnsinne und der Verrücktheit solcher Meinungen angemessener, als Spott?

Aber die Verderbtheit der Sitten, die Ihr durch Eure Grundsätze bewirkt, verdienen eine ernsthaftere Betrachtung; ich stelle mit Tertullian, ad Nation. l. 2. cap. 12, die Frage auf: soll man ihre Thorheit belachen oder ihre Blindheit beweinen? Und ich antworte mit dem heil. Augustin: man kann beides thun, lachen und weinen — haec tolerabilius vel ridentur vel flentur, August. lib. 20 contr. Faust. cap. 6. — Es gibt eine Zeit zu belachen und zu beweinen, sagt die heil. Schrift. Möchten doch, von ganzem Herzen wünsch' ich es, lieben Freunde, auf Euch nicht die Worte des Sprichworts passen: es gibt Menschen, die so unvernünftig sind, daß man mit ihnen nicht fertig wird, man mag lachen oder zürnen. — Vir sapiens cum stulto si contenderit, sive irascatur, sive rideat, non inveniet requiem. —

# Zwölfter Brief.

## An die Jesuiten.

Widerlegung der jesuitischen Irrthümer über Almosen und Simonie.

Paris am 9ten September 1656.

Unwillig ertrug ich es, daß Ihr in allen Euren Schriften fortwährend einen Bösewicht, einen Narren, Ignoranten, Possenreißer, Verleumder, Heuchler, Betrüger, Ketzer, einen verkappten Calvinisten, einen Schüler des Molinäus, einen Besessenen von einer Legion Teufel mich schaltet, und was Euch sonst einfiel. Rechtfertigen wollte ich mich, und zeigen der ganzen Welt, warum Ihr auf eine solche Weise mich behandeltet; denn nicht lieb wäre es mir, wenn die Welt so von mir dächte. Entschlossen war ich, Euch Eurer Verleumdungen und Beschuldigungen halber anzuklagen; da erhielt ich Eure Antworten auf meine Briefe, wo Ihr mich dieser Laster anklagt. Ich mußte nun meinen Entschluß ändern und die Rolle des Vertheidigers annehmen; ich will mich also vertheidigen und zeigen, daß die Beschuldigungen, die Ihr gegen mich ausbrütetet, falsch sind.

In Wahrheit, ehrwürdige Väter, seyd Ihr doch der Verleumdung verdächtiger als ich; denn setzte ich mich, allein wie ich dastehe, ohne Kraft, ohne irgend eines Menschen Hilfe, gegen eine so gewaltige Körperschaft, bloß mich stützend auf Wahrheit und Treue, nicht gänzlich meinem Verderben aus, wenn man mich der Verleumdung überführen könnte? und ist es nicht eine Kleinigkeit, diese in Thatsachen, wie sie vor uns liegen, aufzudecken? würde es wohl an Anklägern fehlen, die mich vor die Gerechtigkeit schleppten, und würde diese wohl ihre Hilfe versagen? Ihr aber, ehrwürdige Väter, befindet Euch in einer weit bessern Lage; mögt Ihr mich verleumden, wie Ihr wollt, bei wem soll ich Schutz suchen? Schon das allein, wären auch keine andere Gründe vorhanden, muß mich bewegen, überall mit gehöriger Mäßigung aufzutreten.

Da nun geht Ihr auf mich los, wie auf einen bekannten Betrüger; Ihr zwingt mich zur Vertheidigung, und ich muß nun wieder über die Grundsätze Eurer Moral sprechen und alles aus dem innersten Grunde erklären; ich vermisse in dieser Eurer Handlungsart die Schlauheit, die Euch sonst so eigen ist. Der Krieg wird geführt in Eurem Gebiete und auf Eure Kosten. Ihr hoffet freilich dadurch, daß Ihr die Streitpuncte einhüllet in die dunkle, barbarische, scholastische Kunstsprache, Euren Antworten eine solche Ausgedehntheit, Dunkelheit und verdrießliche Miene zu geben, daß Jeder abgeschreckt werde, sie zu lesen, allein es wird nicht so werden; denn Eure Grundsätze haben immer etwas sehr Ergötzliches, daß der Leser gern bei ihnen verweilt. Auf denn zum Kampfe, laßt sehen, wer Sieger wird; nur vergeßt nicht, daß Ihr mich zum Streite zwanget.

Eure erste Beschuldigung betrifft Vasquez's Lehre vom Almosen. Laßt uns dieselbe also näher betrachten, damit alle Dunkelheit aus unsern Streitigkeiten entfernt werde. Ihr wißt, daß die Kirche rücksichtlich des Almosens zwei Regeln aufstellt, die erste: gib Almosen von deinem Ueberflusse in der gewöhnlichen Noth der Armen; die zweite: gib selbst von deinem Nothwendigen, wenn der Arme im äußersten Elende sich befindet. So sagt Cajetan nach dem heil. Thomas. Laßt uns sehen, wie die Worte Vasquez's mit jeder der beiden Regeln stimmen.

Die Regel, man soll von seinem Ueberflusse geben, was denn die gewöhnliche Hilfe ist, die man den Armen leistet, ist vollendet enthalten in dem oben von mir angeführten Grundsatze des Vasquez de Elee. cap. 4. n. 14: Dasjenige, was die Laien besitzen, um ihren oder ihrer Verwandten Stand zu erhöhen, nennt man nicht Ueberfluß; daher findet man wohl schwerlich Jemanden unter den Laien, selbst unter den Königen, der Ueberfluß hätte. Ihr sehet also, daß kein Ehrsüchtiger Ueberfluß hat, und so hört denn bei der größten Anzahl von Menschen die Pflicht, Almosen zu geben, auf. Träfe man aber auch Jemanden, der nach seiner Definition Ueberfluß hätte, auch den spricht er los von der Pflicht Almosen zu geben in den gewöhnlichen Bedürfnissen der Armen, und streitet gegen die, welche behaupten, die Reichen müssen Almosen geben. Leset seine eigenen Worte c. 1. d. 4. n. 32: Corduba behauptet, man müsse in den gewöhnlichen Bedürfnissen der Armen von seinem Ueberflusse geben, wenn auch nur eine Kleinigkeit, damit man nicht ganz diese Pflicht vernachlässige. Allein das gefällt mir nicht — sed hoc non placet — denn ich habe das Gegentheil bewiesen gegen Cajetan und Navarra. Die Pflicht Almosen zu geben ist also gänzlich aufgehoben, weil es dem Vasquez so gefiel.

Laßt uns übergehen zu der zweiten Regel, und Ihr werdet sehen, daß die Bedingungen, welche Vasquez anführt für die Pflicht, Almosen zu geben in dem äußersten Elende der Armen, alle Reichen der Welt freisprechen, auch nur ein einziges Mal in ihrem Leben dieser Pflicht zu genügen. Ich führe dieser Bedingungen nur zwei an;

1) Man muß genau wissen, daß der Arme von keinem Andern unterstützt werde — haec intelligo et cetera omnia, quando *scio* nullum alium opem laturum — cap. 1. n. 28. Ihr selbst möget entscheiden, ehrwürdige Väter: wird sich in Paris, wo es doch so viele wohlthuende Menschen gibt, wohl oft der Fall ereig-

nen, daß Jemand wisse, kein Anderer helfe dem Armen, der ihn um Hilfe anfleht? Hat man aber nicht diese genaue Kunde, dann ist man nach Vasquez nicht verpflichtet, ihm zu geben.

2) Der Arme muß in der Lage seyn, daß ihm entweder der Tod oder der Verlust seines guten Rufes droht n. 24 u. 26. Ein Fall, der sich selten ereignet, und sich nach Vasquez's Lehre auch nur selten ereignen kann; denn er erlaubt dem Armen, in einem solchen Zustande den Reichen zu bestehlen, ereignet sich also der Fall häufig, so dürfte nach Vasquez auch der Arme oft den Reichen bestehlen num. 45.

Er hebt also die Pflicht, Almosen zu geben von seinem Ueberflusse, welches die gewöhnliche Hilfe ist, die man den Armen leistet, gänzlich auf, und verpflichtet nur in dem Falle den Reichen, von seinem Nothwendigen Almosen zu geben, wenn es dem Armen erlaubt ist, den Reichen zu bestehlen. Das ist die Lehre Vasquez's, auf die Ihr die Leser verweiset, um sie zur Freigebigkeit anzuspornen.

Ich komme nun auf Eure Verleumdungen; zuerst verbreitet Ihr Euch weitläufig über die Verpflichtung, Almosen zu geben, welche Vasquez den Kirchendienern auflegt. Davon hatte ich nichts gesagt, ich will auch hierüber mit Euch reden, wenn Ihr es wünscht; doch das gehört jetzt nicht hierher. Was aber die Laien anbetrifft, und von diesen allein ist hier die Rede, so scheint es beinah, als habet Ihr ausbreiten wollen, alles das von Vasquez über diesen Gegenstand Gesagte sey nicht seine eigene, sondern die Meinung des Cajetan. Offenbar wäre nichts falscher, als das; weil Ihr es deshalb nicht ausdrücklich sagt, so will ich auch Eurer Ehre zu gefallen glauben, Ihr habet das nicht sagen wollen.

Ihr beklagt Euch gewaltig, daß ich aus dem angeführten Grundsatze des Vasquez: man wird unter den Laien und selbst unter den Königen schwerlich Jemanden finden, der Ueberfluß hat, den Schluß zog: die Reichen sind schwerlich jemals verpflichtet, von ihrem Ueberflusse Almosen zu geben. Wie doch könnt Ihr das? Haben die Reichen jemals Ueberfluß, ist es denn nicht einleuchtend, daß sie auch schwerlich jemals verpflichtet sind, von ihrem Ueberflusse zu geben? Ich würde Euch das durch einen förmlichen Syllogism beweisen, wenn nicht Diana, den Vasquez so hoch achtet, daß er ihn den Phönix der großen Geister nennt, aus demselben Grundsatze denselben Schluß zöge. Er stellt den angeführten Grundsatz des Vasquez auf und setzt hinzu: Obgleich die Antwort auf die Frage, ob die Reichen verpflichtet sind, von ihrem Ueberflusse Almosen zu geben, daß sie dazu verpflichtet sind, ganz richtig ist, so ereignet es sich doch nie, oder beinah nie, daß sie in der Praxis dazu verpflichtet sind.

Einleuchtend also ist es, daß ich Wort für Wort abschrieb; weshalb doch beklagt Ihr Euch? Führt Diana mit Lobeserhebungen die Lehre des Vasquez an, findet er sie probabel und sehr bequem für den Reichen — wie er an derselben Stelle sich ausdruckt, — dann ist er weder ein Verleumder noch ein Betrüger, und Ihr beklagt Euch nicht, daß er Euch etwas andichte; führe ich aber dieselbe Lehre des Vasquez an, vergesse aber den Phönix, dann bin ich ein Verleumder, Betrüger und Verdreher seiner Grundsätze. Ihr verrathet da zu sehr Eure eigentliche Absicht; denjenigen, der Eure Lehren anführt und sie lobt, den nennt Ihr einen wahrheitsliebenden, treuen Darsteller Eurer Grundsätze; den aber, der dieselbe Lehre mit denselben Worten anführt und sie tadelt, der ist ein Verdreher Eurer Schriftsteller. Erhellet nicht daraus, daß es Eure einzige Absicht ist, den Ruhm und das Ansehen Eurer Gesellschaft zu erhöhen? So lange man Eure schwankende Theologie für eine weise Mäßigung der zu strengen christlichen Lehren hält, bekennt Ihr Euch als die Verfasser, lobt die Verbreiter derselben als einverstanden in Eure Absicht; gibt man sie aber aus für gefährliche Irrthümer, dann leugnet Ihr sie ab, weil Ihr einseht, daß sie so Eurem Rufe schaden; bald ist sie die Eurige, bald nicht, so wie die Zeitumstände und nicht wie die unwandelbaren Gesetze der Wahrheit es erfordern; Ihr folgt dem Sprichworte: omnia pro tempore, nil pro veritate.

Hütet Euch wohl, ehrwürdige Väter, und damit Ihr mich nicht mehr beschuldigen könnt, ich habe aus Vasquez's Meinung einen Schluß gezogen, den dieser selbst nicht billige, so wisset, daß er selbst ihn aufstellt, c. 1. n. 27, wo er sagt: Schwerlich ist man verpflichtet Almosen zu geben, wenn man nur von seinem Ueberflusse zu geben braucht, und dieses ist auch die Meinung des Cajetan und die meinige — secundum opinionem nostram. — Aus Vasquez's eigenen Worten erkennt Ihr also, daß ich nur seiner Meinung wörtlich gefolgt bin, und ich sehe nicht ein, wie Ihr mit gutem Gewissen behaupten könnt, man würde im Vasquez gerade das Gegentheil von dem finden, was ich von ihm sagte, wenn man sich die Mühe nehmen wollte, die Sache aus dem Grunde zu betrachten.

Endlich trachtet Ihr mit aller Kraft den Satz durchzusetzen, daß wenn Vasquez die Reichen von der Pflicht, Almosen von ihrem Ueberflusse zu geben, frei mache, er ihnen dafür die Verbindlichkeit auflege, selbst von ihrem Nothwendigen zu geben; aber die Bedingungen, welche Vasquez dort angibt, habt Ihr ganz weggelassen; ich habe sie vorhin angeführt und gezeigt, daß sie die Pflicht, Almosen zu geben, beinah gänzlich aufheben. Statt seine Lehre getreu anzuführen, sagt Ihr nur, Vasquez verpflichte die Reichen, selbst von dem zu geben, was ihrer Lage nothwendig ist. Das ist zu viel, und nicht das

Evangelium ist so strenge; man hätte also da einen neuen Irrthum, von dem freilich Vasquez sehr entfernt ist. Um seine zu große Nachgiebigkeit zu verdecken, gebt Ihr ihm eine zu große Strenge Schuld, und so beraubt Ihr Euch selbst des Glaubens, der nöthig ist bei der Erklärung fremder Meinungen. Allein Vasquez verdient diesen Vorwurf keinesweges, indem er offenbar festsetzt, daß die Reichen weder durch die Gerechtigkeit noch durch die Liebespflicht verbunden sind, Almosen zu geben von ihrem Ueberflusse, und noch viel weniger von ihrem Nothwendigen in den gewöhnlichen Nöthen der Armen, und daß sie nur verpflichtet sind von ihrem Nothwendigen zu geben in so seltenen Fällen, daß diese sich beinah gar nicht ereignen.

Weiter macht Ihr mir denn keine Vorwürfe; ich will also nur noch zeigen, wie falsch die Meinung von Euch ist, Vasquez sey viel strenger als Cajetan; und das ist eine Kleinigkeit, denn dieser Cardinal sagt: man ist durch die Gerechtigkeit verpflichtet, von seinem Ueberflusse Almosen zu geben, selbst in den gewöhnlichen Nöthen der Armen, denn die Reichen sind nach den heil. Vätern nur die Vertheiler ihres Ueberflusses, und sie müssen diesen denjenigen geben, die seiner bedürfen.

Statt daß Diana von Vasquez's Lehren sagt, sie seyen den Reichen und ihren Beichtsvätern sehr angenehm und erwünscht, weiß Cajetan den Reichen keinen andern Trost zu geben, als die Worte des Evangeliums: es ist leichter, daß ein Kameel durch ein Nadelöhr geht, als daß ein Reicher in den Himmel kommt, und ihren Beichtsvätern den Spruch des Evangeliums: führt ein Blinder den andern, so fallen sie beide in die Grube. So strenge urtheilt Cajetan über diese Pflicht, de Eleem. c. 6, und eben so betrachteten alle Kirchenväter und Heilige sie. Es gibt zwei Fälle, sagt der heil. Thomas 2. 2. q. 118. art. 4, wo man verpflichtet ist, Almosen zu geben als eine Gabe der Gerechtigkeit — ex debito legali, — erstlich, wenn der Arme in gefährlicher Noth ist, und zweitens, wenn man Ueberfluß hat. Und q. 87. art. 1 sagt er: der dritte Zehnte, den die Juden mit den Armen theilen mußten, wird im neuen Testamente vermehrt, denn Christus will, daß wir den Armen nicht allein den zehnten Theil, sondern unsern ganzen Ueberfluß geben sollen.

Dessenungeachtet aber gefällt es dem Vasquez nicht, auch nur einen Theil seines Ueberflusses den Armen zu geben; so gefällig ist er gegen die Reichen, so hart gegen die Armen, und so weit entfernt von der Denkungsart eines wahren Christen, welcher die Worte Gregor's, die den Reichen der Welt freilich hart scheinen mögen, süß findet: geben wir den Armen ihre Nothdurft, so ist das nicht unser Gut sondern ihr eigenes, und es ist mehr eine Handlung der Gerechtigkeit, als ein Werk der Barmherzigkeit.

So sollen, nach der Lehre der Väter, die Reichen mit den Armen die irdischen Güter theilen, wenn sie mit ihnen der himmlischen wollen theilhaftig werden. Statt daß Ihr dahin arbeitet, die Menschen in der Ehrsucht, die nie Ueberfluß hat, und in dem Geize, der nichts von seinem Ueberflusse gibt, zu bestärken, bemühen sich die Heiligen, die Menschen zu bewegen, ihren Ueberfluß wegzugeben, und ihnen zu zeigen, daß man Ueberfluß hat, wenn man zum Maaßstabe nicht die Leidenschaften, denen nichts genügt, sondern die fromme Nächstenliebe nimmt, die sich einschränkt, um die Pflichten der Freigebigkeit desto besser erfüllen zu können. Wir haben viel Ueberfluß, sagt der heil. Augustin Psl. 147, wenn wir nur das Nothwendige betrachten; streben wir aber nach eitlen Dingen, dann genügt nichts. Suchet das, meine Brüder, was den Werken Gottes, und nicht das, was euren Leidenschaften genügt, und vergeßt nie, daß der Ueberfluß der Reichen die Nothdurft der Armen ist.

Möchte doch das Gesagte nicht bloß dazu dienen, mich zu rechtfertigen, das wäre zu wenig, möchte es auch dazu dienen, daß Ihr verabscheutet die Verdrehungen Eurer Casuisten, daß wir alle uns vereinigten in dem heil. Evangelium, nach welchem wir einst insgesamt werden gerichtet werden.

Ich komme nun zu der zweiten Eurer Beschuldigungen, betreffend die Simonie; ich will damit anheben, darzulegen, was Ihr über sie bestimmt. Ihr sahet Euch eingezwängt zwischen die Regeln der Kirche, welche der Simonie die härtesten Strafen vorschreibt, und zwischen den Geiz der Menschen, der von diesem schändlichen Handel nicht abstehen will; Ihr folget Eurer gewöhnlichen Methode, erlaubtet den Menschen ihre Wünsche, und ließet Gott den Schein und die Worte. Was wollen die Simoniten anders, als Geld für die zu vergebenden Pfründen? Und Ihr erlaubt ihnen das zu nehmen; weil aber doch das Wort Simonie bleiben muß, und weil es auch irgend eine Bedeutung haben muß, so habt Ihr da etwas ausgedacht, was den Simoniten nie einfallen wird, und was ihnen auch sehr unnütz wäre; Simonie soll nämlich dann Statt finden, wenn man das Geld für sich betrachtet so hoch schätzt, als das geistige Gut der Pfründe. Wer wird sich einfallen lassen, so getrennte und verschiedenartige Dinge mit einander zu vergleichen? Stellt man aber diese metaphysische Vergleichung nicht an, dann kann man Geld für eine zu vergebende Pfründe nehmen, ohne in Simonie zu verfallen.

So ist Euch die Religion nur ein Spiel, um den Leidenschaften der Welt zu schmeicheln, und dennoch stellt Euer Valentia seine Träume mit einer gewaltig wichtigen Miene auf, an der in meinen Briefen citirten Stelle, tom. 3. dis. 6. q. 16.

p. 3. pag. 2044: Man kann, sagt er, für ein geistiges Gut ein zeitliches geben auf zwei Arten, einmal, indem man das zeitliche höher schätzt als das geistige, und das ist Simonie; und einmal, indem man das zeitliche als Zweck und Beweggrund betrachtet, das geistige zu erhalten, ohne aber das zeitliche höher zu schätzen als das geistige, und das ist keine Simonie. Der Grund ist der, weil Simonie darin besteht, daß man das zeitliche Gut als den billigen Preis für das geistige betrachtet. Verlangt man also das zeitliche Gut, aber nicht als den Preis des geistigen, sondern als Beweggrund, das geistige zu geben, so ist das durchaus keine Simonie, selbst wenn der Zweck und die Hauptabsicht der Besitz des zeitlichen Gutes ist — minime erit simonia, etiamsi temporale principaliter intendatur et exspectetur. —

Will nicht Sanchez dasselbe mit den Worten, die Escobar anführt tr. 6. ex. 2. n. 40? Gibt man ein zeitliches Gut für ein geistiges, heißt es dort, nicht aber als Preis, sondern als Beweggrund, damit das geistige ertheilt werde, oder als Zeichen der Dankbarkeit, wenn man es bereits erhalten hat, ist das Simonie? Sanchez sagt nein. Eben so steht in Euren Thesen von Caen vom Jahre 1644: Probabel ist die Meinung, die von vielen Katholiken angenommen wird, daß es nicht Simonie sey, ein zeitliches Gut für ein geistiges zu geben, wenn nur das zeitliche nicht als Preis des geistigen betrachtet wird.

Was den Tanner betrifft, so ist seine Lehre ganz dieselbe, wie die des Valentia; daraus geht hervor, wie sehr Unrecht Ihr habt, wenn Ihr Euch darüber beschwert, daß ich behaupte, Tanner weiche ab von der Lehre des heil. Thomas, denn er selbst sagt in der citirten Stelle tr. 4. d. 5. p. 1519: Es kann nicht eigentlich eine wirkliche Simonie genannt werden, wenn man nicht das zeitliche Gut als den Preis des geistigen ansieht; betrachtet man es aber als ein Mittel, denjenigen, der die Pfründe vergibt, sich geneigt zu machen, oder als eine Erkenntlichkeit für den, von welchem man die Pfründe erhalten hat, so ist das keine Simonie, wenigstens vor dem Gewissen. Und etwas weiter unten sagt er: Dasselbe gilt auch, wenn man das zeitliche Gut als den Hauptzweck betrachtet, und es selbst dem geistigen vorzieht, obgleich der heil. Thomas und A. das Gegentheil zu behaupten scheinen, indem sie sagen, es sey jedesmal Simonie, wenn man ein zeitliches Gut für ein geistiges gebe, und das zeitliche der Zweck dabei sey.

Das ist Eure Lehre über Simonie, dargestellt durch die besten Eurer Schriftsteller, die alle genau dasselbe sagen. Ich muß nun Eure Beschuldigungen näher beleuchten. Ueber den Valentia sagt Ihr nichts, seine Lehre muß also so beibehalten werden, wie sie von mir ist auseinandergesetzt worden. Bei der Lehre des Tanner aber verweilt Ihr, und behauptet, er habe nur gesagt, es sey das nicht eine Simonie des göttlichen Rechtes, und Ihr wollt der Welt weiß machen, ich habe die Worte des göttlichen Rechtes weggelassen; allein Ihr seyd wahrlich nicht gescheut, ehrwürdige Väter, denn die Worte des göttlichen Rechtes stehen nirgends in jenem Satze. Darauf fügt Ihr hinzu, Tanner sage, es sey das nur eine Simonie des positiven Rechtes. Auch darin irrt Ihr, denn Tanner behauptet das nicht im Allgemeinen, sondern nur für einzelne Fälle — in casibus a jure expressis, wie er sich an dieser Stelle ausdruckt. — Er macht damit eine Ausnahme von seinem allgemeinen Satze: es ist keine Simonie im Gewissen; es kann also auch keine Simonie des positiven Rechts seyn, Ihr müßtet sonst von Tanner behaupten, er sey so gottlos, daß er eine Simonie des positiven Rechts für keine Simonie im Gewissen halte. Ihr sucht eine Masse wenig bekannter Wörter, z. B. göttliches Recht, positives Recht, Naturrecht, äußerer und innerer Gerichtshof, Fälle im Rechte, äußere Präsumption und dergleichen, hervor, und wollt Eure Irrthümer verhüllen in die Dunkelheit Eurer Sprache. Allein durch solche Spitzfindigkeiten sollt Ihr mir nicht entgehen, ich will Euch Fragen vorlegen, so einfach, daß Ihr Euer: wir unterscheiden, nicht anwenden könnt. Ich stelle also, ohne vom positiven Rechte, von der Präsumption des äußern Gerichtshofs zu reden, die Frage auf: Es verschenkt Jemand eine Pfründe, die jährlich 2000 Thaler einbringt, und erhält 5000 Thaler baares Geld nicht als Preis für die Pfründe, sondern als Beweggrund, daß er sie dem geben möge, welcher ihm das Geld gibt; nennt Ihr diesen einen Simonisten? Gebt mir eine deutliche Antwort, ehrwürdige Väter, was sagen Eure Schriftsteller? Was würde Tanner anders sagen, als es ist keine Simonie im Gewissen, weil das zeitliche Gut nicht der Preis für das geistige, sondern nur ein Beweggrund zum Verschenken ist? Valentia, Eure Thesen von Caen, Sanchez und Escobar werden dasselbe sagen und denselben Grund anführen. Was bedarf's mehr, um den Benefiziaten von der Simonie zu befreien? werdet Ihr es wagen, ihn in dem Beichtstuhle als einen Simoniten zu behandeln, möget Ihr selbst auch denken, wie Ihr wollt? er hätte ja das Recht, Euch den Mund zu verbieten, und das Ansehen der vielen gelehrten Schriftsteller vorzuschützen, denen er folgte. Gebet also nur zu, daß jener Benefiziat nach Euren Lehren kein Simonit ist, und vertheidigt diese Lehre, wenn Ihr es könnt.

So muß man streiten, wenn man auf Wahrheit ausgeht, und nicht die Sache verhüllen in dunkle Kunstausdrücke, oder die Streitfrage verdrehen, wie Ihr es in Eurer letzten Beschuldigung gegen mich macht. Tanner, sagt Ihr, behauptet, ein solcher Austausch eines geistigen Gutes für ein zeitliches sey eine grobe Sünde, und Ihr macht mir den Vorwurf, ich habe boshaft diesen Umstand, der ihn ganz rechtfertige, weggelassen; aber Ihr habt Unrecht und das auf mehrfache Weise. Denn wäre auch Eure Behauptung wahr, so handelt es sich an der Stelle, wo ich des Tanner erwähnte, nicht darum, ob dieser Austausch Sünde, sondern ob er Simonie ist, und das sind zwei ganz verschiedene Dinge. Die Sünde braucht man Euren Lehren zufolge nur zu beichten und man ist frei davon, aber die Simonie verpflichtet zur Restitution; es gibt Menschen genug, denen dieser Unterschied einleuchtet, Ihr habt Mittel, aus der Beichte alle Unannehmlichkeit zu entfernen, aber die Restitution angenehm zu machen, die Mittel dazu habt Ihr noch nicht entdeckt.

Auch das noch sage ich Euch, daß Tanner den Fall, den er Sünde nennt, nicht nur ausdehnt darauf, wenn man ein geistiges Gut für ein zeitiges gibt und wenn dieses der Beweggrund ist, sondern auch darauf, wenn man das zeitliche höher schätzt, als das geistige, und das ist die vorhin erwähnte von Euch ausgedachte Bedeutung des Worts Simonie. Tanner that nicht übel, diesen Fall als Sünde aufzustellen, denn Niemand wird so gottlos und so dumm seyn, und die Vergleichung unter dem geistigen und zeitlichen Gute anstellen wollen, da er das geistige für das zeitliche geben darf ohne zu sündigen, wenn er nur jene Vergleichung wegläßt. Selbst Valentia stellt am angeführten Orte die Frage auf, ob es Sünde sey ein geistiges Gut für ein zeitliches zu geben, wenn dieses der Hauptbeweggrund ist, und führt die Gründe derjenigen an, welche die Handlung für Sünde erklären; mir aber, setzt er hinzu, scheint das nicht gewiß zu seyn — sed hoc non videtur mihi satis certum. —

Aber Euer Erard Bill, Professor der Casuistik zu Caen, hat, weil die probabeln Meinungen mit der Zeit immer mehr Sicherheit erhalten, in seinen Schriften vom Jahre 1644 festgesetzt, daß man in diesem Puncte nicht sündige. Dupre, Doctor und Professor zu Caen, stritt gegen jene Schriften in seiner sehr bekannten schönen Rede. Bill gesteht, daß die Lehre des Valentia, von Milhard dargestellt und von der Sorbonne verdammt, dem gewöhnlichen Sinne widerspreche, in vielen Stücken der Simonie verdächtig sey, und von den Richtern, wenn sie practisch angewendet würde, hart mitgenommen werden möchte; aber dessenungeachtet besteht er darauf, es sey eine probable und folglich sichere Meinung, daß jenes weder Simonie noch Sünde sey. Probabel und von vielen gelehrten Katholiken vertheidigt ist die Meinung, sagt er, daß es weder Simonie, noch auf irgend eine Weise Sünde sey, Geld oder ein anderes zeitliches Gut für ein geistiges zu geben, sey es aus Dankbarkeit, oder als Beweggrund, das geistige zu erhalten, ohne welchen man es nicht würde erhalten haben; nur darf man nicht das zeitliche Gut als einen dem geistigen gleichen Preis betrachten.

Mehr kann man von Euch nicht verlangen, ehrwürdige Väter; es gibt nach Euren Lehren so wenige Simonien, daß man selbst Simon den Magier, der den heil. Geist kaufen wollte, und deshalb das Vorbild derer ist, die bei der Simonie kaufen, und Giesi, welcher für ein Wunder Geld verlangte, und also das Vorbild derjenigen Simoniten ist, welche verkaufen, von der Simonie freisprechen muß. Denn es ist ohne Zweifel, daß Simon, als er den Aposteln Geld anbot, um ihre Gewalt dafür zu erhalten, weder vom Kaufe noch vom Verkaufe, noch von irgend einem Preise sprach, und daß er den Aposteln das Geld als Beweggrund, ihm ihre Kraft mitzutheilen, anbot. Das ist aber nach Euren Lehren keine Simonie, und wäre Simon in dieselben so eingeweiht gewesen, so hätte er eine sichere Schutzwehr gehabt gegen das Verdammungsurtheil des heil. Petrus. Dieselbe Kenntniß würde auch den Giesi geschützt haben gegen den Aussatz, womit ihn Elisäus behaftete; denn da ihm Naaman bloß aus Dankbarkeit, und nicht als Preis für seine wunderbare Heilung, zwei Talente geschenkt hatte, so konnte er den Elisäus zwingen, ihm seine Gesundheit wieder zu schenken, und ihm, falls er sich weigerte, eine Todsünde androhen, wenn er sich auf das Ansehen so vieler Eurer Casuisten hätte berufen können, die in ähnlichen Fällen die Beichtsväter verpflichten, vom geistigen Aussatze zu absolviren, von dem jener körperliche nur ein Bild ist.

Es wäre Kleinigkeit, Euch lächerlich zu machen, und ich weiß nicht, warum Ihr Euch der Gefahr aussetzt; ich brauchte nur die Stellen anderer Schriftsteller anzuführen; so sagt z. B. Escobar in seiner Praxis der Simonie nach der Schule der Gesellschaft Jesu tr. 6. ex. 2. n. 44: *Ist es Simonie, wenn zwei Geistliche die Uebereinkunft treffen: du gibst mir deine Stimme zur Wahl als Provinzial, und ich gebe dir die meinige zur Wahl als Prior? Keinesweges.* Eben so sagt er n. 14: *Es ist nicht Simonie, wenn sich Jemand ein Benefiz geben läßt durch das Versprechen einer Summe Geldes, wenn er nicht die Absicht hat, wirklich die Summe zu bezahlen; denn das ist nur eine Scheinsimonie, und eben so wenig eine wirkliche, als falsches Gold wahres ist.* Durch diese schlaue Verbindung des Betrugs mit der Simonie erhält denn Escobar das Mittel, eine Pfründe ohne Simonie und ohne Geld sich geben zu lassen. Jedoch darf ich mich nicht länger bei diesem

Gegenstande aufhalten, sondern muß fortgehen zu Eurer dritten Verleumdung, betreffend den Banquerot.

Eine unverschämtere Beschuldigung läßt sich denn doch wohl nicht denken! Ihr fahret auf mich los, wegen einer Meinung des Lessius, die ich nicht selbst anführte, sondern die Escobar aufgenommen hat in der von mir citirten Stelle; irrte sich also Escobar in der Meinung des Lessius, wie könnt Ihr so ungerecht seyn, und mir das zur Last legen? Citirte ich den Lessius und die übrigen Schriftsteller selbst, dann wäre es recht und billig, daß ich Euch antwortete. Escobar sammelte aber die Lehren von 24 Eurer Väter, dadurch also bin ich hinlänglich geschützt, daß ich sie aus ihm citirte, und es wäre unvernünftig von mir zu verlangen, mich zu rechtfertigen über die Lehren, die er aus andern anführt. Und doch soll ich das thun. Ich führte die Stelle aus dem Escobar wörtlich an, und Ihr selbst gebt mich darin keines Betruges schuldig; sie lautet: Darf der Banquerotmacher mit gutem Gewissen von seinen Gütern so viel behalten, als hinreicht, damit er anständig leben könne, — ne indecore vivat? Ich sage ja mit Lessius; *cum Lessio assero posse etc.* Nun sagt Ihr, Lessiins sey nicht der Meinung.

Betrachtet doch nur einen Augenblick die Klemme, in der Ihr selbst Euch fangt. Ist Lessius der Meinung des Escobar, so seyd Ihr Verleumder, da Ihr das Gegentheil behauptet; ist aber Lessius nicht der Meinung des Escobar, dann ist Escobar ein Verleumder; nothwendig muß also Einer aus Eurer Societät ein Verleumder seyn; welch ein Aergerniß! Daß Ihr doch auch nie weiter seht! Ihr begnügt Euch, den Menschen Beschuldigungen zu schmieden, ohne daran zu denken, auf wen sie zurückfallen.

Warum meldetet Ihr das nicht erst dem Escobar, ehe Ihr es öffentlich bekannt machtet? der würde Euch den Knoten schon gelöset haben. Von Vallissolet hättet Ihr ja leicht Nachricht erhalten können; Escobar lebt da in völliger Gesundheit und vollendet seine große Moraltheologie in sechs Bänden; über die erstern habe ich nächstens ein Wort mit Euch zu sprechen. Meine frühern zehn Briefe hat er erhalten; Ihr hättet ihm auch leicht jenen Scrupel mittheilen können, und ich bin überzeugt, daß es ihm eine Kleinigkeit gewesen wäre, ihn Euch zu nehmen. Ohne Zweifel las er im Lessius die Stelle, woraus er sein ne indecore vivat genommen hat, die Ihr l. 2. c. 16. n. 45. finden könnt; sie lautet: Idem colligitur aperte ex juribus citatis, maxime quoad ea bona quae post cessionem acquirit, de quibus etiam is qui debitor est ex delicto potest retinere quantum necessarium est, ut pro sua conditione NON INDECORE VIVAT. Petes, an leges id permittant de bonis, quae tempore instantis cessionis habebat? Ita videtur collegi ex DD.

Ich mag mich nicht dabei aufhalten zu zeigen, daß Lessius zur Befestigung seiner Lehre sich schändlich verstoße gegen die öffentlichen Gesetze, die den Banquerotmachern nur einen einfachen, nicht aber einen anständigen Unterhalt lassen; es war hinreichend, den Escobar gegen Eure Verleumdung geschützt zu haben. Das habe ich gethan, und das ist mehr, als ich zu thun brauchte. Ihr aber, ehrwürdige Väter, Ihr thut nicht Eure Pflicht, antworten müssen hättet Ihr auf die angeführte Stelle des Escobar; seine Lehren haben das Gute, daß sie unabhängig vom Vorhergehenden und vom Folgenden abgetheilt sind in lauter kleine Sätze, und daß Ihr deshalb Eure spitzfindigen Unterscheidungen nicht darauf anwenden könnt. Ich habe Euch seine Stelle ganz abgeschrieben: es ist denjenigen, die Concurs machen, erlaubt, von ihren Gütern, selbst wenn sie dieselben unrecht erwarben, so viel zu behalten, um anständig mit ihrer Familie davon leben zu können. Entsetzt über diese Worte rief ich aus: durch welche unerhörte neue Nächstenliebe wollt Ihr denn beweisen, daß diese Güter nicht den rechtmäßigen Besitzern, sondern vielmehr einem Räuber gebühren? Darauf müßt Ihr antworten, und ich sehe wohl, wie hart diese Last Euch drücke. Vergebens sucht Ihr mir zu entgehen durch Verdrehung der Streitpuncte und durch das Anführen einer Masse anderer Lehren aus Lessius, die nicht hierher gehören. Mit Klarheit beantwortet mir die Frage: dürfen die Banquerotmacher dieser Lehre des Escobar mit gutem Gewissen folgen? Gebt wohl Acht, was Ihr sagt; denn antwortet Ihr nein, wo bleibt Euer Escobar und Eure Probabilitätslehre? sagt Ihr aber ja, dann verweise ich Euch auf die weltliche Gerechtigkeit.

In der Klemme will ich Euch für diesmal schwitzen lassen, denn ich habe keine Zeit mehr, über Eure nächste Verleumdung, betreffend eine Stelle des Lessius über den Todschlag, zu sprechen; der folgende Brief soll das thun; dann gehe ich zu Euren übrigen Beschuldigungen.

Ueber die schändlichen Lügen, die Ihr jeder einzelnen Verleumdung folgen lasset, will ich jetzt nichts sagen; ich verschiebe das durchaus auf den Brief, in welchem ich die wahre Quelle Eurer Beschuldigungen zu offenbaren denke. Ich bedaure Euch herzlich, ehrwürdige Väter, daß Ihr zu solchen Mitteln Eure Zuflucht nehmen müßt. Die Beleidigungen, mit denen Ihr mich überschüttet, bringen kein Licht in unsere Streitigkeiten, und die Drohungen, die Ihr unter so verschiedenen Gestalten mich hören laßt, werden mich nie von der Vertheidigung abschrecken. Ihr habt die Gewalt und die Unstrafbarkeit auf Eurer Seite, ich aber die Wahrheit und die Unschuld. Kein Kampf ist hartnäckiger und länger dauernd, als der, wo die Gewalt streitet mit der Wahrheit. Alle Angriffe der Gewalt schwächen nicht die Wahrheit, sondern stärken sie. Alle Kraft der Wahrheit vermag nicht die Gewalt zu hemmen, sondern macht sie nur wüthender. Schlägt Gewalt auf Gewalt, dann siegt der Gewaltigere über den minder Gewaltigen; treffen Gründe auf Gründe, dann besiegt und verscheucht die Wahrheit die Thorheit und die Lüge; aber Gewalt siegt nicht über die Wahrheit, und Wahrheit nicht über die Gewalt. Und doch wird Niemand beide für gleich halten, denn der große Unterschied ist dieser, daß Gott selbst der Gewalt ihren kurzen Lauf vorschrieb, der mit dem Ruhme der Wahrheit endigt, daß dagegen die Wahrheit ewig ist, und endlich über ihre Feinde siegt, weil sie ewig ist und allmächtig, wie der Allmächtige selbst.

## Widerlegung der jesuitischen Schrift wider Pascal's zwölften Brief.

Wer Du auch seyn magst, der Du die Vertheidigung der Jesuiten gegen den Verfasser der Provinzialbriefe übernimmst, worin er die Irrthümer jener Menschen rücksichtlich der Moral so offenbar und so deutlich auseinandersetzt; so gibst Du durch die Hilfe selbst, die Du ihnen leisten willst, zu erkennen, wie eingeweiht Du bist in ihren Schwächen; in dieser Hinsicht kann man Dir keinen Vorwurf machen. Glaubst Du aber, sie wirklich zu rechtfertigen, dann verdienst Du keine Verzeihung. Ich hege jene bessere Meinung von Dir, und glaube, daß Du unsern Verfasser nur von seinem Vorhaben auf Abwege führen willst. Jedoch hast Du Dich geirrt; der dreizehnte Brief, ich freue mich es sagen zu können, hat längst die Presse verlassen, ohne daß der Verfasser auf Deine Bemerkungen gegen seinen eilften und zwölften Brief antwortete; ich glaube, er denkt gar nicht einmal an Deine Einwürfe, und deshalb wird er sich auch gewiß nicht kümmern um Deine etwaigen anderweitigen feindlichen Unternehmungen. Du brauchst Dir deshalb nicht einzubilden, er könne Dich nicht widerlegen; Du siehst, wie er die ganze Societät in die Enge treibt; wo wolltest Du Einzelner bleiben, wenn er Dich angreifen wollte? Du kannst das aus der Art schon erkennen, womit ich Deine Einwürfe gegen seinen zwölften Brief beantworte.

Deine Beleidigungen übergehe ich; der Verfasser selbst will darauf zu seiner Zeit Rücksicht nehmen; ich zweifle nicht, daß er Wort hält, und Dir sammt den Jesuiten nur Schimpf und Schande macht. Es wird ihm eine Kleinigkeit seyn, einzelne Privatpersonen, wie Dich und die Jesuiten zu beschämen, welche die schändliche Kühnheit besitzen, die Autorität der Kirche sich anzumaßen, indem sie ihre Feinde als Ketzer behandeln, sobald sie ihr Unvermögen fühlen, sich zu vertheidigen gegen die gerechten Vorwürfe, die man ihnen über die Verdrehungen der christlichen Moral macht. Jedoch darüber wird der Verfasser selbst sprechen; ich will Dir nur antworten auf die neuen Verleumdungen, durch welche Du Deine Casuisten zu rechtfertigen gedenkst. Zuerst also zum Vasquez, zu seiner schändlichen Lehre vom Almosen, die der Verfasser an den angeführten Stellen gehörig erklärt hat. Du hast darauf nichts geantwortet, sondern Du beschuldigst nur so in den Wind den Verfasser in vier Puncten des Betrugs. Erstlich soll er in der im sechsten Briefe citirten Stelle des Vasquez die Worte: Statum quem licite possunt acquirere, weggelassen, und den Vorwurf, den man ihm deshalb machte, ganz übergangen haben.

Ich sehe wohl, daß Du Deinen lieben Jesuiten es auf's Wort geglaubt hast, jene Worte seyen in der Stelle des Vasquez enthalten; denn hättest Du gewußt, daß sie nicht da vorhanden sind, so würdest Du dem Verfasser es nicht verdacht haben, wenn er einen so schnöden Vorwurf gar nicht berücksichtigte, sondern vielmehr Deine Freunde getadelt haben, daß sie ihn so mit Lügen verfolgen. Traue ihnen deshalb nicht wieder so viel, Du möchtest sonst häufig fehl schießen. Lies im Vasquez die vom Verfasser der Briefe angeführte Stelle Eleem. c. 4. n. 14, und Du findest da keines der Wörter, die der Verfasser weggelassen haben soll; Du wirst sie voll Erstaunen 15 Seiten früher finden. Nach dieser Erinnerung wirst Du doch wohl nicht mehr den Verfasser beschuldigen, er habe in seiner Stelle Worte weggelassen, die 15 Seiten vorher stehen, Du müßtest sonst von ihm verlangen, daß er in einem Briefe von 8 Quartseiten, worin er 30 bis 40 Lehren der Casuisten anführt, einzelne Stellen von 15 Folioseiten abschreiben müsse, und solch eine unvernünftige Forderung wirst Du doch gewiß nicht machen. Jene Worte dienen also nicht zur Rechtfertigung des Vasquez, sondern nur dazu, daß Du als ein öffentlicher Verleumder erscheinst. Jener wird beschuldigt, die Lehre Jesu Christi, die den Reichen verpflichtet, von seinem Ueberflusse Almosen zu geben, zerstört zu haben durch seine Behauptung: was die Reichen brauchen zur Erhöhung ihres oder ihrer Verwandten Standes, das ist kein Ueberfluß; man wird deshalb unter den Weltmenschen, und selbst unter den Königen, schwerlich Jemanden finden, der Ueberfluß hat. Dieser Schluß hebt die evangelische Verpflichtung, Almosen zu geben, gänzlich auf, weil mit Nothwendigkeit daraus folgt, daß wenn man keinen Ueberfluß hat, man auch keinen geben kann. Hätte der Verfasser der Briefe diesen Schluß selbst gemacht, dann wäre Euch einiger Grund zum Streiten vorhanden gewesen, weil er nicht unmittelbar wörtlich an jenen Satz des Vasquez geknüpft ist; allein Vasquez macht den Schluß selbst. Man findet in ihm die Worte, die dem Evangelium und der christlichen Genügsamkeit so sehr widersprechen: schwerlich wird man Ueberfluß finden unter den Weltmenschen und selbst nicht unter den Königen; man findet in ihm den letzten Schluß, den der Verfasser im 12ten Briefe anführt: man ist schwerlich verbunden Almosen zu geben, wenn man nur von seinem Ueberflusse zu geben braucht, und was das Merkwürdigste ist, man findet diesen Schluß gerade an der Stelle, wo Deine Worte statum quem licite possunt acquirere stehen, und wodurch Du den Schluß nichtig machen willst. Vergebens mühest Du Dich ab, den Grundsatz zu rechtfertigen, da Du doch über die Folgerungen daraus schweigen mußt, denn diese führt Vasquez wörtlich selbst an, und diese reichen hin, gänzlich jene Lehre des Evangeliums aufzuheben. Hat Vasquez etwa seine Folgerungen nicht richtig aus seinem Grundsatze abgeleitet, dann verbindet er Dummheit mit Irrthum, und er ist deshalb nichts desto weniger zu entschuldigen, so wie auch die Lehre des Evangeliums dadurch nicht hergestellt ist. Allein aus der Widerlegung des zweiten Betrugs, dessen Du unsern Verfasser beschuldigst, wird erhellen, daß die schändlichen Folgesätze des Vasquez ganz richtig aus dem schändlichen Grundsatze desselben abgeleitet sind, woraus denn hervorgeht, daß dieser Jesuit sich nicht gegen die Lehren der Logik, sondern nur gegen die des Evangeliums verfehlte. Dieser zweite Betrug, sagst Du, besteht darin, daß der Verfasser diese Worte des Vasquez wegließ, und selbst den Vorwurf, der ihm deshalb gemacht wurde, verheimlichte, aus der boshaften Absicht, um die Gedanken des Vasquez zu verdrehen, und daraus den schändlichen Schluß zu ziehen: man brauche nach Vasquez nur viel Ehrsucht zu besitzen, um keinen Ueberfluß zu haben. Ich könnte mit einem Worte Dir zeigen, daß eine unvernünftigere Beschuldigung gar nicht möglich sey; die Jesuiten beklagten sich niemals über diesen Schluß des Verfassers, und Du willst behaupten, der Verfasser habe auf einen Vorwurf nicht geantwortet, den ihm Niemand machte. Hältst Du Dich aber für weitsichtiger, als die ganze Societät, so ist es eine Kleinigkeit, diesen Deinen Wahn, welcher eine Beleidigung ist für die ganze große Gesellschaft, lächerlich zu machen. Wie kannst Du behaupten, aus Vasquez's Satze: das, was man braucht zur Erhöhung seines oder seiner Verwandten Standes, ist nicht Ueberfluß, folge nicht mit Nothwendigkeit der Schluß, man brauche nur viel Ehrsucht zu besitzen, um keinen Ueberfluß zu haben? Ich erlaube Dir recht gern, noch die Bedingung, welche Vasquez an einer andern Stelle aufstellt, hinzuzufügen, daß man nämlich seinen Stand nur durch rechtmäßige Mittel erhöhen wolle — statum quem licite possunt acquirere. — Das hebt nicht die Richtigkeit des Folgesatzes auf, den Du einen falschen nennst.

Es gibt freilich manchmal einen Reichen, der seinen Stand durch rechtmäßige Mittel erhöhen kann. Der öffentliche Nutzen kann zuweilen einen solchen Ehrgeiz rechtfertigen, wenn man nämlich nicht so sehr nach eigener Ehre und eigenem Nutzen strebt, als nach der Ehre Gottes und dem öffentlichen Wohle; allein es ist doch ein seltener Fall, daß der Geist Jesu Christi, der allein einen solchen Ehrgeiz rechtfertigt, bei den Reichen der Welt solche Wünsche erzeugt, er wird sie vielmehr antreiben, diese unnütze Last, wodurch sie nur in ihrem Laufe zum Himmel gehemmt werden, immer mehr von sich zu entfernen und sie die Worte des Evangeliums fürchten machen: wer sich erhöhet, wird erniedrigt werden. Deshalb sind denn auch die Wünsche, die man an den meisten Weltmenschen für die Erhöhung ihres oder ihrer Verwandten Standes wahrnimmt, gewöhnlich, wenn sie auf rechtmäßigen Wegen darnach trachten, die Erzeugnisse irdischer Leidenschaften und einer wahrhaften Ehrsucht. Denn Du irrst Dich sehr, wenn Du glaubst, man besitze nicht anders Ehrsucht, als wenn man durch ungerechte Mittel sich zu erheben trachtet; diesen Irrthum züchtigt der heil. Augustin in lib. de Pat. cap. 2 et 3: Die Liebe zum Gelde, sagt er, und das Trachten nach Ruhm sind Thorheiten, welche die Welt für erlaubt hält; man bildet sich ein, Habsucht, Ehrgeiz, Luxus und das

Vergnügen an allerlei Zeitvertreibe seyen ganz unschuldige Dinge, wenn man ihrethalben nicht Laster begehe, oder sich gegen die Gesetze verstoße. So wie Habsucht in der Liebe des Reichthums wegen des Reichthums besteht, so ist Ehrsucht das Verlangen nach Ehre wegen der Ehre. Bedient man sich zu ihrer Befriedigung unerlaubter Mittel, dann wird sie aus einem nicht erlaubten Dinge ein noch bei weitem unerlaubteres; bedient man sich nicht dieser Mittel, so wird sie dessenungeachtet nicht etwas Unschuldiges. Von diesen wenigen Fällen, in welchen einige Reichen ihre Lage zu erhöhen trachten, und wo sie die probable Gewalt haben, das zu thun, wie Cajetan sagt, redet aber Vasquez nicht, sonst wäre es ja lächerlich, daß er behauptet, man finde schwerlich jemals Ueberfluß unter den Weltmenschen. Wie kann ein Vernünftiger dadurch beweisen wollen, daß die Reichen im Allgemeinen keinen Ueberfluß haben, weil es einigen wenigen Reichen, und auch diesen nur ein- oder zweimal in ihrem Leben erlaubt ist, nach einem höhern Stande zu trachten, nachdem der Allmächtige sie einsehen ließ, daß sie sich selbst dadurch nicht schaden und Andern nützen? Vasquez redet vielmehr von jener unordentlichen unersättlichen Begierde nach höherer Macht, von jener Sucht sich zu erhöhen ohne Maaß; denn hätte ihre Ehrsucht ein Maaß, so würden die Reichen anfangen Ueberfluß zu haben, sobald sie dies Maaß erreicht hätten. Diese Sucht ohne Grenzen hält Vasquez für so erlaubt, daß er den Reichen niemals Ueberfluß zugestehen will.

Dieses Streben nach höherer Macht — ich sage es Dir, damit Du es endlich einmal wissest — und diese Begierde sich immer mehr zu erhöhen, geschehe es auch auf erlaubten Wegen ad statum, quem licite possunt acquirere, ist es, welche der Verfasser mit dem Namen der Ehrsucht belegte; so nennen sie die Kirchenväter, und so heißt sie auch im gewöhnlichen Leben, und der Verfasser hielt sich nicht für verpflichtet, die Ausdrücke Deiner Casuisten aufzunehmen, welche die Namen der Laster verbannen, die Laster selbst aber unter fremden Namen behalten. Wären also auch die Worte statum quem licite possunt acquirere in der citirten Stelle des Vasquez gewesen, so hätte der Verfasser der Briefe nicht nöthig gehabt, sie zu unterdrücken, um zu beweisen, daß jene Stelle eine schändliche Verdrehung der Moral enthalte. Selbst wenn man sie hinzusetzt, so folgt doch daraus, daß man nur viel Ehrsucht zu besitzen braucht, um keinen Ueberfluß zu haben. Der Verfasser der Briefe ist nicht der erste, welcher dieses aus jener Lehre folgerte; der Doctor der Theologie Düvel beschwert sich schon vor ihm über diesen schändlichen Grundsatz tom. 2. q. 8. p. 576: es würde daraus folgen, sagt er, daß derjenige, der nach einer immer höhern Würde strebt, d. h. der von einer immer höher trachtenden Ehrsucht getrieben wird, niemals Ueberfluß hätte, obgleich er für den Stand, in welchem er gerade jetzt lebt, großen Ueberfluß hat — sequeretur eum, qui dignitatem cuperet, seu *qui majori ambitione duceretur*, habendo plurima supra decentiam sui status nun habiturum superflua. —

Deine beiden erstern Vorwürfe also, die Du dem Verfasser der Briefe machst, waren schlecht berechnet; laß doch sehen, ob es Dir besser geht mit den beiden andern, in die der Verfasser bei seiner Vertheidigung selbst gefallen seyn soll. Er leugnet, sagst Du, — und das ist der erstere, — daß Vasquez die Reichen jemals verpflichte von ihrem Nothwendigen zu geben. Leicht mag ich Dir darauf antworten, denn Deine Behauptung ist falsch, weil der Verfasser gerade das Gegentheil sagt; ich bedarf weiter keines Beweises, als die Stelle, die Du drei Zeilen später anführst, wo der Verfasser ausdrücklich sagt: daß Vasquez unter gewissen Bedingungen den Reichen die Pflicht auflege, von ihrem Nothwendigen zu geben.

Eben so widersinnig ist auch Deine letzte Beschuldigung, die darin besteht, daß Du sagst: der Verfasser der Briefe tadelt zwei Lehren des Vasquez. Die erste ist: die Reichen sind weder durch die Gerechtigkeit noch durch die Nächstenliebe verpflichtet, von ihrem Ueberflusse und noch weniger von ihrem Nothwendigen zu geben in den gewöhnlichen Nöthen der Armen; und die zweite: sie sind nicht verpflichtet von ihrem Nothwendigen zu geben, außer in Fällen, die so selten sind, daß sie sich beinah niemals ereignen. Die erste dieser Lehren, die schändlichste, weißt Du nicht zu rechtfertigen; deshalb wirfst Du beide durcheinander, redest da einigen Unsinn über die letzte, und glaubst so beide abgefertigt zu haben.

Allein Dein Bemühen ist umsonst; ich will das entwickeln, was Du mit Fleiß verwickelst. Ich frage Dich selbst, behauptet nicht Vasquez, die Reichen wären niemals verpflichtet, weder durch Gerechtigkeit, noch durch Nächstenliebe, in den gewöhnlichen Nöthen der Armen weder von ihrem Ueberflusse noch von ihrem Nothwendigen zu geben? Hat das nicht der Verfasser aus jener Stelle des Vasquez förmlich bewiesen? Corduba behauptet, daß man verbuuden sey von seinem Ueberflusse in den gewöhnlichen Nöthen der Armen zu geben, wenn auch nur etwas, damit man wenigstens diese Pflicht nicht ganz vernachlässige. Merke wohl, daß es sich hier nicht darum handle, ob man durch Gerechtigkeit oder durch Nächstenliebe, sondern daß man ganz im Allgemeinen dazu verpflichtet sey. Laß uns nun sehen, was Vasguez darüber sagen wird: aber das gefällt mir nicht, *sed non hoc placet*, denn ich habe gerade das Gegentheil gegen Cajetan und Navarra bewiesen. Da Du nun hierzu nichts sagst, so bekennst Du stillschweigend, daß Du die Jesuiten von dieser schändlichen dem Evangelium gerade entgegengesetzten Lehre nicht befreien kannst.

Was nun die zweite Lehre des Vasquez betrifft, daß nämlich die Reichen nicht verpflichtet sind von ihrem Nothwendigen zu geben, außer in so wenigen Fällen, daß sie sich beinah niemals ereignen, so hat der Verfasser auch das deutlich bewiesen durch die Anführung der Bedingungen, die Vasquez für diese Fälle aufstellt: man muß wissen, daß der Arme, der in einer dringenden Noth ist, von keinem andern unterstützt wird und daß ihm diese Noth den Tod oder den Verlust seiner Ehre drohe. Dann fragte er, ob dieser Fall sich wohl oft in Paris ereigne, und bedrängte endlich die Jesuiten durch die Worte: Vasquez erlaubt dem Armen in der Lage, worin der Reiche verbunden ist, ihm zu helfen, daß er den Reichen bestehle; er muß also entweder geglaubt haben, daß dieser Fall sich nur sehr selten ereigne, oder er erlaubte dem Armen, den Reichen häufig zu bestehlen. Und was hast Du darauf erwiedert? Du schweigst gänzlich davon, und begnügst Dich, drei Stellen aus Vasquez anzuführen, von denen die beiden ersten weiter nichts sagen, als was unser Verfasser anführt, daß nämlich die Reichen verpflichtet sind, den Armen in dringenden Nöthen beizustehen; allein Du hütest Dich wohl, die nähern Beschränkungen Vasquez's hinzuzusetzen, welche den Reichen beinah nie dazu verpflichten, und das ist es gerade, wovon hier die Rede ist. Die dritte Deiner Stellen ist die, daß die Reichen nicht nur dann verpflichtet sind, Almosen zu geben, wenn der Arme in der allerhöchsten Noth ist, d. h. wenn der Tod ihn unmittelbar bedroht, weil dieser Fall ein höchst seltener ist. Hieraus willst Du schließen, es sey falsch, zu behaupten, Vasquez verpflichte nur in sehr seltenen Fällen die Reichen zur Unterstützung der Armen. Das kann nicht Dein Ernst seyn, denn es folgt aus dem Satze weiter nichts, als daß Vasquez das Wort sehr seltene Fälle umgangen habe für die Fälle, von denen doch die für sie angeführten nähern Bestimmungen beweisen, daß sie sehr selten sind. Vasquez folgte hierin den Kniffen seiner Societät. Die Reichen wollen nur selten Almosen geben, ihnen mußte er genügen; die Kirche befiehlt häufige Unterstützungen, und auch ihr mußte er genügen. Beides that er denn auch, denn auf der einen Seite stellt er für das Almosengeben so sehr einschränkende Bedingungen auf, daß selbst der Geizigste zufrieden seyn muß, weil er nur äußerst selten zu geben braucht; auf der andern Seite vermied er aber sorgfältig das Wort selten, und genügt so auch scheinbar der Kirche. Es handelt sich hier also nicht darum, ob Vasquez jene Fälle des Almosengebens seltene nenne; das ist ihm nie vorgeworfen; er ist viel zu sehr Jesuit, als daß er die Laster bei ihrem rechten Namen nennen sollte; es handelt sich nur darum, ob jene Fälle in der Wirklichkeit selten sind durch seine angeführten Beschränkungen für sie, und das hat der Verfasser der Briefe so deutlich gezeigt, daß Dir kein anderer Vertheidigungsweg übrig bleibt, als Lügen und Stillschweigen, woran es Dir freilich nie fehlt.

Du sprichst darauf weitläufig von dem Scharfsinne des Vasquez, womit er die Wörter nothwendig und überflüssig erklärt, allein Du scheinst zu träumen. Er hatte immer nur die beiden Bedeutungen, welche alle übrigen Theologen auch haben, nothwendig der Natur und nothwendig dem Stande, überflüssig der Natur und überflüssig dem Stande. Allein damit etwas dem Stande überflüssig genannt werden darf, soll es nach Vasquez nicht nur überflüssig in Rücksicht des Standes seyn, worin ein Reicher gerade lebt, sondern auch in Rücksicht dessen, den er für sich oder für seine Verwandte erlangen kann. Deshalb heißt bei ihm alles dasjenige, was man braucht zur Erhöhung seines

Standes, nothwendig dem Stande und nur überflüssig der Natur, und man braucht davon kein Almosen zu geben, außer in so wenigen Fällen, daß sie nach dem Beweise unsers Verfassers sich beinah niemals ereignen.

Was die Vergleichung des Vasquez mit Cajetan betrifft, so brauche ich zu dem, was der Verfasser darüber sagte, nichts mehr hinzuzufügen. Im Vorbeigehen erinnere ich nur noch, daß sowohl Du als Vasquez, dem Cajetan einen falschen Vorwurf machst, indem ihr beide behauptet, er lehre, gegen seine frühere Behauptung in tract. de eleemos, in seinem tract. de indulgent., die Verpflichtung von seinem Ueberflusse Almosen zu geben, überschreite nicht eine läßliche Sünde. Lies doch die Stelle selbst, und traue nicht mehr den Jesuiten, weder den verstorbenen noch den lebenden; Cajetan behauptet gerade das Gegentheil, denn nachdem er angeführt hat, daß man unter einer Todsünde verpflichtet sey, Almosen zu geben, nur in den äußersten Nöthen der Armen — unter welche äußerste Noth er aber auch die meisten von denen zählt, welche Vasquez dringende nennt, — so fügt er sogleich die Ausnahme hinzu, es sey denn, daß Jemand Ueberfluß hat — *seclusa superfluitate bonorum.* —

Ich gehe nun mit Dir fort zu der Lehre der Simonie. Der Verfasser der Briefe hatte keine andere Absicht, als zu beweisen, daß es Grundsatz der Jesuiten sey: es ist vor dem Forum des Gewissens keine Simonie, für ein zeitliches Gut ein geistiges zu geben, wenn man das zeitliche nur als Hauptgrund, aber nicht als Preis des geistigen betrachtet. Zum Beweise dessen führte er im zwölften Briefe die ganze Stelle des Valentia an, die jenen Satz so deutlich ausspricht, daß es Dir unmöglich ist, etwas dawider zu sagen, eben so wenig als wider den Escobar, Erard Bill und die Uebrigen, welche alle dasselbe behaupten. Da diese Schriftsteller jenen Grundsatz aufstellen, so folgt aus der Lehre der Probabilität, daß die ganze Societät ihn für einen dem Gewissen sichern hält, weil so viele wichtige Schriftsteller ihn aufstellten mit der Billigung so vieler angesehener Provinziale. Bekenne also nur gleich, daß Du, da Du allen übrigen Jesuiten diesen Grundsatz lassen mußt, auch nichts ausrichtest mit dem einzigen Tanner, auf den allein Du Dich berufst, weder gegen die Absicht des Verfassers, noch für die Rechtfertigung Deiner lieben Jesuiten.

Um Dir jedoch vollkommen Recht widerfahren zu lassen, so wisse, daß Du bei Tanner so gut, wie bei allen Uebrigen, Unrecht hast; denn erstlich kannst Du nicht leugnen, daß Tanner allgemein behauptet, es ist keine Simonie im Gewissen — in foro conscientiae, — wenn man ein geistiges Gut für ein zeitliches gibt, wobei jedoch das zeitliche nur der Hauptgrund ist, und nicht als Preis des geistigen betrachtet wird. Dadurch, daß er behauptet, es sey keine Simonie im Gewissen, behauptet er beides, es sey weder eine Simonie des göttlichen noch des positiven Rechts, denn die Simonie des positiven Rechts ist eine Simonie im Gewissen. Dieser allgemeinen Regel fügt Tanner die Ausnahme hinzu: in den vom Rechte bestimmten Fällen ist es eine Simonie des positiven Rechts oder eine Simonie vor dem äußern Forum. Da aber eine Ausnahme sich nicht so weit ausdehnen kann, als die allgemeine Regel, für die sie Ausnahme ist, so folgt mit Nothwendigkeit, daß jene allgemeine Regel: es ist keine Simonie im Gewissen, wenn man ein geistiges Gut für ein zeitliches gibt, und dieses nur als Hauptbeweggrund, nicht aber als Preis betrachtet, rücksichtlich einiger Arten von geistigen Gütern seine Richtigkeit haben müsse. Und so hat man denn einige geistige Güter, die man, ohne Simonie des positiven Rechts zu begehen, für zeitliche geben kann, nur muß man das Wort Preis mit dem Worte Beweggrund vertauschen.

Der Verfasser wählte als solche die Pfründen, auf sie wendet er die Lehre des Valentia und Tanner an; allein es thut zur Sache nichts, wenn Du eine andere Art geistiger Güter wählen willst. Du sagst, nicht die Pfründen, sondern die Sacramente oder die kirchlichen Würden darf man für Geld geben. Der Verfasser läßt Dir die Wahl, denn er hält sie alle für unerlaubt. Es scheint, als wollest Du behaupten, man begehe nicht Simonie, wenn man bei der Messe das Geld als Hauptbeweggrund nehme; aus dem, was Du über die Gebräuche der französischen Kirche sagst, geht das hervor; denn hättest Du bloß sagen wollen, daß die Gläubigen denen, von welchen sie geistige Güter erhalten, zeitliche schenken dürfen, und daß der Priester als Diener des Altars auch vom Altare leben soll, so ist das eine Sache, woran Niemand zweifelt und die nicht zu unserm Streitpuncte gehört. Es handelt sich nur darum, zu wissen, ob ein Priester, der zu einer zu lesenden Messe keinen andern Hauptbeweggrund hat, als das Geld, was er dafür empfängt, nicht vor Gott der Simonie schuldig sey. Nach der Lehre des Tanner mußt Du freilich ihn von der Simonie freisprechen; aber erlaubt Dir das auch die Lehre des Evangeliums?

Wenn die Simonie, sagt Simon Cantor in verb. abbr. c. 27, so schändlich und strafbar ist in den Accidenzien der Sacramente, um wie viel mehr muß sie es denn seyn in den Substanzen der Sacramente, und vorzüglich in der Eucharistie, wo man Jesus Christus empfängt, die Quelle und den Ursprung aller Gnaden. Simon der Magier konnte dem Simon Petrus wegen der ihm gemachten Vorwürfe erwiedern: Du stößt mich fort, allein ich werde triumphiren über dich und deine ganze Kirche; über den Altären werde ich meinen Thron aufschlagen, und während die Engel auf der einen Seite des Altars versammelt sind zur Anbetung des Körpers Christi, werde ich auf der andern seyn, und den Diener des Altars oder vielmehr meinen Diener vermögen, ihn für Geld zu schaffen. Und doch besteht die Simonie, die dieser fromme Mann so sehr verabscheuet, nur in der Begierde, welche bei geistigen Dingen ihr Hauptaugenmerk auf den zeitlichen Nutzen richtet. Deshalb sagt er denn auch allgemein: die Vertheilung der Sacramente, oder anderer geistiger Dinge, aus der Absicht Geld zu erwerben, ist Simonie — opus dexterae operatum causa acquirendae pecuniae parit simoniam. — Was würde er gesagt haben, wenn er die entsetzliche Lehre Deiner Casuisten gehört hätte: es ist einem Priester erlaubt, alle die geistigen Früchte, die ihm aus dem Meßopfer entspringen, einem Andern für Geld zu überlassen.

Weißt Du also weiter nichts anzuführen zur Vertheidigung des Tanner, so vermehrst Du nur seine Gottlosigkeit; Du beweisest dadurch nicht, daß es nach ihm nun eine Simonie des positiven Rechts sey, wenn man Geld nimmt als Beweggrund zur Ertheilung eines Benefizes. Denn merke wohl, daß er nicht schlichtweg sagt, es ist Simonie, ein geistiges Gut für ein zeitliches zu geben, wobei dieses Beweggrund und nicht Preis ist, sondern daß er die Alternative aufstellt, es ist entweder eine Simonie des positiven Gesetzes oder eine Simonie des äußern Forums. Eine Simonie des äußern Forums ist aber keine Simonie vor Gott, und verdient keine Strafe vor dem Forum des Gewissens; behauptet man also, wie Tanner, es ist entweder eine Simonie des positiven Rechts oder eine Simonie des äußern Forums, so heißt das weiter nichts, als es ist entweder Simonie oder nicht.

Das ist also die von Dir so sehr gepriesene Ausnahme des Tanner, die der Verfasser in seinem sechsten Briefe nicht anzuführen für nöthig hielt, weil er, ohne eine weitere Stelle dieses Jesuiten zu citiren, nur kurz weg behauptet, Tanner sey der Meinung des Valentia; er widerlegt ihn aber ausdrücklich in seinem zwölften Briefe, und dessenungeachtet sagst Du, er habe böslicher Weise diese Stelle verheimlicht.

Um den spitzfindigen Definitionen der Jesuiten zu entgehen, legte er ihnen die Frage vor, ob es nach ihren Schriftstellern Simonie im Gewissen sey, eine Pfründe von 2000 Thalern jährlicher Einkünfte zu verschenken und dafür 5000 Thaler baar zu nehmen, nicht als Preis, sondern als Beweggrund. Er verlangte darauf eine deutliche Antwort, ohne vom positiven Rechte zu sprechen und von den übrigen Spitzfindigkeiten, welche die Welt nicht versteht, und die Sache selbst zu übergehen, wie Du es machst gegen alle Regeln der Grammatik. Diese Frage wolltest Du kurz beantworten mit dem Satze: nach Wegnahme des positiven Rechts hört alle Simonie auf, eben so wenig wie man sündigen würde, wenn man an einem Festtage keine Messe hörte, falls das Gebot der Kirche aufgehoben würde. Das heißt ja, es ist deshalb Simonie, weil die Kirche es so will, und ohne positive Gesetze würde sie keine Sünde seyn. Hierüber muß ich Dir Einiges erwiedern; erstlich paßt Deine Antwort gar nicht auf die Frage; der Verfasser wollte wissen, ob es Simonie sey nach der Lehre der jesuitischen Schriftsteller, die er citirt hatte, und nun antwortest Du aus Dir, es sey nur Simonie des positiven Rechts, als ob Du entscheiden solltest, und als ob diese Deine Enscheidung Auctorität hätte. Willst Du denn für einen angesehenen, wichtigen Doctor gelten? Darüber ließe sich denn doch wohl erst noch viel sagen. Von Valentia, Tanner, Sanchez, Escobar, Erard Bill ist hier die Rede, die außer Zweifel wichtige Gelehrte sind; sie müssen entscheiden. Der Verfasser behauptet, in diesem Falle gestatteten alle Jesuiten keine Simonie; von Valentia, Sanchez, Escobar und den Uebrigen gibst Du das zu, und nur Tanner willst Du ausschließen, mit wie wenigen

Gründen aber, habe ich Dir gezeigt. Es ist also ein ausgemachter Grundsatz der Societät: man kann ohne Simonie im Gewissen ein geistiges Gut für ein zeitliches geben, obgleich das zeitliche Hauptbeweggrund, nur nicht Preis ist. Und das war gerade unsere Behauptung.

Zweitens enthält diese Deine Antwort eine entsetzliche Gottlosigkeit. Wie kannst Du wagen zu behaupten, ohne besondere Kirchengebote sey es keine Simonie, Geld für die kirchlichen Würden zu geben, in der Absicht, sie sich dadurch zu verschaffen? Dann war es ja zu der Zeit, als noch nicht solche Kirchengesetze existirten, erlaubt, durch Geld sich zu den kirchlichen Würden zu erheben, wenn man es nur nicht als den Preis derselben betrachtete, und es war eine Verwegenheit vom heil. Petrus, den Magier Simon so hart mitzunehmen, da doch nichts dafür spricht, daß er das Geld als Preis, sondern nur als Beweggrund anbot?

Auf welche Schule verweisest Du uns denn mit solchen Lehren? doch wohl nicht zu der Schule Christi? Er lehrte beständig seine Schüler, das, was sie umsonst erhielten, auch umsonst zu geben. D u r c h d i e s e s W o r t, sagt Petrus Cantor in verb. abb. c. 36, s c h l i e ß t e r a l l e H o f f n u n g a u f G e s c h e n k e o d e r D i e n s t e a u s, s e y e s m i t o d e r o h n e V e r t r a g, d e n n G o t t s i e h t n u r a u f d a s H e r z. Und auch wohl nicht auf die Schule der Kirche? sie betrachtet diejenigen, die kirchliche Würden durch Geld zu erlangen suchen, nicht nur als Gottlose, sondern als Ketzer, und sie nennt diesen Handel, durch welche Kunstgriffe er auch immer bemäntelt wird, nicht eine Verletzung ihrer Gebote, sondern eine Ketzerei, simoniacam haeresim.

Die Schule aber, die lehrt, es sey das nur eine Simonie des positiven Rechts oder des äußern Forums, und es sey keine Sünde, Geld zu geben für eine Pfründe, sey es auch nur als Beweggrund und nicht als Preis, kann keine andere seyn, als die des Giesi und des Magiers Simon. In dieser Schule müssen denn die beiden Stifter eines solchen Handels, die anderweitig immer verabscheuet wurden, als Unschuldige dargestellt werden; in dieser Schule verlacht die Begierde, die thun kann was sie wünscht, die Lehre Christi, indem sie den Namen des Lasters verbannt, das Laster selbst aber beibehält. Vernehmt, ihr Schüler dieser Schule, die Worte des großen Pabstes Innocens III. in seinem Briefe an den Erzbischoff von Canterbery vom Jahre 1199: verblendet durch die Sucht zum Gewinne bemänteln sie die Simonie mit einem erlaubten Namen — simoniam sub honnesto nomine palliant, — als ob die Aenderung des Namens auch die Natur des Lasters ändere, und die Strafe, die ihm gebührt. Aber Gott läßt nicht mit sich spotten; und entgehen diese Anhänger des Simon auch im irdischen Leben der ihnen gebührenden Strafe, so werden sie doch im künftigen Leben nicht der Verdammniß entfliehen können, für die Gott sie aufhob. Denn das Erlaubte des Namens kann nicht die Bosheit des Lasters schützen, und nicht kann die Verdrehung eines Wortes die Schuld heben — cum nec honestas nominis criminis malitiam palliabit, nec vox poterit abolere reatum. —

Das letzte Capitel betrifft denn den Banquerot. Ich bewundere hier Deine Kühnheit. Es half den Jesuiten wenig, daß sie die Lehre des Escobar auf den Lessius übertrugen; denn der Verfasser hatte den Lessius nicht für sich, sondern nur aus dem Escobar citirt, und nur aus diesem hatte er den Satz genommen, den ihm die Jesuiten vorwarfen, nämlich, ob ein Banquerotmacher von seinen Gütern so viel behalten dürfe, um anständig leben zu können, selbst in dem Falle, wenn diese Güter durch Ungerechtigkeit und durch allgemein bekannte Laster erworben wären. Allein vom Escobar sprechend bedrängt er sie, entweder öffentlich diese Lehre zu widerrufen, oder sie für eine giltige zu erklären, und in diesem Falle verweiset er sie an die weltliche Gerechtigkeit. Hierauf hättest Du antworten müssen, und nicht so obenhin sagen, Lessius, von dem hier gar nicht die Rede, sey nicht der Meinung des Escobar, von dem allein die Rede ist.

Glaubst Du denn damit, daß Du die Frage verdrehst, uns genug gethan zu haben? Denk' das ja nicht, so lassen wir uns nicht täuschen, wir sagen nicht eher ein Wort von Lessius, bis Du uns über den Escobar geantwortet hast. Glaube aber nicht, ich fürchte mich vor der Lehre des Lessius; ich verspreche Dir, sie so schön auseinander setzen zu wollen, daß sowohl das Parlament als die Sorbonne sie verabscheuen wird. Ich schwöre Dir das bei Gott, aber zuvor mußt Du mir über Escobar antworten. Auch leide ich nicht, daß Du zu neuen Streiten fortschreitest, ehe Du diesen gehoben hast; Escobar zuerst, ehe Du zu andern fortgehst; auf ihn soll dann Lessius unmittelbar folgen.

# Dreizehnter Brief.

## An die Jesuiten.

Pascal beweiset die Treue, mit der er die jesuitischen Lehren anführte. Theoretische und practische Probabilität der Casuisten; weshalb sie eingeführt sey.

Vom 30sten September 1656.

Gelesen habe ich so eben Eure letzte Schrift gegen mich, worin Ihr die Reihe Eurer Beschuldigungen bis zur zwanzigsten fortsetzt; mit dieser soll sich denn, wie Ihr sagt, diese Art Eurer Vertheidigung endigen, und Ihr wollt zu einer zweiten fortgehen, nämlich zeigen wollt Ihr, es gebe auch viele Casuisten, die nicht zu Eurer Gesellschaft gehören und doch eben dieselbe Sittenlosigkeit predigen. Ich sehe nun, welcher Masse von Beschuldigungen ich antworten muß; weil die vierte — und so weit war ich doch gekommen — über den Todschlag handelt, so will ich gleich die 11te, 13te, 14te, 15te, 16te, 17te und 18te mit beantworten, denn sie beziehen sich alle auf denselben Gegenstand.

Ich will also in diesem Briefe die Treue rechtfertigen, womit ich Eure Casuisten citirte, denn Ihr beschuldigt mich stets des Betrugs. Da Ihr die Unverschämtheit besitzt, zu behaupten, Eure Lehren über Todschlag stimmten überein mit den Bestimmungen der Päbste und den Gesetzen der Kirche, so kann ich nicht umhin, eine so verwegene Lüge und eine solche Lästerung auf die Kirche zu widerlegen, und das ist der Zweck des folgenden Briefes; denn sehr ist daran gelegen, zu zeigen, daß die Kirche nicht Theil hat an Euren schändlichen Lehren, die Ketzer möchten sich das zu Nutze machen, und Folgesätze aus ihnen ableiten, die der Kirche zur Schande gereichen würden. So denn auf einer Seite Eure schändlichen Lehren, und auf der andern die sie stets verdammenden Gesetze der Kirche vor sich sehend, wird man leicht unterscheiden können, was verabscheuenswerth und was nachahmungswürdig sey.

Eure vierte Beschuldigung besteht denn darin, daß Ihr behauptet, ich hätte fälschlich dem Lessius diese Stelle über den Todschlag zugeschrieben: wer eine Ohrfeige erhalten hat, kann auf der Stelle seinen Feind verfolgen selbst mit dem Degen, nicht aber um sich zu rächen, sondern bloß um seine Ehre wieder zu erobern. Ihr behauptet, diese Meinung sey die des Casuisten Victoria, das ist aber nicht die Hauptsache des Streits; denn es ist kein Widerspruch, wenn man sagt, Victoria und Lessius seyen beide zugleich dieser Meinung, indem ja Lessius selbst anführt, daß sie die des Navarra und des Henriquez sey, die lehren, daß der, welcher eine Ohrfeige empfing, auf der Stelle seinen Feind verfolgen und ihm so viele Wunden versetzen darf, als er für nöthig hält zur Wiedererlangung seiner Ehre. Das also bloß muß hier untersucht werden, ob Lessius eben so denke als Henriquez. Und rücksichtlich dieses Puncts fügt Ihr hinzu: Lessius führe diese Lehre nur deshalb an, um sie zu widerlegen; ich habe ihm also eine Meinung beigelegt, der er widerstreite, und das sey doch die schändlichste, verabscheuenswertheste Handlung eines Schriftstellers. Ich aber behaupte, ehrwürdige Väter, Lessius führt diese Meinung nur an, weil er selbst ihr zugethan ist. Wir streiten uns also um eine Thatsache, und die wird leicht entschieden werden können. Laßt uns also sehen, auf welche Gründe sich Eure Behauptung stützt; dadurch werden dann zugleich die meinigen offenbar werden.

Um zu beweisen, daß Lessius nicht jener Meinung sey, führt Ihr an, er verdamme die wirkliche Ausübung derselben. Und um dieses wieder zu beweisen, führt Ihr die Stelle aus ihm an, lib. 2. c. 9. n. 82, wo er sagt: die Praxis dieser Meinung mißbillige ich. Allerdings findet man diese Worte im Lessius an der Stelle, die Ihr anführt; in so fern also habt Ihr Recht; allein was soll man von Euch denken, wenn man sieht, daß Lessius an der Stelle über einen ganz andern Gegenstand spreche, als von dem hier die Rede ist, und daß die Meinung, deren Praxis er verbietet, gar nicht die ist, von der wir jetzt reden, sondern eine ganz davon verschiedene? Man braucht nur den Lessius selbst aufzuschlagen, und man findet meine Worte vollkommen bestätigt, denn mit der dortigen Abhandlung des Lessius verhält es sich folgendermaßen.

N. 79 stellt er die Frage auf: darf man tödten wegen einer erhaltenen Ohrfeige? n. 80 entscheidet er sie, ohne aber auch nur das Wort Verdammung zu gebrauchen. Nach Entscheidung dieser Frage stellt er n. 81 die neue auf: darf man tödten wegen einer Verleumdung? Und da findet man denn n. 82 die von Euch angeführten Worte: ich verdamme die Praxis dieser Meinung.

Schämt Ihr Euch denn nicht, diese Stelle anzuführen, um der Welt aufzubinden, Lessius verdamme die Meinung, man dürfe tödten wegen einer Ohrfeige? schämt Ihr Euch nicht, wegen eines so schändlichen Grundes — und einen andern führt Ihr doch nicht an — zu triumphiren, und mich mit den Worten zu verhöhnen: Viele vernünftige Männer haben diese schändliche Betrügerei eingesehen, indem sie den Lessius nachschlugen, und gelernt, wie weit man jenem Verleumder trauen dürfe.

So abscheulich mißbraucht Ihr den Glauben, den jene vernünftigen Männer zu Euch hatten; um ihnen zu beweisen, daß Lessius eine Lehre verdamme, schlaget Ihr ihnen in seinen Schriften ein Capitel auf, worin er eine ganz andere Lehre verdammt; sie sind leichtgläubig genug, Euch zu trauen, und untersuchen nicht, ob die Lehre, die Ihr ihnen zeigt, auch die in Frage stehende sey, und Ihr hintergeht denn so ihr Zutrauen zu Euch. Ich glaube es Euch wohl, daß Ihr, um eine so entsetzliche Lüge zu vermeiden, die Zuflucht werdet genommen haben zu Eurer Theorie der lauten und leisen Stimme; indem Ihr ganz laut die Stelle des Lessius laset, murmeltet Ihr gewiß leise, es handle sich hier um eine ganz andere Lehre. Dieser Grund reicht denn freilich hin zu Eurer Beruhigung; daß aber jene vernünftigen Männer damit werden zufrieden seyn, bezweifle ich doch beinahe. Ich gebe Euch deshalb den Rath, sorget eifrig dafür, daß ihnen meine Briefe nicht zu Gesichte kommen; es ist dies das einzige Mittel, Euren Glauben noch einige Zeit zu behalten. Ihr dürft Euch darin nicht nach mir richten, denn ich bestrebe mich aus allen Kräften, der ganzen Menschheit Eure Schriften zu zeigen. Jeder von uns hat seine besondern Gründe. Denn nachdem Eure vierte Beschuldigung mit so vielem Geräusche überall verbreitet ist, würde Euch nicht Jeder Bösewichter nennen, wenn er wüßte, daß Ihr eine Stelle für eine andere unterschobt? Jedermann wird einsehen, daß Ihr zu diesem Betruge Eure Zuflucht nicht würdet genommen haben, wenn Lessius wirklich über jene Materie so dächte, wie Ihr es wünschtet, und wenn Ihr nur irgend einen Euch günstigen Satz in ihm hättet finden können. Ihr suchtet nämlich im Lessius, was Ihr in Eurer Beschuldigung p. 16. lin. 12 aussprecht: er gebe nicht zu, daß die Meinung des Victoria theoretische Probabilität habe. Und doch sagt Lessius n. 80 ausdrücklich: die Meinung, man dürfe tödten wegen einer erhaltenen Ohrfeige, hat volle theoretische Probabilität. Ist das nicht gerade das Gegentheil Eurer Behauptung? man kann wahrhaftig Eure Kühnheit nicht genug bewundern, daß Ihr ausdrücklich das Gegentheil einer Thatsache behauptet. So wie also aus Eurer erdichteten Stelle hervorgehen sollte, daß Lessius mit Victoria verschiedener Meinung sey, so erhellet aus der Stelle, die ich wahrhaft aus ihm anführte, daß er ganz mit Victoria einverstanden ist.

Ferner behauptet Ihr, Lessius verdamme die Praxis jener Lehre; allein, wie ich schon erwähnt habe, enthält die angeführte Stelle kein Wort von der Verdammung; er sagt nur: es scheint, man dürfe nicht leicht die Praxis dieser Lehre zugeben — in praxi non videtur *facile permittenda.* — Heißt denn das eine

Lehre verdammen, ehrwürdige Väter? Dürftet Ihr wohl sagen, man müsse Ehebruch und Blutschande in der Praxis nicht leicht zugeben? Muß man nicht im Gegentheile aus des Lessius Worten den Schluß ziehen, weil die Praxis derselben nicht leicht zugegeben werden darf, so ist sie doch zuweilen, wenn auch nur selten, erlaubt?

Lessius scheint die Welt gleichsam belehren und den beleidigten Personen den Scrupel, daß sie nicht wissen, wann sie jener Lehre practisch folgen dürfen, nehmen zu wollen, denn er stellt die Bedingungen auf, unter denen man diese Maximen mit gutem Gewissen practisch ausführen darf. Es scheint, sagt er, man dürfe nicht leicht die Praxis dieser Lehre zugeben, erstlich aus Furcht, man werde aus Haß, Rache und mit Uebermuthe handeln, und zweitens aus Furcht vor zu vielen Todschlägen. Das Todschlagen ist also nach Lessius erlaubt, wenn man diesen Uebeln nicht ausgesetzt ist, d. h. wenn man es ohne Haß und Rache thun kann, und wenn man dadurch nicht zu vielen Todschlägen Anlaß gibt. Und diesen Uebeln ist man doch in vielen Fällen nicht ausgesetzt; wollt Ihr ein Beispiel, so will ich Euch eins aus unsern Tagen anführen, was Euch hinlänglich bekannt ist. Compiegne, Oberaufseher der königlichen Küche, sollte in Eurem Collegium auf den Befehl des Königs der Königin von Schweden ein Gastmahl bereiten; der Pater Borinus hielt das für eine Entweihung seines Hauses und gab dem Compiegne eine derbe Ohrfeige. Compiegne nahm sie geduldig auf, ein Beweis, daß er nicht von Haß und Rache getrieben wurde; nun werden ja auch wohl die Jesuiten die Diener des Königs nicht so häufig schlagen, daß Compiegne Anlaß gegeben hätte zu vielen Morden, wenn er den Pater Borinus erdrosselt hätte, folglich durfte Compiegne mit gutem Gewissen nach der Lehre des Lessius den Pater Borinus morden, und es war ein Glück für diesen, daß er einen Mann schlug, der nicht in Eure Lehren eingeweiht und nicht von Escobar gelernt hatte: ein Mensch, der eine Ohrfeige erhielt, ist so lange seiner Ehre beraubt, bis er den getödtet hat, der sie ihm versetzt. Ihr habt Ursache, den ganz entgegengesetzten Lehren eines Priesters, den Ihr nicht sehr liebt, Dank zu wissen, weil sie unstreitig viel dazu beitrugen, daß Compiegne den Pater Borinus nicht todschlug.

Laßt uns nun aufhören von diesen Uebeln, die man in so vielen Fällen vermeiden kann, und bei deren Vermeidung Lessius den practischen Todschlag erlaubt. Eure Lehrer im Escobar sorgten wohl dafür, denn in der Praxis des Todschlags nach der Schule Eurer Societät tr. 1. ex. 7. n. 48. sagt er: Ist es erlaubt, den zu tödten, der uns eine Ohrfeige gibt? Lessius sagt, es sey theoretisch erlaubt, aber in der Praxis dürfe man nicht dazu rathen — non consulendum in praxi, — aus Gefahr vor dem Hasse und anderer dem Staate schädlicher Morde, die leicht daraus entstehen könnten. Less. lib. 2. cap. 9. dub. 12. n. 80. Aber die übrigen Lehrer sagen, daß der Todschlag bei Vermeidung dieser Uebel erlaubt ist in der Praxis und sicher dem Gewissen. Henriquez lib. 4. n. 3. u. s. w. in praxi probabilem et tutam judicarunt. So erheben sich die Meinungen nach und nach zur höchsten Stufe der Probabilität. Bis dahin habt Ihr endlich jene Lehre ohne irgend einen Unterschied der Theorie und Praxis gebracht, indem Ihr behauptet: es ist erlaubt denjenigen unaufhaltsam mit dem Degen zu durchbohren, der uns eine Ohrfeige versetzt, nicht aber aus Rache, sondern zur Erhaltung seiner Ehre. Das lehren Eure Lehrer von Caen in ihren Schriften von 1644, welche die Pariser Universität dem Parlamente vorlegte, bei Gelegenheit ihrer 3ten postul. gegen Eure Lehre vom Todschlage; sie gab dieserhalb eine besondere Schrift heraus, wo man auf der pag. 339 und 340 das Ausführliche findet.

Erkennt also, daß Eure eigenen Schriftsteller jenen thörichten Unterschied eines theoretischen und practischen Mordes, worüber längst die Pariser Universität Euch verlachte, aufgehoben haben, da er nur eine Erfindung Eurer Politik war. Aus diesem letzten Grunde will ich jenen Unterschied ein wenig genauer beleuchten, theils weil dies nothwendig ist zur Widerlegung der 15ten, 16ten, 17ten und 18ten Beschuldigung, theils auch weil es meine Absicht ist, Eure geheimnißvolle Politik nach und nach immer mehr aufzudecken.

Als Ihr den Entschluß faßtet, die Lehre der Moral in schmeichelnde, jeder Form fähige Gewissensmaximen zu verwandeln, da sahet Ihr einige Grundsätze vor Euch, welche nur Religion allein betrafen, z. B. die Lehre der Reue, der Buße, der Liebe zu Gott und alle diejenigen, die nur das innere Gewissen angehen. Ihr erblicktet aber auch andere Lehren, die sowohl den Staat als die Religion betrafen, z. B. die Lehre über den Wucher, den Banquerot, den Todschlag und dergleichen. Wo Euch nur die Religion entgegenstand, da verdrehtet Ihr die Lehren ohne Ausnahme, ohne Unterschied, ohne Furcht, weil Ihr wußtet, daß es auf dieser Welt nicht der Ort ist, wo Gott sichtbar seine Gerechtigkeit zeigt; mit tiefem Schmerze nimmt der eifrige Verehrer der Kirche das wahr an Euren unverschämten Lehren über Buße und Liebe zu Gott. Wo aber das Interesse des Staats mit ins Spiel kam, da lehrte Euch die Furcht vor der weltlichen Gerechtigkeit, Eure Lehren zu zertheilen und in zwei Capitel zu zerschneiden; das eine nennt Ihr das der Theorie; hier werden die Laster nur für sich ohne Rücksicht auf das Interesse des Staates betrachtet, und weil Ihr hier nur das Gesetz Gottes gegen Euch hattet, so erlaubtet Ihr jene Laster ohne weitere Zögerung; das andere ist das Capitel der Praxis, worin Rücksicht genommen wird auf das

Interesse des Staates, und wo Euch die Furcht vor den Magistratspersonen, die sorgen für das öffentliche Wohl, häufig abhielt, die Morde und sonstigen Laster in der Praxis zuzugeben, die Ihr in der Theorie als erlaubt ausgebt, und dadurch stelltet Ihr Euch denn sicher gegen den weltlichen Richter. Als Beispiel können die Bestimmungen Eurer Casuisten über den Todschlag wegen Verleumdungen dienen, Filiuz tr. 29. cap. 3. num. 52. Reginald l. 21. cap. 5. n. 63 und m. A., welche sagen: In der Theorie ist er erlaubt — ex probabili opione licet, — aber ich billige ihn nicht für die Praxis, weil eine zu große Anzahl Morde zum Schaden des Staates daraus entstehen würde, und weil man von dem weltlichen Richter für diesen Todschlag bestraft wird.

In solch einer Zertheilung treten denn diese Eure Lehren auf; öffentlich widersprecht Ihr der Religion, aber gegen den Staat tretet Ihr wenigstens nicht öffentlich auf, und Ihr glaubt so genug gedeckt zu seyn, denn Euer Ansehen haltet Ihr für groß genug, um die Kirche zu vermögen, daß sie Euch unbestraft lasse für Eure Irrthümer, und gegen den weltlichen Richter, der keine Gerichtsbarkeit hat über das Gewissen, sondern nur über die äußere Handlung, schützet Ihr Euch dadurch, daß Ihr viele Lehren nicht in der Praxis erlaubtet. Und so sind denn die Lehren, die unter dem Namen der Praxis verdammt werden würden, gesichert durch den Namen der Theorie.

Ist diese Grundlage erst einmal sicher gelegt, dann wird es Euch eine Kleinigkeit seyn, Eure andern Lehren darüber aufzubauen. Von dem Gebote Gottes, du sollst nicht tödten, bis zu Eurer Erlaubniß des Todschlagens in der Theorie, war ein ungeheurer Schritt; den habt Ihr kühn gethan, und von der theoretischen Erlaubniß zur practischen ist nur eine Spanne weit; Ihr braucht nur zu beweisen, daß das theoretisch Erlaubte auch practisch erlaubt sey, und an Beweisen fehlt es

Euch sicher nicht, da Ihr ja Beweise hattet in viel schwierigern Fällen. Wollt Ihr etwa sehen, wie das möglich sey? Leset nur das Räsonnement des Escobar in dem ersten der sechs Bände seiner gewaltigen Moraltheologie, wo er etwas ganz anderes über diesen Punct urtheilt, als in seinen 24 Alten; denn statt daß er damals glaubte, es könne Meinungen geben, probabel in der Theorie, und doch nicht mit Sicherheit zu befolgen in der Praxis, sah er später das Gegentheil ein und beweiset dieses recht kräftig in seiner angeführten Moraltheologie. So reifen mit der Zeit nicht nur einzelne probable Meinungen, sondern auch die Probabilitätslehre im Allgemeinen erhält durch die Länge der Zeit immer eine sichere Ausdehnung! Leset seine Worte in praeloq. n. 15, wo es heißt: Ich sehe nicht ein, wie man behaupten kann, daß das, was die Theorie als erlaubt zeigt, nicht auch in der Praxis erlaubt sey, da doch die Erlaubniß der Praxis von der Erlaubniß der Theorie abhangt, und sich zu ihr verhält wie die Wirkung zur Ursache; denn die Theorie bestimmt die Praxis. Hieraus folgt, daß man mit gutem Gewissen in der Praxis den Lehren folgen kann, die für probabel erklärt werden von der Theorie, und zwar mit viel mehr Sicherheit, als denen, die nicht so schön in der Theorie begründet sind.

In Wahrheit, ehrwürdige Väter, Euer Escobar macht oft recht vernünftige Schlüsse. Die Theorie ist der Praxis so enge verbunden, daß nach Erlaubniß der Theorie die Praxis ohne weitern Irrthum erlaubt werden kann. So ging es mit Eurer Erlaubniß des Todschlages für eine empfangene Ohrfeige; Lessius brachte sie von der bloßen Theorie zu einer Praxis, die nicht leicht erlaubt werden durfte, und Escobar zu einer vollends erlaubten Praxis; endlich machten sie Eure Thesen von Caen zu einer vollkommen erlaubten, ohne

Rücksicht auf Theorie und Praxis, wie ich Euch schon gezeigt habe.

Durch diese List laßt Ihr nach und nach Eure Lehren reifen. Wären sie auf einmal in ihrer völligen Stärke erschienen, die Welt hätte sich vor ihnen entsetzt; allein durch dieses langsame kaum sichtbare Wachsen gewöhnen sich die Menschen allmälig an sie, und alles Entsetzen verschwindet. So wurde denn die Erlaubniß zum Todschlage, dem Staate wie der Kirche verhaßt, erst eingeführt in die Kirche und von da in den Staat.

Auf eben die Art behandeltet Ihr Eure Lehre des Todschlages wegen Verleumdungen, denn auch er ist gegenwärtig erlaubt ohne irgend eine Beschränkung. Ich würde mich nicht dabei aufhalten, die Stellen Eurer Casuisten über diesen Gegenstand anzuführen, wenn ich es nicht müßte, um die schreckliche Lüge zu widerlegen, die Ihr zweimal in Eurer 15ten Beschuldigung pag. 26 u. 30 aussprecht: Es gebe keinen Jesuiten, der den Todschlag wegen einer Verleumdung erlaube.

Wolltet Ihr das einmal sagen, so wäre es Eurer Klugheit angemessen gewesen, dafür zu sorgen, daß ich es nicht zu lesen bekam, weil es mir eine Kleinigkeit ist, Euch zu widerlegen. Denn abgesehen davon, daß Euer Reginald, Filiuz u. A. diese Art des Todschlages theoretisch erlauben — wie ich schon angeführt habe — und daß nach dem Grundsatze des Escobar die practische Erlaubniß daraus von selbst folgt: so gibt es auch mehre Eurer Casuisten, die diesen Todschlag geradezu für erlaubt erklären, unter Andern Hereau in seinen öffentlichen Vorlesungen — er wurde dieses und noch anderer Irrthümer halber auf den Befehl des Königs in Eurem Hause eingesperrt, — wo er sagt: Strebt Jemand meinen guten Namen durch Verleumdungen bei angesehenen Männern zu untergraben, und kann ich mich nicht anders retten, so darf ich ihn tödten; nur muß das nicht öffentlich geschehen wegen des daraus entstehenden Aergernisses, sondern heimlich, *sed clam.*

Von Eurem Franziscus Amicus habe ich früher schon geredet, und Ihr wißt wohl, daß seine Lehre über diesen Gegenstand im Jahre 1646 von der Universität zu Löwen verdammt wurde. Dessenungeachtet waren noch keine zwei Monate verflossen, als Euer Des-Bois diese Lehre des Amicus zu Rouen vertheidigte und öffentlich behauptete: es sey einem Geistlichen erlaubt, seinen sich durch Tugend erworbenen Ruf zu vertheidigen, selbst durch den Tod desjenigen, der ihn angreift, *etiam cum morte invasoris.* Er erregte dadurch in dieser Stadt ein solches Aergerniß, daß alle Pfarrer vereinigt ihm Stillschweigen geboten, und ihn durch die gewöhnlichen canonischen Mittel zwangen, seine Lehre zu widerrufen. Die Acten über diesen Streit kann man bei dem geistlichen Gerichte nachsehen.

Wie könnt Ihr also noch behaupten: kein Jesuit sey der Meinung, man dürfe tödten wegen Verleumdung? bedarf man mehr zu Eurer Widerlegung, als die von Euch angeführten Meinungen Eurer Casuisten, die den theoretischen Mord erlauben und nur den practischen verbieten, und zwar aus dem Grunde, weil das nachtheilig wäre dem Staate? Es handelt sich ja hier nicht um das Interesse des Staates, sondern nur darum, ob Ihr dem Gebote Gottes zuwider lehrt, das den Mord verbietet; ich will nicht untersuchen, ob Ihr gegen den Staat, sondern nur ob Ihr gegen die Religion Euch auflehnt. Verloren seyd Ihr deshalb, da Ihr zeigtet, daß Ihr dem Staate keine Schmälerung zugezogen habt, und dabei zu gleicher Zeit offenbar zeigt, daß Ihr Empörer seyd gegen die Religion, behauptend p. 28. l. 3: Es ist die Meinung des Reginald, daß ein Privatmann sich auf diese Weise vertheidigen dürfe, so lange man die Sache nur theoretisch in sich betrachte.

Weiter verlange ich nichts, ehrwürdige Väter, das widerlegt Euch hinlänglich; ein Privatmann, sagt Ihr, darf sich so vertheidigen, d. h. er darf wegen gelittener Verleumdungen den Verleumder todschlagen, so lange man nur die Sache für sich selbst betrachtet. Das göttliche Gebot: du sollst nicht tödten, ist also durch diese Eure Lehre gänzlich aufgehoben. Eure Worte, die Ihr noch hinzufügt: es sey nämlich dieses strafbar und gesetzlos selbst nach dem Gebote Gottes, aus dem Grunde, weil dadurch Mord und Unordnung eingeführt werde in den Staat, und weil es Gottes Wille sey, auf das Beste des Staats bedacht zu seyn, gehören nicht zu unserm Streitpuncte, denn es sind hier zwei Gesetze, du sollst nicht tödten, und du sollst dem Staate nicht schaden. Reginald hat vielleicht sich gegen das letzte, du sollst dem Staate nicht schaden, nicht verfehlt, aber er ist offenbar ein Widersacher des ersten, welches befiehlt, du sollst nicht tödten. Und um dieses letzte handelt es sich hier ausschließlich. Ueber Eure andern Casuisten, welche diesen Todschlag sowohl theoretisch als practisch erlauben, und sich also gegen jene beiden Gesetze verstoßen, mag ich weiter nichts sagen. Wir wollen lieber gleich etwas höher hinauf gehen, ehrwürdige Väter.

Es ist klar, daß Ihr zuweilen verbietet, man solle dem Staate nicht schaden; aber Ihr setzt hinzu, Ihr verbötet dieses, um dem Gesetze Gottes, welches befiehlt, auf den Nutzen des Staates zu achten, nachzukommen. Möglich wäre das wohl, aber es ist doch nicht gewiß, es könnte ja auch seyn, daß Ihr dies bloß aus Furcht vor der weltlichen Gerechtigkeit gethan hättet. Laßt uns das mal etwas genauer betrachten. Wer Gott wahrhaft ehrt, bei dem druckt sich diese Denkungsart in allem aus, was er thut, und leitet ihn vorzüglich zum

Gehorsame gegen seine Gebote, in allen seinen Lehren zeigt sich dieser Geist, und läßt ihn nie abfallen vom Glauben der Kirche; anders handelt, wen nicht dieser Geist treibt. Was soll man nun von Euch denken, wenn man sieht, daß Ihr so oft die heiligsten Gebote Gottes, wo sie den Leidenschaften gegenüberstehen, aufhebt, daß Ihr auch gerade in dem vorliegenden Streitpuncte dem Gebote Gottes, welches den Todschlag als in sich selbst lasterhaft verbietet, Hohn sprecht, und keinen andern Grund, warum Ihr ihn auch in der Praxis nicht erlaubt, anführt, als den Nutzen des Staates und die Furcht vor dem weltlichen Richter? Soll man da nicht glauben, bloß diese Furcht vor dem weltlichen Richter und nicht die Ehrfurcht gegen die Gebote Gottes sey Schuld, daß Ihr seine Lehre, schade nicht dem Staate, beibehaltet? Nicht um dieser selbst willen achtet Ihr sie, sondern Eures eigenen Zweckes wegen, und selbst die irreligiösesten Politiker scheinen oft der Religion das Wort zu sprehen.

Ihr behauptet, man habe das Recht Jemanden wegen einer Verleumdung todzuschlagen, wenn man nur das Gebot Gottes, welches den Todschlag verbietet, sieht? Und nachdem Ihr nun so öffentlich den ewigen Glauben des Allmächtigen verletzt habt, glaubt Ihr das verursachte Aergerniß zu heben und uns von Eurer Ehrfurcht gegen ihn zu überzeugen, wenn Ihr hinzusetzt, Ihr untersagtet in der Praxis den Mord aus Rücksicht auf den Staat und aus Furcht vor den Richtern. Heißt das nicht ein neues Aergerniß geben? nicht wegen des Gehorsams, den Ihr gegen die Richter beweiset, das habe ich nie Euch vorgeworfen, und es ist lächerlich, daß Ihr Euch darüber auf der 29 Seite so lustig macht.

Ich mache Euch nicht das zum Vorwurfe, daß Ihr die Richter fürchtet, sondern nur das, daß Ihr außer ihnen nichts weiter fürchtet. Dieses nur tadle ich, denn das heißt Gott mehr dem Laster geneigt darstellen, als die Menschen. Sagtet

Ihr etwa, man dürfe einen Verleumder tödten nach menschlichen Gesetzen und nicht nach göttlichen, so wäre das noch eher zu verzeihen; behauptet Ihr aber, das Lasterhafteste in den Augen der Menschen sey gerecht und unschuldig vor den Augen Gottes, der die Gerechtigkeit selbst ist, so beweiset diese entsetzliche, aller Heiligen Lehre widersprechende Verdrehung weiter nichts, als daß Ihr trotzig gegen Gott und furchtsam gegen die Menschen seyd.

Hättet Ihr den Todschlag aufrichtig verdammen wollen, so würdet Ihr das Gebot haben bestehen lassen; hättet Ihr ihn erlauben wollen, so würdet Ihr ihn offenbar erlaubt haben trotzend den göttlichen und menschlichen Gesetzen; beides litt nicht Eure Klugheit, deshalb mußtet Ihr ihn erlauben, ohne daß es die Magistratspersonen merkten, die für die öffentliche Ruhe wachen, und das thatet Ihr denn recht pfiffig durch die Zertheilung der Lehre; einerseits sagtet Ihr: es ist erlaubt in der Theorie, Jemanden wegen Verleumdungen zu tödten — und die Theorie gehörte Euch; — anderseits stelltet Ihr dann die Lehre auf: was theoretisch, ist auch practisch erlaubt; und was geht auch den Staat diese allgemeine metaphysische Sentenz an? So wurden nun diese beiden Grundsätze, deren jeder für sich betrachtet wenig verdächtig ist, getrennt aufgenommen und die Wachsamkeit der Obrigkeit hintergangen, denn man braucht beide Lehren nur zusammenzustellen, und man hat die Erlaubniß, wegen einer bloßen Verleumdung todzuschlagen.

Eure Casuisten waren auch so vorsichtig, die Lehren getrennt in ihren Schriften aufzustellen, die zusammen verbunden werden sollen. So ging es auch Eurer Probabilitätslehre, von der ich schon öfters gesprochen; nachdem Ihr den Grundsatz für sich getrennt aufgestellt, lasset Ihr später Dinge folgen, die für sich unschädlich scheinen, die aber in Verbindung mit jenem Grundsatze abscheulich werden. Als Beleg will ich das anführen, was Ihr in Eurer Beschuldigung pag. 11 sagt, worauf ich doch noch antworten muß; es heißt da: mehre wichtige Theologen sind der Meinung, daß man für eine empfangene Ohrfeige todschlagen dürfe. Hätte das ein Mensch gesagt, dessen Ansehen keine Probabilität hätte, so wäre weiter nichts zu befürchten; er hätte es gesagt und damit gut, es ließe sich keine weitere Folgerung aus seinen Worten ziehen. Ihr aber und alle diejenigen, welche die gefährliche Lehre annehmen, daß das, was wichtige Schriftsteller behaupten, probabel ist und mit gutem Gewissen befolgt werden kann, wenn Ihr sagt, es behaupten mehre wichtige Schriftsteller, man dürfe todschlagen wegen einer Ohrfeige, reicht Ihr da nicht allen Christen den Dolch, ihre Beleidiger zu tödten, indem Ihr ihnen erklärt, sie dürften das mit gutem Gewissen thun, weil mehre wichtige Schriftsteller es sagten?

Schreckliche Sprache, die dadurch, daß sie eine schändliche Lehre als erlaubt von Einigen darstellt, auch zugleich diese Lehre selbst heiligt, und alles was sie erzählt, auch zugleich sicher dem Gewissen macht! Man versteht schon, ehrwürdige Väter, diese Sprache Eurer Schule, und mit Entsetzen nimmt man wahr, daß Ihr sie so offen redet; sie verrathet Eure innere Denkungsart, denn dadurch, daß Ihr sagt, mehre wichtige Schriftsteller behaupteten jenen Satz, macht Ihr Eurer Probabilitätslehre zufolge Euch selbst desselben schuldig; Ihr behauptet also: man darf den tödten, der uns eine Ohrfeige versetzt.

Nichts kann Euch von diesem schändlichen Grundsatze befreien; auch helfen Euch die mir von Euch entgegengesetzten Stellen des Vasquez und Suarez nichts, wo sie diese Todschläge verbieten, die ihre Genossen erlauben. Durch diese Stellen, die getrennt sind von den übrigen Lehren, kann sich etwa der verleiten lassen, der Euch nicht kennt; aber der Kundige ist so vorsichtig und verbindet Eure Lehren. Vasquez verbietet den

Mord, sagt Ihr; und von einer andern Seite, wie heißt es da, ehrwürdige Väter? Die Probabilität einer Meinung hebt nicht die Probabilität der entgegengesetzten Meinung auf, und anderwärts: man darf einer minder probabeln und minder sichern Lehre folgen, verlassend die probablere und sichere. Daraus geht denn hervor, daß wir eine völlige Gewissensfreiheit haben, der Meinung zu folgen, die uns die angenehmste ist.

Die Anführung jener Stellen nützt Euch also gar nicht, denn man braucht die Stellen, die Ihr zu Eurer Rechtfertigung trenntet, nur zusammenstellen, so seyd Ihr sofort verloren. Weshalb holt Ihr also Stellen aus Euren Casuisten hervor, die ich nicht citirt hatte, um die meinigen dadurch zu widerlegen, was doch nicht möglich ist? Was für ein Recht habt Ihr, mich einen Verleumder zu schimpfen? Habe ich wohl jemals gesagt, Eure Lehrer wären alle in demselben Irrthume; habe ich nicht im Gegentheile gezeigt, es sey Eure Haupttendenz, allerlei Meinungen zu haben, um Jedem genügen zu können? Willst du tödten? man zeigt dir den Lessius. Willst du nicht tödten? man zeigt dir den Vasquez, so daß du jedesmal zufrieden eine wichtige Auctorität für dich hast. Vom Todschlage spricht Lessius als ein Heide, vom Almosen etwa als Christ; vom Todschlage redet Vasquez als ein Christ, vom Almosen als ein Heide. Durch das Mittel der Probabilität, die Vasquez und Lessius annehmen, werden alle ihre Lehren gemeinschaftliche, der eine nimmt die des Andern an, wenn es nöthig ist, und ist verpflichtet, den zu absolviren, der nach der entgegengesetzten Meinung handelte.

Die Verschiedenheit der Meinungen schlägt Euch gerade; eine Gleichheit ließe sich noch eher entschuldigen. Nichts ist mehr dem Geiste des heil. Ignatius und Eurer ersten Vorgesetzten zuwider, als diese verworrene Mischung allerlei Meinungen. Es wird sich vielleicht einst Gelegenheit darbieten, weiter über diesen Gegenstand zu sprechen, und man wird sich wundern, wenn man sieht, wie weit Ihr von dem Geiste Eures Stifters abgewichen seyd, und wie gut Eure eigenen Obern es voraussahen, daß Eure entstellte Moral nicht nur Unglück bringen werde über Eure Societät, sondern auch über die ganze Kirche.

Indeß erinnere ich nur noch, daß Euch die Meinung des Vasquez nichts nützen könne; es wäre ja wirklich wunderbar, wenn unter einer solchen Zahl von Jesuiten nicht Einer oder Einige seyn sollten, die das sagten, was die Kirche sagt. Es verdient der kein Lob, welcher sagt, man darf wegen einer empfangenen Ohrfeige nicht tödten, das ist Lehre des Evangeliums; wer aber dieses leugnet, der verdient schreckliche Verachtung. Gerade das also, was Euch rechtfertigen sollte, verdammt Euch noch mehr; denn Ihr hattet Lehrer, welche die Wahrheit behaupteten, dessenungeachtet bliebet Ihr aber nicht bei der Wahrheit, sondern liebtet mehr die Finsterniß. Von Vasquez lerntet Ihr, es sey eine heidnische und nicht eine christliche Meinung, man dürfe den tödten, der uns eine Ohrfeige versetzt; wer also behauptet, man dürfe tödten wegen dieser Ohrfeige, der lehnt sich auf gegen die Gebote Gottes und das Evangelium; die allerboshaftesten der Menschen sehen das ein. Und dessenungeachtet sagten mit Eurer Bewilligung Lessius, Escobar und A., alle die Gebote Gottes gegen den Todschlag hinderten nicht, daß man für eine Ohrfeige todschlagen dürfe.

Was nützte deshalb jene Stelle des Vasquez anders, als daß sie zeigte, Lessius sey nach Vasquez ein Heide und Gottloser? und das wagte ich nicht zu behaupten. Was thut sie anders, als daß sie uns lehrt, Lessius sey ein Verächter der Gebote Gottes und des Evangeliums, und daß Vasquez am jüngsten Tage den Lessius über diesen Punct verdammen wird, so wie Lessius den Vasquez über einen andern, und daß der eine Eurer Schriftsteller der Verdammer des andern ist in seinen entsetzlichen Abweichungen von dem Glauben Jesu Christi?

Da also Eure Probabilitätslehre die etwaigen guten Lehren einiger Eurer Casuisten unnütz macht für die Kirche, und nur nützlich für Eure Politik, so dienen sie auch nur dazu, Euren Doppelsinn zu zeigen, den Ihr uns offen dargestellt habt, indem Ihr einerseits behauptet, Vasquez und Suarez sind dem Todschlage zuwider, und anderseits sagt, viele andere berühmte Casuisten stimmen für ihn. Ihr zeiget so den Menschen einen doppelten Weg, Euch hinwegsetzend über die Einfachheit des Geistes Gottes, welcher denen, die doppelt gesinnt sind, zuruft: Vae duplici cordi et ingredienti duabus viis.

# Vierzehnter Brief.

## An die Jesuiten.

Widerlegung der jesuitischen Lehren über den Todschlag; nebenbei werden einige Verleumdungen vernichtet; Vergleichung jener Lehren mit den weltlichen Gesetzen.

Vom 23sten October 1656.

Hätte ich nur noch die drei übrigen Beschuldigungen rücksichtlich des Todschlages zu widerlegen, so könnte ich das mit einigen Worten abmachen; aber meine Hauptabsicht geht darauf aus, mehr der Welt zu zeigen, wie verabscheuenswerth Eure Lehre sey, als mich zu rechtfertigen; ich muß deshalb den größten Theil dieses Briefes noch mit jener Materie anfüllen, um Euch deutlich vor die Augen zu legen, wie entfernt Ihr seyd von den Gesetzen der Kirche und selbst der Natur.

Aus der Erlaubniß zum Todschlage, die Ihr in so mancher Beziehung zugebt, erhellet, daß Ihr so sehr die Lehre Gottes und das Naturgesetz vergessen habt, daß es nöthig ist, Euch die ersten und einfachsten Lehren der Religion wieder ins Gedächtniß zurückzurufen. Welche Lehre ist wohl einfacher und natürlicher, als die, daß ein Privatmann auf das Leben seines Nächsten kein Recht hat? Aus uns selbst wissen wir das so gut, sagt der heil. Chrysostomus, daß Gott bei seinem Gebote: du sollst nicht tödten, nicht hinzusetzte, der Todschlag sey etwas Böses, denn er setzte voraus, daß wir das schon aus dem Naturgesetze wüßten.

In allen Zeiten hatte das Menschengeschlecht dieses Gebot; das Evangelium bestätigt es nur in den zehn Geboten, und die zehn Gebote erneuern das nur, was Gott lange vorher dem ganzen Menschengeschlechte in der Person des Noah, von dem alle Menschen ihren Ursprung nahmen, befohlen hatte; denn nach der Erneuerung der Welt durch die Sündfluth, sagte Gott zu dem Patriarchen: Ich werde Rechenschaft verlangen von den Menschen und von dem Bruder über das Leben des Bruders; wer Blut vergießt, dessen Blut soll wieder vergossen werden, denn der Mensch ist geschaffen nach dem Ebenbilde Gottes.

Nach diesem allgemeinen Gesetze hat Keiner Recht über das Leben seines Nächsten, und Gott behielt sich allein dieses Recht so vor, daß Niemand Recht hat über sein eigenes Leben, wie die christliche Lehre gegen die falschen Grundsätze des Heidenthums lehrt. Weil es aber der Weisheit Gottes gefiel, die Menschen in Gesellschaft bei einander zu erhalten, und die Bösen zu bestrafen, die diese stören, so gab er selbst das Gesetz, den Lasterhaften zu tödten, und so werden denn diese Todschläge, die ohne sein Gebot ein abscheuliches Laster wären, gerechte Strafen für den Bösewicht, wenn sie vollzogen werden nach dem Befehle Gottes, ohne welchen nichts gerecht ist. Vortrefflich sind deshalb die Worte des heil. Augustin, lib. I. de civit. cap. 21: Gott machte einige Ausnahmen von dem allgemeinen Gebote: du sollst nicht tödten, sey dieses durch das Gesetz, nach welchem er die Bösewichter tödten lehrt, oder sey es durch besondere Gesetze, nach denen es oft erlaubt ist, einige Menschen zu tödten; tödtet man in diesen Fällen, so thut das nicht der Mensch, sondern Gott selbst, dessen Werkzeug nur der Mensch ist, wie der Degen in den Händen desjenigen, der ihn führt. Wer aber außer diesen Fällen tödtet, der macht sich des Lasters des Todschlages schuldig.

Es ist also ausgemacht, ehrwürdige Väter, daß Gott allein das Recht hat über Leben und Tod der Menschen, und daß er in dem Gesetze, die Lasterhaften zu tödten, die Könige oder die Staaten als Vollzieher seiner Macht bestellte. So leitet auch der heil. Paulus das Recht der Könige, die Bösewichter zu tödten, von Gott her, indem er sagt: Nicht umsonst führt er das Schwerdt, sondern er ist ein Diener Gottes, um seinen Zorn zu vollziehen gegen die Lasterhaften.

Die Könige sollen aber dieses Rechtes sich so bedienen, als wenn Gott selbst es thäte, d. h. nach der Gerechtigkeit, wie der heil. Paulus ibid. sagt: die Fürsten sind nicht eingesetzt, um die Guten, sondern um die Lasterhaften zu schrecken. Wer ihre Gewalt nicht fürchten will, der braucht nur gut zu seyn, denn sie sind Diener Gottes dem Guten. Durch diese Einschränkung ist aber ihre Macht nicht niedergedrückt, sondern noch mehr gehoben, weil sie dadurch ähnlich wird der Macht Gottes, die im Bösen unmächtig, im Guten allmächtig ist, und von der Macht der Teufel getrennt ist, die nur Böses und nichts Gutes vermögen. Nur das ist der Unterschied unter Gott und den Fürsten der Welt, daß er tödten kann, wen er will und wie er will, bloß weil er will, denn sein Wille ist die Weisheit und die Gerechtigkeit; er ist Herr über das Leben des Menschen, und nimmt es ihm nicht ohne Ursache und ohne zum Guten, denn er ist ohne Irrthum und Parteilichkeit. So aber dürfen die Fürsten nicht handeln, denn sie sind als Diener Gottes nur Menschen und nicht Gott selbst; sie können sich täuschen durch Vorurtheile, falsche Muthmaßungen, durch Leidenschaften, und das bewog sie zu menschlichen Vorsichtsmaßregeln ihre Zuflucht zu nehmen, und Richter in ihren Staaten zu bestellen, mit denen sie ihre Gewalt theilen, damit die ihnen von Gott verliehene Macht nie zu einem andern Zwecke angewendet werden möge, als zu dem sie ihnen gegeben wurde. Wer also, ohne sich des Lasters des Mordes theilhaftig zu machen, Jemanden tödten will, der muß dazu die Auctorität Gottes haben, und er muß es auch thun nach der Gerechtigkeit Gottes; sind diese beiden Bedingungen nicht mit einander verbunden, so sündigt man, mag man mit Auctorität ohne Gerechtigkeit, oder mit Gerechtigkeit ohne Auctorität tödten. Deshalb sagt der heil. Augustin l. 22 contr. Faust.: derjenige, der ohne Auctorität einen Lasterhaften tödtet, ist selbst lasterhaft, weil er sich eine Macht anmaßt, die ihm nicht von Gott verliehen ist. Auf gleiche Weise sind auch die Richter des Mordes schuldig, wenn sie gegen die Gesetze einen Unschuldigen zum Tode verdammen.

Das sind die Stützen der öffentlichen Ruhe und Sicherheit, die in allen Zeiten und an allen Orten geachtet wurden, worüber alle Gesetzgeber der Welt, geistliche und profane, ihre Gesetze gaben, von denen selbst die Heiden keine andere Ausnahme zuließen, als die, wo das Leben oder die Schaamhaftigkeit in Gefahr stand; in diesen Fällen, sagt Cicero, scheinen uns die Gesetze selbst den Degen darzureichen.

Diese Fälle bei Seite gesetzt — und davon rede ich nicht — hat es niemals ein Gesetz gegeben, was einem Privatmanne erlaubte zu tödten, um Beschimpfung von sich abzuwenden, um seinen Ruf oder seine Güter zu vertheidigen, wenn nicht zugleich das Leben dabei gefährdet wurde. Ihr erlaubt das, was nicht einmal die Heiden erlaubten; im Gegentheile verboten diese es strenge, denn die 12 Tafeln Roms sagten: es ist nicht erlaubt, einen Dieb zu tödten, der am Tage stiehlt, wenn er sich nicht mit Waffen vertheidigt. Dasselbe verbietet das 22. c. der Exode. Das Gesetz Furem, ad legem Corneliam aus Ulpian verbietet auch, den Dieb zu tödten, der des Nachts stiehlt, falls er uns nicht in Lebensgefahr setzt. S. Cujaz in tit. dig. de just. et jure ad l. 3.

Wer gab Euch doch, ehrwürdige Väter, die Macht, das zu erlauben, was alle göttlichen und menschlichen Gesetze verbieten? was gab dem Lessius das Recht zu seiner Lehre l. 2. c. 9. n. 66 u. 72: Die Exode verbietet den Dieb zu tödten, der am Tage stiehlt, sagt er, wenn er sich nicht mit Waffen vertheidigt, und die Gerechtigkeit bestraft die, welche dieses Verbot übertreten. Dessenungeachtet ist man aber nicht schuldig vor dem Forum des Gewissens, wenn die Wiedererlangung des Gestohlenen ungewiß oder zweifelhaft war, wie Scotus sagt, weil man sich, um das Leben eines Diebes zu retten, nicht der Gefahr des Verlustes seiner Güter auszusetzen verpflichtet ist. Gräßliche Verwegenheit! Das Gesetz Moses bestraft die, welche den Dieb tödten, wenn dieser nicht ihr Leben angreift, und das Evangelium soll sie freisprechen nach Eurer Meinung. Ist denn Christus gekommen, das Gesetz aufzuheben, und nicht es zu bestätigen? Die Richter, sagt Lessius, strafen den, der unter solchen Umständen tödtet, aber das Forum des Gewissens spricht ihn frei. Also ist die Moral Christi grausamer und begünstigender für das Todschlagen, als die Gesetze der Heiden, aus denen die Richter unser bürgerliches Gesetz, welches den Mord verdammt, abschrieben! Die Christen also achten die Glücksgüter höher und das Leben ihrer Nächsten geringer, als die Götzendiener und die, welche nicht den wahren Gott kannten! Worauf stützen sich denn diese Eure Behauptungen? Auf kein Gesetz Gottes, auf keines der Menschen, sondern bloß auf das widersinnige Geschwätz: die Gesetze, sagt Ihr nämlich, erlauben Vertheidigung gegen Diebe und Kraft gegen Kraft zu gebrauchen. Ist aber Vertheidigung erlaubt, so ist auch der Todschlag erlaubt, denn ohne ihn kann man sich oft nicht vertheidigen.

Es ist falsch, daß wenn die Vertheidigung erlaubt seyn soll, auch der Todschlag erlaubt sey. Es ist dies die grausame Weise sich zu vertheidigen, die die Quelle Eurer Irrthümer ist, und die von der Facultät zu Rouen, bei Gelegenheit der Verdammung der Schriften Eures Amicus über den Todschlag, eine mörderische Vertheidigung genannt wird — defensio occisiva. — Zwischen Todschlag und Vertheidigung geben die Gesetze einen solchen Unterschied an, daß in den Fällen, wo die Vertheidigung erlaubt ist, der Todschlag verboten wird, falls nicht Lebensgefahr vorhanden ist. Cujaz ad l. 3. D. de just. et jure sagt: Es ist erlaubt, den abzuhalten, der unsere Güter rauben will, allein es ist nicht erlaubt, ihn zu tödten. Auch an einer andern Stelle: Ist Jemand im Begriffe, uns zu schlagen, aber nicht uns zu tödten, so dürfen wir ihn allerdings zurückhalten, aber es ist nicht erlaubt, ihn zu tödten.

Wer gab Euch also die Gewalt, festzusetzen, wie Molina, Reginald, Filiuz, Escobar, Lessius u. A. es thun: Es ist erlaubt, den zu tödten, der uns schlagen will. Und anderwärts: Es ist erlaubt, den zu tödten, der uns beleidigen will, nach der Meinung aller Casuisten — ex sententia omnium. — Lessius n. 74. Welches Recht habt Ihr als Privatpersonen, daß Ihr Privatpersonen und selbst Mönchen die Erlaubniß zum Todschlage gebt? wie könnt Ihr Euch erdreisten, die Macht über Leben und Tod Euch anzumaßen, die Gott allein gebührt und die das höchste Zeichen der obersten Gewalt ist? Das war es, worauf Ihr antworten mußtet, ehrwürdige Väter; und was sagt Ihr? Ihr glaubt die Sache abgemacht zu haben dadurch, daß Ihr in Eurer 13ten Beschuldigung schlichtweg sagt: der Preis, für den Molina einen Dieb, der entflieht ohne irgend eine Gewaltthätigkeit, zu tödten erlaubt, sey nicht so gering, als ich ihn angegeben habe, sondern er müsse über sechs Ducaten betragen. Schwache Schutzwehr! wie groß soll denn der Preis seyn? Etwa 15 oder 16 Ducaten? Ich bin es völlig zufrieden, übrigens dürft Ihr ihn nicht den Preis eines Pferdes übersteigen lassen, denn Lessius sagt l. 2. c. 9. n. 74 ganz ausdrücklich: es ist erlaubt den Dieb zu tödten, der mit unserm Pferde davon flieht. Ueberdieß wiederhole ich, daß Molina den Preis zu 6 Ducaten bestimme, wie ich früher sagte; wollt Ihr das aber nicht, so wählt eine beliebige Summe und das müßt Ihr thun, da Ihr einmal vom Preise sprecht. Ich will den Reginald für mich reden lassen, der dieselbe Stelle des Molina erklärt und l. 21. n. 68 sagt: Molina bestimmt den Werth, wegen dessen man tödten darf, über 3, 4 oder 5 Ducaten. Und so fängt nicht nur Molina, sondern auch Reginald von 6 Ducaten an.

Eben so leicht wird es mir seyn, Eure 14te Beleidigung

zu widerlegen, betreffend den Todschlag des Diebes, der uns eine Sache vom Werthe eines Thalers zu stehlen trachtet, nach Molina. Daß Molina dieses behaupte, beweiset Escobar tr. 1. ex. 7. n. 44, wo er sagt: Molina bestimmt genau den Werth, für den man Jemanden tödten darf, zu einem Thaler. Da Ihr das deshalb nicht leugnen könnt, so macht Ihr mir nur den Vorwurf, ich habe die Worte des Molina: man müsse das thun mit der Mäßigung einer gerechten Vertheidigung, boshaft weggelassen. Escobar ließ also diese Worte auch boshaft weg, denn auch er führt sie nicht an, und über ihn habt Ihr Euch also zu beschweren.

Das habt Ihr doch nicht schlau ausgedacht! Ihr glaubt, man wisse nicht, was jene Vertheidigung sey; die mörderische Vertheidigung ist es und keine andere. Ihr wollt freilich der Welt vorschwatzen, Molina habe sagen wollen, wenn man bei der Vertheidigung seines Thalers zugleich in Lebensgefahr sey, dann dürfe man tödten, weil man sein Leben vertheidigen darf. Wäre das der Fall, warum sagt Molina an derselben Stelle, er dächte in diesem Puncte gegen Carrer und Bald, die doch den Todschlag als Nothwehr zur Rettung des eigenen Lebens erlauben? Ich behaupte, er versteht darunter schlichtweg, man dürfe den Dieb nicht tödten, wenn man ohne dieses seinen Thaler retten kann; kann man ihn aber sonst nicht retten, so darf man den Dieb todschlagen, auch dann, wenn das eigene Leben in gar keiner Gefahr ist, wenn z. B. der Dieb keine Waffen hat, und das heißt bei Molina die Grenzen einer gerechten Vertheidigung nicht überschreiten. Um Euch das zu beweisen, mag Molina selbst sich erklären; tom. 4. tr. 3. d. 11. n. 5 sagt er: Man überschreitet nicht die Grenzen der gerechten Vertheidigung, wenn man die Waffen ergreift gegen die, welche unbewaffnet sind, oder wenn man viel mächtigere nimmt als sie. Ich weiß wohl, daß Viele anderer Meinung sind, aber ich billige das nicht, selbst vor dem äußern Forum.

Ausgemacht bleibt es also, daß Eure Lehrer den Todschlag erlauben zur Vertheidigung der Güter und der Ehre, wenn auch das eigene Leben dabei nicht gefährdet ist. Deshalb billigen sie auch das Duell; ich habe das durch so viele Stellen bewiesen, daß Ihr nichts antworten konntet. Eine einzige Stelle nur von Laiman, wo er das Duell erlaubt, wenn man fast in Gefahr kommen würde, seine Ehre zu verlieren, berührt Ihr und sagt, ich habe die Worte unterdrückt: dieser Fall ist sehr selten. Wunderliche Vorwürfe, die Ihr mir macht, ehrwürdige Väter! was geht das uns jetzt an, ob der Fall selten ist oder nicht? Es handelt sich bloß darum, ob das Duell erlaubt sey, und das ist etwas ganz anderes. Laiman als Casuist muß entscheiden, ob das Duell erlaubt sey, und er sagt ja; wir werden ohne ihn schon beurtheilen können, ob es sich selten oder häufig ereigne, und wir erklären ihm, daß es sehr gewöhnlich ist. Doch weil Ihr lieber Eurem Freunde Diana glaubt, so sagt dieser, daß es sehr häufig ist part. 5. tr. 14. misc. 2. resol. 99.

Mag das Duell selten oder häufig seyn, mag Laiman allein oder mag Navarra mit ihm dasselbe behaupten, ist es nicht entsetzlich, daß ein Jesuit in die Meinung einstimmt: es sey zur Erhaltung einer falschen Ehre im Gewissen erlaubt, ein Duell anzunehmen, gegen die Edicte aller christlichen Staaten und gegen alle Gesetze der Kirche? und zur Bestätigung solcher teuflischer Lehren könnt Ihr kein Gesetz, keine Vorschrift der Kirche und der Väter, kein Beispiel auch nur eines einzigen Heiligen anführen; nur das gottlose Geschwätz ist Eure Grundlage: die Ehre ist mehr werth, als das Leben; nun ist es erlaubt, zur Erhaltung seines Lebens zu tödten, also darf man auch zur Erhaltung seiner Ehre tödten. Wo ist Eure Vernunft, ehrwürdige Väter! Weil die entarteten Menschen diese falsche Ehre mehr lieben, als ihr Leben, so soll es erlaubt seyn zu tödten, um sie zu erhalten! Gerade das, daß man diese Ehre mehr liebt als das Leben, ist ein entsetzliches Uebel; diese Liebe ist vermögend, die besten Handlungen der Heiligen zu beflecken und die größten Laster zu rechtfertigen, wenn man auf den Zweck sehen will, auf den Ihr aufmerksam macht. Welche Verdrehung, welche Grundlagen der abscheulichsten Laster! Einleuchtend ist es, daß man am Ende noch einen Menschen tödten kann wegen der geringsten Kleinigkeit, wenn man dabei nur auf seine Ehre sieht; ich behaupte, man darf todschlagen wegen eines Apfels. Ihr würdet gewaltig über mich herfallen, ehrwürdige Väter, mit der Beschuldigung, ich machte boshafte Schlüsse aus Euren Principien, wenn ich mich nicht stützte auf das Ansehen Eures wichtigen Lessius, der n. 68 so sagt: Es ist nicht erlaubt wegen einer Kleinigkeit zu tödten, z. B. wegen eines Thalers oder wegen eines Apfels — *aut pro pomo*, — wenn es uns nicht ein Schimpf ist, jene Sachen zu verlieren; denn alsdann kann man sie wieder zu erhalten suchen, und selbst, wenn es nöthig ist, tödten — et si opus est, occidere, — denn man vertheidigt in diesem Falle nicht so sehr sein Gut als vielmehr seine Ehre. Das heißt denn doch wohl gerade heraus gesprochen, so daß Euch kein Ausweg übrig bleibt. Zum Schlusse dieser Lehren höret denn noch den Grundsatz des Hereau, der alle andere in sich schließt, und den er aus Lessius nahm: das Recht der Vertheidigung erstreckt sich auf alles das, was nothwendig ist, um uns zu bewahren vor jeder Beleidigung.

Die schrecklichen Folgen eines so teuflischen Grundsatzes lassen sich gar nicht übersehen; Jedermann hat Ursache, sich Euch zu widersetzen, am meisten aber die Magistratspersonen, nicht nur der öffentlichen Sicherheit wegen, sondern auch ihrer eigenen, denn die Casuisten erstrecken, wie ich in meinen Briefen gezeigt habe, die Erlaubniß zu tödten auch auf sie. So werden denn die Aufrührer, welche die Bestrafung ihrer Schandthaten, die sie nicht für Laster halten, fürchten, sich überzeugt halten, man wolle sie mit Gewalt unterdrücken und glauben, das Recht sich zu vertheidigen erstrecke sich auf alles das, was nöthig ist, um sich vor jeder Beleidigung zu schützen. Es fallen so die Gewissensbisse weg, welche die meisten Laster in der Geburt ersticken, und das einzige Streben wird seyn, nur die äußern Hindernisse fortzuschaffen.

Ich schweige hier, ehrwürdige Väter, und sage nichts von den noch viel verabscheuenswertheren und gefährlichern Todschlägen, die so viele Eurer Casuisten, unter Andern Lessius ganz offen dub. 4 et 10 abhandeln. Wäre doch eine so gräßliche Lehre nie dem Schooße der Hölle entstiegen! hätte doch der Vater solcher Grundsätze, der böse Geist, nie Menschen gefunden, die seinem Dienste sich weihend sie verbreiteten unter den Anhängern Christi.

Ich brauche wohl nicht mehr zu erinnern, wie weit Eure Maximen abweichen von den bürgerlichen Gesetzen und selbst von den heidnischen. Wie also, wenn man sie mit den Lehren der Kirche vergleicht, die noch viel heiliger sind, denn sie allein kennt und besitzt die wahre Heiligkeit? Diese keusche Braut des Gottessohnes, die aus Nachahmung für ihren Bräutigam sich nicht scheut ihr Blut für die Menschen zu vergießen, verlangt nicht das Blut der Menschen, und verabscheuet den Mord, denn durch das göttliche Licht erkennt sie, welch ein Laster ein Menschenmord ist. Sie betrachtet die Menschen nicht nur als Menschen, sondern als Ebenbilder des Allmächtigen, den sie anbetet; gegen Jeden hat sie eine gewisse heilige Ehrfurcht, mit der sie voll Achtung ihn umfaßt, als wiedergekauft durch einen unschätzbaren Preis, damit sie seyen Tempel des lebendigen Gottes. Und so hält sie den Mord eines Menschen, den man tödtet ohne Befehl Gottes, nicht nur für einen strafbaren Mord, sondern für eine Entheiligung ihrer selbst, weil sie dadurch eines Gliedes beraubt wird; denn mag der Getödtete gläubig oder ungläubig seyn, sie betrachtet ihn entweder als ihr Kind, oder als fähig, ihr Kind zu werden.

Aus diesen heiligen Gründen achtete die Kirche, seit Gott für die Menschen sich hingab, das Leben der Menschen so sehr, daß sie den Todschlag als das größte Laster gegen Gott auch mit den größten Strafen belegte. Ich will einige Beispiele davon anführen, nicht so sehr in der Absicht, um zu zeigen, daß jene Strenge in jedem Falle vollkommen beobachtet werden müsse — denn ich weiß, daß die Kirche von dieser äußern Disciplin nach Verschiedenheit der Umstände Ausnahmen machen kann, — sondern nur um zu beweisen, daß ihre Gesinnung unabänderlich dieselbe bleibt. Die Kirche kann nach Verschiedenheit der Zeiten den Mord verschieden bestrafen; aber der innere Abscheu vor dem Morde ist zu allen Zeiten ein und derselbe.

Lange Zeit war es Lehre der Kirche, den freiwilligen Mördern nur in der Todesstunde die Sacramente zu reichen; das berühmte Concilium von Ancyra legt ihnen eine Buße auf, die das ganze Leben dauern soll; später glaubte die Kirche schon sehr nachgiebig gegen die freiwilligen Mörder zu seyn, wenn sie diese ganze Lebenszeit auf eine große Anzahl Jahre beschränkte. Um aber die Christen noch mehr von freiwilligen Todschlägen abzuschrecken, strafte sie auch diejenigen strenge, die aus Unvorsicht Jemanden tödteten, wie man sehen kann beim heil. Basilius, beim heil. Gregor von Nyssa, in den Decreten der Päbste Zacharias und Alexanders II. Der Canon des Bischofs von Langres Isaac tr. 2. cap. 13 legt denen eine siebenjährige Buße auf, die zu ihrer eigenen Vertheidigung tödten. Der Bischof von Mans, der heil. Hildebert, antwortete dem Bischofe von Chartres Ives: Du thatest Recht, daß du den Priester auf seine ganze Lebenszeit der geistlichen Verrichtungen entsetztest, weil er zu seiner Vertheidigung einen Dieb mit einem Steine warf und ihn dadurch tödtete.

Saget mir nun nicht länger mehr die frechen Worte, Eure Lehren wären einstimmig mit dem Geiste und den Gesetzen der Kirche. Keinen Canon der Kirche könnt Ihr aufweisen, der lehre, man dürfe tödten, um seine Güter zu vertheidigen; ich rede nicht von den Fällen, wo man mit seinen Gütern zugleich sein Leben vertheidigt — se suaque liberando. — Eure eigenen Casuisten bekennen, daß kein solcher Canon vorhanden sey; unter Andern sagt Amicus tom. 5. disp. 36. n. 136: man hat kein göttliches, kein menschliches Gesetz, welches ausdrücklich erlaubt, einen sich nicht vertheidigenden Dieb zu tödten. Dessenungeachtet erlaubt Ihr es ausdrücklich. Kein Gesetz könnt Ihr aufweisen, welches erlaubt, zu tödten für die Erhaltung der Ehre, für eine empfangene Ohrfeige, für eine Verleumdung und Beleidigung; kein Gesetz könnt Ihr zeigen, was Zeugen und Richter und Obrigkeiten zu tödten erlaubt, wenn sie auch die größten Ungerechtigkeiten begehen.

Der Geist der Kirche hat nichts gemein mit jenen aufrührerischen Grundsätzen, wodurch dem großen Haufen das Thor geöffnet wird zu öffentlichen Aufständen, zu welchen er ohnehin schon so geneigt ist; sie befahl immer ihren Kindern, nicht Böses mit Bösem zu vergelten, dem Zorne zu weichen, gegen Gewalt sich nicht zu erheben, Jedem zu geben was ihm gebührt, Ehre, Tribut und Gehorsam, zu gehorchen den Magistratspersonen und den Vorgesetzten, selbst wenn sie ungerecht sind, weil man in ihnen die Gewalt Gottes ehren soll, die sie über uns setzte. Sie verbietet viel strenger noch, als die bürgerlichen Gesetze, sich selbst Recht zu verschaffen, und von ihrem Geiste beseelt richteten die christlichen Könige selbst die Majestätsverbrecher nicht eigenmächtig, sondern übergaben sie den Richtern, damit sie gestraft würden nach der Gerechtigkeit und den förmlichen Gesetzen; erröthen müßt Ihr wahrhaftig, ehrwürdige Väter, wenn Ihr dieses gegen Eure Lehre haltet; vergleichet mal diese Art, wie Ihr die Feinde tödten lehrt, und wie der Richter die Bösewichter hinrichten läßt.

Alle Welt weiß, daß keine Privatperson jemals den Tod eines Andern vor Gericht verlangen kann; hat dir auch Jemand alles geraubt, dich verstümmelt, deine Gebäude verbrannt, deine Verwandten getödtet und es auch darauf angelegt, dich zu tödten und um deine Ehre zu bringen: verlangst du vor Gericht seinen Tod, du wirst ohne Weiteres abgewiesen. Dazu sind öffentliche Personen angestellt, die im Namen des Königs, oder vielmehr im Namen Gottes, den Tod der Bösewichter verlangen. Denkt Ihr denn, die christlichen Richter hätten diese Sitte eingeführt aus einer gewissen lächerlichen Heuchelei? Sie wollten die bürgerlichen Gesetze denen des Evangeliums entsprechen lassen', und fürchteten, die äußere Praxis der Gerechtigkeit möchte entgegen seyn der innern Gesinnung, der die Christen zugethan seyn müssen. Schon der Anfang dieser richterlichen Sitte steht Eurer Lehre gegenüber, die weitere Betrachtung derselben wird sie ganz zu Schande machen.

Gesetzt also, diese öffentlichen Personen verlangten den Tod eines großen Bösewichts; was wird man thun? wird man ihm unaufhaltsam den Dolch in die Brust stoßen? Keineswegs, ehrwürdige Väter, das Leben eines Menschen ist viel zu wichtig, man geht deshalb mit viel mehr religiöser Ehrfurcht zu Werke; nicht Jeder wird zum Richten zugelassen, sondern nur die Richter, deren Rechtschaffenheit und Klugheit erprüft ist; auch nicht ein Einzelner kann einen Menschen zum Tode verdammen, wenigstens werden sieben dazu erfordert. Unter diesen sieben darf keiner seyn, der von dem Bösewichte beleidigt wurde, weil in diesem Falle seine Leidenschaft Einfluß haben könnte auf sein Urtheil. Damit überdieß ihr Geist noch desto reiner sey von fremdartigen sich einmischenden Gedanken, so darf nur der Vormittag zum Fällen des Urtheils gewählt werden. So sehr viele Sorge trug man, die Richter zu einer so wichtigen Handlung, bei der sie die Stelle Gottes, dessen Diener sie sind, vertreten, vorzubereiten, damit sie nicht etwa Jemanden verdammen möchten, den Gott nicht verdammte. Um endlich diese göttliche Gewalt als treue Diener zu verwalten, dürfen sie nicht eigenen Meinungen bei ihrem Urtheile folgen, sondern nur den Aussagen der Zeugen und den einmal vorgeschriebenen Rechtsformeln; sie dürfen nur nach den Gesetzen reden und keinen zum Tode verdammen, den die Gesetze nicht dazu verdammen. Verpflichtet sie nun der Befehl Gottes, den Bösewicht zum Tode zu verurtheilen, so sind sie verbunden, für die Seele desselben zu sorgen, und zwar desto eifriger dafür zu sorgen, je lasterhafter der Bösewicht ist. Deshalb wird niemals ein Bösewicht eher zum Tode geführt, bis man ihm hinlängliche Mittel zur Bekehrung gegeben hat. Mit solcher Religiosität und mit solcher Unschuld geht man hier zu Werke, und troß dieser heiligen Umstände erklärt die Kirche alle Beisitzer in einer solchen Criminaluntersuchung für unfähig zu Dienern ihres Altars. Daraus kann man leicht schließen, was die Kirche vom Todschlage denke.

So urtheilt die Gerechtigkeit über das Leben eines Menschen; vergleichen wir damit Eure Art zum Tode zu verurtheilen, ehrwürdige Väter! Nach Euren neuen Gesetzen ist nur ein einziger Richter, und das ist der Beleidigte selbst; dieser ist Ankläger, Zeuge, Richter und Vollstrecker des Urtheils, alles in einer einzigen Person. Von sich selbst verlangt er den Tod des Feindes, verordnet und vollzieht ihn; ohne Rücksicht auf den Körper oder die Seele seines Mitbruders tödtet er ihn, für den Jesus Christus sein Blut vergoß. Und was ist der Grund seines Todes? Eine Ohrfeige, eine Verleumdung, ein Schmähwort oder irgend eine ähnliche Beleidigung, die alle so beschaffen sind, daß selbst der competente Richter sich des Todes schuldig machen würde, wenn er ihrethalben einen Menschen zum Tode verurtheilte, weil die Gesetze weit entfernt sind, für solche Beleidigungen mit dem Tode zu strafen. Um endlich Eurer Lehre die Krone aufzusetzen, fügt Ihr hinzu, man begehe keine Sünde und verstoße sich nicht gegen die Gebote der Kirche, wenn man so ohne Auctorität und gegen alle Gesetze todschlägt, und selbst wenn das Kirchendiener und Priester thun.

Wo sind wir denn, ehrwürdige Väter? Sind das Kirchendiener, die so sprechen? Sind es Priester? oder Christen? oder Türken? oder Menschen? oder Teufel? Sind das die Geheimnisse, die Jesus seiner Societät offenbarte, oder sind es die Greuel, die der Böse seinen Anhängern mittheilte?

Denn, saget heraus, ehrwürdige Väter, wofür Ihr gehalten seyn wollt, für Anhänger oder Widersacher des Evangeliums. Eins von beiden müßt Ihr wählen, denn ein Drittes gibt es hier nicht; *wer nicht mit mir ist, der ist wider mich*, sagt Christus. So theilt sich das ganze Menschengeschlecht in zwei Arten. Es sind zwei Völker, zwei Welten verbreitet über die Erde, sagt der heil. Augustin, die Welt der Kinder Gottes, deren König und Oberhaupt Christus ist, und die Welt der Feinde Gottes, deren König und Oberhaupt der Teufel ist. Mit Recht wird deshalb Christus der König und der Gott der Erde genannt, denn er hat überall Kinder und Anbeter; mit Recht nennt aber auch die Schrift den Teufel einen Fürsten der Erde und den Gott dieses Zeitalters, denn auch er hat überall seine Anhänger. Die Kirche ist das Reich Christi, und hier gab er seine ewig weisen Gesetze; und der Teufel gab in der Welt, d. h. in seinem Reiche, nach Willkühr seine Gesetze; Christus sagt: trag' ohne Rache Beleidigungen, und der Teufel: räche sie. Christus lehrt: schlägt dich Jemand auf die rechte Wange, so reiche ihm auch die linke, und der Teufel: tödte den, der dich schlagen will. Christus preiset die glücklich, die, wie er, Schmach dulden; der Teufel nennt die unglücklich, die mit Schmach behaftet sind. Christus sagt: glücklich seyd Ihr, wenn die Menschen Euch segnen, und der Teufel: glücklich ist, wen die Menschen nicht segnen.

Untersuchen wir nun, zu wessen Herrschaft Ihr Euch bekennt, ehrwürdige Väter. Ihr habt gehört die Sprache der geistigen Jerusalem, der Stadt des Friedens, Ihr habt gehört die Sprache der geistigen Sodoma, der Stadt der Zwietracht; welche von beiden versteht und redet Ihr? die Kinder Christi sind gesinnt wie Christus, sagt der heil. Paulus, und die Diener des Teufels — ex patre diabolo, — der vom Anbeginn der Welt an ein Mörder war, folgen dem Teufel, nach den Worten Christi. Laßt uns die Sprache Eurer Schule vernehmen und Eure Lehrer fragen, was man zu thun habe, wenn uns Jemand eine Ohrfeige gibt; müssen wir die Beleidigung mit Sanftmuth ertragen, oder müssen wir den tödten, der sie uns versetzen will? Es ist erlaubt, sagt Lessius, Molina, Escobar, Reginald, Filiuz, Baldell mit den übrigen Jesuiten, den zu tödten, der uns eine Ohrfeige versetzen will. Antworte uns, Escobar, du großer Lehrer, ist der ohne Ehre, der sich eine Ohrfeige geben läßt und den Versetzer derselben nicht tödtet? Es ist einleuchtend, daß ein Mensch so lange seiner Ehre beraubt ist, bis er den, der ihm die Ohrfeige versetzte, getödtet hat. Allerdings der Ehre, ehrwürdige Väter, die der Teufel von seinem Uebermuthe einhauchte seinen übermüthigen Kindern, und das ist die Ehre, die immer das Zeichen der vom Geiste der Welt Besessenen war; um diese zu retten, weihen sie ihr Leben dem Teufel durch heillose Zweikämpfe, ihre Ehre durch die Schande der Strafe, der sie sich aussetzen, ihr ewiges Heil durch die Gefahr vor der Verdammung; selbst die Kirche hält sie nicht würdig des christlichen Begräbnisses.

Ewigen Denk dem Allmächtigen, daß der König nicht durch eben das Licht erleuchtet ward, wie Eure Theologie. Seine so strengen Gesetze gegen das Duell machten es freilich zu keiner Sünde, aber sie strafen die Sünde, die vom Duell unzertrennlich ist, und so hält er durch die Furcht vor seiner Gerechtigkeit diejenigen ab, die nicht abgehalten werden durch die Furcht und die Gerechtigkeit Gottes; er erkannte in seiner Frömmigkeit, daß die Ehre eines Christen in der Befolgung der Gebote Gottes und der Lehren des Evangeliums bestehe, und nicht in jenem Fantom von Ehre, welches Euch als rechtmäßige Entschuldigung für den Todschlag gilt. Deshalb verabscheuet denn auch die ganze Welt Eure mörderischen Lehren, und Ihr werdet wohl thun, Eure Gesinnungen etwas zu ändern, geschieht es auch nur aus Politik. Beuget durch eine freiwillige Verdammung dieser unchristlichen Lehren den etwaigen bösen Folgen vor, für die Ihr verantwortlich wäret.

# Funfzehnter Brief.

## An die Jesuiten.

Beweis der jesuitischen Lehre: man darf seine Feinde mit gutem Gewissen verleumden. Practische Anwendung dieser Lehre von den Jesuiten.

Vom 25sten November 1656.

Da Eure Verleumdungen gar kein Ende nehmen, und da Ihr die besten Menschen auf das empfindlichste schmähet, wenn sie Eurer Lehre zuwider sind, so halte ich mich verpflichtet, aus Interesse für sie und für die ganze Kirche, öffentlich das Geheimniß Eurer Politik aufzudecken, woraus jene Verleumdungen hervorgehen, damit man einsehen möge, wie weit Euch hinsichtlich Eurer Beschuldigungen und Verleumdungen zu trauen ist.

Ich weiß recht gut, daß diejenigen, die Euch nicht genau kennen, hier sehr in Zweifel sind, denn entweder müssen sie die unglaublichen Laster, die Ihr Euren Feinden andichtet, glauben, oder sie müssen Euch für öffentliche Verleumder halten, und das scheint ihnen eben so unglaublich zu seyn. Was, sagen sie, würden Kirchendiener so etwas sagen, wenn es nicht wahr wäre? würden sie so ihr Heil von sich stoßen und sich freiwillig die sichere Verdammniß zuziehen durch so greuliche Verleumdungen? So denken sie anfangs; die sichern Gründe, Eure Falschheit zu entdecken, begegnen der bessern Meinung, die sie von Euch haben, und lassen ihren Geist schwanken zwischen der offenen Wahrheit und der Pflicht der Liebe, die sie zu verletzen fürchten. Das einzige also, was sie abhält, der Wahrheit den Ausschlag zu geben, ist die Furcht, daß sie denken, ihre Liebespflicht gegen Euch zu verletzen; wenn man ihnen also nun zeigt, daß Ihr da eigentlich nicht Verleumdung habt, wo andere Menschen zu verleumden glauben, indem Ihr lehrt, man dürfe mit gutem Gewissen seine Feinde verleumden, so ist es außer Zweifel, daß die Wahrheit bei ihnen siegen wird und sie nicht mehr an Eure Verleumdungen glauben. Das zu zeigen, ist der Zweck dieses Briefes.

Ich will nicht bloß beweisen, daß Eure Schriften angefüllt sind mit Verleumdungen, ich will einen viel höhern Standpunct nehmen; Unwahrheiten kann man mit gutem Herzen sagen, wenn man sie für Wahrheiten hält, und der ist kein Lügner, der nicht die Absicht hat zu lügen. Zeigen will ich deshalb, ehrwürdige Väter, daß Ihr mit Vorbedacht und aus Absicht lügt, daß Ihr wissentlich Unschuldigen Laster andichtet, und glaubt, Ihr machtet Euch dadurch nicht der Gnade Gottes unwürdig. Ihr kennt freilich die Lehre Eurer Moral so gut als ich, allein ich muß Euch daran erinnern, damit Keiner an ihr zweifeln könne, wenn er sieht, daß ich sie Euch öffentlich vorwerfe und Ihr nichts dawider haben könnt, falls Ihr Euch nicht derselben Lehre, deren ich Euch anklage, auch hier zur Vertheidigung bedienen und sie so auf's Neue bestätigen wollt. Dieser Grundsatz ist in Eurer Schule so gebräuchlich, daß Ihr ihn nicht nur in Euren Schriften lehrt, sondern die äußerste Kühnheit besitzt, ihn selbst in öffentlichen Thesen zu vertheidigen. Belege davon sind die Thesen von Löwen vom Jahre 1645, wo es heißt: Es ist nur eine läßliche Sünde, wenn man diejenigen, die Uebels von uns reden, verleumdet und ihnen falsche Laster andichtet, um ihnen den Glauben bei Andern zu entreißen — Quid ni non nisi veniale sit, detrahentis auctoritatem magnam, tibi noxiam, falso crimine eludere? — Diese Maximen haltet Ihr für so wichtig, daß jeder, der sie anzugreifen wagt, als Ignorant und Bösewicht verschrieen wird.

Der deutsche Kapuziner Quiroga erfuhr das; denn als er sich diesem Grundsatze widersetzen wollte, fiel Euer Dikastill unbarmherzig über ihn her; er erzählt in seinem de Jesuit. lib. 2. tr. 2. disp. 14. n. 404 diesen Streit mit den Worten: Ein gewisser wichtiger, religiöser, barfüßiger Kuttenträger — cucullatus gymnopoda, — dessen Namen ich aus guten Gründen verschweige, besaß die Verwegenheit, die genannte Lehre bei Weibern und Ignoranten zu verschreien, sie eine verderbliche, ärgerliche Meinung nennend, die entgegen sey allen guten Sitten, der Ruhe des ganzen Staates und einzelnen Familien, und der nicht nur alle katholischen Theologen zuwider wären, sondern die jeder verabscheue, der auf den Namen Katholik Anspruch macht. Aber ich behauptete gegen ihn, was ich auch jetzt noch behaupte, daß die Verleumdung, wenn man sich ihrer bedient gegen einen Verleumder, obgleich sie stets eine Lüge ist, durchaus keine Todsünde und weder gegen die Pflicht der Gerechtigkeit noch der Liebe ist; um das zu beweisen, führte ich ihm haufenweise unsere Väter, selbst ganze aus ihnen gebildete Universitäten an, die ich alle um Rath fragte, unter Andern unsern Johann Gans, Beichtsvater Ferdinands III., unsern Daniel Bastel, Beichtsvater des Erzherzogs Leopold, unsern Henricus, welcher einst Lehrer dieser beiden Fürsten war, alle öffentlichen und ordentlichen Professoren der Universität Wien — lauter Jesuiten, — alle Professoren der Universität Grätz — lauter Jesuiten, — alle Professoren der Universität Prag — deren Häupter gleichfalls Jesuiten sind; — von allen diesen habe ich die Bestätigung unserer Lehre in den Händen, unterschrieben und untersiegelt; überdieß stimmte für mich unser Penelossa, jetziger Prediger des Königs von Spanien; eben so unser Pellicceroli, Doctor der Theologie und Professor zu Wien, und viele andere Casuisten, die alle jene Lehre für probabel erklärten.

Daraus geht hervor, daß keine Lehre Euch so viel Mühe machte als diese, und daß Ihr auch für keine besorgter waret; daher erlangte sie denn aber auch eine solche Auctorität, daß gegenwärtig alle Casuisten als einen unzweifelhaften Grundsatz ihn betrachten. Einleuchtend ist die Probabilität der Meinung, sagt Caramuel n. 1151. pag. 550, man begehe keine Todsünde, wenn man zur Erhaltung seines Ansehens fälschlich verleumdet; für sie stimmen mehr als zwanzig angesehene gelehrte Doctoren, so daß wenn sie nicht probabel ist, es schwerlich in der ganzen Theologie eine probable geben möchte. Gasp. Hurtado disp. 4 de reo diffic. 1. Dikastill de justit. l. 2. tr. 2. dis. 12. p. 4. d. 2. n. 404. Diana p. 9. tr. 8. Resp. 43. p. 356.

Wehe der teuflischen und in allen ihren Zweigen so verdrehten Theologie, daß sie schwerlich eine sichere Lehre hat, wenn nicht der Grundsatz sicher ist, man könne mit gutem Gewissen und ohne Todsünde verleumden, um seine Ehre zu erhalten! Wie wahrscheinlich ist es doch, daß diejenigen, die einen solchen Grundsatz aufstellen, ihn auch manchmal practisch anwenden werden! Die Verderbtheit der menschlichen Natur ist ohnehin durch sich selbst dazu so geneigt, daß es unglaublich ist, ihre natürliche Heftigkeit werde sie dazu fortreißen, sobald nur das größte Hinderniß, das Gewissen, beseitigt ist. Ein Beispiel gibt Euch Caramuel am angef. Orte: Diese Lehre des Jesuiten Dikastill über die Verleumdung, zeigte eine deutsche Gräfin den Töchtern der Kaiserin; die

Gewißheit, nun durchs Verleumden keine Todsünde mehr zu begehen, erzeugte in kurzer Zeit eine solche Unzahl von Verleumdungen, falschen Gerüchten und schlechten Beschuldigungen, daß der ganze Hof in Aufruhr gerieth; man sah sich genöthigt, einen Kapuziner, der bekannt war durch sein exemplarisches Leben, Namens Quiroga, an den Hof zu rufen, um den Tumult zu beschwichtigen; dieser erklärte denn — und deshalb nimmt ihn Dikastill so gewaltig mit, — jene Lehre sey äußerst verderblich, vorzüglich unter den Weibern, und er bewog die Kaiserin, daß sie allgemein verbot, von jener Lehre Gebrauch zu machen.

Es war nicht zu verwundern, daß diese Lehre so schlechte Folgen erzeugte, im Gegentheile wäre es unbegreiflich gewesen, wenn sie das nicht gethan hätte. Die Eigenliebe überredet uns gar zu leicht, daß wir glauben, wir würden ungerecht von Andern behandelt, und bei Euch muß ja das um so mehr der Fall seyn, da Ihr einen so blinden Stolz besitzt, daß Ihr in allen Euren Schriften behauptet, es hieße den Ruhm der Kirche angreifen, wenn man den Eurer Societät angreift. Es wäre wahrhaftig nicht zu begreifen, daß Ihr bei solchen Grundsätzen von jener Lehre nicht practischen Gebrauch machen solltet. Man darf nicht mehr fragen, wie die thun, die Euch nicht kennen: wie sollen doch die Jesuiten ihre Feinde verleumden, da sie das ohne Verlust ihres eigenen Heils nicht thun können? Im Gegentheile muß man fragen: wie sollen doch die Jesuiten den Vortheil, ihre Feinde zu verleumden, aufgeben, da sie glauben, sie können das thun, ohne ihr Heil zu wagen?

Niemand wird sich mehr wundern, wenn er die Jesuiten auf Verleumdungen ertappt; sie können mit gutem Gewissen verleumden und es steht ihnen also nichts im Wege. Ihr Ansehen schützt sie gegen die Gerechtigkeit der Menschen, und ihre

Herrschaft im Gebiete der Moral nimmt ihnen die Furcht vor der Gerechtigkeit Gottes, indem sie ihre Lehren einrichten nach ihrer Handlungsweise.

Das ist die Quelle, ehrwürdige Väter, die Eure schändlichen Verleumdungen erzeugte; sie verleitete Euren Brisacer zu so abscheulichen Lügen, daß er sich die Censur des Erzbischofs von Paris zuzog; sie verleitete Euren Anjou, von der Kanzel herab in der Benedictinerkirche zu Paris am 8ten März 1655 diejenigen zu verleumden, welche die Beiträge zur Unterstützung der Armen in der Picardie und Champagne sammelten; obgleich diese angesehenen Männer von ihrem eigenen Vermögen so große Beiträge gaben, so wagte er es doch, öffentlich in der Kirche die entsetzliche Lüge auszusprechen: er wisse ganz genau, daß sie die in Empfang genommenen Gelder untergeschlagen und angewendet hätten gegen Kirche und Staat. Wäre diese Lüge wahr gewesen, so hätte sie jene Unterstützungen hemmen können; der Pastor dieser Kirche, ein Doctor der Sorbonne, hielt sich verpflichtet, den Tag darauf von derselben Kanzel herab den Jesuiten zu widerlegen und ihn der Lüge zu überführen.

Aus eben dieser Quelle flossen die Verleumdungen, welche Euer Crasset in Orleans predigte, und welche den Bischof von Orleans bewogen, ihm das Predigen zu untersagen in seinem Decrete vom 9ten September, wo es heißt: ich verbiete dem Bruder Johann Crasset, Priester der Societät Jesu, in meiner Diöcese zu predigen, und dem ganzen Volke, ihn zu hören, unter Androhung der Strafen der Todsünde des Ungehorsames, weil ich erfahren habe, daß Crasset falsche Beschuldigungen und Verleumdungen predigte gegen die Priester dieser Stadt, indem er voll boshafter Falschheit ihnen andichtete, sie seyen folgenden gottlosen und ketzerischen Lehren zugethan: die

Gebote Gottes seyen unmöglich; man widerstehe nie der innern Gnade; Christus sey nicht für alle Menschen gestorben und andern ähnlichen von Innocenz X. verdammten Lehren. Es ist das Eure gewöhnlichste Verleumdung, ehrwürdige Väter, und die erste die Ihr anwendet gegen die, welche Ihr gern in ein schlechtes Licht setzen wollt, und obgleich Ihr das von ihnen eben so wenig beweisen könnt, als Crasset es konnte von den Priestern zu Orleans, so bleibt doch Eure Gewissensruhe ungetrübt, weil Ihr glaubt, daß diese Art, Eure Feinde zu verleumden, so erlaubt ist, daß Ihr Euch nicht einmal scheut, öffentlich im Angesichte einer ganzen Stadt damit hervorzutreten.

Einen auffallenden Beweis gibt Euer Streit mit Puys, Pfarrer zu St. Nisier in Lyon; diese Geschichte characterisirt Euch vollkommen, ich will sie deshalb etwas genauer erzählen. Es ist Euch nicht unbekannt, daß Puys im Jahre 1649 das vortreffliche Werk: officia boni Christiani erga propriam paroeciam adversus eos, qui fideles a paroeciis abstrahunt, in unsere Muttersprache übersetzte. Der Verfasser war ein Kapuziner, so wie Puys. Dieser hatte sich wohl in Acht genommen, dem Werke kein herbes Wort beizumischen oder irgend einen Einzelnen oder einen Orden zu nennen. Die Jesuiten glaubten dessenungeachtet, das Buch sey auf sie gemünzt, und ohne Achtung vor dem Puys, einem alten Pfarrer, der Richter war in der Primatie von Frankreich und geachtet wurde von der ganzen Stadt, schrieb Euer Albius eine Schmähschrift gegen ihn, die Ihr selbst in Eurer eigenen Kirche am Himmelfahrtstage verkauftet, worin Puys unter andern Lastern auch angedichtet wurde, er gebe Aergerniß durch sein ausschweifendes Leben, sey verdächtig der Gottlosigkeit, sey ein Ketzer, excommunicirt und würdig verbrannt zu werden. Puys widerlegte ihn, aber dieser wiederholte in einer zweiten Schrift dieselben Verleumdungen.

Entweder also seyd Ihr schändliche Verleumder, oder Ihr glaubtet das alles von Puys, und er konnte vor Ablegung Eures Irrthums nicht Eurer Freundschaft würdig werden.

Vernehmet deshalb, was in dem Vergleiche sich zutrug, der geschlossen wurde vor einer großen Anzahl der angesehensten Männer aus der Stadt — ich führe ihre Namen unten an, in der Reihe, wie sie sich in dem Acte vom 25. September 1650 unterzeichnet haben *). — Vor dieser zahlreichen Versammlung erklärte Puys nur, daß er mit seiner Schrift nicht auf die Jesuiten habe zielen wollen, er rede ganz im Allgemeinen von denjenigen, welche die Gläubigen von ihren Pfarren abwendig machten; an eine Beleidigung der Societät habe er gar nicht gedacht, er hege im Gegentheile eine recht gute Meinung von ihr. Diese bloßen Worte retteten ihn von dem Unglauben, Aergernisse und der Excommunication ohne Widerruf und Absolution, denn Albius redete ihn sogleich mit den Worten an: Geschätzter Mann, ich hielt dich für einen Beleidiger der Societät, dessen Mitglied zu seyn ich mich rühme, und das bewog mich zu meinen Schriften, und ich hielt die Art meiner Vertheidigung für erlaubt. Da ich aber einsehe, daß du besser von uns denkst, so bin ich hier, um öffentlich zu erklären, daß nichts mehr im Wege stehe, was mich abhalten könne, dich für einen sehr

*) De Ville, Generalvikar; Scarron, Canonicus und Pfarrer zu St. Paul; Margat, Cantor; Bouvaud, Seve, Aubert und Dorvieu, Canonicen zu St. Nisier; du Gue, Präsident; Grossier, Bürgermeister; de Flechen, Präses und Generallieutenant; de Boissat, de Romain und de Bartoli, Edelleute; Bourgeois, erster königlicher Advocat der Schatzkammer; de Cotton, Vater und Sohn; Boniel, welche alle diese Erklärung des Puys und Albius unterschrieben haben.

scharfsinnigen, tief gelehrten, orthodoxen Mann von untadelhaften Sitten zu erklären, mit einem Worte für einen würdigen Priester deiner Kirche. Diese Erklärung mache ich mit Freude, und bitte die Umstehenden, das nicht zu vergessen.

Man hat es nicht vergessen, ehrwürdige Väter, und dieser Vergleich gab noch mehr Aergerniß als der Streit selbst; wer staunt nicht über die Worte des Albius? Er sagt nicht, er sey gekommen, um zu widerrufen, und habe sich geirrt in den Sitten und dem Glauben des Puys; er sagt nur, weil er einsehe, daß Puys es nicht angelegt habe auf seine Societät, so stehe nichts im Wege, was ihn abhalten könne, Puys für einen Katholiken zu erklären. Er glaubte also auch vorher nicht, das Puys wirklich ein Ketzer war, und doch, nachdem er boshafter Weise den Puys verleumdet hatte, gesteht er nicht, daß er geirrt habe, sondern er behauptet im Gegentheile, er glaube, seine Vertheidigung sey eine erlaubte.

Wo bleibt denn Eure Klugheit, daß Ihr öffentlich behauptet, Ihr schätztet Glauben und Tugend der Menschen nur nach ihrer Denkungsart von Eurer Societät! Ihr scheuet Euch nicht, Euch selbst öffentlich für Lügner und Ketzer zu erklären? Derselbe Mensch, ohne sich irgend zu ändern, ist fromm oder gottlos, tadellos oder excommunicirt, ein würdiger Priester der Kirche oder würdig verbrannt zu werden, ein Katholik oder ein Ketzer, je nachdem er Eure Societät achtet oder verachtet? Eure Societät angreifen oder Ketzer seyn, das sind Euch gleichgeltende Ausdrücke: eine herrliche Ketzerei! Trifft man also in Euren Schriften so viele Katholiken, die Ihr für Ketzer erklärt, so will das weiter nichts sagen, als Ihr haltet sie für Eure Gegner.

Ich freue mich sehr, ehrwürdige Väter, daß man auch in der Welt anfängt, diese Eure fremdartige Sprache zu verstehen, weil es außer Zweifel ist, daß ich nach ihr der Hauptketzer bin. Und gerade in dieser Bedeutung wendet Ihr den Namen Ketzer auch so oft auf mich an; den einen einzigen Grund habt Ihr, weil Ihr meine Briefe für Euch gefährlich haltet. Nur zwei Wege bleiben mir übrig, wieder ein Katholik zu werden, entweder muß ich die Ausschweifungen Eurer Moral loben, oder ich muß Euch überreden, daß ich bei meinem Tadel nur Euer Wohl im Auge habe. Das erstere kann ich nicht, ohne gänzlich auf allen Geist der Frömmigkeit zu verzichten, und das zweite werdet Ihr nie einsehen, Ihr müßtet denn zuvor von Euren Irrlehren zurückgekommen seyn. So bleibe ich denn mitten in der Ketzerei, weil die Reinheit meines Glaubens mich nicht retten kann, ich müßte entweder mein Gewissen aufgeben oder das Eurige reformiren. Bis dahin muß ich ein Lügner, ein Verleumder bleiben, und mit welcher Treue ich auch Eure Schriftsteller anführe, Ihr schreiet fort: ein Diener des Teufels ist der, welcher uns solche Lehren andichtet, da in unsern Büchern nicht einmal eine Spur davon enthalten ist; und dieses Euer Benehmen ist denn auch ganz in der Ordnung, es widerstreitet nicht Eurer Lehre und Politik; so weit hin erstreckt sich Euer Privilegium zum Lügen.

Erlaubt mir ein Beispiel anzuführen, was so gewählt ist, daß zugleich die 9te Eurer Verleumdungen dadurch widerlegt wird; sie verdienen überhaupt nur so im Vorbeigehen einer Erwähnung.

Vor etwa zehn oder zwölf Jahren tadelte man Euch wegen einer Lehre des Baunius tr. 4. quaest. 14. pag. 94: Es ist erlaubt, geradezu — primo et per se — eine nächste Gelegenheit zur Sünde aufzusuchen, um sich oder seinem Nächsten ein zeitliches oder geistiges Gut zu retten. Als Beispiel führt Baunius an: Es ist Jedermann erlaubt, in die Freudenhäuser zu gehen, um die Mädchen darin zu bessern, obgleich er wahrscheinlich voraussieht, daß er dort fallen werde, indem er aus Erfahrung weiß, daß er sich leicht hinreißen läßt durch die Schmeicheleien solcher Weiber. Caussin antwortete in seiner Apologie der Societät Jesu von 1644, pag. 128: man lese das Buch des Baunius, vorn und hinten, die einzelnen Seiten und die Indexe, man lese Wort für Wort das ganze Werk, und man findet nicht die Spur jener Lehre, die auch nur ein gänzlich verderbter Mensch hätte aufstellen können; sie kann deshalb dem Baunius nur von einem Diener des Teufels beigelegt werden. Mit derselben Frechheit sagt Pinterell part. I. p. 24: man muß sehr verderbt seyn, um einer solchen Lehre anzuhängen, man muß also mehr als Teufel seyn, um sie dem Baunius beilegen zu können. Leser, du findest kein Wort, keine Spur davon in seinen Schriften.

Wer sollte daran zweifeln, daß Menschen, die in einem solchen Tone sprechen, nicht Ursache hätten sich zu beklagen, und daß man dem Baunius jene Lehre angedichtet habe? Habt Ihr wohl jemals über einen einzigen Punct mit mir in so harten Ausdrücken gestritten? wer sollte denken, daß die angeführte Lehre sich mit denselben Worten an derselben Stelle, wie sie citirt ward, befinde, da Ihr behauptet, man finde kein Wort, keine Spur davon in dem ganzen Buche?

Es ist das allerdings ein Mittel, Euch Glauben zu verschaffen, bis man Euch antwortet; es ist aber auch das Mittel, wodurch Euch aller Glaube genommen werden kann, nachdem man Euch geantwortet hat. Daß Ihr damals mit einer gewaltigen Frechheit loget, geht am meisten daraus hervor, daß Ihr heut zu Tage jene Lehre anerkennt, daß Ihr zugesteht, sie finde sich an derselben Stelle, wie sie vormals citirt wurde; und was das Merkwürdigste ist, vor 12 Jahren war sie so verabscheuenswerth, daß nur ein gänzlich verderbter Mensch ihr beipflichten konnte; jetzt aber ist sie so unschuldig, daß Ihr mich in Eurer 9ten Verleumdung pag. 10 der Unwissenheit und Bosheit beschuldigt, weil ich eine Meinung des Baunius anklage, die in den meisten Schulen nicht verworfen würde.

Wie leicht ist es doch, mit Menschen zu streiten, die bald das Für, bald das Wider behaupten! man braucht nur ihre eigenen Worte, sie zu widerlegen. So muß ich denn hier zwei Sätze beweisen, erstlich: jene Lehre sey gottlos; zweitens: sie sey von Baunius gelehrt. Beides beweisen Eure eigenen Worte; im Jahre 1644 sagtet Ihr, sie sey verabscheuenswerth, im Jahre 1656 gesteht Ihr, sie sey von Baunius gelehrt; dieses doppelte Bekenntniß rechtfertigt mich hinlänglich, und leistet noch mehr, indem es einen tiefen Blick thun läßt in den Geist Eurer Politik. Denn saget mir aufrichtig, was ist der Zweck Eurer Lehren? Etwa die Wahrheit und Aufrichtigkeit? Keinesweges, weil Ihr Euch selbst widersprecht. Oder ist es etwa die Wahrheit des Glaubens? Eben so wenig, denn Ihr auctorisirt eine Lehre, die Ihr selbst eine verabscheuenswerthe nennt. Welches ist denn aber Euer Zweck? Es erhellet daraus: nennt Ihr jene Lehre verabscheuenswerth, so leugnet Ihr zu gleicher Zeit, daß Baunius sie aufstellte, und so ist er unschuldig, und legt Ihr sie dem Baunius bei, so behauptet Ihr, sie sey gut, und so ist er abermals unschuldig. Die Unschuld des Baunius ist also das, was beide Antworten mit einander gemein haben, und es erhellet, daß der Beweis dieses Punctes Euer eigentliches Streben war; Euer einziger Zweck ist die Vertheidigung Eurer Lehrer, und deshalb sagt Ihr von einer Lehre, sie sey in Euren Büchern und sie sey nicht da, sie sey gut und schlecht, nicht nach der Wahrheit, die sich nie ändert, sondern bloß nach Eurem Interesse, was sich stündlich ändert.

Wie sehr könnte ich hier Euch mitnehmen! denn Ihr seyd offenbar gefangen, und doch ist das nichts Ungewöhnliches. Ich übergehe eine Unzahl von Beispielen und führe nur noch ein einziges an.

Man hat Euch verschiedentlich Vorwürfe gemacht über eine andere Lehre desselben Baunius, die er tr. 4. q. 22. p. 100 aufstellt: Man darf die Absolution nicht weigern noch aufschieben bei denen, die in einer Gewohnheitssünde leben gegen Gott, Natur und Kirche, obgleich keine Hoffnung zu seiner Besserung vorhanden ist — etsi emendationis futurae nulla spes appareat. — Ich frage Euch, ehrwürdige Väter, wessen Rechtfertigung haltet Ihr für die bessere, die des Pinterell oder des Bisacer? Der eine verdammt jene Lehre, und leugnet, daß Baunius sie aufstellte, der andere gibt zu, daß Baunius sie lehrt, und rechtfertigte sie zu gleicher Zeit. Lassen wir sie selbst reden; Pinterell sagt pag. 16: Was heißt anders die Grenzen aller Schaam übertreten und mehr als unverschämt seyn, wenn es nicht das ist, daß man dem Baunius als erwiesene Thatsache eine so abscheuliche Lehre beilegt? Bedenke, lieber Leser, die Nichtswürdigkeit einer solchen Verleumdung, und erkenne, mit wem die Jesuiten es zu thun haben, und ob der Verfasser einer so entsetzlichen Lüge nicht ein häßlicher Dollmetscher des Vaters aller Lüge seyn müsse. Dagegen sagt Brisacer 4. p. pag. 21: die angeführte Lehre findet sich wirklich im Baunius — also straft er den Pinterell geradezu Lügen; — aber — setzt er zur Rechtfertigung des Baunius hinzu — du Tadler dieser Lehre warte, wenn ein Büßender zu deinen Füßen sitzt, bis sein Schutzengel mit allen seinen Rechten, die er zu seiner Beschützung im Himmel hat, sich dir verpfändet; warte bis Gott Vater bei seinem Haupte schwört, David habe gelogen, da er auf Eingebung des heil. Geistes sagte, jeder Mensch sey schwach, der Lüge und der Verführung unterworfen; warte, bis dein Büßender nicht mehr schwach, nicht mehr der Lüge und Verführung unterworfen und nicht mehr ein Sünder ist, wie alle: und es wird Keiner mehr des Nutzens des Todes Jesu Christi theilhaftig werden.

Was sagt Ihr zu diesen unsinnigen und gottlosen Worten des Brisacer, der behauptet, daß, wenn man mit der Absolution warten sollte, bis an dem Büßenden irgend eine Hoffnung zur Besserung erscheine, man warten müsse, bis Gott der Vater bei seinem Haupte schwöre, der Büßende werde nie wieder fallen? Ist denn kein Unterschied, ehrwürdige Väter, unter Hoffnung und Gewißheit? Was heißt mehr auf die Gnade Jesu Christi schmähen, als wenn man sagt, daß die Christen von den Lastern gegen Gott, Natur und Kirche so wenig abstehen können, daß die Hoffnung dazu den heil. Geist der Lüge anklage? und daß nach Euch, wenn man nicht denjenigen, von dem man gar keine Besserung hofft, absolviren wollte, das Blut Jesu Christi vergebens vergossen sey und kein Mensch desselben theilhaftig werden könne? So weit verleitet Euch die unmäßige Liebe, den Ruhm Eurer Schriftsteller zu schützen; nur zwei Wege dazu stehen Euch offen, entweder klare Verleumdung oder ketzerische Gottlosigkeit; Ihr könnt Euch also auf keine unschuldigere Weise vertheidigen, als durch offenbare Lügen!

Das ist denn der Grund, warum Ihr Euch dieser so oft bedient; jedoch habt Ihr auch noch manche andere Kniffe. Ihr schmiedet Schriften, um Eure Feinde verhaßt zu machen; ein solches ist Epistola Ministri Calvinistae ad Arnaldum, welches Ihr durch ganz Paris verbreitetet, um die Menschen zu überreden, die Schrift de frequenti Communione, gebilligt und gelobt von so vielen Bischöfen und Theologen, sey entstanden durch ein geheimes Einverständniß Arnauld's mit Schülern des Calvinism. Zuweilen unterschiebt Ihr Euren Gegnern Bücher, wie das der Fall ist mit jenem Circularbriefe der Jansenisten; schon der unpassende Styl zeigt die zu grob angelegte Intrigue, und offenbart die lächerliche Bosheit Eures Meynier, der sich in seinen schändlichen Verleumdungen pag. 28 darauf zu beziehen wagt. Zuweilen führt Ihr Bücher an, die nie existirten, z. B. das de Constitutionibus sacri sacramenti, Ihr führt daraus beliebig erdichtete Stellen an, und wenn der Einfältigere, der nicht weiß, wie weit Eure Kühnheit in Erfindung und Verbreitung der Lüge geht, sie hört, so stehen ihm die Haare zu Berge vor Entsetzen. Keine Art der Verleumdung ließet Ihr unversucht.

Allein diese gröbern Arten der Verleumdung kann man leicht entdecken, deshalb habt Ihr auch noch feinere, wo Ihr nicht ins Einzelne geht, damit Eure Gegner nicht etwas aufgreifen und widerlegen können. So sagt Brisacer irgendwo von seinen Feinden, sie begingen abscheuliche Laster, er wolle sie aber nicht nennen. Wo soll bei einer so unbestimmten Verleumdung die Widerlegung anfangen? Dessenungeachtet erfand ein listiger Kopf das Mittel, der noch dazu ein Kapuziner ist — überhaupt will es Euch mit den Kapuzinern nicht mehr so recht gehen, und ich sehe voraus, daß es Euch mit den Benedictinern bald eben so gehen wird, — er heißt Valerian und ist aus der Familie der Grafen von Magnis. Sein erfundenes Mittel wird aus folgender Geschichte erhellen. Valerian war so glücklich, den Landgrafen von Hessen Rheinfeld, Ernst, Sohn Moritz's Landgraf von Hessen, zu seiner Religion zu bekehren; Eure Mitglieder ärgerten sich, daß ein souverainer Fürst ohne Ihr Zuthun war bekehrt worden, und verfertigten sofort eine Schrift gegen ihn — die Guten sind ja nie sicher vor Euren Nachstellungen, — worin Ihr eine Stelle aus seinen Werken verdrehtet und ihm eine Ketzerei zuschriebet. Auch einen Brief gegen ihn brachtet Ihr in Umlauf, worin Ihr unter andern sagtet: welche Dinge haben wir von dem Menschen zu offenbaren — Ihr nanntet aber keins, — die ihm sehr schmerzlich werden können, denn wendet er sich nicht an uns, so sind wir verpflichtet, den Pabst und die Cardinale davon zu berichten.

Sehr schlau! und ich zweifle nicht, daß Ihr auch von mir vieles dergleichen dem Pabste und den Cardinalen berichten werdet; aber merket wohl, was Valerian Euch erwiedert in seinem 1655 in Prag erschienenem Buche pag. 112 u. f.: was mache ich doch, sagt er, gegen diese zweideutigen, unbestimmten Beschuldigungen? wie widerlege ich Vorwürfe, die man nicht genau zu bestimmen beliebte? doch ich weiß ein Mittel; ich erkläre frei und öffentlich meine Feinde für schändliche Verleumder, für listige und unverschämte Lügner, wenn sie nicht die mir angedichteten Laster der Welt frei heraus nennen. Tretet also hervor, ihr meine Ankläger, und saget laut auf öffentlicher Straße, was ihr vorher in Winkeln sagtet, und es loget, weil ihr gesichert waret dadurch, daß ihr es nicht frei heraus bekanntet. Es gibt Viele, welche glauben, durch diese Streitigkeiten entstehe Aergerniß, und sie haben Recht, denn es ist ein entsetzliches Aergerniß, den Kapuzinern eine Ketzerei beizulegen und mich so gewaltiger Laster zu beschuldigen. Ich kann dieses

Aergerniß nicht anders abwenden, als durch den Beweis meiner Unschuld.

Valerian faßte Euch da bei der rechten Stelle, ehrwürdige Väter, und nie wurde eines Menschen Unschuld deutlicher bewiesen; es fehlte Euch gewiß auch an dem leichtesten Scheine eines Lasters, weil Ihr seiner Aufforderung kein Wort erwiedertet. Wie oft verwickelt Ihr Euch doch in verdrießliche Händel, und doch werdet Ihr nicht vorsichtiger; denn nicht lange hernach fielet Ihr wieder denselben Kapuziner an über einen andern Gegenstand; er vertheidigte sich auf dieselbe Weise, indem er pag. 151 u. 152 sagt: Diese Menschengattung ist unerträglich der ganzen Christenheit, sie strebt unter dem Vorwande guter Werke nach Reichthum und Herrschaft, wirft, wo es ihrem Zwecke nöthig ist, alle göttlichen und menschlichen, positiven und natürlichen Gesetze über den Haufen; sie zieht entweder durch ihre Gelehrsamkeit oder durch Furcht und Hoffnung alle Großen der Erde an sich, und mißbraucht ihr Ansehen zu den schändlichsten Intriguen. Ihre widerrechtlichen Unternehmungen, so abscheulich sie auch sind, werden nicht bestraft, nicht angegriffen, im Gegentheile werden sie gelobt und mit einer solchen Frechheit ausgeführt, als geschähe dadurch Gott ein Gefallen. Die ganze Welt weiß das und redet mit Entsetzen davon, jedoch gibt es nur Wenige, die einer so mächtigen Tyrannei zu widerstehen wagen. Auch ich that das und überführte die Jesuiten schon früher der schändlichsten Lüge öffentlich, und ich werde mich auch diesmal desselben Mittels bedienen; ich erkläre also hiermit, daß sie ganz unverschämt lügen, MENTIRI IMPUDENTISSIME. Ist das, was sie mir so bitter vorwerfen, wahr, so mögen sie es beweisen, oder sie sind überführt der Lüge und Unverschämtheit. Ihre Schritte sollen entscheiden, und ich bitte die Welt, darauf zu sehen und zu bemerken, daß diese Menschen, die nicht die geringste Beleidigung auf sich sitzen lassen, wenn sie dieselbe abwehren können, diese gewaltigen Beleidigungen ruhig ertragen werden, und ihr Unvermögen, sich zu vertheidigen, einhüllen in den falschen Vorwand der Großmuth. Deshalb reizte ich hier so lebhaft ihr Schaamgefühl, damit die Großen der Welt erkennen mögen, daß das Schweigen der Jesuiten nicht eine Wirkung ihrer Sanftmuth, sondern der Unruhe ihres Gewissens seyn wird. So spricht Valerian, ehrwürdige Väter, und gleich fügt er hinzu: Diese Menschen, deren Intriguen man durch die ganze Welt kennt, sind so offenbar ungerecht und so übermüthig in ihrer Unstrafbarkeit, daß ich auf Jesus Christus und seine Kirche Verzicht leisten müßte, wenn ich nicht öffentlich ihrem Treiben widerspräche, theils zu meiner Rechtfertigung, theils auch zur Warnung der minder Verständigen.

Ihr seyd also völlig gefangen und geltet als Verleumder; es bleibt Euch nur ein einziges Mittel übrig, zu beweisen nämlich, daß Verleumdung kein Laster sey. Valerian erfand das Mittel, Euch sicher zu schlagen, und dieses muß man immer anwenden, wenn Ihr die Menschen ohne allen Grund beschuldigt; man kann nur mit jenem Kapuziner antworten: Ihr lüget auf die unverschämteste Weise. Was soll man anders erwiedern auf die Worte des Brisacer, in welchen er seine Gegner Pforten der Hölle, Priester des Teufels, Menschen verlassen von Glauben, Hoffnung und Liebe, welche arbeiteten an der Schatzkammer des Antechrists, nennt; ich sage das nicht aus Beleidigungssucht, sondern durch die Kraft der Wahrheit, setzt er hinzu. Soll man sich etwa darauf einlassen zu beweisen, daß man nicht eine Pforte der Hölle sey und daß man nicht arbeite an der Schatzkammer des Antechrists?

Was soll man auf die unbestimmten Verleumdungen in Euren Büchern und Erinnerungen über meine Briefe: man gebrauche die Restitution zu seinem Vortheile und mache die Gläubigen arm; man habe gelehrten Mönchen Schätze angeboten, die von ihnen ausgeschlagen wären; man gebe Einigen Benefizen, damit sie Ketzereien verbreiten möchten; man theile Pensionen aus unter Kirchendiener und selbst unter die obersten Curien; ich selbst erhalte eine solche Pension, und habe früher Liebesgeschichten geschrieben, ich der ich nie eine las, und nicht einmal die Namen derjenigen kenne, die Euer Apologist mir zuschrieb — was soll man dazu anders sagen, als Ihr lüget auf die unverschämteste Weise, wenn Ihr nicht Personen, Worte, Zeit und Ort genau angebet. Entweder schweiget, oder gebt die einzelnen Umstände genau an, wie ich es that bei der Geschichte Eures Johann Alban und Eures Casuisten Albius, sonst werdet Ihr durch solche Fabeln nur Euch allein schaden, denn man kennt gegenwärtig Eure Grundsätze, und wenn Ihr heimlich ausbreitet, Ihr habet die entsetzlichsten Laster dieser Menschen von einem angesehenen Manne erfahren, welcher aber wünsche, daß sein Name verschwiegen bleibe, so wird man Euch nur die Worte jenes Kapuziners zurufen: Ihr lügt auf die unverschämteste Weise.

Zu lange schon habt Ihr die Welt betrogen und das Zutrauen gemißbraucht, was man Euren Lügen schenkte; Zeit ist es, so vielen verleumdeten Männern ihren guten Namen wieder zu verschaffen; denn wessen Unschuld ist so allgemein anerkannt, daß die Verleumdungen einer rings verbreiteten Gesellschaft nicht einigen Schatten auf ihn werfen sollten? Wer kann es mir verübeln, daß ich einer Societät, die unter Ordenskleidern ihr schändliches Herz verbarg, rings verleumdet, und das nicht für Sünde, sondern für erlaubt hält, auch noch den wenigen Glauben nahm, den sie bei einigen Unkundigen ihrer Lehren zu behaupten wußte? Viel gerechter ist es ja, so vielen Menschen, die Ihr verlästertet, die Ehre zu schützen, weil sie nicht verdienen, sie zu verlieren, als Euch die Ehre zu lassen, die Ihr nicht verdient, sie zu besitzen.

Zum Zwecke gehören Mittel, ich mußte deshalb zeigen, wer Ihr seyd; ich habe in diesem Briefe angefangen, das zu thun, und die Zeit wird es vollenden; zweifelt nicht daran, ehrwürdige Väter, daß man einst Euch ganz wird kennen lernen; Eure ganze Politik kann Euch nicht dagegen schützen. Die Sorgfalt, womit Ihr mir die Freiheit zu reden zu nehmen Euch bemühet, ist sicher selbst dem Unkundigsten ein Beweis, daß Ihr Euch fürchtet, und daß Ihr, erkennend die Laster, die ich Euch vorwerfen würde, nur dahin strebtet, mich von der Verbreitung derselben abzuhalten.

# Sechszehnter Brief.

## An die Jesuiten.

Anführung der jesuitischen Verleumdungen gegen fromme Priester und Nonnen. Widerlegung derselben.

Vom 4ten Dezember 1656.

Dieser Brief ist dazu bestimmt, den Rest Eurer Verleumdungen zu widerlegen; zuerst zu denen, die mir übrig sind aus Euren Erinnerungen über meine Briefe. Da aber alle Eure übrigen Schriften gleich voll davon sind, so will ich mich über diese Materie so weit verbreiten, als mir nöthig scheint. Ueber die Lüge, die Ihr gegen den Bischof von Ypern so oft wiederholt, sage ich kurz: Ihr habt die Worte des einen oder des andern seiner Briefe boshaft gemißdeutet; sie sind schwankend und neigen sich so wenig auf die schlechte als gute Seite, daher verlangt der Geist der Kirche, daß sie von der guten Seite aufgefaßt werden, und nur der Geist Eurer Societät kann sie zum Schlechten auslegen. Warum sollen gerade seine Worte an einen Freund: trübe dich nicht deines Neffens halber, ich werde ihm reichen, was er braucht, von dem Gelde, das ich in Händen habe, so ausgelegt werden, als habe er das Geld unterschlagen, und nicht seinem Freunde nur damit gedient, um es hernach zu restituiren? wo aber bleibt Eure Klugheit, daß Ihr einen andern Brief desselben Bischofs herausgabet, der Euch offenbar Lügen straft? Denn offenbar zeigt dieser, daß der Bischof das Geld nur nahm, um es hernach wieder zu ersetzen. Es erhellet dieses aus dem 30sten Briefe vom Jahre 1619, wo es heißt:

ängstige dich nicht wegen des Vorschusses; es soll deinem Neffen, so lange er bei mir ist, an nichts fehlen. Und in dem Briefe vom 6. Januar 1620 sagt er: du eilst zu sehr, denn müßte ich auch gleich Rechnung ablegen, so habe ich Credit genug, um das nöthige Geld sofort anzuschaffen.

Ihr seyd also der Verleumdung überwiesen; eben so geht es Euch mit Eurer lächerlichen Rechnung über den Geldkasten des heil. Merry. Was nützt es Euch doch, daß einer Eurer guten Freunde diesen Geistlichen, der Euch verhaßt war, eines solchen Verdachts anklagt? Ist denn derjenige, der angeklagt wird, deshalb schon schuldig? Einen frommen Mann, wie er war, wird es nie an Anklägern fehlen, so lange Verleumder da sind, und diese bleiben, so lange Jesuiten bleiben. Nicht von der Anklage, sondern von dem Urtheile muß man schließen; dieses wurde am 23. Februar 1656 ausgefertigt und der Angeklagte völlig freigesprochen; geschweige, daß der Ankläger von allen seinen Collegen verlassen, und alles öffentlichen Ansehens beraubt selbst die Klage zurücknehmen mußte. Was die Worte betrifft, die Ihr an derselben Stelle aussprecht: dieser berüchtigte Seelenhirt habe sich in einem Augenblicke um neunhunderttausend Floren bereichert, so verweise ich Euch an die Pfarrer von St. Roch und St. Paul, die vor ganz Paris seine vollkommene Uneigennützigkeit in dieser Sache bezeugen, und Euch dadurch einer nicht zu entschuldigenden Bosheit in dieser Verleumdung überführen werden. Doch kein Wort mehr von solchen offenbaren Lügen; es sind das nur Vorübungen Eurer Schüler, und nicht fein geschmiedete Ränke Eurer Professoren.

Jetzt denn, ehrwürdige Väter, komme ich zu einer der schändlichsten Lügen, die je Euer Geist ersann; ich meine die teuflische Frechheit, mit der Ihr heiligen Jungfrauen und ihren Lehrern aufbürdet, sie glaubten nicht an das Geheimniß der Transsubstantiation, nicht an die wirkliche Gegenwart Jesu Christi im Abendmahle.

Wahrlich eine Verleumdung, die werth ist, daß Ihr sie ausbrütetet! Ein Laster, das Gott allein bestrafen kann, so wie Ihr allein fähig seyd, es zu begehen! wer vermag das zu ertragen, wenn er nicht an Demuth gleicht der Demuth jener Jungfrauen? und wer kann es glauben, wenn er nicht an Bosheit gleicht der Bosheit der Jesuiten? Ich unternehme nicht ihre Vertheidigung, denn sie sind gar nicht in Verdacht, und hätten sie deren bedurft, es würden sich kräftigere Arme für sie erheben, als die meinigen. Meine Worte sollen nicht ihre Unschuld, sondern Eure Bosheit beweisen; entsetzen mögt Ihr vor Euch selbst, und urtheilen mag die Welt, ob es wohl ein Laster gebe, dessen Ihr nicht fähig seyd.

Ihr zählt mich immerfort zum Port-Royal, und das ist immer das erste Wort, was Ihr Euren Feinden entgegensetzt, gerade als ob man allein im Port-Royal Eifer genug besitze, die Reinheit der christlichen Moral gegen Eure Verfälschungen zu vertheidigen. Ich kenne recht gut die Verdienste dieser frommen Einsiedler, und weiß, wie sehr sie der Kirche durch ihre erbaulichen, religiösen Bücher nutzten, wie sehr sie sich auszeichnen durch Frömmigkeit und Weisheit; denn obgleich ich niemals im Port-Royal einen festen Aufenthalt gehabt habe, wie Ihr, die Ihr mich doch nicht kennt, so gern der Welt beweisen wollt, so habe ich doch mit Einigen von ihnen vertrauten Umgang, und die Uebrigen achte ich wegen ihrer Tugenden. Doch beschränkte nicht allein auf sie der Allmächtige die Zahl der Vertheidiger seines Glaubens, und ich hoffe mit seiner Hilfe Euch davon zu überzeugen; ich bitte ihn nur, mir den Geist zu bewahren, den er mir einflößte, damit ich alles, was er mir gab, zu seiner Ehre anwenden möge, und ich werde so mit Euch sprechen, daß Ihr vielleicht bereuet, es nicht mit einem Manne aus dem Port-Royal zu thun zu haben. Denn, statt daß jene von Eurer Lüge grausam beleidigt nur mit Seufzen den Allmächtigen bitten, Euch eine solche Schandthat zu vergeben, will ich, da mich Eure Beleidigung nicht trifft, im Angesichte der ganzen Kirche Euch schaamroth machen, damit Ihr die heilsame Schaam empfinden möget, die beinah das einzige Mittel ist zur Heilung Eures verhärteten Herzens, und von der die heil. Schrift sagt: Imple facies eorum ignominia et quaerent nomen tuum Domine.

Gezüchtigt werden muß die Frechheit, die selbst die heiligsten Oerter nicht verschont. Wer ist sicher vor der Verleumdung, da wir diese Verleumdung sahen? An den Ecken der Straßen in Paris erblickten wir den schändlichen Titel des schändlichen Buches mit dem Namen Eures Meynier's an der Stirn: Verschwörung des Port-Royal mit Geneva gegen das allerheiligste Sacrament des Altars. Ihr beschuldigt darin der Ketzerei rücksichtlich des Abendmahls nicht nur den Abt von St. Cyran und Arnauld, sondern auch seine Schwester, die Abtissin Agnes und die übrigen heiligen Frauen dieses Klosters, indem Ihr pag. 96 sagt: auch ihr Glaube an die Eucharistie sey eben so verdächtig, als der des Arnauld, und diesen nennt Ihr schon pag. 4 einen wirklichen Calvinisten.

Ich rufe die ganze Christenheit zu Zeugen, könnte wohl nicht auf ein jeden Andern dieser schändliche Verdacht mit mehr Wahrscheinlichkeit fallen? Denn wenn diese Nonnen und ihre Lehrer sich mit Geneva verschworen hätten gegen das allerheiligste Sacrament des Altars — ohne Grauen läßt sich das nicht einmal denken, — warum wählten sie denn gerade das Sacrament, das sie verabscheuen sollen, zum Hauptgegenstande ihrer frommen Verehrung? warum verbanden sie mit ihren frühern Statuten diesen neuen Cultus? warum nahmen sie das Kleid des heil. Sacraments, nannten sich Frauen des heil. Sacraments, gaben ihrer Kirche den Namen der Kirche des heil. Sacraments? warum verlangten und erhielten sie vom Pabste die Bestätigung dieser Einrichtung, und die Erlaubniß, alle Donnerstage das Officium des heil. Sacraments zu beten, worin sich doch der Glaube der Kirche so deutlich ausspricht, wenn sie sich mit Geneva gegen diesen Glauben verschworen hatten? weshalb verpflichteten sie sich durch ein besonderes vom Pabste bestätigtes Gelübde, daß Tag und Nacht einige von ihnen vor der heil. Hostie beten sollten, um durch ihre ununterbrochenen Verehrungen gegen das heil. Sacrament die Bosheit der dasselbe leugnenden Ketzerei auszusöhnen?

Saget mir, ehrwürdige Väter, wenn Ihr es vermögt, warum übergingen sie alle Mysterien unserer Religion, die sie glaubten, und wählten gerade dasjenige, was sie nicht glaubten? warum weiheten sie sich so ganz diesem Mysterium des Glaubens, wenn sie es, wie die Ketzer, für ein Mysterium der Lüge halten? was könnt Ihr einwenden gegen so treffende Beweise, die sich nicht bloß in Worten, sondern in wirklichen Handlungen zeigen, und das nicht etwa in einigen einzelnen, sondern in einer ununterbrochenen Reihe weihen sie ihr ganzes Leben der Anbetung Jesu Christi, welcher auf unsern Altären wohnt? was könnt Ihr einwenden gegen die von Euch so genannten Bücher aus dem Port-Royal, worin überall die Kraft und Wirksamkeit dieses Mysteriums mit so klaren Worten ausgesprochen wird, daß selbst die Päbste und Concilien sich nicht deutlicher erklären können? Es ist lächerlich und zugleich abscheulich, daß Ihr in Eurem Schriftchen von Meynier überall sagt, Arnauld rede freilich von der Transsubstantiation, aber er verstehe darunter vielleicht irgend eine figürliche Transsubstantiation; er sagt freilich, er glaube an die wirkliche Gegenwart, wer steht uns aber dafür, daß er damit nicht die wirkliche und wahrhafte Figur meine?

Wohin sind wir gerathen! wen Ihr wollt, könnt Ihr für

einen Calvinisten ausrufen, so lange es Euch ungeahndet bleibt, die heiligsten Ausdrücke der Päbste und Concilien durch Eure Methode der gleichlautenden Wörter und durch andere boshafte Spitzfindigkeiten zu verdrehen. Denn wer bediente sich jemals anderer, und vorzüglich in Erbauungsbüchern, wo es sich um keine Streitigkeiten handelt. Und dennoch machte die Liebe und die Achtung, die sie vor diesem heil. Mysterium haben, alle ihre Schriften so deutlich, daß Ihr, so listig Ihr auch seyd, nicht den geringsten Schein von Zweideutigkeit und nicht die geringste Uebereinstimmung mit den Gesinnungen des Geneva darin werdet auffinden können.

Die ganze Welt weiß, daß die Ketzerei des Geneva vorzüglich in folgenden Puncten besteht: Jesus Christus ist nicht enthalten im Abendmahle; er kann nicht zu gleicher Zeit an mehren Orten seyn, da er nun im Himmel ist, so ist er nicht auf unsern Altären, und muß also auch nur im Himmel und nicht auf den Altären angebetet werden; die Substanz des Brodes bleibt in der Verwandlung; der Körper Christi tritt bei der Communion nicht in den Mund und in den Magen, sondern man ißt ihn nur durch den Glauben; die Bösen also essen ihn nicht; die Messe ist nicht ein Opfer, sondern ein Greuel. — Laßt uns nun betrachten, auf welche Weise der Port-Royal in seinen Büchern einverstanden ist mit Geneva. Man lies't darin zu Eurer Schande, daß d a s F l e i s c h u n d B l u t J e s u C h r i s t i e n t h a l t e n i s t i n d e n G e s t a l t e n d e s B r o d e s u n d d e s W e i n s, 2ter Brief Arnauld's p. 259. D a ß d e r H e i l i g e d e r H e i l i g e n i m S a n c t i s s i m u m g e g e n w ä r t i g i s t, ibid. p. 245. D a ß J e s u s C h r i s t u s i n d e m c o m m u n i c i r e n d e n S ü n d e r w o h n t d u r c h s e i n e w a h r e, l e i b h a f t i g e G e g e n w a r t i n i h r e m M a g e n u n d n i c h t d u r c h d i e G e g e n w a r t s e i n e s G e i s t e s i n i h r e m H e r z e n, Freq. Comm. part. 3. cap. 16. D a ß d i e R e l i q u i e n d e r H e i l i g e n i h r e v o r z ü g l i c h e K r a f t besitzen aus dem Saamen des Lebens, der ihnen bleibt vor ihrer Berührung mit dem unsterblichen belebenden Körper Jesu Christi, Freq. Comm. part. 1. cap. 40. Daß nicht auf natürliche Weise, sondern durch die Allmacht Gottes, die alles vermag, der Körper Jesu Christi in der Hostie und selbst in dem kleinsten Theile derselben gegenwärtig ist, Theol. fam. lect. 15. Daß die göttliche Kraft gegenwärtig sey, um das zu erzeugen, was die Consecrationsformel ausspricht, ibid. Daß Jesus Christus, der sich herabwürdigte, auf unsern Altären zu wohnen, zu derselben Zeit auf dem Throne seiner Glorie sitzt, daß er durch sich selbst und durch eigene Kraft zugleich an verschiedenen Orten ist, mitten in der siegenden Kirche und mitten in der kriegführenden, Rat. de susp. Corp. Chr. rat. 21. Daß die sacramentalischen Species bleiben in der Luft aufgehoben und gegen das Naturgesetz sich halten nicht gestützt auf einen Gegenstand, und daß der Körper Jesu Christi gleichfalls aufgehängt ist unter diesen Gestalten und doch nicht von ihnen abhange, wie die Substanz abhangt von dem Accidenz, ibid. 23. Daß die Substanz des Brodes sich ändere, während das Accidenz desselben dasselbe bleibt, In offic. Eccles. diviniss. Sacram. Daß Christus im Abendmahle mit derselben Glorie gegenwärtig sey, wie im Himmel, Epist. Abb. 5. Cygir. t. 1. epist. 93. Daß seine glorreiche Menschheit verdeckt durch die Gestalten des Brodes in den Altären der Kirche wohne, und daß er so von der Anbetung seiner überall gegenwärtigen Menschheit an einem besondern Orte den schwachen Menschen fortleiten wolle zu der Anbetung seiner überall gegenwärtigen Gottheit. Ibid. Wir empfangen mit der Zunge den Körper Jesu Christi, und sie wird geheiligt durch die Berührung mit demselben, epist. 32. Christus geht ein in den Mund der Priester, epist. 72. Daß, obgleich Jesus Christus sich durch seine besondere Liebe und Güte empfangbar macht im heil. Sacramente, er dennoch in diesem das den Sterblichen unzugängliche Licht beibehalte, was unzertrennlich von seiner Gottheit ist, denn obgleich nach der Sprache der Schule durch die Kraft der Consecrationsformel — vi verborum — nur sein Körper und sein Blut gegenwärtig ist, so hindert das nicht, daß auch seine ganze Göttlichkeit gegenwärtig sey, die in nothwendiger Verbindung steht mit seiner Menschheit. In defens. opusc. cui titul. Chapellet du saint sacrem. p. 217. Endlich, daß die Eucharistie ein Opfer und ein Sacrament sey, Theol. fam. lect. 15, und daß unter diesem Opfer und dem Kreuzesopfer, dessen Erinnerung jenes ist, nur der Unterschied Statt finde, daß das Meßopfer nur für die Kirche und ihre Gläubigen dargebracht wird, das Kreuzesopfer aber dargebracht wurde für die ganze Welt, wie die Schrift sagt, Ibid. pag. 153.

Das reicht gewiß hin, ehrwürdige Väter, zu zeigen, daß über Eure Unverschämtheit keine Unverschämtheit gehe; doch ich will noch mehr thun, ich will zeigen; daß Ihr selbst Euch das Urtheil fällt. Wie muß sich denn der ausdrucken, der selbst dem geringsten Scheine des Calvinism entfliehen will? Hätte Arnauld, sagt Euer Meynier, behauptet, in diesem heiligen Mysterium unter den Gestalten des Brodes und Weines bleibe nicht die Substanz des Brodes und Weines, sondern nur das Fleisch und

Blut Jesu Christi, so würde ich gern zugeben, daß er weit entfernt sey von der Gesinnung des Geneva. Schweiget also, Ihr Verleumder, und bittet öffentlich um Verzeihung; denn wie oft ist jenes ausgedruckt in den von mir angeführten Stellen! aber die einzige Theol. famil. reicht hin, die der Abt von St. Cyran mit der Billigung Arnauld's verfaßte, sie enthält beider Gesinnungen; leset die lect. 15, und vorzüglich den art. 2, und ihr findet da das Gesuchte noch deutlicher ausgesprochen, als Ihr selbst es thut. Bleibt, sagt er, das Brod in der Hostie und der Wein im Kelche? Keineswegs, denn die ganze Substanz des Brodes und Weines verschwindet, und für sie tritt an die Stelle die Substanz des Fleisches und Blutes Jesu Christi, die allein da bleibt verhüllt in die Gestalten des Brodes und Weines.

Sagt Ihr nun noch, ehrwürdige Väter, daß der Port-Royal nichts behaupte, was nicht auch Geneva lehren könne, und daß Arnauld in seinem zweiten Briefe nicht gesagt habe, was nicht auch ein Lehrer des Calvinism aufstellen könne? So legt doch mal dem Mestresat die Worte in den Mund, die Arnauld in diesem Briefe pag. 237 u. f. ausspricht: es ist eine unverschämte Lüge, zu behaupten, ich sey ein Leugner des Geheimnisses der Transsubstantiation; die Wahrheit der wirklichen Gegenwart des Gottessohnes im Sacramente, die entgegengesetzt ist der calvinistischen Ketzerei, ist die Grundlage in meinen Schriften; ich schätze mich glücklich, an einem Orte zu leben, wo man unausgesetzt den Heiligen der Heiligen in dem Sanctissimum anbetet. Dürfte das ein Calvinist sagen? Diese Worte sind noch bei weitem mehr dem Calvinism entgegen, als die bloße Annahme der Lutheraner von der wirklichen Gegenwart, denn, sagt der Cardinal Richelieu in seinen controvers. pag. 536, die neuen Lehrer Frankreichs, die sich mit den nicht die wirkliche Gegenwart leugnenden Lutheranern verbunden haben, erklären, sie trennten sich rücksichtlich dieses Geheimnisses nur deshalb von der Kirche, weil die Katholiken die Eucharistie anbeten.

Laßt doch mal den Geneva alle die angeführten Lehren aus dem Port-Royal unterschreiben, und nicht nur diese einzelnen Stellen, sondern die ganzen Abhandlungen, z. B. Frequent. Commun.; Explic. ceremon. Miss.; Precat. inter Miss. habend.; Rationes susp. sancti sacram.; Hymni Eccles. in französischer Sprache übertragen u. s. w. Laßt endlich die Kirche der Calvinisten den heiligen Gebrauch aufnehmen, daß sie unaufhörlich, wie im Port-Royal, die Eucharistie anbeten: dadurch werdet Ihr der Kirche einen großen Dienst erweisen, und es wird sich nicht der Port-Royal vereinigen mit Geneva, sondern Geneva mit dem Port-Royal und mit der ganzen Kirche.

Wahrhaftig, ehrwürge Väter, eine dummere Verleumdung hättet Ihr gegen den Port-Royal nicht aufbringen können, denn eines solchen Lasters ist er nicht im mindesten verdächtig. Was doch bewegte Euch zu dieser Lüge? Es lohnt sich der Mühe, das genauer zu betrachten, und Ihr wißt wohl, daß ich schon so etwas eingeweiht bin in Eure Politik, aus der jene Lüge hervorging. Hätten der Abt von St. Cyran und Arnauld nur geschrieben, was man über dies Geheimniß glauben, nicht aber wie man den Geist für dasselbe vorbereiten müsse, so wären sie die besten Katholiken geblieben, und man hätte niemals sie eines Betrugs beschuldigt versteckt in den Ausdrücken: wirkliche Gegenwart und Transsubstantiation. Weil alle diejenigen, welche Eure Verirrungen tadlen, Ketzer seyn müssen, und zwar in dem Puncte, über den sie Euch tadlen: wie war es möglich, daß Arnauld der Ketzerei rücksichtlich des Abendmahls entgehen konnte, da er gegen Eure profanen Lehren über dieses Sacrament eine besondere Schrift herausgab? Sonst hätte er ja ungestraft sagen dürfen: es ist ungerecht, das Abendmahl denen zu reichen, die stündlich in dieselben Laster zurückfallen und bei denen keine Hoffnung zur Besserung ist; man muß sie so lange von dem Altare entfernen, bis sie sich gereinigt haben durch eine aufrichtige Buße, damit sie das Abendmahl mit Nutzen empfangen!

Leidet ja nicht, ehrwürdige Väter, daß jemand so spricht, man würde Eure Beichtstühle lange nicht mehr so überlaufen, denn Euer Brisacer sagt: wollte man der Methode folgen, so dürfte Niemanden mehr das Blut Jesu Christi gereicht werden. Es ist Euch viel nützlicher, wenn man der Praxis der Societät Jesu folgt, die Eure Mascarenhas in seinem von Euren Doctoren approbirten und von Eurem General selbst gebilligten Buche aufstellt, die so lautet: Alle Sorten von Menschen und selbst die Priester können an demselben Tage zur Communion gehen, an dem sie sich besudelten mit den schändlichsten Lastern; statt gegen solche Communionen einen Widerwillen zu haben, ist es sehr löblich sich ihrer zu bedienen; die Beichtsväter dürfen die Menschen nicht davon zurückhalten, sondern müssen denen, die solche Laster begingen, rathen, zu derselben Zeit die heil. Communion zu empfangen, denn obgleich die Kirche es verbietet, so ist dieses Verbot längst aufgehoben durch den allgemeinen Gebrauch der ganzen Welt. Mascar. tr. 4. disp. 5. num. 284.

So wichtig ist es, ehrwürdiger Väter, daß die Jesuiten sich durch die ganze Welt verbreiteten, so wichtig ist die allgemeine Praxis, die Ihr überall eingeführt habt und erhalten wollt. Es liegt Euch nichts daran, ob das Mahl Jesu Christi besudelt wird durch abscheuliche Laster, wenn nur Eure Tempel recht voll sind von Menschen. Wer sich also dieser Eurer Lehre widersetzt, den beschuldigt schnell der Ketzerei, um welchen Preis es auch geschehen möge. Wie könnt Ihr aber den Port-Royal der Ketzerei hinsichtlich des Abendmahls beschuldigen, da er so viele Proben seines rechten Glaubens gibt? Fürchtet Ihr denn nicht, daß ich die vier gewaltigen Beweise, durch die Ihr ihn der Ketzerei überführen wollt, hier mittheile? Ihr habt das verdient und ich will Euch diese Schande nicht schenken; sehen wir also den ersten jener vier Beweise.

Der Abt von Cyran, so lauten die Worte Eures Meynier, sagt zu einem seiner Freunde tom. 1. epist. 14, um ihn über den Verlust seiner Mutter zu trösten, er könne in seinem Schmerze Gott kein wohlgefälligeres Opfer darbringen, als das der Geduld; also ist er ein Calvinist. Sehr spitzfindig, und ich zweifle, daß Jemand den Grund einsieht, Meynier soll ihn also selbst anführen; weil, sagt er, der Abt nicht das Meßopfer glaubt, denn dieses ist dasjenige, was Gott von allen am wohlgefälligsten ist.

Nun sage man mir noch, die Jesuiten verständen nicht die Kunst, zu beweisen! Wen sie wollen, den beweisen sie zum Ketzer, und wäre es auch die heil. Schrift. Ist es denn nicht eine offenbare Ketzerei, wenn der Ecclesiast sagt: nichts ist ärger, als die Liebe zum Gelde — nihil est iniquius quam amare pecuniam? — dann wären ja der Ehebruch, der Meuchelmord und der Götzendienst nicht so große Sünden, als die Liebe zum Gelde. Wer aber redet nicht manchmal eben so und sagt: ein zerknirschtes und demüthiges Herz ist in den Augen Gottes das angenehmste Opfer? man denkt ja bei solchen Redensarten nicht daran, mehre Tugenden in Vergleich zu bringen und jenes Opfer mit dem Meßopfer zusammen zu stellen, dieses ist ganz verschiedener Art und unendlich über jenes erhaben.

Ihr macht Euch lächerlich, ehrwürdige Väter; soll ich Euch etwa zu Eurer völligen Beschämung auch noch aus des Abts Briefen die ausdrücklichen Worte anführen, wo er das Meßopfer als das erhabenste von allen darstellt? In allen Zeiten, an allen Orten, sagt er, bringt man Gott das Opfer seines Sohnes, weil es diesem das allererhabenste Mittel war, seinen Vater zu ehren. Und weiter unten: Jesus Christus befahl, in der Todesstunde das Opfer seines Körpers zu empfangen, damit das Opfer unsers Körpers Gott angenehmer sey, und damit er durch seine Verbindung mit uns unsere Schwäche stärke und das letzte Opfer unsers Lebens heilige. Laßt Euch das alles nicht kümmern, und fahret fort, zu behaupten, wie Ihr pag. 33 thut, er wolle nicht, daß man in der Todesstunde communicire und er glaube nicht an das Opfer der Messe; Ihr seyd Verleumder von Profession, und für die ist nichts zu gewagt.

Euer zweiter Beweis besteht in Folgendem: um den Abt von St. Cyran des Calvinism zu überführen, bedient Ihr Euch einer Stelle aus Aurelius — für den Verfasser dieses Buchs gebt Ihr den Abt aus, — wo pag. 89 die Lehre der Kirche rücksichtlich der abgesetzten Priester und Bischöfe so auseinander gesetzt wird: Die Kirche kann ihnen nicht die Kraft des Ordens nehmen, denn ihre Würde ist unauslöschlich, sie thut deshalb nur was sie kann; und da sie einmal die Würde aus der Seele derjenigen, die sie empfingen, nicht wegnehmen kann, so tilgt sie dieselbe aus ihrer eigenen, und betrachtet jene, als wären sie nie Priester und Bischöfe gewesen, so daß nach der gewöhnlichen Sprache der Kirche sie nicht mehr Priester und Bischöfe sind, obgleich sie ihrer eigentlichen Würde nach nie aufhören es zu seyn — ob indelebilitatem characteris. — Daraus erhellet deutlich, daß dieser Schriftsteller, der approbirt und gelobt wurde von drei großen Versammlungen der französischen Geistlichkeit, die Würde des Priesterthums für unauslöschlich erklärt; dessenungeachtet soll er nach Euch gerade durch diese Worte behaupten, die Würde des Priesterthums sey nicht unauslöschlich. Das ist doch eine zu unverschämte Verleumdung, oder nach der Sprache Eurer Schule eine kleine läßliche Sünde. Ihr seyd deshalb erboßt auf dieses Werk, weil er die Ketzereien Eurer Brüder in England, betreffend die Auctorität des Bischofs, rügt. Wie nun noch überdieß aus der Lüge, er halte die Würde des Priesterthums für auflöslich, hervorgehen solle, er leugne die wirkliche Gegenwart Jesu Christi im Abendmahle, wie Ihr das beweisen wollt, das begreife ich wahrhaftig nicht.

Ihr erwartet doch wohl nicht gar, ehrwürdige Väter, daß ich Euch antworten soll auf diese Schnödler? fehlt Euch so ganz und gar alle gesunde Vernunft, so bin ich nicht derjenige, der sie Euch geben will, und wer sie besitzt, wird über Euch lachen, wird auch lachen über Euren dritten Beweis. Dieser stützt sich auf die Worte aus der Comm. freq. 3. q, c. 11: Gott reicht uns im Abendmahle dieselbe Speise als den Heiligen im Himmel, und es ist weiter kein Unterschied, als daß er uns nicht inne werden läßt des wahrhaften Anblicks und des fühlbaren Geschenks, sondern beides für den Himmel behält. In diesen Worten ist die Lehre der Kirche so deutlich ausgesprochen, daß ich gar nicht weiß, wie Ihr Euch habt einfallen lassen können, sie dem Verfasser jenes Buches zum Vorwurfe zu machen. Denn nur so viel sehe ich, daß das Concilium Tridentinum sess. 13. c. 8. lehrt, es sey kein weiterer Unterschied unter Jesus Christus im Abendmahle und Jesus Christus im Himmel, als daß er dort verhüllt und hier nicht verhüllt ist — Panem Angelorum modo sub sacris velaminibus edi, in coelo absque ullo velamine manducatum iri. — Arnauld sagt nicht, es gebe weiter keinen Unterschied in der Art, wie man Christus empfange, sondern es gebe weiter keinen Unterschied unter Jesus Christus, den man empfange; daraus zieht Ihr den widersinnigen Schluß, er habe behauptet, man empfange Christus nicht mit dem Munde, wie man ihn im Himmel nicht damit empfange, und so ist denn die Ketzerei fertig, welche Ihr ihm vorwerft.

Ihr dauert mich sehr, ehrwürdige Väter; seyd Ihr denn so schwachsinnig, daß man Euch das noch weiter auseinander setzen muß? warum verwechselt Ihr diese himmlische Speise mit der Art, sie zu empfangen? Unter dieser Speise auf der Erde und im Himmel gibt es nur einen einzigen Unterschied, der darin besteht, daß sie auf der Erde verhüllt ist in einen Schleier, der uns ihre Gestalt und ihren Geschmack verbirgt; es gibt aber mehre Unterschiede in der Art, sie auf der Erde und im Himmel zu empfangen, von denen der vorzüglichste bei Arnauld part. 3. cap. 16 angeführt ist: Jesus Christus geht ein in den Mund und Magen sowohl der Guten als Bösen, und das ist nicht der Fall im Himmel.

Kennt Ihr den Grund dieses Unterschiedes nicht, so wisset, ehrwürdige Väter, daß der Grund, warum Gott diese verschiedene Arten, dieselbe Speise zu empfangen, festsetzte, in dem Unterschiede liegt, der sich findet zwischen dem Zustande der Christen in diesem Leben und der Seligen im Himmel. Der Zustand der Christen in diesem Leben, sagt der Cardinal Petronius, hält das Mittel zwischen dem Zustande der Juden und dem der Seligen im Himmel. Die Seligen im Himmel besitzen Jesus Christus ganz ohne Verhüllung und ohne Gestalten; die Juden besitzen nur die Verhüllung und nur die Gestalten, wie das Osterlamm und das Manna; die Christen aber besitzen Jesus Christus wirklich im Abendmahle, aber verhüllt in die Gestalten. Gott machte sich drei Tabernakel, sagt Eucherius, die Synagoge, die nur den Schatten und nicht das Licht hat, die Kirche, welche das Licht hat mit dem Schatten, und den Himmel, in dem aller Schatten verschwindet und nur das Licht allein glänzt.

Diesen Zustand, in dem wir sind, und welcher als Zustand des Glaubens nach dem heil. Paulus zwischen dem Zustande des Gesetzes und dem der Glorie steht, würden wir verlassen, wenn wir nur die Bilder und Gestalten Jesu Christi hätten, denn dem Gesetze ist es eigen, nur den Schatten und nicht die Substanz der Dinge selbst zu besitzen; diesen Zustand würden wir aber auch verlassen, wenn wir den sichtbaren Jesus Christus besäßen, denn der Glaube sieht nicht die Dinge, wie der Apostel sagt. So ist denn die Eucharistie vollkommen angemessen dem Zustande des Glaubens, weil sie wirklich den wahren Jesus enthält, aber in der Verhüllung. Dieser Zustand wäre also vernichtet, sobald man annimmt, Jesus Christus sey nicht wahrhaft mit Fleisch und Blut gegenwärtig in den Gestalten des Brodes und Weines, wie die Ketzer behaupten; er wäre aber auch vernichtet, wenn wir ihn empfingen ohne die Verhüllung, wie im Himmel; denn entweder hieße das unsern Zustand mit dem Zustande der Juden, oder mit dem der Seligen im Himmel verwechseln.

Das ist, ehrwürdige Väter, die geheimnißvolle göttliche Beschaffenheit dieses göttlichen Geheimnisses. Diese hält uns ab von dem Calvinism, der uns zum Judenthume zurückführt, und läßt uns hoffen auf die Glorie der Seligen, die uns den Heiland von Angesicht zu Angesicht in seiner ewigen Schönheit wird schauen lassen. Hieraus erhellet, daß es mehre Unterschiede gibt unter der Art, wie sich der Heiland mit den Christen auf der Erde und mit den Seligen im Himmel vereinigt, daß man unter andern ihn hier mit der Zunge empfange und nicht so im Himmel; zugleich aber erhellet, daß alle diese Unterschiede nur hervorgehen aus dem Unterschiede zwischen dem Zustande des Glaubens, in welchem wir uns befinden, und dem Zustande der Glorie, dessen die Seligen sich freuen. Dieses gerade hat Arnauld, ehrwürdige Väter, ganz vortrefflich ausgedrückt durch jene Worte: Zwischen dem geheiligten Zustande derjenigen, die Jesus Christus im Abendmahle empfangen, und dem der Seligen im Himmel kann es keinen geringern Unterschied geben, als zwischen dem Zustande des Glaubens und der Glorie ist, und hiervon allein hangen die verschiedenen Arten ab, wie man den Heiland auf der Erde und im Himmel empfängt. Ihr hättet die heilige Wahrheit dieser Worte ehren müssen, statt sie zu verdrehen, und daraus eine Ketzerei zu machen, die nicht darin lag und auch nicht darin liegen kann, daß man nämlich nach Arnauld den Heiland nur durch den Glauben, nicht aber ihn wirklich mit dem Munde empfange, wie voll Bosheit die Häupter Eurer Verleumdung Annat und Meynier behaupten.

Diese Beweise gingen Euch schlecht von Statten; deshalb nahmt Ihr denn auch Eure Zuflucht zu einem andern Kniffe; damit nämlich Arnauld abweiche vom Concilium Tridentinum, so verfälschtet Ihr dieses; wieder ein Mittel mehr, die Welt der Ketzerei zu überführen. Meynier thut das unzählige Male in seinem Buche, und 8 bis 10 mal bloß auf der 54sten Seite, wo er verlangt, man müsse, um Katholik zu heißen, nicht nur sagen: ich glaube, das Christus im Abendmahle wirklich gegenwärtig ist, sondern: ich glaube mit dem Tridentinum, daß er hier gegenwärtig ist, in localer Gegenwart. Als Beweis führt er das Concilium an sess. 13. can. 3. can. 4. can. 6. Wer sollte nicht glauben, die Worte locale Gegenwart fänden sich wirklich im Concilium um so mehr, da Meynier sie als an drei verschiedenen Stellen vorkommend citirt? Ehe ich meinen 15ten Brief verbreitete, hätte Euch ein solcher Betrug vielleicht etwas helfen können, allein jetzt ist es zu spät, denn man lies't schon allgemein das Concilium und man wird sich leicht überzeugen, daß Ihr Lügner seyd; denn die Ausdrücke: locale Gegenwart, Localität u. s. w. sind nie im Concilium vorhanden gewesen an der Stelle, die Ihr citirt; ja ich füge hinzu, sie sind auch an keiner Stelle des Tridentinums, noch in einem andern vorhergehenden Concilium, noch in einem Kirchenvater zu finden.

Ich ersuche Euch also zu sagen, ehrwürdige Väter, ob Ihr etwa beschlossen habt, alle die des Calvinism zu beschuldigen, die jenes Ausdrucks sich nicht bedienen. Wenn Ihr das habt, so wird auch das Tridentinum des Calvinism verdächtig und jeder Kirchenvater ohne Ausnahme. Hattet Ihr denn kein ander Mittel, den Arnauld zum Ketzer zu machen, und konntet Ihr es nicht, ohne zugleich so viele andere Männer zu beleidigen, die Euch nie beleidigt hatten? Unter diesen ist auch der heil. Thomas, der große Vertheidiger der Eucharistie, denn er bedient sich nicht jenes Ausdrucks: locale Gegenwart, sondern verwirft ihn sogar, indem er 3. p. quaest. 76. a. 5. sagt: Nullo modo Corpus Christi est in Sacramento localiter.

Wer gab Euch denn das Recht, ehrwürdige Väter, neue Ausdrücke vorzuschreiben, in denen man die Glaubenssätze darstellen soll? als ob das Glaubensbekenntniß, welches auf Befehl der Päbste die Concilien enthalten, und worin sich Euer Ausdruck nicht befindet, mangelhaft sey und eine Zweideutigkeit für den Glauben der Gläubigen übrig lasse, die Ihr allein entdecktet? Welch eine Verwegenheit, selbst den Theologen den Gebrauch dieses Ausdrucks vorzuschreiben? Welche Bosheit, ihn einem Concilium beizuschreiben? Welch eine Dummheit, nicht zu wissen, daß die größten Lehrer der Kirche aus Gründen sich weigerten, diesen Ausdruck aufzunehmen? Schämt Euch und erröthet über Eure Unwissenheit und Verleumdung, und höret die Worte der Schrift: **De mendacio ineruditionis tuae confundere.**

Leget also nur den Lehrton ab, ehrwürdige Väter; Ihr habt weder die Würde noch die Geschicklichkeit dazu. Wollt Ihr aber bescheidener auftreten und bitten, wo Ihr nicht befehlen könnt, so gibt Euch Arnauld vielleicht Gehör. Denn obgleich das Wort locale Gegenwart von dem heil. Thomas, wie ich Euch gezeigt habe, verworfen wurde, weil Christus in der Eucharistie nicht die gewöhnliche Ausdehnung der Körper einnimmt, so gibt es dessenungeachtet einige neuere Schriftsteller, die es aufnehmen; sie verstehen aber weiter nichts darunter, als daß die Gestalten, in denen der Körper Jesu Christi wahrhaft enthalten ist, an einem bestimmten Orte und also auch der Körper Christi an diesem Orte sey. Nimmt man das Wort so, dann wird Arnauld es ohne Schwierigkeiten zulassen, da ja der Abt von Cyran und er selbst so oft erklären, Jesus Christus sey in dem Abendmahle wirklich an einem bestimmten Orte und durch seine göttliche Allmacht an mehren Orten zugleich. Alle Eure Spitzfindigkeiten fallen so von selbst weg, und Ihr könnt Eurer Beschuldigung, die doch nur erlaubt gewesen wäre, wenn Ihr unumstößliche Beweisgründe gehabt hättet, nicht einmal den mindesten Anstrich von Wahrscheinlichkeit geben.

Doch wozu dient es, ehrwürdige Väter, Eure Verleumdungen durch den Beweis ihrer Unschuld zu widerlegen? Ihr erkläret sie ja nicht deshalb für Ketzer, weil Ihr glaubt, sie wären wirklich abtrünnig von der wahren Lehre, sondern bloß, weil Ihr denkt, sie schadeten Euch, und das reicht Eurer Theologie gemäß hin, sie ohne Laster zu verlästern, und Ihr könnt ohne vorhergegangene Beichte und Buße an demselben Tage zum Meßopfer schreiten, an welchem Ihr andere Priester verleumdet, daß sie, obgleich sie alle Tage Messe lesen, doch glaubten, die Messe sey ein bloßer Bilderdienst, und doch ist das ein so entsetzliches Laster, daß Ihr das Bildniß Eures eigenen Jarrigius aufhängen ließet, weil er im Einverständnisse mit Geneva lebend das Meßopfer dargebracht hatte.

Ich wundere mich nicht darüber, daß Ihr so gänzlich ohne alle Gewissensangst ihnen so gewaltige und grundfalsche Laster andichtet, sondern nur, daß Ihr sie ihnen mit so weniger Klugheit und so ganz ohne alle Wahrscheinlichkeit andichtet. Ueber Sünde und Nichtsünde habt Ihr die oberste Gewalt; glaubt Ihr aber auch so frei über den Glauben der Welt disponiren zu können? In Wahrheit, ehrwürdige Väter, müßte auf eine von beiden Parteien, auf sie oder auf Euch, der Verdacht des Calvinism fallen, Ihr kämet gewiß dabei zu kurz. Ihr Glaube ist eben so rein katholisch, als der Eurige; sie beweisen ihn aber durch ihre Handlungsweise, statt daß Ihr demselben dadurch Hohn sprecht. Denn wenn Ihr mit Ihnen glaubt, daß das Brod wirklich verwandelt ist in den Körper Jesu Christi, warum lehrt Ihr denn nicht mit ihnen, daß diejenigen, die sich dem Abendmahle nähern, zuvor ihr steinernes, eisiges Herz umwandeln müssen in ein Herz der Frömmigkeit und Liebe? Wenn Ihr glaubt, daß Jesus in diesem Sacramente die Gestalt des gestorbenen angenommen habe, damit er die Welt lehre, daß auch sie der Sünde und sich selbst absterben sollen, wenn sie sich ihm nahen wollen: warum laßt Ihr diejenigen zur Communion, die noch voll Laster sind und von den Trieben ihrer Leidenschaften glühen? warum würdigt Ihr diejenigen der Speise der Engel, die nicht einmal der Speise der Menschen würdig sind? Bei Gott, große Verehrer dieses heiligen Geheimnisses, deren Eifer diejenigen verfolgt, die durch so viele heilige Communionen es ehren, und diejenigen lobt, die es entehren durch so viele unwürdige, gotteslästerische Communionen? Würdig ist es solchen Vertheidigern dieses heiligen, anbetungswürdigen Opfers, daß sie rings um die Tafel Jesu Christi in Lastern verstrikte Sünder lagern, in ihre Mitte einen Priester stellen, den sein Beichtvater von seinen Lastern gegen Gott und Natur unvorzüglich zum Altare schickt, damit er Christi Stelle vertretend dem Gotte aller Heiligkeit das allerheiligste Opfer bringe und es mit seinen sündhaften Händen den sündhaften Lippen der Umstehenden darreiche? würdig ist es derjenigen, die unter Aufsicht ihrer Obern über die ganze Erde solche Lehren verbreiten, daß sie den Arnauld, den Verfasser der Comm. freq., und den Frauen des heil. Sacraments den Vorwurf machen, sie glaubten nicht an das heil. Sacrament!

Doch damit begnügt sich noch nicht Eure Bosheit! Nicht eher könnt Ihr ruhen, bis Ihr die Verleumdung gegen sie aufgebracht habt, sie leisteten gänzlich Verzicht auf Jesus Christus und auf die Taufe. Ich behaupte das nicht so bloß in den Wind, wie Ihr immer thut; hier ist der Gipfel Eurer Verleumdungen, die Krone Eurer Lügen. Eine so abscheuliche Schandthat allein zu begehen war Euer Fillel nicht würdig genug, obgleich Ihr sie durch ihn hattet entstehen lassen; öffentlich schrieb sie sich deshalb die Societät zu, und Euer Meynier behauptet als eine ausgemachte Wahrheit, daß der Port-Royal unter Leitung des Abts von St. Cyran und des Bischofs von Ypern seit 35 Jahren schon heimliche Cabalen schmiede, um das Geheimniß der Menschwerdung zu vernichten, dem Evangelium, als einer unzuverläßigen Geschichte, den Glauben zu entreißen, die christliche Religion auszurotten und auf den Trümmern des Christianism den Deism zu erheben. Eine größere Beschuldigung könnt Ihr nicht aufbringen, ehrwürdige Väter; habt Ihr denn Genugthuung, wenn man alles dieses von denen glaubt, die Ihr hasset? Wird Eure Erbitterung denn endlich zufrieden seyn, wenn Ihr jene nicht nur allen Katholiken wegen ihrer Verschwörung mit Geneva gegen das Abendmahl, sondern auch allen denen, die an Jesus Christus glauben, ohne Katholik zu seyn, wegen ihres Deism verächtlich gemacht habt?

Hofft Ihr denn, man werde Euch auf Euer bloßes Wort eine Sache glauben, die nicht nur die geringste Wahrscheinlichkeit, sondern selbst die entscheidensten Gründe wieder sich hat, man werde Euch glauben, daß Priester, die nur von der Gnade Jesu Christi, der Wahrheit des Evangeliums, der Nothwendigkeit der Taufe predigen, Verzicht geleistet hätten auf das Evangelium, die Taufe und Jesus Christus?

Thoren seyd Ihr, wenn Ihr davon die Welt zu überreden hofft; Elende, boshafte Lügner, wenn Ihr entweder es selbst glaubt, oder, was was wahrscheinlicher ist, es Andern nur beizubringen sucht, während Ihr selbst es nicht glaubt. Unbesonnener hättet Ihr Euch nicht auslassen können; denn entweder müßt Ihr beweisen, daß jene nicht an Christus glauben, oder Ihr geltet für die elendesten Lügner, die je die Erde trug. So beweiset denn, ehrwürdige Väter; nennet jenen geachteten Priester, der, wie Ihr sagt, der Versammlung zu Bourg-Fontaine im Jahre 1621 beiwohnte, und nachher Eurem Fillel offenbarte, man habe hier den Vorsatz zur Zerstörung der christlichen Religion gefaßt; nennet die sechs Männer, die Ihr für die Urheber dieser Verschwörung ausgebt. Saget, wer durch die Buchstaben A. A. bezeichnet werden solle, welche nicht, wie Ihr pag. 15 sagt, Antonius Arnauld — denn dieser hat Euch bewiesen, daß er damals ein Kind von 9 Jahren war, — sondern einen andern noch lebenden Mann, einen Freund und Bekannten Arnaulds bedeuten sollen. Ihr kennt ihn also, und folglich seyd Ihr verpflichtet, ehrwürdige Väter, wenn Ihr nicht selbst ohne alle Religion seyd, diesen Mann dem Könige und dem Parlemente anzuzeigen, damit er gestraft werde, wie er es verdiente. Redet also, ehrwürdige Väter, hier ist Schweigen ein schändliches Verbrechen, nennet den Mann, oder Ihr seyd Lügner, die nicht würdig sind, die Erde zu betreten.

Seht, so zeigte uns der gute Valerian, so müsse man Verleumder Eurer Art in die Klemme setzen und sie dadurch zur Bekenntniß ihrer eigenen Schande zwingen. Wer hier schweigt, ehrwürdige Väter, der erkennt sein Laster an, und er ist vollkommen seiner teuflischen Verleumdung überführt. Niemand wird so blind für Euch eingenommen seyn, daß er glaubt, Euer Schweigen sey eine Wirkung Eurer duldenden Tugend und nicht Eures Unvermögens zur Antwort, daß er sich nicht wundere über Eure Bosheit, die selbst die heiligen Frauen im Port-Royal nicht verschont, und die es zu behaupten sich erdreistet, wie Euer Meynier pag. 14 thut, das von einer dieser Jungfrauen verfertigte Gebetbuch betitelt le chapelet secret du saint Sacrament sey die erste Frucht dieser Verschwörung gegen Jesus Christus, und wie er pag. 95 sagt, man habe diesen Jungfrauen alle die Ketzereien jener Schrift eingeimpft, die Ihr immer nur ein Lehrbuch des Deism nennt.

Eure Verleumdungen dieser Schrift sind längst auf das entscheidendste widerlegt in der Vertheidigung der Censur des Erzbischofs von Paris gegen Euren Brisacer; alle Eure Widerreden konnten Euch nicht schützen; dessenungeachtet hört Ihr nicht auf, nach der Gewohnheit Eurer Societät mit der gewohnten Frechheit das Maaß Eurer Bosheit zu überfüllen und den aller Welt durch ihre Frömmigkeit bekannten Jungfrauen die äußerste Gottlosigkeit wieder vorzuwerfen. Schändliche, grausame Verfolger! nicht einmal die verborgenste Zelle ist ein Asyl gegen Eure Verleumdungen! Während diese heiligen Jungfrauen ihren Statuten gemäß Tag und Nacht Jesus Christus im heil. Sacramente anbeten, sinnt Ihr Tag und Nacht darauf, sie zu verschwärzen, als glaubten sie nicht, daß Jesus Christus im Abendmahle gegenwärtig sey, ja nicht einmal, daß er zur Rechten seines Vaters sitze; während sie für Euch und für die ganze Kirche in Andacht versunken sind, trachtet Eure Bosheit nur darnach, sie öffentlich als Abtrünnige der Kirche darzustellen. Ihr verleumdet die, welche nicht Ohren haben, Euch zu hören, und nicht Zungen, Euch zu antworten; aber Jesus Christus, für den sie sich verbergen, um einst mit ihm in seiner Glorie zu erscheinen, der hört Euch und wird für sie antworten. Man hört sie, seine heilige, furchtbare Stimme, das Staunen der Natur und der Trost der Kirche. Ich fürchte, ehrwürdige Väter, daß Ihr, die Ihr jetzt mit verhärtetem Herzen und voll Hartnäckigkeit ihn nicht hören wollt, wenn er als Gott zu Euch spricht, mit Zittern einst seine Stimme vernehmen werdet, wenn er als Richter zu Euch redet. Wie werdet Ihr da ihm Rechenschaft geben können über so viele Verleumdungen! Er wird Euch nicht beurtheilen nach den Lehren Eures Dikastill, Gans und Penelossa — da möchtet Ihr Euch leicht rechtfertigen, — sondern nach den Gesetzen seiner ewigen Wahrheit, die er niederlegte in den Lehren der Kirche, und diese ist weit entfernt, ein solches Laster zu entschuldigen, sie verabscheuet es im Gegentheile so sehr, daß sie es straft wie einen freiwilligen Todschlag. In dem I. und II. Concilium zu Arles wird bestimmt, man solle den Verleumdern, wie den Mördern, nicht eher die Communion ertheilen, als in der Todesstunde. Das Concilium von Lateran erklärt diejenigen der priesterlichen Würden für unfähig, die der Verleumdung überführt sind, obgleich sie sich besserten. Die Päbste droheten sogar denen, die einem Bischofe, Priester oder Diacon ein falsches Laster andichten, ihnen die Communion selbst in der Todesstunde vorzuenthalten. Der Pabst Adrian verdammt die Verfasser einer Schmähschrift, falls sie ihre Behauptungen nicht strenge beweisen können, zur Geißelung — flagellentur, ehrwürdige Väter. — So weit war allezeit die Kirche von den erbärmlichen Lehren Eurer Societät entfernt, die das Laster der Verleumdung nicht als Sünde bestehen lassen will, damit sie selbst desto zügelloser sich demselben ergeben könne.

Unglaublichen Schaden hättet Ihr wahrhaftig durch Eure Lügen zufügen können, wenn nicht die Vorsicht es zugelassen hätte, daß Eure Verleumdungstheorie in sich selbst die Heilung ihres Giftes trüge, denn dadurch, daß sie die Verleumdung für Nichtsünde erklärt, nimmt sie sich selbst den Glauben, und man braucht sie nur bekannt zu machen, um Euch alles Zutrauen zu rauben. Die Lüge ist unnütz, sobald man nicht dem Lügner eine große Aufrichtigkeit zutraut, und ein Verleumder richtet nichts aus, wenn er nicht in dem Rufe steht, daß er einer Verleumdung durchaus unfähig ist. So drückt Euch denn, ehrwürdige Väter, Eure eigene Lehre nieder. Ihr wolltet durch sie Euer Gewissen beschwichtigen und verleumden, ohne verdammt zu werden, Ihr wolltet die Anzahl derer vermehren, die Athanasius fromme, heilige Verleumder nennt. Um Euch vor der Hölle zu schützen, stellet Ihr jene Lehre auf, und sie schützt Euch auf Glauben Eurer Lehrer; aber gerade diese Lehre, die Euch nach der Meinung Eurer Theologen vor den Strafen im künftigen Leben schützen soll, nimmt Euch den Nutzen, den Ihr in diesem Leben durch sie zu ziehen hofftet; so also das Laster der Verleumdung vermeidend, verliert Ihr auch den Nutzen derselben; Eure Lehre wüthet gegen sich selbst und vernichtet sich gänzlich durch ihre eigene Bosheit.

Bei weitem mehr würden Euch Eure Verleumdungen genützt haben, wenn Ihr mit dem heil. Paulus die Lehre behauptetet, daß die Ehrabschneider nicht zum Angesichte Gottes gelangen werden — maledici regnum Dei non possidebunt; — Ihr würdet Euch freilich so selbst das Verdammungsurtheil gesprochen haben, aber bei den Menschen hättet Ihr sicher viel mehr Glauben gefunden. Da Ihr nun aber behauptet, Verleumdung Eurer Feinde sey Euch kein Laster, so glaubt man Euren Lügen nicht und der Verdammung werdet Ihr dessenungeachtet nicht entfliehen. Denn nicht vermögen Eure Theologen die göttliche Gerechtigkeit zu vernichten, und daß Ihr nicht für die Wahrheit seyd, beweiset offenbar Eure Zuflucht zur Lüge. Wäre die Wahrheit für Euch, sie würde für Euch kämpfen, für Euch siegen, Euch von jedem Feinde befreien, wie sie selbst es versprach. Ihr suchet deshalb nur Zuflucht in der Lüge, um Eure den Sünden schmeichelnden Irrthümer zu schützen und durch Verleumdungen das Ansehen der religiösen Männer zu schwächen, die sich Euch widersetzen. Da die Wahrheit Euren Absichten zuwider war, so suchtet Ihr Hilfe in der Lüge; Ihr sagtet mit dem Propheten Jesaias 28. cap.: Das Unglück der Menschen kommt nicht zu uns, denn unsere Hoffnung war die Lüge und die Lüge wird unser Schutz seyn. Was aber erwiedert der Prophet cap. 30? Gerade weil Ihr hofftet auf die Lüge und Verleumdung, sagt er, — sperastis in calumnia et tumultu — so wird diese Thorheit euch verderben, und euer Fall wird gleich seyn dem Falle einer hohen Mauer, die unvermuthet herabstürzt, und der Zermalmung eines Gefäßes, was in so viele Scherben zerspringt, daß auch nicht ein Theil übrig bleibt so groß, um darin eine Kohle fortzutragen oder einen Tropfen Wasser damit zu schöpfen. Denn ihr habt, sagt der Prophet Ezechiel, den Gerechten beleidigt, den ich nicht beleidigte, und ihr habt geschmeichelt der Bosheit des Ungerechten und ihn bestärkt. Ich werde deshalb mein Volk aus euren Händen reißen und euch erkennen lassen, daß ich der Herr bin.

Groß ist auch unsere Hoffnung, daß der Allmächtige aus Euren Händen, ehrwürdige Väter, wenn Ihr Eure Gesinnungen nicht ändert, diejenigen reißen wird, die Ihr so lange schon hintergînget; nicht länger wird er zugeben, daß Ihr so Manchen durch Eure Irrthümer seinem sichern Untergange entgegenschickt, so Manchen betrübt durch Eure Verleumdungen; diesen wird er zeigen, daß Eure Lügen ihnen nicht schaden können, und jenen wird er eine gerechte Furcht einflößen vor der ewigen Verdammniß, wenn sie länger noch Euch anhören und Euren Verleumdungen Glauben schenken; Ihr selbst werdet Euch den Untergang zuziehen durch die Erfindung und Verbreitung solcher Lügen. Denn Gott läßt sich nicht täuschen und nicht mit sich spotten; Niemand verletzt ungestraft das Gebot seines Evangeliums; verdamme nicht deinen Nächsten und erkläre Niemanden für schuldig, bevor du nicht fest von seiner Schuld überzeugt bist.

Durch welchen Schein von Frömmigkeit sich auch immer derjenige gedeckt glauben mag, der so leicht Euren Lügen Gehör gibt, so muß er sehr fürchten, daß er schon deshalb vom Reiche Gottes ausgeschlossen werde, weil er katholischen Priestern und frommen Nonnen, ohne allen Beweis, ohne alle Wahrscheinlichkeit, bloß Euren groben Lügen trauend, so gewaltige Laster zuschrieb, als Ketzerei und Schismatism es sind. Denn der Teufel, sagt der Bischof von Ypern, ist auf der Zunge des Lügners und im Ohre des Hörers. Die Verleumdung, sagt der heil. Bernard serm. 24 in Cant., ist ein Gift, was in jenem und diesem die Liebe verletzt. Eine einzige Verleumdung kann tödlich werden für eine Unzahl von Seelen, denn sie ist es nicht nur für den, der sie verbreitet, sondern auch für alle die, welche sie hören und ihr nicht widersprechen.

Meine Briefe, ehrwürdige Väter, pflegten sonst nicht so lang zu seyn und auch nicht so schnell aufeinanderzufolgen; an beiden ist die Kürze der Zeit Schuld, denn daß dieser Brief so lang ist, hat darin seinen Grund, daß ich nicht Muße hatte, ihn kürzer zu machen, und der Grund, mich so sehr zu beeilen, ist Euch eben so gut bekannt als mir. Eure Antworten hatten nicht einen glücklichen Erfolg, Ihr schluget deshalb einen andern Weg ein; aber ich glaube nicht, daß die Welt das billigen wird, und ich fürchte, sie wird denken, Ihr habt aus Furcht der Benedictiner das Schlachtfeld verlassen.

Ich habe in Erfahrung gebracht, daß der allerseits als Verfasser Eurer Apologien betrachtete Mann sich für den Nichtverfasser erklärt hat, und sich darüber sehr beschwert, daß man ihn so verkenne. Er hat Recht, und ich bekenne, daß ich Unrecht hatte, diese Muthmaßung auf ihn fallen zu lassen; denn obgleich man mich allerseits davon versicherte, so hätte ich doch glauben müssen, daß er zu viel gesunde Vernunft besaß, um Eure Verleumdungen zu glauben, und viel zu viel Ehre, um etwas zu verbreiten, was er nicht glaubte. Dieses Lasters ist außer Euch selten ein Mensch fähig, und es ist Eurem Charakter so tief eingeprägt, daß ich kaum Verzeihung hoffen darf, der ich Euch in ihm nicht erkannte. Ich wurde mit fortgerissen in dem allgemeinen Irrthume. Diese Entschuldigung wäre für Euch recht passend, aber mir ist sie das nicht, ich lege das Bekenntniß ab, daß ich nie etwas sage ohne sicheren Beweis, und daß ich nur dieses Mal gefehlt habe; ich erkenne meine Schuld und verbessere sie, so weit ich kann; möchtet Ihr doch an mir ein Beispiel nehmen!

# Siebenzehnter Brief.

## An den Jesuiten Annat.

Aus der Jansenius'schen Streitigkeit kann keine Ketzerei für die Kirche erwachsen. In der Entscheidung von Thatsachen haben die Concilien keine Infallibilität.

Vom 23sten Januar 1657.

Das Verfahren Deiner Societät schien mir ihren Wunsch zu offenbaren, daß sie sich nämlich sehnte nach beiderseitiger Beendigung unsers Kampfes und nach gänzlicher Ruhe strebte; ich dachte deshalb längst an nichts weniger, als an Erneuerung des Streites, als auf einmal in wenigen Tagen eine ganze Masse von Dir herausgegebener Schriftchen mich überzeugte, daß ein jesuitischer Friede von keiner langen Dauer ist. Ich weiß nicht, ob diese neue Kampflust Deiner Societät von Nutzen seyn wird; das aber weiß ich, daß ich mich sehr freue, hier eine passende Gelegenheit zu finden zur Widerlegung der Verleumdung Deiner Societät, die mich immerfort einen Ketzer nennt. Stündlich verbreitet sie diese Verleumdung weiter, es ist daher Zeit, einmal ernstlich mich zu setzen gegen die Kühnheit, womit sie mich als Ketzer behandelt.

In Deinem kürzlich erschienenen Buche thust Du das so fein und mit solchem Uebermuthe, daß ich es nicht ertragen kann und darf; denn säumte ich länger, auf diese Lüge zu antworten, wie sie es verdient, so würde ich mich am Ende selbst der Ketzerei verdächtig machen. In den Schriften Deiner Mitbrüder lachte ich über diese Beschuldigung, so wie über die Unzahl von andern Verleumdungen, die sie bunt durch einander geworfen hatten; ihnen genügte die allgemeine Antwort des 15ten meiner Briefe. Du legst mir das jetzt auf eine ganz andere Weise zur Last, Du machst es zum Grundsteine Deiner Vertheidigung, und stützest auf mein Ketzerseyn alle Deine andern Behauptungen, denn Du sagst: als einzige Antwort auf Deine 15 Briefe dient die 15malige Antwort: Du bist ein Ketzer und als solcher fällt Dir alle Auctorität von selbst weg. Du ziehst also meinen Abfall von der Kirche gar nicht mehr in Zweifel, Du machst ihn als eine ausgemachte Sache zur Grundlage und bauest über ihm Deine weiteren Untersuchungen auf. Das heißt im Ernste mich zum Ketzer machen, ehrwürdiger Vater; im Ernste soll deshalb auch meine Vertheidigung beginnen.

Du weißt recht gut, daß es eine unverzeihliche Verwegenheit seyn würde, einen Menschen eines so gewaltigen Lasters zu beschuldigen, wenn man nicht hinlängliche Gründe hat, ihn dessen zu überführen. Ich frage Dich also, ehrwürdiger Vater, wodurch willst Du Deine Beschuldigung beweisen? Wer sah mich jemals bei den Calvinisten? Wann versäumte ich die Messe oder fehlte ich bei den übrigen geistlichen Handlungen eines Christen? Was beging ich, wodurch ich mich vereinigt hätte mit den Ketzern und abgefallen wäre von der Kirche? Gegen welches Concilium verging ich mich? Welches päbstliche Dekret habe ich verletzt? Antworte, mein Freund, oder .... Du weißt schon, was ich sagen will, ich brauche die Waffen des Valerian. Was also antwortest Du? Ich bitte Jedermann, wohl darauf zu achten. Zuerst behauptest Du: der Verfasser der Provinzialbriefe ist ein Mitglied des Port-Royal. Darauf sagst Du: der Port-Royal ist der Ketzerei überführt. Aus diesen beiden Behauptungen machst Du denn den Schluß: also ist der Verfasser der Provinzialbriefe ein Ketzer. Deine Beschuldigung trifft mich also nicht geradezu, sondern geht nur vom Port-Royal auf mich über, weil Du mich für ein Mitglied dieses Ordens ausgibst. Es ist nichts leichter, als mich zu rechtfertigen, und das habe ich schon gethan, ich verweise Dich nur auf meine Briefe, wo ich sagte, ich sey ein Privatmann, und in meinem 16ten Briefe, ich gehöre nicht zum Port-Royal; Du wußtest das schon, als Du Deine Abhandlung schriebest, denn mein Brief ist früher erschienen.

Beweisen mußt Du daher auf eine andere Weise, daß ich ein Ketzer bin, oder Du wirst von der ganzen Welt als ein schwacher Verleumder verachtet. Aus meinen Schriften mußt Du beweisen, ich sey gegen die Constitution Innocenz's; sie sind nicht sehr weitläufig, nur 16 Briefe brauchst Du zu prüfen, und findest Du oder ein Anderer auch nur eine einzige Lehre darin, die jenen apostolischen Satzungen zuwider läuft, dann will ich ohne alle Ausrede mich öffentlich selbst als Ketzer geschändet haben; allein ich bin überzeugt, daß mir Niemand eine solche Lehre zeigen kann, denn ich kann leicht das Gegentheil beweisen. Behaupte ich z. B. in meinem 14ten Briefe, daß man, wenn man den Grundsätzen der Jesuiten zufolge seine Brüder bei einer begangenen Todsünde morde, die verdamme, für welche Jesus Christus gestorben ist: so geht daraus unwiderleglich hervor, daß ich annehme, daß Jesus Christus auch für diese Verdammten gestorben sey, und daß es ein Irrthum ist, anzunehmen, er sey nur für die zur Seligkeit Auserwählten gestorben, welcher Irrthum verdammt wird in jenen Satzungen, Propos. 5.

Es ist also ausgemacht, ehrwürdiger Vater, daß ich nichts behauptet habe zur Vertheidigung dieser gottlosen Lehren, die ich von ganzem Herzen verabscheue, und wäre auch der Port-Royal diesen Irrthümern ergeben, so folgt daraus nicht das Mindeste wider mich, denn ich habe nicht den Statuten irgend einer besondern Gesellschaft geschworen, sondern einzig und allein den Lehren der katholisch-apostolisch-römischen Kirche, in der ich zu leben und zu sterben entschlossen bin in Gemeinschaft mit dem Pabste ihrem Oberhaupte, weil ich fest überzeugt bin, daß außer ihr kein Weg zum Heile offen steht.

Was unternimmst Du doch gegen einen Menschen, der mit solcher Offenherzigkeit sein Glaubensbekenntniß ablegt und dadurch allen Verdacht von sich abwendet? auf welchem Wege willst Du mir beikommen, da weder meine Schriften noch meine Reden Dir irgend einen Vorwand geben, mich als Ketzer zu verschreien, und da mich gegen Eure etwaigen sonstigen Intriguen meine Verborgenheit schützt? Eine unsichtbare Hand schlägt Euch und entdeckt der ganzen Welt Eure Irrthümer; Ihr versucht mich anzugreifen in der Person derjenigen, mit denen Ihr mich verbunden haltet; aber ich fürchte nicht Eure Angriffe weder für mich, noch für einen Andern, denn nicht fesselt mich die Verbindung mit einer ganzen Gesellschaft, noch mit irgend einem Privatmanne; all Euer Ansehen, Eure Macht rührt mich nicht; ich hoffe nichts, fürchte nichts, wünsche nichts; ich bedarf — dem Allmächtigen danke ich es — weder der Güter, noch des Ansehens irgend eines Menschen. Allen Euren Angriffen entgehe ich also, ehrwürdiger Vater; von keiner Seite kann Deine Societät mich fassen. Ueber den Port-Royal könnt Ihr herfallen, Ihr trefft nicht mich; aus der Sorbonne könnt Ihr die Doctoren verdrängen, ich sitze und bleibe ruhig in meiner Wohnung. Gegen Theologen, gegen Priester mögt Ihr wüthen, Ihr trefft mich nicht, da ich weder Priester noch Theolog bin. Niemals habt Ihr es vielleicht zu thun gehabt mit einem Manne, der so gesichert gegen Eure Stärke und so bereit war zur Bekämpfung Eurer Irrlehren; frei, ungebunden, ohne Vorliebe für irgend eine Schule, ohne Gemeinschaft mit irgend einer Societät oder einem Privaten, ohne öffentliche Geschäfte, hinlänglich unterrichtet in Euren Lehren, bin ich entschlossen, Eure Irrthümer zu bekämpfen, so lange es Gott gefällt, ohne daß irgend eine menschliche Kraft mich hindern oder aufhalten kann.

Was hilft es Euch also, da Ihr gegen mich nichts vermögt, ehrwürdiger Vater, sowohl Dir als Deinen Brüdern, so viele Menschen zu verleumden, die mit unsern Streiten gar nichts zu thun haben? Ihr glaubt doch wohl nicht, mir durch solche Ausflüchte zu entgehen! Ihr möchtet Euch gewaltig irren; fühlen sollt Ihr, wenn auch ungern, die Kraft der Wahrheit, die ich Euren Irrthümern entgegensetze. Ich beschwere mich darüber, daß Ihr die christliche Moral von Grund aus zerstöret, indem Ihr die Pflicht Gott zu lieben aufhobt: und Ihr sprecht von dem Selbstmorde eines gewissen Mester, eines Menschen, den ich in meinem ganzen Leben nicht gesehen habe; ich beschwere mich über die Erlaubniß Eurer Casuisten, man dürfe wegen eines Apfels todschlagen, wenn sein Verlust ein Schimpf ist: und Ihr redet von dem geöffneten Schatzkasten zu St. Merry. Was wollt Ihr nur immer mit der Schrift de sancta virginitate, die von einem Mitgliede der Congregation de l'Oratoire verfaßt seyn soll, und welchen ich sammt seinem Buche nie zu sehen Gelegenheit hatte? Ich wundere mich, ehrwürdiger Vater, daß Ihr alle Eure Gegner immer als eine einzige Person betrachtet, und ich begreife nicht, wie Ihr Euren Haß auf alle zugleich, wie auf eine einzige Körperschaft ausdehnt, und wie Ihr verlangen könnt, daß jeder Einzelne Euch Rede stehen soll für Alle.

Ihr dürft hierin Eure Societät nicht zum Maaßstabe nehmen, denn unter Jesuiten und ihren Gegnern ist ein gewaltiger Unterschied. Ihr seyd Eine Körperschaft gelenkt durch Ein Oberhaupt; Eure Statuten verbieten es Euch — wie ich schon gezeigt habe — nichts ohne Billigung Eurer Obern drucken zu lassen, und sie sind verantwortlich für die Irrthümer der einzelnen Glieder, ohne sich damit entschuldigen zu können, sie hätten die Irrthümer nicht bemerkt, denn ihnen ist es Pflicht, sie zu bemerken, nach Euren Ordensgesetzen und den Briefen Eurer Generale Aquaviva, Vitelleschi u. s. w. Mit Recht kann man der ganzen Societät also die Irrthümer ihrer einzelnen Glieder vorwerfen, denn sie wurden, ehe sie gedruckt werden konnten, von den Obern und den Theologen derselben gebilligt. Bei mir aber, ehrwürdiger Vater, ist das nicht so; wann würde mir jenes Buch de sanct. Virg. vorgelegt, damit ich meine Approbation darunter schreiben möge? mag man alle Schatzkasten in ganz Paris öffnen, was geht das meinen Katholicism an? Deutlich und klar erkläre ich hiermit, damit Ihr endlich einmal es doch behalten möget, für meine Briefe ist keiner verantwortlich, als ich, und ich bin für nichts weiter verantwortlich, als für meine Briefe. Ich hätte mich begnügen können, ehrwürdiger Vater, ohne ein Wort zur Rechtfertigung derer zu sagen, die Ihr für Ketzer ausgabt, um auch mich unter sie begreifen zu können. Weil sich aber einmal eine passende Gelegenheit dazu dargeboten hat, so mochte ich sie auch nicht unbenutzt lassen, ihren Ruf gegen solche Anklagen zu schützen, weil ich einen dreifachen Vortheil dabei vor mir liegen sah. Erstlich ist es immer ein wichtiger Gegenstand, wenn man die Unschuld so vieler Verleumdeten beweiset. Zweitens — und dieser Punct liegt meinem eigentlichen Zwecke viel näher — weil ich so die Kniffe der Politik Deiner Societät immer mehr und mehr offenbare. Drittens — und das halte ich für das Wichtigste — zeige ich die Falschheit des Gerüchtes, was Ihr zum Aergerniß der ganzen Christenheit überall verbreitet: die Kirche sey entzweit durch eine neue Ketzerei. Und weil Ihr einer großen Anzahl von Menschen vorgeschwatzt habt, die Streitpuncte seyen wesentliche Glaubenslehren, so halte ich es für sehr wichtig, diese falschen Eindrücke zu vernichten und deutlich zu zeigen, worin sie eigentlich bestehen, und so wird denn einleuchten, daß man in dieser Hinsicht gar keinen Ketzer in der Kirche habe.

Wohlan denn, sage mir, ehrwürdiger Vater, worin besteht denn die Ketzerei derjenigen, die Ihr Jansenisten nennt? darin, heißt es immer, weil diese Menschen lehren: die Gebote Gottes sind unmöglich; man kann der Gnade nicht widerstehen; man hat nicht Freiheit, böse und gut zu handeln; Jesus Christus ist nicht für alle gestorben, sondern nur für die zur Seligkeit Erwählten; und endlich, weil sie die fünf von Innocenz X. verdammten Lehren vertheidigen. Ist das nicht der Grund, warum Ihr Eure Gegner so sehr verfolgt? Sagt Ihr das nicht selbst in allen Euren Schriften, Predigten, Religionsunterrichten? Als Beispiel führe ich nur an, was einer von Euch am Weihnachtsfeste zu St. Louis in Paris in seinem Religionsunterrichte sagte; er fragte ein Mädchen: sag' mir doch, mein Kind, für wen ist Christus in die Welt gekommen? Für alle Menschen, ehrwürdiger Vater. Ganz richtig, mein Kind, ich sehe, daß du keiner von den neuen Ketzern bist, die behaupten, Christus sey nur für die Auserwählten in die Welt gekommen. Die Kinder glauben Euch das und auch die meisten andern der Anwesenden; durch solche Fabeln führt Ihr das Volk; denkt nur an Euren Crasset, den der Bischof von Orleans in seiner Diöcese das Predigen untersagte. Ich gestehe es, daß auch ich einst zu der Anzahl derer gehörte, die Euch so leicht glaubten, und daß Ihr mir dieselbe Idee von Euren Gegnern beigebracht hattet. Als Ihr deshalb anfingt mit ihnen über jene Lehren Euch einzulassen, war ich begierig zu sehen, wie sie sich vertheidigen würden, und entschloß mich, mich völlig von ihnen loszusagen, wenn sie auch nur im Geringsten jenen Lehren nicht das Verdammungsurtheil sprechen würden; allein sie thaten das so klar und deutlich, daß kein Zweifel mehr obwalten kann.

Sanbovius, königlicher Professor in der Sorbonne, verurtheilte diese fünf Satzungen schon lange vor dem Pabste in seinen öffentlich im Druck erschienenen Schriften, und seine Amtsgenossen gaben zu derselben Zeit mehre Werke heraus, unter andern ein Buch de Gratia victrice, worin sie diese Lehren als ihren Gesinnungen zuwider und als Ketzereien verdammen. Jene Satzungen, heißt es in der Vorrede de Grat. victr., sind ketzerisch und lutherisch, gar nach Belieben ersonnen, und sie sind weder enthalten im Jansenius, noch finden sie sich bei irgend einem seiner Vertheidiger. Das sind ihre eigenen Worte und sie beschweren sich sehr über Euch, daß Ihr ihnen solche Laster andichten wollt; sie wenden auf Euch die Worte an, womit der heil. Prosper, der größte Schüler des heil. Augustin, die Semipelagianer anredete, als sie durch eine ähnliche Erdichtung falscher Lehren ihn verhaßt machen wollten. Es sind Einige aufgetreten, sagt jener Heilige in praef. responsionis ad capit. object. Vincent., die eine so blinde Verleumdungssucht gegen uns treibt, daß sie dadurch ihr eigenes Ansehen verlieren. Nach reiner Willkühr ersannen sie Satzungen voll von Bosheit und Gotteslästerung, verbreiteten sie überall, und wollen die Welt überreden, als wären wir diesen Lehren ergeben, und lehrten das, was sie in ihren Schriften behaupten. Aber diese meine Widerlegung wird sowohl unsere Unschuld, als die Bosheit jener beweisen, die uns solche Lehren angedichtet haben, die sie allein ersannen.

In Wahrheit, ehrwürdiger Vater, nachdem ich mich überzeugt hatte, daß jene schon vor der Constitution so gesprochen hatten, da ich sah, daß sie gegen diese alle gebührende Ehrfurcht hegten, und bereit waren, sie selbst zu unterschreiben, da Arnauld alles dieses mit den deutlichsten Worten in seinem zweiten Briefe erklärte: so wäre ich selbst des sündhaftesten Verdachts schuldig gewesen, wenn ich noch länger an ihrem wahren Glauben gezweifelt hätte. Eben so ging es denjenigen, die vor der Erscheinung des zweiten Arnauld'schen Briefes den Freunden dieses Mannes die Absolution verweigert hatten; sobald dieser Brief bekannt wurde, erklärten sie, es sey nun nach so deutlicher Verdammung der ihnen angeschuldigten Irrthümer kein Grund mehr vorhanden, warum man sowohl an ihrem als an Arnauld's Glauben zweifeln und sie als Abtrünnige betrachten könne. Ihr aber, Ihr verfuhrt ganz anders, und bei dieser Gelegenheit fing ich an zu zweifeln an Eurer Unpartheilichkeit und Wahrheitsliebe.

Denn so lange Ihr sie für Feinde der Constitution hieltet, fordertet Ihr sie auf, dieselbe öffentlich anzuerkennen; als Ihr aber sahet, daß sie von selbst sich dazu erboten, da war gar keine Rede mehr davon; wäret Ihr unpartheiisch gewesen, so mußte Euch ihre öffentliche Unterschrift der päbstlichen Dekrete genügen; allein Ihr fuhret fort, sie als Ketzer zu behandeln, weil, wie Ihr saget, ihr Herz mit ihrer Zunge nicht übereinstimmt; äußerlich sind sie Katholiken, innerlich Ketzer; es sind das Deine eigenen Worte, ehrwürdiger Vater, die Du in Deinen Resp. p. 27 und 47 aussprichst.

Wie sehr befremdete mich Euer Benehmen! Gibt es wohl einen Menschen, der auf diese Weise nicht auch für einen Ketzer erklärt werden kann? und was für Unruhen kann man nicht unter einem solchen Vorwande erregen? Weigert man sich, sagt der heil. Gregor Regist. l. 5. Ep. 15, auf ein freimüthiges den Lehren der Kirche entsprechendes Glaubensbekenntniß Jemanden als Katholiken zu betrachten, dann ist der wahre Glaube aller Katholiken in Zweifel zu ziehen. Ich fürchtete sehr, ehrwürdiger Vater, daß, wie gleichfalls der heil. Gregor epist. 16. bei einem ähnlichen Streite sagt, Ihr darauf ausginget, sie zu Ketzern zu machen ohne daß sie es waren; denn denjenigen, die öffentlich bekennen, sie seyen Anhänger der Kirche, nicht glauben wollen, das heißt nicht die Ketzerei bekämpfen, sondern Ketzerei machen: hoc non est haeresim purgare, sed facere. Ich überzeugte mich gänzlich, daß hier gar keine Ketzerei existiren konnte, weil ich sah, daß jene sich von allen Seiten so schön rechtfertigten, daß Ihr sie durchaus keines Irrthums mehr in Glaubenssachen beschuldigen konntet, und daß der ganze Streit auf eine bloße Thatsache, betreffend den Jansenius, hinauslief, die doch nicht der Gegenstand einer Ketzerei werden kann. Ihr verlangtet nämlich von ihnen, sie sollten anerkennen, daß diese Satzungen eine nach der andern, alle und Wort für Wort im Jansenius enthalten seyen, wie Ihr selbst saget: singulares, individuae, totidem verbis apud Jansenium contentae, wie Du Dich ausdrückst in Cavillis p. 39.

Von nun an war ich ein ruhiger, müßiger Zuschauer Eures Streites; so lange ich glaubte, Ihr strittet über die Wahrheit oder Falschheit jener Lehren, war ich aufmerksam und begierig auf den Ausgang, weil die Sache eine Glaubensstreitigkeit war; sobald ich aber wahrnahm, daß Ihr nur darum mit einander hadertet, ob jene Lehren wörtlich im Jansenius enthalten seyen oder nicht, da interessirte mich Euer Streit nicht mehr, weil er nun auch die Religion nicht mehr interessirte.

In Deinen Cavill. hattest Du angeführt, ehrwürdiger Vater, daß jene Lehren wörtlich im Jansenius enthalten seyn, und dieser Schein von Wahrheit schützte Dich lange; denn wer hätte sich einfallen lassen, daß sie trotz dem nicht im Jansenius vorhanden seyn sollten? Deshalb war es nicht zu verwundern, daß so viele Menschen, sowohl in Frankreich als in Rom, Dir aufs Wort glaubten, Jansenius habe die Lehren. Ich war ganz erstaunt, als ich vernahm, daß selbst diese von Dir so dreist und so sicher behauptete Thatsache falsch war, und daß Deine Gegner sich darüber beschwerten, daß Du jene Lehren wörtlich im Jansenius gefunden zu haben behauptetest, und doch nicht die Seitenzahl anzugeben vermochtest, wo Du sie gefunden hättest.

Ich führe den ganzen Verlauf dieses Streites hier an, weil er mir so recht den Geist Deiner Societät zu offenbaren scheint; ich glaube, man wird sich nicht wenig wundern, wenn man sieht, daß Ihr, obgleich Ihr hier so offenbar der Lüge überführt waret, sie fortwährend für Ketzer ausschriet, indem ihre Ketzerei nur nach den Umständen der Zeit bald diese, bald eine andere war. Hatten sie eine widerlegt, sogleich wurde ihnen von Deinen Brüdern wieder eine andere auf den Hals geschoben, und sie waren auch nicht einen Augenblick frei. So bestand im Jahre 1633 ihre Ketzerei in der Echtheit oder Unechtheit jener Lehren; dann darin, ob sie wörtlich im Jansenius enthalten seyen; dann versetztet Ihr ihnen die Ketzerei in ihr Herz; gegenwärtig ist von dem Allen nicht mehr die Rede, sie sollen jetzt nur Ketzer seyn, wenn sie nicht anerkennen wollen, daß der Sinn der Lehre des Jansenius übereinstimme mit dem Sinne jener fünf Satzungen.

Das ist denn der Inhalt des gegenwärtigen Streites; es genügt Euch nicht, daß Eure Gegner diese fünf Satzungen verdammen, so wie alle die Lehren, die im Jansenius ihnen einstimmig und dem heil. Augustin zuwider vorkommen möchten, denn das thun sie freiwillig; es handelt sich also z. B. nicht mehr darum, ob Jesus Christus nur für die Auserwählten gestorben sey; sie verdammen so gut wie Ihr diese Lehre; sondern nur darum, ob Jansenius so denke oder nicht. Das interessirt mich denn eben so, wie die Kirche; denn obgleich ich eben so wenig ein Doctor bin, wie Du, ehrwürdiger Vater, so sehe ich doch wohl ein, daß es hier um keinen Grundsatz zu thun ist, weil nur die Rede davon ist, was Jansenius gedacht habe. Glaubten jene, seine Lehre sey einstimmig mit den fünf Satzungen, so würden sie dieselben verdammen, und sie weigern sich nur das zu thun, weil sie sich überzeugt halten, Jansenius sey keineswegs mit jenen Lehren einstimmig. Hälst Du also dafür, ehrwürdiger Vater, daß sie den Jansenius nicht recht verstanden, so sind sie deshalb keinesweges Ketzer, denn sie vertheidigen ihn als einen orthodoxen Katholiken.

Ich will Dir die Sache durch ein Beispiel deutlich zu machen suchen, und den bekannten Streit zwischen dem heil. Basilius und dem heil. Athanasius, betreffend die Schriften des Dionysius von Alexandrien, anführen. Der heil. Basilius glaubte in den Schriften des Dionysius eine Arrianische Gesinnung gegen die Gleichheit des Vaters und Sohnes zu finden, und verdammte sie als Ketzerei; der heil. Athanasius aber hielt die Schriften des Dionisius für rein katholisch und vertheidigte den Dionysius deshalb als orthodoxen Katholiken. Sage mir doch, ehrwürdiger Vater, hatte nun Basilius, der den Dionysius für einen Arrianer hielt, das Recht, den heil. Athanasius der Ketzerei zu beschuldigen, weil er ihn vertheidigte? was für einen Grund hätte Basilius dazu gehabt, da Athanasius nicht den Arrianism, sondern die reine Lehre des Evangeliums vertheidigte? Allerdings würde, wenn diese beiden Heiligen einstimmig die Lehre des Dionysius für eine Arrianische erkannt hätten, Athanasius ein Ketzer gewesen seyn, wenn er sie hätte vertheidigen wollen; da sie aber verschieden dachten über den Sinn der Lehre des Dionysius, so war der heil. Athanasius ein Katholik, wenn er den Dionysius vertheidigte, falls er sich auch geirrt haben sollte, denn es wäre das nur ein Irrthum in einer Thatsache gewesen, und Athanasius vertheidigte in der Lehre des Dionysius nur den reinen Glauben des Evangeliums, den er in ihr zu finden glaubte.

Die Anwendung dieses Beispiels auf Euren Streit mit den Vertheidigern des Jansenius brauche ich wohl nicht weitläufig durchzuführen. Wärest Du einstimmig, ehrwürdiger Vater, mit Deinen Gegnern über den Sinn des Jansenius, und hätten z. B. die Vertheidiger des Jansenius Dir zugegeben, er behaupte, man könne der Gnade nicht widerstehen: dann wäre der ein Ketzer, der sich weigerte, den Jansenius zu verdammen. So aber streitet Ihr noch über seine eigentliche Gesinnung, und seine Gegner behaupten, man könne, nach Jansenius, der Gnade widerstehen; Du hast also keinesweges Recht, sie als Ketzer zu behandeln, denn sie finden im Jansenius nicht den Sinn, den Du darin finden willst, und Du wagst es nicht, den Sinn zu verdammen, den sie darin finden. Schweig also, oder zeige, daß die Bedeutung, die sie der Jansenius'schen Lehre beilegen, eine ketzerische ist; dann werden auch sie Ketzer seyn. Das aber ist Dir nicht möglich, denn Du gestehest selbst, daß die Bedeutung der Lehre des Jansenius, die seine Gegner vertheidigen, die rein katholische ist.

Um Dich dessen desto sicherer zu überführen, mögen hier Deine eigenen Worte stehen, die Du an mehren Stellen selbst aussprichst, daß nämlich die Lehre der wirkenden Gnade nicht verdammt und keinesweges in der päbstlichen Constitution getadelt wird. Und in der That wurde bei der Verdammung der fünf Satzungen von Innocenz die Lehre der wirkenden Gnade ganz von der Censur ausgeschlossen; dieses erhellet aus dem Gutachten der Consultatoren, denen der Pabst diese Lehre zur Prüfung vorgelegt hatte. Ich besitze eine Abschrift dieses Gutachtens, und es ist nicht sehr selten in Paris, unter andern ist es in den Händen des Bischofs von Monpelier, welcher es aus Rom mitbrachte. Es geht daraus hervor, daß die Meinung der Consultoren getheilt waren; die vorzüglichsten unter ihnen glaubten, man könne diese Lehren im Sinne der wirkenden Gnade nehmen und verdammten sie deshalb nicht;

die Uebrigen aber gestanden gleichfalls, daß man sie nicht verdammen dürfe, wenn man sie auf den Sinn der wirkenden Gnade zurückführen wolle, sie verdammten sie aber deswegen, weil, wie sie sagten, der eigentliche natürlichste Sinn dieser Lehren von der Lehre der wirkenden Gnade sehr weit entfernt sey.

Es ist also ausgemacht, ehrwürdiger Vater, daß die Lehre der wirkenden Gnade keinesweges verdammt ist. Und das ist denn auch gar nicht auffallend, denn sie ist so deutlich gelehrt vom heil. Augustin, vom heil. Thomas und seiner Schule, von so vielen Päbsten und Concilien und von der ganzen Tradition, daß es gottlos seyn würde, sie für eine Ketzerei auszugeben. Alle diejenigen, die Ihr für Ketzer ausgebt, erklären, daß sie im Jansenius nichts weiter finden, als diese Lehre der wirkenden Gnade, und sie vertheidigten auch weiter nichts zu Rom, wie Du selbst gestehst Cavill. p. 35, wo Du sagst, sie redeten vor dem Pabste kein Wort von den fünf Satzungen — ne verbum quidem, — sondern sie sprachen die ganze Zeit nur von der wirksamen Gnade. Mögen sie also die wahre Gesinnung des Jansenius getroffen haben, oder nicht: genug, sie legen seinen Worten einen Sinn bei, der keinesweges ketzerisch ist, und folglich sind sie selbst nichts weniger als Ketzer. Mit einem Worte, entweder hat Jansenius in seinen Büchern weiter nichts, als die Lehre von der wirkenden Gnade, und dann ist er frei von allem Irrthum, oder er hat darin etwas anderes, und dann hat er keine Vertheidiger. Der ganze Streit kommt also auf die Untersuchung zurück, ob Jansenius etwas anders lehre, als die wirkende Gnade; sollte das wirklich der Fall seyn, so hat Deine Societät den Ruhm, ihn besser verstanden zu haben, aber die Gegner können keinesweges eines Glaubensirrthums beschuldigt werden.

Danken wir also dem Allmächtigen, ehrwürdiger Vater, daß hier in der That die Kirche durch keine Ketzerei entzweit wird; es handelt sich um eine Thatsache, woraus keine Ketzerei hervorgehen kann. Denn über Glaubenslehren entscheidet die Kirche mit göttlicher Auctorität, und sie scheidet von ihrem Körper alle diesen widersprechenden Glieder; aber in Thatsachen verhält sie sich nicht so. Der Grund liegt am Tage; von der Offenbarung des Glaubens, die durch Tradition uns überliefert ist, hangt das ewige Wohl des Christen ab; nicht aber hangt es ab von einzelnen Thatsachen, die keinesweges von Gott geoffenbart sind. So ist man z. B. verpflichtet zu glauben, die Gebote Gottes seyen nicht unmöglich; aber man ist nicht verpflichtet zu wissen, was Jansenius über diesen Punct denke.

Deshalb wird bei der Bestimmung von Glaubenspuncten die Kirche durch den Beistand des heil. Geistes geleitet, der nicht irren kann; die Entscheidung von Thatsachen aber gehört vor die natürlichen Richter, die Vernunft und die Sinne. Die Kenntniß des Glaubens kann Gott allein den Menschen offenbaren; will man aber wissen, ob diese oder jene Lehre im Jansenius enthalten sey, so nimmt man ihn zur Hand und liest ihn. Deshalb ist denn auch eine Widersetzung gegen Glaubensbestimmungen eine Ketzerei, weil das seinen Geist dem Geiste Gottes widersetzen heißt; eine einzelne bestimmte Thatsache nicht glauben wollen, das ist aber keine Ketzerei, obgleich es in manchen Fällen eine Vermessenheit genannt werden kann, denn man setzt hier einer menschlichen Auctorität, die vielleicht wichtig, aber nie untrüglich ist, seine eigene menschliche Vernunft entgegen, die eben so große Einsichten haben kann, als jene. Jeder Theolog weiß das, und der Cardinal Bellarmin aus Eurer Societät sagt de Summ. Pontif. l. 4. c. 11: die allgemeinen, gesetzlichen Concilien können nicht irren bei der Bestimmung von Glaubenssätzen; aber in einzelnen Thatsachen können sie allerdings irren. Und cap. 2 sagt er: Der Pabst als Pabst und selbst als Oberhaupt eines allgemeinen Conciliums kann irren bei den einzelnen Bestimmungen einer That, denn diese hangt ab von der Erkundigung und Glaubwürdigkeit einzelner Menschen. Eben so sagt der Cardinal Baronius ad an. 681. n. 39: In Glaubenssätzen muß man sich völlig den Bestimmungen der Concilien unterwerfen; was aber die Censuren einzelner Personen und ihrer Schriften betrifft, so braucht man sich an sie nicht so strenge zu kehren; denn in Thatsachen kann sich jeder Mensch irren. Aus dieser Ursache bildete der Erzbischof von Toulouse aus den Schriften der beiden großen Päbste des heil. Leo und des Pelagius des II. diesen Schluß: Der eigentliche Gegenstand der Concilien ist der Glaube; deshalb kann man alles, was außerhalb des Glaubens liegt, zum zweiten Male prüfen; in Glaubenssachen aber kann man nur einmal bestimmen, denn der Glaube ist nach Tertullian einzig unveränderlich und unwiderrufbar.

Hierin liegt der Grund, warum man niemals zwei allgemeine Concilien in Glaubenspuncten widerstreitend gefunden hat, weil, wie der Bischof von Toulouse sagt, Glaubenssätze, über die in einem Concilium entschieden ist, nicht in einem zweiten Concilium einer neuen Prüfung unterworfen werden dürfen; in Bezug auf Thatsachen aber, wo es sich zum Beispiel um die Erklärung irgend eines Schriftstellers handelte, sah man oftmals zwei Concilien einander entgegengesetzt, weil man, wie derselbe Bischof den citirten Päbsten zufolge sagt, alles, was außer dem Glauben liegt, einer neuen Prüfung unterwerfen darf.

So scheinen das IV. und V. Concilium bei der Erklärung derselben Schriftsteller einander zu widersprechen, und eben das ist der Fall mit den beiden Päbsten Hormisdas und Johann II. in Bezug auf irgend eine Lehre aus gewissen Scythischen Mönchen; Hormisdas faßte sie von der schlechten Seite auf und verdammte sie, sein Nachfolger Johann der II. aber sie von neuen prüfend, faßte sie in einem guten Sinne auf und billigte sie als eine rein katholische. Unterstehst Du Dich etwa, ehrwürdiger Vater, einen dieser beiden Päbste für einen Ketzer zu erklären? Ich glaube wohl nicht; Du mußt also zugeben, daß, wenn man nur den ketzerischen Sinn verdammt, den ein Pabst in irgend einem Buche gefunden haben will, man durchaus kein Ketzer ist, wenn man das Buch nicht verdammt, falls man es in einem Sinne versteht, den der Pabst nicht verdammt hat. Wäre das nicht der Fall, so müßte einer jener beiden Päbste ein Ketzer seyn.

Ich habe Dir, ehrwürdiger Vater, diese Beispiele angeführt, ich habe Dir die Uneinigkeit der Katholiken in Thatsachen, betreffend die Erklärung einzelner Schriftsteller, wo oft Kirchenvater gegen Kirchenvater, Pabst gegen Pabst, Concilium gegen Concilium auftritt, gezeigt, um Dich davon fortzuführen zu einer andern Art von Beispielen, wo freilich auch eine ähnliche Uneinigkeit Statt findet, wo aber das Verhältniß der Streitenden zu einander ein ganz verschiedenes ist. Auf der einen Seite sind nämlich die Concilien und Päbste, auf der andern die mit beiden streitenden Jesuiten, die sich ihren Erklärungen einzelner Schriftsteller widersetzten, ohne daß sie sich deshalb der Ketzerei und nicht einmal der Vermessenheit anklagen.

Du weißt recht gut, ehrwürdiger Vater, daß die Schriften des Origines von mehren Concilien, mehren Päbsten und selbst vom V. allgemeinen Concilium verdammt wurden, weil sie mancherlei Ketzereien unter andern die Aussöhnung der Teufel am jüngsten Tage enthalten sollten. Hältst Du also den nicht für einen Katholiken, der nicht bekennt, daß Origines diese Irrthümer enthalte, oder der alle diese gewöhnlich dem Origines zur Last gelegten Irrthümer verdammend aussagt, Origines sey ihnen nicht ergeben? Wäre dieser wirklich kein Katholik, wie würde es da Deinem Bruder Halloix, wie dem Pic de la Mirande und dem Doctor der Sorbonne Genebrard gehen, die alle den Origines als die reine Lehre des Evangeliums enthaltend vertheidigen? Eben so ist bekannt genug, daß das V. allgemeine Concilium die Schriften des Theodoret gegen den heil. Cyrill's verdammte als gottlose, zuwiderlaufend dem wahren Glauben und die nestorianische Ketzerei enthaltend; dessenungeachtet vertheidigte ihn der Jesuit Sirmund, und behauptet in seiner Lebensbeschreibung, die Schriften des Theodoret enthielten nicht die nestorianische Ketzerei.

Du wirst wohl einsehen, ehrwürdiger Vater, daß die Kirche, wenn sie die Schriften eines Autors verdammt, darin eine Irrlehre voraussetzt und diese verdammt; der Gläubige ist also verbunden, diese Irrlehre zu verdammen, aber nicht ist er verbunden, anzuerkennen, daß er die Irrlehre, welche die Kirche gefunden haben will, wirklich dort vorhanden sey. Ich glaube das deutlich genug bewiesen zu haben; zum Schlusse will ich also nur noch das Beispiel des Pabstes Honorius anführen, was in der Geschichte so bekannt geworden ist.

Im Anfange des VII. Jahrhunderts wurde die Kirche gewaltig beunruhigt durch die Ketzerei der Monotheliten, und der Pabst Honorius erließ zur Wiederherstellung der Ruhe eine Bulle. Weil sie die Ketzer zu begünstigen schien, wurde sie Vielen ein Aergerniß; so lange jedoch Honorius Oberhaupt der Kirche war, ging alles ziemlich ruhig ab. Als man sich aber 50 Jahre später versammelte zu dem VI. allgemeinen Concilium, wo der Pabst Agatho durch seine Legaten den Vorsitz hatte, da wurde die Bulle des Honorius vorgelegt, gelesen, geprüft und verdammt als die Ketzerei der Monotheliten enthaltend, und als solche mit den übrigen Schriften dieser Ketzer vor der öffentlichen Versammlung verbrannt. Die Bestimmung dieses Conciliums wurde mit so allgemeinem Beifalle von der ganzen Kirche aufgenommen, daß sie von beiden nächsten allgemeinen Concilien bestätigt und selbst 200 Jahre später von Leo II. und Adrian II. gebilligt wurde, und binnen eines Zeitraums von 7 bis 8 Jahrhunderten war sie so allgemein die Meinung der ganzen Kirche, daß auch nicht ein Einziger etwas dagegen zu sagen wagte. In unserm Jahrhunderte aber traten einige neue Schriftsteller auf, unter ihnen der Cardinal Bellarmin, die sich nicht der Ketzerei schuldig zu machen glaubten, wenn sie gegen so viele Päbste und Concilien behaupteten, Honorius habe in seinen Schriften nicht die Ketzerei, wegen welcher er verdammt war; denn obgleich ein öffentliches allgemeines Concilium, wie dieses VI. war, sagt Bellarmin lib. 4. de summ. Pontif. cap. 11, in Glaubenssachen nicht irren kann, so kann man doch mit Bestimmtheit behaupten, daß es sich in dieser Thatsache irrete, den Sinn der Schriften des Honorius falsch auffaßte, und ihn deshalb mit Unrecht unter die Ketzer zählte.

Merke Dir also wohl, ehrwürdiger Vater, daß man kein Ketzer wird durch die Behauptung, Honorius sey keiner gewesen, obgleich mehre Päbste und Concilien ihn selbst nach sorgfältiger Prüfung dafür erklärten.

Ich komme nun zu unserm Streitpunkte zurück; ich erlaube Dir, Dich so gut zu vertheidigen, als Du kannst. Wodurch also willst Du beweisen, daß Deine Gegner Ketzer sind? Dadurch, sagst Du, daß Innocenz X. erklärte, im Jansenius sey die Ketzerei der fünf Satzungen enthalten. Ganz gut; aber was schließest Du daraus? Also, sagst Du, ist der ein Ketzer, der nicht zugibt, daß die Ketzerei der fünf Satzungen im Jansenius enthalten ist. Folgt das aber wohl, ehrwürdiger Vater? Ist dies nicht eine Thatsache von eben der Beschaffenheit, als die in den vorigen Beispielen angeführten? Innocenz behauptet, Jansenius enthalte die Irrthümer der fünf Satzungen; seine Vorgänger behaupteten, Theodoret enthalte die nestorianische und Honorius die monothelitische Ketzerei. Deine Brüder sagen, sie verdammten zwar diese Ketzereien, aber sie blieben dabei, daß nicht Theodoret und Honorius sie enthalte; eben so sagen jetzt Deine Gegner, sie verdammten die fünf Satzungen, aber nicht enthalte sie Jansenius. Sind die Fälle sich nicht völlig gleich? und gibt es einigen Unterschied, so spricht der nur für Deine Gegner, wie aus der Vergleichung von mehren einzelnen Nebenumständen von selbst erhellet, wobei ich mich deshalb auch nicht aufhalte. Sage mir also, warum sind in einer und derselben Lage Deine Brüder Katholiken und Deine Gegner Ketzer? Sage mir, weshalb willst Du Deinen Gegnern eine Freiheit rauben, die Du allen übrigen Gläubigen zugestehst?

Du sagst, der Pabst bestätigte seine Constitution durch ein Breve. Aber auch zwei allgemeine Concilien und zwei Päbste bestätigten die Verdammung der Schriften des Honorius. Was denkst Du denn auszurichten mit den Worten des Breve, worin der Pabst erklärt, er habe die Lehre des Jansenius in den fünf Satzungen verdammt? was setzt er denn zu der Constitution hinzu, und was folgt daraus anders, als daß, gleich wie das VI. Concilium die Lehre des Honorius verdammte, weil es dieselbe für die Ketzerei der Monotheliten hielt, Innocenz die Lehre des Jansenius gleichfalls verdammte, weil er sie für die Ketzerei der fünf Satzungen hielt? Hatte er etwa keinen Grund, das zu glauben? Eure Societät verbreitet ja das fortwährend, und Du selbst, ehrwürdiger Vater, der Du behauptest, jene Satzungen seyen

Wort für Wort im Jansenius enthalten, warest zur Zeit der Beurtheilung seiner Schriften in Rom gegenwärtig, so wie Du ja überall bist. Konnte denn der Pabst wohl Mißtrauen setzen in die Gelehrsamkeit und Aufrichtigkeit so vieler angesehener Ordensmänner? durfte er denn nicht glauben, daß die Lehre des Jansenius die der fünf Satzungen war, da Du in einem fort behauptetest, diese seyen Wort für Wort im Jansenius enthalten? Einleuchtend ist also, daß wenn es bewiesen wird, Jansenius habe nicht jene Lehren, man nicht behaupten muß, der Pabst habe sich in dieser Thatsache getäuscht, wie Deine Brüder in den angeführten Beispielen thun, denn man hört nicht gern katholische Ordensmänner so sprechen; sondern man muß sagen, die Jesuiten täuschten den Pabst, was jetzt, da man ihre Bosheit schon so ziemlich kennt, nicht mehr sehr anstößig ist.

Der ganze Streit ist also weit davon entfernt, eine Ketzerei zu bilden. Aber dennoch ist es Dein Vorsatz, koste es auch was es wolle, eine Ketzerei daraus zu machen; Du suchst deshalb die Thatsache auf folgende Weise in einen Glaubenspunct umzudrehen. Der Pabst, sagst Du, erklärt, er habe die Lehre des Jansenius in den fünf Satzungen verdammt; es ist also Glaubenssatz, daß die Lehre des Jansenius, welche sie auch immer seyn möge, in Bezug auf diese fünf Satzungen ketzerisch ist. Ein neues bis heute nicht gekanntes katholisches Dogma: eine Lehre sey ketzerisch, welche sie auch seyn möge. Gesetzt nun, man könne, nach Jansenius, der innern Gnade widerstehen, oder es sey ihm zufolge eine falsche Lehre, daß Jesus Christus bloß für die Auserwählten gestorben sey, wären denn nun diese Lehren verdammt, weil Jansenius sie behauptet? Ist etwa in der Constitution des Pabstes die Lehre: der Mensch hat die Freiheit, das Gute und das Böse zu thun, eine orthodoxe Lehre, in den Schriften des Jansenius aber eine Ketzerei? Unter welchem unglücklichen Gestirne muß doch der Mann geboren seyn, daß die Wahrheit zum Irrthume wird, sobald er sie behauptet!

Bekenne also nur, ehrwürdiger Vater, die Nothwendigkeit zwingt Dich dazu, daß Jansenius kein Ketzer ist, sobald in seinen Schriften nicht jene Lehren enthalten sind; die Constitution des Pabstes ist der Maaßstab, an welchen man Jansenius halten muß, und erst dann kann man über ihn urtheilen, wenn man ihn mit der Constitution einstimmig gefunden hat oder nicht. Man wird also die Frage: ist die Lehre des Jansenius ketzerisch? beantworten durch die Entscheidung der Thatsache: ist sie einstimmig mit dem natürlichen Sinne jener fünf Satzungen oder nicht. Stimmt sie damit überein, so ist sie ohne Zweifel ketzerisch; thut sie das aber nicht, dann ist sie rein katholisch. Denn weil die Päbste und Bischöfe jene Satzungen in ihrem wörtlichen, natürlichen Sinne verdammten, so können sie durchaus nicht in dem Sinne des Jansenius verdammt seyn, falls nicht der Sinn des Jansenius mit jenem wörtlichen, natürlichen Sinne der verdammten Satzungen übereinstimmt; und die Entscheidung dieser Frage ist eine Thatsache.

Der Streit drehet sich also auf jeden Fall um eine Thatsache, und es ist nicht möglich, einen Glaubenspunct daraus zu machen. Vergeblich ist daher Deine Mühe, ehrwürdiger Vater, mit der Du zu beweisen trachtest, es gebe jetzt eine neue Ketzerei in der Kirche; dessenungeachtet wäre die verlangte Unterschrift der Verdammung der Jansenius'schen Lehren Dir ein Vorwand, Deine Gegner weiter zu verfolgen, wenn ich nicht große Ursache hätte, zu hoffen, kein Mensch werde so blind für Euch eingenommen seyn, daß er von katholischen Theologen die Verdammung jener Satzungen im Sinne des Jansenius ververlange, so lange noch nicht bestimmt ist, welcher der Sinn des Jansenius sey. Wenige sind dazu geneigt, einem schwankenden Glaubensbekenntnisse beizupflichten, und das geschähe, wenn man die Lehre des Jansenius jetzt ohne Weiteres verdammen wollte, weil Ihr nachher die Freiheit hättet, für den unerklärten Sinn des Jansenius etwas zu setzen, was Euch beliebte. Man erkläre ihn also zuvor, sonst werdet Ihr uns da wieder eine nächste Kraft abstrahendo ab omni sensu zubereiten. Du weißt wohl, ehrwürdiger Vater, daß so etwas kein großes Glück in der Welt macht; man haßt die Zweideutigkeit und vorzüglich in Glaubenssachen, weil es billig ist, daß man dasjenige, was man zu verdammen gezwungen ist, auch verstehe.'

Wie kannst Du auch verlangen, daß diese gelehrten Theologen, die sich fest überzeugt halten, daß die Lehre des Jansenius nur die wirkende Gnade bezeichne, einstimmig sie verdammen sollen? Das hieße ja die Lehre der wirkenden Gnade selbst verdammen, und das kann doch ohne Ketzerei Niemand thun! Was für eine grausame Tyrannei ist es doch, sie in die Nothwendigkeit zu versetzen, entweder sich vor Gott strafbar zu machen durch die Unterschrift des Verdammungsurtheils, die wider ihr Gewissen seyn würde, oder sich als Ketzer behandelt zu sehen, wenn sie sich weigern zu unterschreiben?

Euer ganzes Verfahren leiten geheime Gründe, jeder Eurer Schritte bezeichnet Eure schlaue Politik. Ich muß deshalb erklären, warum Ihr Euch weigert, den Sinn des Jansenius genauer auseinander zu setzen; es ist ja einmal mein Vorsatz, Eure Ränke aufzudecken und sie dadurch unschädlich zu machen. Wissen mögen also diejenigen, die es bisher nicht wußten, daß Eure Hauptabsicht bei diesem ganzen Streite ist, die hinreichende Gnade Eures Molina mehr in Aufnahme zu bringen, und das könnt Ihr nicht ohne Verdrängung der wirkenden Gnade, die ihr geradezu entgegengesetzt ist. Da diese aber gegenwärtig vom Pabste und allen großen Theologen der Kirche anerkannt ist, so fühltet Ihr wohl, daß Ihr sie nicht geradezu angreifen durftet; Ihr nehmet deshalb zu der List Eure Zuflucht und bekämpftet sie, ohne daß man es merkte, unter dem Namen der Jansenius'schen Lehre. Nöthig war es also, daß diese Lehre unerklärt blieb, und Ihr mußtet für den Augenblick öffentlich verkünden, sie sey nicht die Lehre der wirkenden Gnade, damit man sich überzeuge, es könne die Lehre des Jansenius verdammt werden, ohne daß mit ihr zugleich die der wirkenden Gnade umgeworfen würde. Das macht Ihr denn auch noch heut zu Tage denjenigen vor, die nicht hinlänglich mit den Schriften des Jansenius vertraut sind; Du selbst, ehrwürdiger Vater, willst das beweisen Cavill. p. 23 durch folgenden Schluß: Der Pabst hat die Lehre des Jansenius verdammt; er hat aber nicht die Lehre der wirkenden Gnade verdammt; daraus folgt mit Nothwendigkeit, daß die Lehre des Jansenius verschieden sey von der Lehre der wirkenden Gnade.

Wäre der Schluß richtig, so könnte man eben so beweisen, daß der Pabst Honorius und alle seine Anhänger Ketzer gewesen wären ganz auf dieselbe Weise: das VI. Concilium hat die Lehre des Honorius verdammt, es hat aber nicht die Lehre der Kirche verdammt, also ist die Lehre des Honorius verschieden von der Lehre der Kirche, und folglich ist er mit allen seinen Anhängern Ketzer. Es ist einleuchtend, daß Dein Schluß durchaus falsch ist, denn Innocenz verdammte nur die Ketzerei der fünf Satzungen, und die Jesuiten hatten ihm vorgemacht, Jansenius lehre diese.

Jedoch was schadet Euch selbst die äußerste Schwäche eines aufgestellten Schlusses? Er soll ja nicht für die Ewigkeit dauern, wenn er nur einen augenblicklichen Vortheil Euch gewährt, und das thut er ganz gewiß, so falsch er auch ist. Das nur ist Eure Tendenz, daß diejenigen, die nicht die wirkende Gnade verdammen, ohne weitern Anstand den Jansenius verdammen. Habt Ihr das erreicht, so wird Deines Schlusses weiter nicht gedacht, er wird vergessen; es bleibt nur die päbstliche Bulle, worin Jansenius verdammt wird, und Ihr greift nun geradezu die wirkende Gnade durch den viel richtigern Schluß an: Die Lehre des Jansenius ist verdammt durch die allgemeine Stimme der ganzen Kirche; nun aber enthält sie weiter nichts, als die Lehre der wirkenden Gnade — und das könnt Ihr leicht beweisen, — folglich ist die wirkende Gnade der ganzen Kirche verdammt.

Das ist der Grund, warum Ihr so hartnäckig darauf besteht, daß die Lehre des Jansenius verdammt werde, und Euch doch weigert, sie zu erklären. Das ist der Nutzen, den Ihr hofft aus der Unterschrift des Verdammungsurtheils Eurer Gegner. Weigern sich diese aber, das zu thun, so hat ihnen Eure Schlauheit eine andere Falle bereitet; denn da Ihr listig Glaubenspunct und Thatsache in einander vermischtet, und nicht zugeben wollt, daß man sie trenne und die eine ohne die andere unterschreibe, so sprengt Ihr denn aus, sie weigerten sich, beide zu unterschreiben, da sie doch nur nicht beide zugleich unterschreiben wollen. Sie wollen nicht anerkennen, daß Jansenius die verdammten fünf Satzungen enthalte, und das ist keine Ketzerei; dessenungeachtet aber seyd Ihr dreist genug zu behaupten, sie weigerten sich, die Verdammung der fünf Satzungen selbst anzuerkennen, und darin bestehe ihre Ketzerei. So nützlich würde Euch ihre Weigerung zu unterschreiben seyn, sie würde Euch eben so viel Vortheil gewähren, als wenn sie wirklich sich dazu verständen. Fordert man also die Unterschrift, so fallen sie auf jeden Fall in die Grube, die ihnen die Jesuiten gruben, mögen sie sich dazu bequemen oder nicht; in beiden Fällen habt Ihr richtig gerechnet; so schlau wußtet Ihr ihnen die Falle zu legen, daß sie, mögen sie sich wenden, wohin sie wollen, Euch nicht entgehen.

Wie genau ich Dich doch durchschaue, ehrwürdiger Vater! wie sehr Du mich schmerzst, daß Gott Dich so weit verließ, daß er Dir aus so unglücklichen Ränken einen so glücklichen Erfolg gestattete! Zu bedauern ist Dein Glück, und nur der kann Dich beneiden, der nicht weiß, worin das wahre Glück besteht. Die Liebespflicht befiehlt, sich, wo man kann, Deinen Unternehmungen in den Weg zu stellen; denn nur aus Lügen bist Du zusammengesetzt, nur eine von den beiden Lügen willst Du glaubhaft machen, entweder daß die Kirche die wirkende Gnade verdamme, oder daß die Vertheidiger dieser Gnade auch zugleich die fünf von Innocenz verdammten Satzungen vertheidigen.

Ich hielt es für Pflicht, der Welt zu zeigen, daß einerseits die wirkende Gnade Deinem eigenen Geständnisse zufolge von der Kirche nicht verdammt ist, daß anderseits kein Mensch die fünf Satzungen vertheidigt, damit Jedermann wisse, daß diejenigen, die Deine Forderung nicht unterschreiben, sich bloß der Thatsache halber weigern, und daß sie, da sie jeden Augenblick bereit sind, die Verdammung der fünf Satzungen zu unterschreiben, keineswegs Ketzer genannt werden dürfen, weil sie die Thatsache nicht anerkennen wollen. Denn ich wiederhole zum Schlusse, was ich schon so oft sagte: daß diese Satzungen ketzerisch sind, ist Glaubenssatz, daß sie aber im Jansenius sich finden, daß ist nicht Glaubenssatz. Deine Gegner sind folglich frei von allem Vorwurfe der Ketzerei, und weiter verlange ich nichts. Vielleicht beurtheilen sie den Jansenius zu günstig, vielleicht beurtheilt Ihr aber auch ihn zu ungünstig, ich mag das nicht weiter untersuchen; daß nur weiß ich, daß Ihr nach Euren Grundsätzen den Jansenius einen Ketzer nennen dürft, wenn Ihr ihn auch für einen orthodoxen Katholiken haltet, daß sie aber ihren Grundsätzen zufolge sündigen, wenn sie ihn für einen Katholiken erklären und vom Gegentheile überzeugt sind. Sie sind also aufrichtiger, als Ihr; sie haben Jansenius sorgfältiger geprüft; sie sind eben so gelehrt, als Ihr, sie verdienen deshalb eben so vielen Glauben, als Ihr. Mag sich übrigens diese Thatsache verhalten wie sie will, in jedem Falle sind sie katholisch; denn um Katholik zu seyn, braucht man einen Andern nicht für einen Ketzer zu halten, und ohne ihn des Irrthums verdächtig zu machen, ist es genug, von sich selbst allen Verdacht der Ketzerei abzuwenden.

## Achtzehnter Brief.

### An den Jesuiten Annat.

Aus der Antwort des Annat erhellet, daß es in der Kirche keine Ketzerei gibt, weil er die Bedeutung des Jansenius für eine calvinistische erklärt. Unterschied zwischen Thatsachen und Glaubenspuncten. In jenen entscheiden die Sinne und die Vernunft.

Vom 24sten März 1657.

Lange Zeit schon bemühetest Du Dich, ehrwürdiger Vater, irgend einen Irrthum in Deinen Gegnern aufzufinden; aber ich denke Du bist jetzt schon fest überzeugt, daß nichts schwieriger sey, als die zu Ketzern zu machen, welche es nicht sind, und welche nichts so sehr verabscheuen, als Ketzerei. Wie Du eine Beschuldigung der Ketzerei nach der andern auf sie gehäuft hast, weil Du keine finden konntest, die Du auch nur zu einer wahrscheinlichen hättest machen können, das habe ich schon in meinem vorigen Briefe gezeigt. Es blieb Dir also nichts übrig, als daß Du ihnen das zur Ketzerei machtest, daß sie sich weigerten, den Jansenius zu verdammen, den Jeder verdammen und Keiner erst erklären soll. Du mußtest Deinen Vorrath gewaltig vergriffen haben, sonst hättest Du zu einer solchen nicht Deine Zuflucht genommen. Wer hörte doch jemals von einer Ketzerei, die nicht erklärt werden darf? deshalb war es denn leicht, Euch zu widerlegen durch die Erwiederung: entweder hat Jansenius keine falsche Lehre, und dann ist es ungerecht, ihn zu verdammen; oder er hat sie, und dann ist es billig, daß man sie zeige, damit man doch wenigstens das kenne, was man verdammen soll. Niemals konnte man Euch zu einer Erklärung bewegen; Ihr suchtet Eure Sache immer nur zu schützen durch Bestimmungen, die gar nicht zur Sache gehören, weil sie keinesweges den Sinn der Jansenius'schen Lehre, der mit den fünf Satzungen übereinstimmen soll, weiter aus einander setzen. Auf diese Weise wird der Streit in alle Ewigkeit nicht entschieden. Hättet ihr beiderseits die wahre Bedeutung der Jansenius'schen Lehre festgestellt, und strittet ihr nur darum, ob diese Bedeutung ketzerisch sey oder nicht, dann würden allerdings die Dekrete, in denen ihr die Jansenius'sche Lehre für eine Ketzerei erklärt, hierher gehören. Da es sich aber bloß darum handelt, was die Lehre des Jansenius sey, und da die eine Partei behauptet, sie stelle nur die Lehre des heil. Augustin und des heil. Thomas dar, die andere sie ohne weitere Erklärung für eine bloße Ketzerei ausgibt, so ist einleuchtend, daß eine Bulle der Art, die nicht ein Wort von diesen verschiedenen Meinungen sagt, und die Lehre nur verdammt, ohne sie zu erklären, gar nicht zur eigentlichen Sache gehöre.

Tausendmal erinnerte man Euch daran, daß es hier nur um eine Thatsache zu thun sey, die nie beendigt werden könne, wenn Ihr Euch nicht einlassen wolltet auf eine weitere Auseinandersetzung derselben, auf eine Erklärung dessen, was Ihr unter der Jansenius'schen Lehre verständet. Da Ihr aber immer hartnäckig genug waret, Euch zu weigern, so wendete ich in meinem letzten Briefe ein Kraftmittel an, und zeigte meinen Lesern, daß Eure Weigerung ihren Grund habe in einem geheimen Kniffe Eurer Societät, die einst diese Verdammung der unbestimmten Lehre des Jansenius auf die ganze Lehre der wirkenden Gnade auszudehnen strebte, indem es ihr eine Kleinigkeit seyn würde, zu beweisen, daß Jansenius nur die Lehre der wirkenden Gnade darstelle. Dieses Mittel mußte wirksam seyn gegen Euer längeres Stillschweigen; denn hättet Ihr nun noch nicht die Jansenius'sche Lehre erklären wollen, wer wäre dann wohl so schwachsichtig gewesen, daß er nicht geglaubt hätte, Eure Tendenz sey gegen die wirkende Gnade gerichtet? und das wäre denn die größte Schande für Euch gewesen, da die wirkende Gnade eine so große Auctorität in der Kirche erlangt hat.

Kein Ausweg zur längeren Zögerung stand Euch offen, Ihr mußtet Euch nun erklären, und das thust Du denn in der Antwort auf meinen letzten Brief; ich hatte Dir da die kurzen Worte vorgelegt: hat Jansenius über jene fünf Satzungen eine andere Bedeutung, als die Lehre der wirkenden Gnade, so vertheidigt ihn Niemand; hat er aber nur die Lehre der wirkenden Gnade, so ist er frei vom Irrthume. Du konntest dem nicht widersprechen, ehrwürdiger Vater, Du machst deshalb keinen Unterschied. Zur Rechtfertigung des Jansenius, sagst Du, genügt es nicht, zu zeigen, daß er nur die wirkende Gnade vertheidige, denn man kann das auf doppelte Weise; die eine ist die ketzerische, calvinistische, wenn man sagt, der Wille werde so von der wirkenden Gnade getrieben, daß man nicht die Freiheit behalte zu widerstehen; die andere ist die orthodoxe, die der Thomisten und Sorbonnisten, gestützt auf die Auctorität der Concilien; diese lehrt, daß die wirkende Gnade durch sich selbst den Willen so lenkt, daß ihm die Macht zu widerstehen bleibt. Alles das geben wir Dir gern zu, ehrwürdiger Vater; als Schluß aber fügst Du hinzu: Jansenius würde orthodoxer Katholik seyn, wenn er die thomistische Lehre der wirkenden Gnade vertheidigte, aber er ist Ketzer, weil er den Thomisten zuwider bloß die Calvinisten vertheidigt, welche leugnen, man könne der Gnade widerstehen.

Ich will mich nicht auf die Untersuchung einlassen, ob diese Thatsache sich wirklich so verhalte, ob Jansenius dem Calvin das Wort rede; es reicht hin, daß Du es glaubst. Du gestehst also gegenwärtig ganz offen, daß Du unter der Bedeutung der Jansenius'schen Lehre nichts anders verstehst, als die des Calvin. Das also ist es, was Du so lange nicht heraussagen wolltest? Also diesen calvinistischen Irrthum griffest Du an unter dem Namen der Jansenius'schen Lehre? Hättest Du das doch früher gesagt, wie viele Mühe würdest Du Dir dadurch haben ersparen können! Keine Bulle, kein Breve war nöthig, die ganze Welt hätte ohne sie diesen Irrthum verdammt. Wie sehr flieht doch nun alle Finsterniß, wie verschwinden alle Zweifel durch die Erklärung des Jansenius'schen Sinnes! Wir wußten nicht, was für eine Irrlehre der Pabst und die Bischöfe unter dem Namen des Jansenius'schen Sinnes verdammten; die ganze Kirche war in Zweifel und Niemand wollte ihr Aufklärung geben. Du thust es jetzt, ehrwürdiger Vater, Du, der Du das Oberhaupt der molinistischen Partei bist, ihre Entschlüsse leitest und eingeweiht bist in die geheime List, womit dies ganze Verfahren gelenkt wurde; Du sagst uns, daß der Sinn des Jansenius kein anderer sey, als der des Calvin, welcher verdammt ist in der Tridentinischen Synode.

So schwindet denn plötzlich alle Finsterniß! wir wissen nun — Du hattest die Güte, uns das zu offenbaren, — daß der unter dem Namen, Sinn der Jansenius'schen Lehre, verdammte Irrthum kein anderer ist, als der bekannte calvinistische; wir leisten also den Dekreten den vollkommensten Gehorsam, wenn wir die Ketzerei des Calvin mit ihnen verdammen. Wir wundern uns nun nicht mehr, warum die beiden Päbste *) mit mehren Bischöfen so gewaltig gegen den Jansenius eiferten; wie sollten sie das nicht, ehrwürdiger Vater, da sie denjenigen glaubten, die öffentlich bekennen, Jansenius sey der calvinistischen Ketzerei schuldig?

Ich erkläre Dir daher, daß Du nun gar keine Ursache haben wirst, mit Deinen Gegnern zu zanken, denn sie verabscheuen jene calvinistische Ketzerei eben so sehr, als Du sie verabscheuest. Ich begreife nur nicht, wie Dir das unbekannt seyn kann, und wie Du so wenig ihre Denkungsart über diesen Gegenstand kennen kannst, da man doch in allen ihren Schriften sie so oft und so deutlich ausgesprochen findet. Ich bin überzeugt, hättest Du ihre Werke mit mehr Fleiß und mit einem mehr friedlichen, unparteiischen Geist gelesen, es würde Dir leid thun, eine so reine, christliche Lehre mit einer so blinden unverständigen Wuth angegriffen zu haben. Du würdest finden, daß sie nicht nur behaupten, man widerstehe den schwächern Gnaden, die man gewöhnlich aufmunternde oder unwirkende nennt, in der That und durch sich so, daß man nicht das gute Werk vollbringe, zu welchem sie antreiben: sondern daß sie eben so standhaft gegen Calvin dem Willen die Kraft beilegen, selbst der wirkenden und glorreichen Gnade widerstehen zu können, als sie gegen Molina die Macht dieser Gnade über den Willen behaupten; auf beiden Dogmen bestehen sie mit gleichem Eifer.

Sie wissen recht gut, daß der Mensch durch seine eigene Natur die Gewalt hat zu sündigen und der Gnade zu widerstehen, und daß er in seiner Verderbtheit die unglückliche Quelle

*) Innocenz X. und Alexander.

zu unzähligen Begierden trage, die ihm diese Gewalt noch vermehren; sie wissen aber zugleich, daß Gott dessenungeachtet die höchste Gewalt über des Menschen Willen habe, und daß er ihn mit seiner barmherzigen Gnade treffend thun lassen kann, was er will und wie er will, ohne daß dessenungeachtet dieser unveränderliche Wille Gottes des Menschen natürliche Freiheit störe. Denn Gott bewirkt diese Aenderung des menschlichen Herzens auf geheimnißvolle, wunderbare Weise, durch welche, wie der heil. Augustin ganz herrlich zeigt, alle jene scheinbaren Widersprüche wegfallen, welche die Feinde der wirkenden Gnade sich einbilden, zwischen der obersten Gewalt der Gnade über den freien Willen und der Gewalt des freien Willens, der Gnade zu widerstehen. Denn nach der Lehre dieses großen Mannes, den uns die Päbste und die Kirche in dieser Lehre als Lehrer aufstellen, leitet Gott das Herz des Menschen durch eine mitgetheilte himmlische Süßigkeit, welche die Lockungen des Fleisches übertrifft, zu sich; von ihr erfüllt fühlt der Mensch von der einen Seite seine Nichtigkeit und Schwäche, von der andern die ewige Größe und Macht des Allmächtigen, er fängt an die trügerischen Lockungen zur Sünde zu fliehen, findet in Gott seinen Willen, in Gott seine Freude, ihm allein ergibt er sich, aber dennoch mit völliger Willensfreiheit, und liebt ihn so sehr, daß es ihm Qual und Marter seyn würde, sich von Gott zu trennen. Dennoch kann es sich von ihm trennen und behält seine Freiheit, sich wirklich von ihm zu entfernen, sobald er will; aber wie kann er das wollen, da sein Wille ihn zu dem bewegt, was ihm am meisten gefällt, und da ihm nichts so sehr gefällt, als das einzige Gut, welches alle Güter in sich schließt? Quod enim amplius nos delectat, secundum id operemur, necesse est, sagt der heil. Augustin.

So hat Gott die oberste Gewalt über den Willen des Menschen, ohne ihm dessenungeachtet seine Freiheit zu nehmen; so wendet sich der freie Wille, der immer der Gnade widerstehen kann, aber angezogen von der Süßigkeit der wirkenden Gnade ihr nicht widerstehen will, ganz mit Freiheit und Nothwendigkeit zu Gott. Das sind, ehrwürdiger Vater, die göttlichen Grundsätze des heil. Augustin und des heil. Thomas über die Gnadenlehre; aus ihnen erhellet, gegen Calvin's Lehre, man könne der wirkenden Gnade widerstehen; dessenungeachtet aber, wie der Pabst Clemens VIII. in seiner Schrift an die Congregation de Auxiliis sagt, lenkt Gott im Herzen der Menschen seinen Willen, aus einem nicht Wollenden einen Wollenden, aus einem Feinde einen Freund sich schaffend durch seine oberste Gewalt über den Willen der Menschen, so wie über alle die Geschöpfe die unter dem Himmel sind, nach dem heil. Augustin.

Aus eben diesen Grundsätzen geht hervor, daß wir selbst handeln und daß wir also Verdienste haben, die uns selbst zugerechnet werden müssen, was Calvin leugnet, und daß dennoch unser Handeln von Gott als dem obersten Principe abhangt; Gott waffnet uns in allem Gutem, und macht aus uns, was ihm gefällt, wie der heil. Paulus sagt, so daß nach der Lehre der Tridentinischen Synode, Gott uns die Verdienste zuschreibt, die seine Geschenke sind.

Deshalb verdammt diese Synode auch die gottlose Lehre des Luther: wir tragen zu unserm Heile eben so wenig bei, als die unbeseelten Dinge; deshalb verdammt sie auch das Dogma des Molina, der nicht anerkennen will, daß die Kraft der Gnade selbst es ist, die uns mit ihr mitwirken macht zu unserm Heile, und der dadurch den Glaubenssatz des heil. Paulus umstürzt: Gott ist es, der in uns den Willen und die Handlung bestimmt.

Auf diese Weise vereinigt man denn auch die einzelnen Stellen der heil. Schrift, die einander zu widersprechen scheinen: Wendet euch zum Herrn, Herr, wende uns zu dir; werset eure Thorheiten von euch, der Herr nimmt seinem Volke die Thorheiten; thut würdige Werke der Buße, der Herr thut alles in uns; schaffet euch ein neues Herz und einen neuen Geist, ich werde ein neues Herz euch geben und einen neuen Geist in euch schaffen u. s. w. Das einzige Mittel, diese scheinbaren Widersprüche zu heben, die bald unsere guten Handlungen Gott, bald uns selbst zuschreiben, besteht darin, daß nach den Worten des heil. Augustin unsere guten Handlungen uns gebühren wegen des freien Willens, der sie erzeugte, und daß sie zugleich Gott gebühren, weil seine Gnade sie durch unsere Freiheit erzeugen ließ. Gott läßt uns das thun, was er will und was auch wir nicht konnten, nicht wollen, sagt er an einer andern Stelle, a Deo factum est, ut vellent, quod et nolle potuissent.

Deine Gegner, ehrwürdiger Vater, sind also völlig einstimmig mit den neuern Thomisten, denn sie behaupten mit ihnen sowohl, daß man der Gnade widerstehen könne, als auch, daß die wirkende Gnade unaufhaltsam den Willen bestimme, und dieses behaupten sie als das Grunddogma der Thomistischen Theologie so offen, daß Alvarez, einer ihrer Häupter, es hundertmal anführt und in seiner dis. 72. l. 8. n. 4. sagt: wenn die wirkende Gnade den freien Willen treibt, so stimmt dieser unwiderstreitlich ein; die wirkende Gnade treibt ihn so, daß er nicht widersteht, obgleich er die Kraft hat zu widerstehen. Als Grund führt er die Lehre des heil. Thomas 1. 2. q. 112. art. 3. in corp. an: denn der Wille Gottes kann nicht unerfüllt bleiben, und so muß der Mensch in die Gnade einstimmen, wenn es Gott will, und zwar nothwendig, nicht aber durch eine absolute Nothwendigkeit, sondern durch die untrügliche Nothwendigkeit des Willens Gottes, wie der heil. Thomas 2. 2.

q. 24. art. 11. in corp. gleichfalls sagt. Eine solche Nothwendigkeit schließt nicht die Kraft aus, zu widerstehen, wenn man will, weil sie allein bewirkt, daß man nicht widerstehen will, obgleich man kann; Euer Petav erkennt das gleichfalls an tom. 1. Theol. dogm. l. 9. c. 7. p. 62, wo er sagt: Die Gnade Jesus Christus läßt uns unfehlbar verharren in der Frömmigkeit, obgleich nicht mit Nothwendigkeit; man kann ihr widerstehen, wie das Tridentinum sagt; allein die Gnade bewirkt, daß man nicht widerstehen will.

Das ist die Lehre des heil. Augustin, des heil. Prosper und der ihnen folgenden Kirchenväter, es ist die Lehre der Concilien, des heil. Thomas und aller Thomisten im Allgemeinen. Das ist auch die reine Lehre Deiner Gegner, was Du freilich nicht wußtest; das ist die Lehre, die Du des Urtheils würdigtest: Die Lehre der wirkenden Gnade, die die Gewalt zu widerstehen anerkennt, ist orthodox, gründet sich auf die Concilien und wird von den Thomisten und Sorbonnisten vertheidigt.

Sey mal aufrichtig, ehrwürdiger Vater, und sage mir, hättest Du gewußt, daß Deine Gegner dieser Lehre zugethan wären, würde Dich da nicht die Politik Deiner Societät abgehalten haben, ihr so öffentlich das Wort zu reden? Aber Ihr hieltet sie für Feinde dieser Lehre, und da trieb Dich denn dieselbe Politik Deiner Societät, die Grundsätze zu loben, die Du den ihrigen entgegen hieltest. Diesem glücklichen Irrthume hat man es zu verdanken, daß Du ihre Gnadenlehre, die Du verdammen wolltest, öffentlich gebilligt hast. So sieht man denn heut zu Tage, wunderbar genug, die Vertheidiger der wirkenden Gnade gerechtfertigt durch die Freunde des Molina; so vereinigt sich durch die bewunderungswürdige Fürsorge Gottes alles zur Ehre der Wahrheit!

Lernen möge denn die ganze Welt aus dieser Deiner Erklärung, daß die Lehre der wirkenden Gnade, die nothwendig zu jeder guten Handlung, der Kirche theuer und der Preis des Bluts ihres Stifters ist, ein so fest gegründetes Dogma ausmacht, daß auch nicht ein einziger Katholik, selbst die Jesuiten nicht, sie nicht als eine orthodoxe öffentlich anerkenne; lernen möge sie aus eben dieser Deiner Erklärung, daß auf diejenigen, die Ihr immer als Ketzer verschriet, auch nicht der mindeste Verdacht einer Irrlehre falle. So lange Ihr ihnen unbestimmte Irrthümer vorwarfet und Euch weigertet, sie zu zeigen, war es ihnen eben so schwer, sich zu vertheidigen, als es Euch leicht war, sie zu beschuldigen; jetzt aber, da Ihr erklärt, Ihr verdammtet sie wegen der Irrlehre des Calvin, der sie zugethan wären, jetzt sieht Jedermann, daß auch nicht der mindeste Irrthum ihnen zur Last gelegt werden könne, weil sie der einzigen Ketzerei, die Ihr ihnen vorwerft, so zuwider sind, daß sie mündlich und schriftlich und wie sie sonst können, erklären und beweisen, daß sie von ganzem Herzen die calvinische Gnadenlehre verabscheuen, eben so wie die Thomisten, die Du doch selbst als orthodoxe Katholiken anerkennst, und die auch nie der Ketzerei verdächtig waren.

Was willst Du denn nun noch gegen sie vorbringen, ehrwürdiger Vater? Etwa dieses, daß sie dennoch, obgleich sie nicht der calvinischen Lehre zugethan sind, Ketzer sind, weil sie nicht zugeben wollen, daß Jansenius einstimmig sey mit Calvin? Ich bitte Dich aber, ehrwürdiger Vater, kannst Du das wohl jemals zum Vorwande einer Ketzerei machen? ist das nicht eine reine Thatsache, und was hat die mit Ketzerei zu schaffen? Es wäre ketzerisch, wenn man behaupten wollte, man könne nicht der Gnade widerstehen; allein daran zweifeln, daß Jansenius so denke, wie kann daraus Ketzerei erwachsen? Wann wurde dies Dogma geoffenbart? wann wurde es ein Glaubensartikel, ohne welchen man nicht zur Seligkeit gelangen kann?

Es ist und bleibt eine Thatsache, wenn Du es auch noch so ungern willst, und lächerlich wird der, welcher daraus einen Zwiespalt der Kirche machen will. Verfolge also Deine Gegner nicht länger mit dem Namen Ketzer, gib ihnen etwa einen andern, der mehr der Natur Eures Streites angemessen ist. Nenne sie Dummköpfe und Ignoranten, die nicht den Jansenius verstehen können: mag das auch noch so falsch seyn, es paßt doch auf die Lage des Streites; sie aber Ketzer zu nennen, das hat gar keine Verbindung damit. Da ich sie allein gegen den Verwurf der Ketzerei vertheidigen will, so werde ich mich nicht weitläufig darauf einlassen, zu beweisen, daß sie den Jansenius recht erklären. Das nur will ich Dir sagen, daß man, wenn man ihn nach den von Dir aufgestellten Vorschriften beurtheilt, schwerlich wird umhin können, ihn für einen Katholiken gelten zu lassen; betrachte nur Deine eigenen Worte.

Damit man wisse, sagst Du, ob Jansenius sich geirrt habe oder nicht, muß man untersuchen, ob er die wirkende Gnade nach Art des Calvin vertheidige, der die Gewalt zu widerstehen leugnet; in diesem Falle ist er ein Ketzer; oder ob er sie behauptet nach Art der Thomisten, die jene Gewalt zu widerstehen zugeben; in diesem Falle ist er orthodoxer Katholik. Prüfe also, ob er die Gewalt zu widerstehen behauptet, und dann ist er Katholik. In ganzen Tractaten, unter andern tom. 3. l. 8. c. 20 sagt er: man hat immer die Gewalt der Gnade zu widerstehen, nach dem Tridentinum; der freie Wille kann handeln und nicht handeln, wollen und nicht wollen, einstimmen in die Gnade und ihr widerstreiten, das Gute und das Böse thun; der Mensch hat in diesem Leben beständig diese beiden Freiheiten, die einander entgegengesetzt sind. Laß uns eben so betrachten, ob er es mit dem Calvin halte, wenn er cap. 21 so sagt: die Kirche verdammte diesen Ketzer, weil er lehrte, die wirkende Gnade treibe den freien Willen nicht so, wie die Kirche es immer behauptete, daß man nämlich die Freiheit behält, einzustimmen oder nicht; nach dem heil. Augustin und dem Tridentinum hat man die Kraft, nicht einzustimmen in die Gnade, sobald man will; und nach dem heil. Prosper gab Gott den Auserwählten selbst den Willen, auszuharren im Guten, doch so, daß er ihnen die Freiheit ließ, auch das Gegentheil zu wollen. Endlich laß uns sehen, ob er nicht einstimmig ist mit den Thomisten, da er cap. 4. sagt: alles, was die Thomisten zur Vereinbarung der Wirksamkeit der Gnade und der Gewalt, ihr zu widerstehen, schrieben, stimmt vollkommen mit meiner Denkungsart überein, und man braucht nur ihre Bücher zu lesen, so weiß man auch, wie ich darüber denke. Quod ipsi dixerunt, dictum puta.

So spricht Jansenius über diese Materie; ich glaube also, daß er die Gewalt zu widerstehen annimmt, daß er dem Calvin entgegen und mit den Thomisten einstimmig ist, weil er selbst es öffentlich bekennt. Daraus folgt denn nach Deinem oben aufgestellten Grundsatze sein orthodoxer Katholicism. Kennst Du aber vielleicht einen andern Weg, den Sinn eines Schriftstellers zu prüfen, als seine eigenen Worte zu lesen, willst Du trotz aller seiner Erklärungen, daß er die Gewalt zu widerstehen leugne, dem Calvin zugethan und den Thomisten zuwider sey: so fürchte ja nicht, daß ich Dich deshalb der Ketzerei beschuldigen werde; ich werde nur sagen, Du habest Jansenius nicht verstanden, dessenungeachtet aber bleibst Du ein Mitglied meiner Kirche.

Weshalb gehst Du doch, ehrwürdiger Vater, bei einer solchen Kleinigkeit mit einem so furchtbaren Eifer zu Werke, und behandelst die als Deine schrecklichsten Feinde und als die gefährlichsten Ketzer, denen Du keine Irrlehre zur Last legen und nichts anders vorwerfen kannst, als daß sie etwa die Schriften des Jansenius nicht recht auffaßten? Ist doch das nur die Tendenz Eures Streites, was Jansenius gedacht habe über die Gnadenlehre? Du verlangst, sie sollen ihn verdammen, und sie wollen vorher bestimmt wissen, was die Bedeutung des Jansenius sey; Du sagst, er wäre dem Irrthume des Calvin ergeben, sie antworten Dir, daß sie den von ganzem Herzen verdammen. Gehst Du also nicht bloß auf die Worte, sondern auf die Bedeutung der Worte, so hast Du gar keine Ursache weiter, mit ihnen zu hadern. Daß sie den Jansenius nicht verdammen wollen, das hat seinen Grund darin, weil sie ihn für einen treuen Anhänger des heil. Thomas halten. So hat also der Sinn des Jansenius eine doppelte Bedeutung bei Euch, ihnen heißt er Lehre des heil. Thomas, Euch Lehre des Ketzers Calvin; Euer Streit hat deshalb seinen Grund in dem verschieden verstandenen Worte: Sinn des Jansenius, und wäre ich Richter Eures Zwistes, so würde ich den Gebrauch dieses Wortes beiden Parteien völlig untersagen. Ihr müßtet dann beiderseits die Bedeutung dieses Wortes bestimmen, und der ganze Zwist wäre auf einmal beigelegt; Du verlangst die Verdammung der calvinistischen Ketzerei, und sie verdammen dieselbe von ganzem Herzen; sie verlangen die Aufrechterhaltung der Lehre des heil. Augustin und des heil. Thomas, und das wünschest auch Du.

Ich erkläre Dir deshalb, ehrwürdiger Vater, daß ich für meine Person sie immer für orthodoxe Katholiken halten werde, mögen sie Jansenius verdammen, wenn sie Irrlehren in ihm entdecken, oder mögen sie ihn nicht verdammen, wenn sie weiter nichts darin finden, als was auch Du für rein katholische Lehre erklärst. Ich sage mit dem heil. Hironymus, welcher an den Bischof von Jerusalem Johann, da man diesen beschuldigte, er habe acht Lehren des Origines beibehalten, schreibt: verdamme entweder den Origines, wenn Du einsiehst, daß er ketzerische Lehren aufgestellt hat, oder leugne, daß er sie aufstellte. Aut nega hoc dixisse eum, qui arguitur, aut si locutus est talia, eum damna, qui dixerit.

So verfahren diejenigen, die nur die Irrthümer und nicht die Personen bekämpfen; Ihr aber, ehrwürdige Väter, die Ihr mehr auf die Personen, als auf die Irrthümer losgeht, Ihr haltet es für nichts, die Irrthümer zu verdammen, wenn nicht zugleich die Personen mit verdammt werden, denen Ihr sie vorwerft. Eure Handlungsweise stützt sich auf Gewalt, sie kann deshalb auch wenigen Nutzen bringen; denn — ich habe das schon gesagt und ich wiederhole es — die Gewalt vermag nichts über die Wahrheit und die Wahrheit nichts über die Gewalt. Niemals griffet Ihr Eure Gegner mit schändlicheren Verleumdungen an, aber auch niemals war ihre Unschuld so bekannt und so erwiesen; niemals wurde die wirkende Gnade auf eine feinere Weise bekämpft, niemals erschien sie aber auch in einer festern Begründung; niemals gabt Ihr Euch mehre Mühe, die Welt zu überreden, es handle sich um eine Glaubenssache, aber auch nie wurde es deutlicher, daß Euer Streit eine bloße Thatsache betraf; niemals endlich verwirret Ihr so sehr die Dinge, um zu zeigen, daß Ihr in Bezug auf diese Thatsache Recht hättet, aber nie war man bereitwilliger, daran zu zweifeln. Der Grund davon ist leicht einzusehen; Deine Societät, ehrwürdiger Vater, betrat nicht die natürlichen Wege, auf denen man zeigt, daß eine Thatsache wahr ist; man brauche seine Sinne und zeige in einem Werke die Worte, die darin enthalten seyn sollen. Aber Ihr betratet so ungewöhnliche und so weit von dieser Einfachheit entfernte Wege, daß selbst der Schwachsichtigste Euch des Betruges für verdächtig halten mußte.

Warum hieltet Ihr Euch nicht an das Mittel, was ich Euch in meinen Briefen zeigte? Ich wollte beweisen, daß Ihr unzählige Verdrehungen der Moral gemacht hattet, und citirte zu dem Zwecke die Schriftsteller und die Stellen bei ihrer Seitenzahl, daß Jeder sich überzeugen konnte. Eben so machten es die Pfarrer von Paris, und es kann nicht fehlen, daß dieses einfache Mittel zur Ueberzeugung führt. Was würdet Ihr gesagt und was würde die Welt gedacht haben, wenn jene Pfarrer, Euch z. B. die Stelle aus Eurem Amicus: Ein Ordensgeistlicher darf den tödten, der drohet, Verleumdungen gegen ihn oder gegen seine Gesellschaft zu verbreiten, falls er kein anderes Mittel hat, sich zu vertheidigen, wenn sie nicht die Seite citirt hätten, wo man dieselben Worte finden kann, wenn sie sich trotz aller Aufforderung geweigert hätten, sie zu zeigen, sondern sich an die Römische Curie gewendet hätten zur Ausfertigung einer Bulle, wodurch allen Menschen befohlen wäre zu glauben, jene Lehre sey wirklich die Lehre Eures Amicus? Würde da nicht die ganze Welt geglaubt haben, sie hätten den Pabst getäuscht und nur deswegen zu diesem außerordentlichen Mittel die Zuflucht genommen, weil ihnen die geraden, schlichten Wege verschlossen waren, die bei Thatsachen immer in der Gewalt derer sind, die Wahrheit und Recht behaupten? Sie thaten deshalb auch weiter nichts, als sie bemerkten, daß jene Worte beim Amicus zu finden wären, tom. 5. disp. 36. n. 118. pag. 544 edit. Duacens.; so kann sie Jeder lesen und aller Zweifel fällt gänzlich weg. Auf diese Manier beweiset man auf eine leichte und überzeugende Art Thatsachen, sobald man das Recht in Händen hat.

Was war der Grund, ehrwürdiger Vater, daß Du diesen geraden Weg nicht einschlugest? In Deinen Cavill. sagtest Du: die fünf Satzungen sind einzeln, Wort für Wort und alle — singulares totidem verbis — im

Jansenius enthalten. Man antwortete Dir, dieses sey nicht wahr. Eins von beiden mußtest Du nun thun, entweder Du mußtest die Stellen citiren, wo man sie finden konnte, falls sie wirklich im Jansenius enthalten waren, oder Du mußtest bekennen, daß Du Dich versehen habest. Aber weder das eine, noch das andere thatest Du; sondern statt dessen führst Du, weil Du wohl einsahest, daß die ganzen Bände von Jansenius, die Du zuweilen anführtest, um den Schwachsichtigen zu täuschen, nicht die verdammten Satzungen wörtlich enthalten, wie Du gesagt hattest, die Constitution des Pabstes an, die ohne gleichfalls Stellen zu zeigen, bestimmt, sie seyen im Jansenius enthalten.

Ich kenne recht gut die Ehrfurcht, ehrwürdiger Vater, die man dem Apostolischen Stuhle schuldig ist, und Deine Gegner versprachen ganz öffentlich, daß sie nie ihre Pflicht gegen das Oberhaupt der Kirche aus den Augen setzen werden; bilde Dir aber ja nicht ein, man verfehle sich gegen diese Pflicht, und gegen die Unterwürfigkeit, die ein Kind seinem Vater, ein Untergebener seinem Obern schuldig ist, wenn man den Pabst freimüthig daran erinnere, daß er in dieser Thatsache sich irren könne, daß man sie vor ihm nicht geprüft habe, und daß Innocenz X. bloß diese Satzungen für Irrlehren erklärt, nicht aber bestimmt habe, sie seyen im Jansenius enthalten. Es bezeuget dieses einer der vorzüglichsten Consultoren, in seinem Gutachten, indem er sagt: man kann jene Lehren nicht beurtheilen in der Bedeutung irgend eines Schriftstellers: non sunt qualificabiles in sensu proferentis, weil sie ganz abstrakt vorgelegt wurden, um sie an und für sich zu prüfen, ohne darauf Rücksicht zu nehmen, von welchem Schriftsteller sie seyen, in abstracto et ut praescindunt ab omni proferente. Ueberdies lasen 60 Doctoren und eine große Anzahl anderer gelehrter und frommer Männer die Schrift des Jansenius ganz durch, fanden nicht die verdammten Lehren, sondern bezeugen, selbst das Gegentheil gefunden zu haben. Ferner ist es wahrscheinlich, daß diejenigen, die dem Pabste jene Meinung beibrachten, das Zutrauen, was dieser zu ihnen hatte, mißbrauchten, denn sie waren bei der Sache sehr interessirt, weil Jansenius ihrem Molina über 50 Irrthümer nachgewiesen hatte. Was sie endlich am meisten verdächtig macht, ist die von ihnen behauptete vorzügliche Lehre ihrer Theologie: man könne ohne Sünde denjenigen verleumden, von dem man sich ungerechter Weise angegriffen glaubt. Da also das Zeugniß wider Jansenius so verdächtig, und das Zeugniß seiner Freunde so gewichtig ist, so hat man gewiß Grund, das Oberhaupt der Kirche in tiefster Unterwerfung zu bitten, diese Thatsache in Gegenwart der Theologen beider Parteien zu prüfen und so den Streit durch einen gesetzlichen, feierlichen Ausspruch zu entscheiden. Man versammle, sagt bei einer ähnlichen Gelegenheit der heil. Basilius Epist. 75, gescheute Richter, freimüthig prüfe man meine Schriften; man sehe zu, ob in ihnen Irrthümer gegen den Glauben enthalten sind; man lese die Einwürfe und Widerlegungen, damit man ein förmliches, wohlgeprüftes Urtheil fälle und nicht eine bloße Schmähung ohne Einsicht des Grundes ausstoße.

Ein solches Verfahren wirst Du doch wohl nicht eine Verletzung der Ehrfurcht gegen den Pabst nennen, ehrwürdiger Vater? die Päbste sind weit entfernt, die Christen mit solcher Tyrannei zu behandeln, wie gewisse Menschen unter seinem Namen sich angemaßt haben. Die Kirche, sagt der heil. Gregor in Job. lib. 8. c. 1, gebildet in der Schule der Demuth befiehlt nicht mit Strenge, sondern überredet durch Gründe ihre Kinder, die sie irren sieht, zu dem, was sie für gut hält. Recta quae errantibus dicit, non quasi ex auctoritate praecipit, sed ex ratione persuadet. Die Päbste sind weit entfernt, die Umänderung eines Urtheils, bei dem sie hintergangen wurden, sich für eine Schande zu halten, sie rühmen sich dessen sogar, wie der heil. Bernard epist. 180 bezeugt, wo er sagt: Der Apostolische Stuhl hat das Vorzügliche, daß er sich nicht schämt, freiwillig zu widerrufen, was man mit List und Betrug von ihm zu erlangen wußte; ein gerechtes und lobenswürdiges Verfahren, damit doch Niemand von der Lüge Nutzen habe, am allerwenigsten vor dem päbstlichen Stuhle.

Diese Regeln muß man dem Pabste zuflüstern, ehrwürdiger Vater, weil alle Theologen darin übereinkommen, daß der Pabst sich irren kann in solchen Thatsachen, daß ihn seine höchste Würde nicht so sehr davor verwahre, sondern ihn noch mehr der Gefahr aussetze, wegen der vielen Sorgen, die sie mit sich bringt. So sagt der heil. Gregor dialog l. 1. c. 4 zu denjenigen, die sich darüber wunderten, daß sich ein voriger Pabst in einer Thatsache geirrt hatte: was wundert ihr euch, daß wir uns täuschten, wir, die wir Menschen sind? Wißt ihr denn nicht mehr, daß David, der vom Prophetengeiste beseelt war, den Verleumdungen des Siba glaubte und ein ungerechtes Urtheil gegen den Sohn Jonathan's fällte? was befremdet's euch denn, daß wir zuweilen von Lügnern getäuscht werden, da wir nicht den Geist der Propheten besitzen? Umringt von einer Menge Geschäfte ist unsere Geistesthätigkeit gerichtet auf viele Dinge, und kann nicht das Einzelne so genau betrachten, und so um so leichter in einer einzelnen Sache getäuscht werden.

Ich glaube ganz bestimmt, die Päbste wissen es besser als Du, ob sie hintergangen werden können oder nicht. Sie selbst bezeugen, daß die Päbste und großen Könige viel leichter der

Täuschung ausgesetzt sind, als diejenigen, die nicht so vielen und minder wichtigen Geschäften ihre Aufmerksamkeit zu widmen haben; warum sollen wir ihren eigenen Worten nicht glauben? Ueberdies sieht man leicht, auf welche Weise man sie faßt, um sie zu hintergehen; der heil. Bernard gibt davon einen Begriff in seinem Briefe an Innocenz II., Epist. 327, wo er sagt: Es ist nicht ungewöhnlich und nicht neu, daß der menschliche Geist betrügt und sich betrügen läßt. Ordensmänner kamen zu uns erfüllt vom Geiste der Lüge und des Betruges; sie redeten Uebles von einem Bischofe, den sie haßten, und der bis dahin im Rufe stand, ein exemplarisches Leben in jeder Rücksicht geführt zu haben. Diese Menschen beißen wie die Hunde und nennen das Gute Böses, und du, heiliger Vater, erzürnest dich auf deinen Sohn. Warum verschafftest du doch seinen Feinden diese Freude? Glaube nicht jedem Geiste, sondern prüfe, ob der Geist aus Gott ist. Ich hoffe zu Gott, daß du nach Erkennung der Wahrheit ihren Lügen nicht weiter trauen wirst; ich bitte den Geist der Wahrheit, dich mit seiner Gnade zu erleuchten, damit du das Licht von der Finsterniß trennest, das Böse tadelst und das Gute lobest.

Hieraus siehst Du, ehrwürdiger Vater, daß die Hoheit des päbstlichen Stuhles ihn nicht schütze vor den Angriffen des Betruges, und ihn nicht vor Irrthum bewahre, sondern seinen Irrthum desto einflußreicher und gefährlicher mache. Hieran erinnert Bernard den Pabst Eugenius de Consid. lib. 2. cap. ultim. wo es heißt: es gibt einen andern so allgemeinen Fehler, daß ich keinen Großen der Erde kenne, der ihm entgehe. Dieses ist die zu große Leichtgläubigkeit, heiliger Vater, woraus so viele Unordnungen ihren Ursprung haben, grausame Verfolgungen gegen Unschuldige, ungerechte Vorurtheile gegen Abwesende, schrecklicher Zorn wegen Kleinigkeit, pro nihilo. Ein allgemeines Uebel, heiliger Vater; und bist du ihm nicht unterworfen, so bist du der einzige, der dieses Glück hatte unter allen seinen Amtsgenossen.

Ich darf wohl hoffen, daß dieses Dich, ehrwürdiger Vater, einigermaßen überzeugen wird, daß die Päbste dem Irrthume ausgesetzt sind. Um Dir das vollkommen zu beweisen, erinnere ich Dich nur an die von Dir angeführten Beispiele, wo Päbste und Kaiser wirklich von Ketzern hintergangen wurden; Du erzählst, Apollinarius habe den Pabst Damasus, Cölestius und Zosimus betrogen; Du erzählst, ein gewisser Athanasius habe den Kaiser Heraclius überlistet und ihn zu einer Verfolgung der Christen überredet; endlich führst Du selbst den Honorius an, der sich zu dem im VI. Concilium verbrannten Dekrete durch die Schmeicheleien des Sergius verleiten ließ.

Aus Deinen eigenen Worten geht also hervor, ehrwürdiger Vater, daß Könige und Päbste hintergangen durch die Ränke derjenigen, die sich ihnen auf diese Weise nahen, oftmals die Vertheidiger der Wahrheit verfolgen, während sie nur die Ketzereien zu treffen wähnen. Die Päbste befürchteten dieses Hintergangenwerden so sehr, daß sie einen Brief Alexanders III. zu einem Kirchengesetze und in das kanonische Recht aufnahmen, welcher die Nichtbefolgung der Bullen und Dekrete erlaubt, sobald man glaubt, der Pabst sey bei ihrer Verfertigung hintergangen. Wenn wir manchmal, sagt dieser Pabst zum Erzbischofe von Ravenna cap. 5 extr. de Rescrip., dir Dekrete mittheilen, lieber Bruder, die deine Gesinnungen bedrängen, so ängstige dich deshalb nicht. Entweder erfülle sie genau mit Ehrfurcht, oder laß uns die Gründe wissen, warum du sie nicht befolgst; denn wir können dich nur loben, wenn du den Dekreten deinen Gehorsam verweigerst, die man durch Betrug und Schmeicheleien uns abgezwungen hat.

So verfuhren die Päbste, denen es nur darum zu thun war, die Streitigkeit der Christen kennen zu lernen und dann beizulegen, nicht den Leidenschaften derer zu gehorchen, die nur Zwist und Zank suchen. Sie maßen sich nicht die Obergewalt in der Kirche an, was nach Christus Lehre der heil. Petrus und Paulus so strenge verbieten, sondern der Geist, womit sie die Kirche regieren, ist der des Friedens und der Wahrheit. Deshalb wird denn allen ihren Dekreten die Clausel angehängt, oder wenigstens als angehängt verstanden: si ita est; si preces veritate nitantur; wenn die Sache sich so verhält, wie man sie uns dargestellt hat; wenn die Dinge wirklich wahr sind. Da also die Päbste ihre Bullen nur dann als geltend angesehen wissen wollen, wenn die in ihnen enthaltenen Dinge wahr sind, so folgt, daß eine Thatsache nicht deshalb als wahr betrachtet werden kann, weil irgend eine Bulle sie als solche aufstellt, sondern daß im Gegentheile selbst nach dem kanonischen Rechte die Wahrheit einer Sache den Maaßstab für die Giltigkeit der Bulle abgibt.

Und die Wahrheit einer Thatsache, wodurch erkennen wir die? Durch unsere Augen, ehrwürdiger Vater, durch unsere Sinne; über sie sind diese die rechtmäßigen Richter, so wie die Vernunft über natürliche, wahrnehmbare und der Glaube über übernatürliche, geoffenbarte Dinge entscheidet. Denn — weil sich mir gerade die Gelegenheit so passend dazu darbietet — wisse, daß nach der Lehre der beiden größten Kirchenväter, des heil. Augustin und des heil. Thomas, drei Principe zu der Erkenntniß führen: die Sinne, die Vernunft und der Glaube; jedes von ihnen hat seine bestimmte Gerichtsbarkeit, und entscheidet innerhalb den Grenzen dieser allein und mit Gewißheit. Gott wollte, daß wir durch Vermittlung der Sinne zum Glauben geführt würden — Fides ex auditu, sagt die heilige Schrift; — so sehr sorgte er dafür, daß der Glaube nicht den Sinnen etwas entziehe, es hieße im Gegentheile den Glauben vernichten, wenn man die treue Wahrnehmung der Sinne in Zweifel ziehen wollte. Deshalb sagt der heil. Thomas ausdrücklich, Gott wollte, daß selbst beim Abendmahle die in die Sinne fallenden Accidenzen bleiben sollten, damit die Sinne nicht getäuscht würden — ut sensus a deceptione reddantur immunes. —

Wird uns also irgend eine Sache zur Entscheidung vorgelegt, so müssen wir zuvor untersuchen, in wessen Gerichtsbarkeit jener drei Principien sie gehöre; handelt es sich um eine Sache, die hinaus ist über alle Gesetze der Natur, so können weder die Sinne noch die Vernunft entscheiden, die heil. Schrift und die Bestimmungen der Kirche sind dann die einzigen rechtmäßigen Richter; ist eine Frage zu entscheiden, die nicht vor die göttliche Offenbarung gehört und die Fassungskraft unsers Geistes nicht überschreitet, so entscheidet allein die natürliche gesunde Vernunft; betrifft endlich die Entscheidung eine Thatsache, so sind die Sinne Richter, denen die Natur selbst die Lösung solcher Fragen übertrug.

Diese Regel gilt so allgemein, daß man nach dem heil. Augustin und dem heil. Thomas, so oft man in der heil. Schrift auf eine Stelle stoßt, deren wörtliche Bedeutung der offenbaren Entscheidung der Sinne und der Vernunft widerspricht, nicht nöthig hat, die Sinne und die Vernunft bei Seite zu setzen, und sie der Auctorität dieser wörtlichen Bedeutung der heil. Schrift unterzuordnen, sondern man muß die heil. Schrift erklären und eine Bedeutung suchen, die der sinnlichen und vernünftigen Wahrnehmung nicht widerspricht; denn da die Worte Gottes selbst in Thatsachen untrüglich sind, und da auch die Sinne und die Vernunft innerhalb des Bezirkes ihrer Gerichtsbarkeit Unfehlbarkeit besitzen, so müssen beide einstimmig seyn; da nun die heil. Schrift auf verschiedene Weise erklärt werden kann, die Wahrnehmung der Sinne und der Vernunft aber nur eine einzige ist, so muß man zum Maaßstabe der Erklärung solcher Stellen der heil. Schrift dem untrüglichen Urtheile der Sinne und der Vernunft folgen. Nach dem heil. Augustin, sagt der heil. Thomas 1. q. p. 68 a. 1, muß man zwei Dinge wohl im Auge haben, erstlich, daß die Bedeutung der heil. Schrift immer eine wahrhafte ist; zweitens, daß sie immer einer mehrfachen Bedeutung fähig ist, und daß deshalb Niemand an ihrer wörtlichen Bedeutung so fest klebe, daß er sich weigere, eine andere anzunehmen, sobald die wörtliche den sichern Wahrnehmungen der Vernunft widerspricht.

Dieses beweiset er aus einer Stelle der Genesis, wo geschrieben steht: Gott schuf zwei große Lichter, ein größeres, damit es am Tage, und ein kleineres, damit es bei der Nacht leuchte; eben so die Sterne. Aus dieser Stelle der heil. Schrift scheint hervorzugehen, daß sie den Mond für größer hielt, als die Sterne; da aber aus unzubezweifelnden Beweisen erhellet, daß dieses falsch ist, so wäre es unvernünftig, jene wörtliche Bedeutung der heil. Schrift vertheidigen zu wollen; man muß vielmehr eine Bedeutung suchen, welche dieser bewiesenen Thatsache nicht widerspricht, man sagt z. B. das Wort großes Licht bedeutet nicht die Größe des Weltkörpers selbst, sondern nur die Größe des Lichtes in Bezug auf unsern Erdkörper.

Wollte man sich weigern, solche Erklärungen zuzulassen, so hieße das nicht, eine größere Ehrfurcht gegen die heil. Schrift haben, sondern im Gegentheile sie der Verachtung der Ungläubigen preisgeben; denn, sagt der heil. Augustin de Genes. ad lit. l. 1. c. 19, sehen die Ungläubigen, daß wir der heil.

Schrift Dinge glaubten, von deren Falschheit wir überzeugt sind, so würden sie lachen über unsere Leichtgläubigkeit in andern Dingen der Offenbarung, z. B. über die Auferstehung der Todten und das ewige Leben. Das hieße, setzt der heil. Thomas am angef. Orte hinzu, ihnen unsere Religion verächtlich machen und ihnen den Zugang zum Heile verschließen.

Passen diese Worte nicht ganz vortrefflich auf unseren Streit, ehrwürdiger Vater? Heißt das nicht auch den Ketzern den Zugang zum wahren Glauben verschließen und ihnen die Auctorität des Pabstes verächtlich machen, wenn man diejenigen nicht mehr für Kinder der Kirche halten will, die nicht anerkennen wollen, daß einige Worte in einem Buche vorhanden sind, die wirklich nicht da sind, weil der Pabst bestimmte, sie seyen darin vorhanden? Ob in einem Buche diese oder jene Worte sich finden oder nicht, das kann nur durch ein einziges Mittel ausgemacht werden, durch die Sinne nämlich. Sind sie darin enthalten, wie Du behauptest, so zeige sie; wo nicht, so verlange nicht mehr, daß man Dir glauben soll, denn Deine Mühe ist vergeblich. Alle Gewalt der Welt ist nicht hinreichend, durch ihre Auctorität von einer Thatsache zu überzeugen, und sie zu ändern; denn was geschehen ist, das liegt da und kann nicht ungeschehen gemacht werden.

Um mit bekannten Beispielen Dir zu dienen, nenne ich die Mönche von Regensburg, die von Leo IX. ein öffentliches Dekret bewirkten, worin bestimmt wurde, daß der Körper des heil. Dionysius, erstem Bischofe von Paris, den man gewöhnlich für den Areopagisten Dionysius zu halten pflegt, aus Frankreich geraubt und in die gleichbenannte Kirche ihres Klosters gebracht sey. Dessenungeachtet war und ist auch heut zu Tage noch jener heil. Körper in der berühmten Abtey, die von Dionysius ihren Namen erhielt, und es wird hier — ich müßte mich sonst gewaltig irren — die Bulle Leo's IX. wenige Anhänger finden, obgleich dieser Pabst bezeugt, er habe die Sache mit aller möglichen Sorgfalt untersucht — diligentissime, — es haben ihm viele Bischöfe und Prälaten beigestimmt; daher befehle er allen Franzosen — districte praecipiat, — zu glauben und zu bekennen, daß sie nicht mehr die heil. Reliquien besitzen.

Dessenungeachtet glauben die Franzosen, die sich durch ihre eigenen Augen von der Falschheit des päbstlichen Dekrets überzeugten, das Grabmal des Heiligen öffneten und die Reliquien unversehrt darin fanden, wie alle Schriftsteller damaliger Zeit bezeugen, das Gegentheil von dem, was dieser heil. Pabst ihnen zu glauben befahl, indem sie fest überzeugt sind, daß die Propheten und größten Heiligen der Gefahr des Betruges ausgesetzt sind.

Eben so nützte es Euch nicht, daß Ihr von Rom ein Dekret gegen Galiläi erhieltet, worin seine Lehre von der Bewegung der Erde verdammt wurde; dadurch wird die Ruhe der Erde, glaub' mir's nur auf mein Wort, ehrwürdiger Vater, nicht bewiesen; könnte man ihre Bewegung durch sichere Beobachtungen zeigen, so werden alle Menschen in Vereinigung aller ihrer Kräfte sie an der Bewegung nicht hindern und ihre eigene Mitbewegung nicht vermeiden können. Bilde Dir nicht ein, daß der Brief des Pabstes Zacharias an den Bonifacius, worin er den heil. Virgilius wegen seiner Behauptung, es gebe Antipoden, verdammt, diese neue Welt vernichte; und obgleich der Pabst erklärte, diese Meinung sey eine sehr gefährliche Irrlehre, so that der König von Spanien dennoch wohl, daß er dem aus dieser neuen Welt zurückkehrenden Christoph Columb mehr glaubte, als dem Pabste, der sie nie gesehen hatte; die Kirche hatte davon einen großen Nutzen, indem sie ihr Evangelium nun ganz neuen Völkern predigen konnte, die in ihrem Unglauben dem Verderben nicht entgangen wären, wenn man dem Dekrete des Zacharias hätte glauben wollen.

Du wirst nun wohl eingesehen haben, ehrwürdiger Vater, wie solche Thatsachen beschaffen sind, und welcher Richter über sie entscheiden müsse. In Bezug auf die vorliegende Streitsache folgt denn daraus, daß wenn die fünf Satzungen im Jansenius nicht enthalten sind, es auch unmöglich war, sie daraus zu ziehen, und daß das einzige Mittel, hierüber ein richtiges Urtheil zu fällen und die Welt darüber ins Klare zu setzen, in der gegenseitigen Prüfung seiner Schriften besteht, um die man Euch so oft vergebens ersuchte. Bis dahin habt Ihr durchaus kein Recht, Eure Gegner der Hartnäckigkeit zu beschuldigen, denn sie sind ohne Tadel in Bezug auf die Thatsache, so wie sie in Beziehung auf Glaubenslehren gänzlich frei vom Irthume sind; in Dogmen orthodox, in Thatsachen unparteiisch, sind sie überall gleich unschuldig.

Wer wird sich nicht darüber wundern, ehrwürdiger Vater, daß man Leuten, die so von allen Seiten gerechtfertigt werden können, so grausam verleumderische Vorwürfe machte? Wer hätte wohl geglaubt, daß es sich hier um eine Thatsache von so weniger Bedeutung handle, die Ihr noch überdies ihnen aufdrängen wollt, ohne sie zu beweisen? Wer kann sich denken, daß man so gewaltige Unruhen in der ganzen Kirche machte um Nichts — pro nihilo, wie der heil. Bernard sagt. Aber es ist einer Eurer gewöhnlichen Kniffe, eine Sache, die nichts bedeutet, als eine höchst wichtige aufzustellen, und Personen von großem Einflusse, die so unglücklich sind, Euren Lügen Gehör zu leihen, vorzumachen, als spräche man hier von den schändlichsten Irrlehren des Calvin und von den wichtigsten Wahrheiten des Glaubens, damit sie in ihrem Eifer alle ihr Ansehen gegen Eure Feinde verwenden, als ob von dem Untergange dieser das Heil der christlichen Religion abhange. Sehen sie ein, auf was für eine geringfügige Thatsache der ganze

Streit hinauslaufe, so würden sie sich gewiß sofort zurückziehen und es bereuen, so gewaltige Mühe vergebens verschwendet zu haben auf eine Sache, die gar nicht die Kirche angeht, sondern bloß dazu dient, den Leidenschaften Deiner Societät zu fröhnen.

Denn, gesetzt auch den schlimmsten Fall, Jansenius habe wirklich in seinen Schriften die verdammten Lehren: was für ein Unglück kann denn daraus entstehen, daß einige Menschen daran zweifeln, da sie doch nach ihrem eigenen öffentlichen Geständnisse jene Lehren selbst verabscheuen? Ist es nicht genug, daß diese Lehren durch die ganze Welt von Jedermann ohne Ausnahme in der Bedeutung, in der sie nach Euren eigenen Worten verdammt werden sollen, wirklich verdammt werden? Wären sie etwa noch verdammter, wenn man zugebe, sie seyen in Jansenius enthalten? Wozu nützt also die Erfüllung Eures Verlangens mehr, als daß dadurch ein katholischer Bischof und Gottesgelehrter geschändet würde, der gestorben ist in der Gemeinschaft der Kirche? Ist das etwa ein so großes Gut, daß man zu seiner Erlangung so gewaltige Verwirrungen macht? Was nützt das dem Staate? was dem Pabste, den Bischöfen und Theologen? was der ganzen Kirche? Ganz und gar nichts, ehrwürdiger Vater; Deiner Societät allein liegt daran, den Jansenius mit Schmach bedeckt zu sehen, der ihr einigen Schimpf anhängte. Alles sehen wir in Bewegung, weil die Welt leichtgläubig genug war, Euch zu glauben, daß alles in Gefahr sey. Das ist der verborgene Grund der großen Unruhen, die sofort schwinden werden, nachdem man die wahre Absicht Eures Streites kennen gelernt hat. Weil also die Ruhe der Kirche davon abhing, so war es gewiß höchst wichtig, diese Eure Absicht hier zu offenbaren, damit die Welt, wenn sie Eure Kniffe offen vor sich liegen sieht, einsehe, daß Eure Beschuldigungen grundlos, Eure Gegner ohne Irrthum, und die Kirche ohne Ketzerei sey. Diesen Nutzen der Welt zu verschaffen, war die Tendenz dieses Briefes; er scheint mir für die ganze Kirche von solcher Wichtigkeit zu seyn, daß ich fast nicht begreife, wie Eure Gegner so ganz ruhig sich verhalten können, da Ihr ihnen doch so vielen Stoff zum Reden gebt. Können sie nicht die ungerechten Beleidigungen bewegen, die Ihr ihnen zugefügt habt, so hätten sie doch meines Erachtens auch darauf sehen müssen, daß die von den Jesuiten so hart gekränkte Kirche sie zur Vertheidigung auffordere, um so mehr, da ich beinah nicht glaube, daß es den Kirchendienern erlaubt ist, ihren guten Namen sich rauben zu lassen durch Verleumdungen, vorzüglich wenn sie Glaubenssachen betreffen. Allein sie schweigen, und lassen Euch sagen, was Euch zu sagen beliebt. Hätte sich nicht gerade mir hier eine passende Gelegenheit dargeboten, Eure Verleumdungen zu widerlegen, die Ihr überall verbreitet, so wäre vielleicht kein Wort gegen Eure schändliche Schmähsucht gesagt. Ich bewundere sehr ihre Geduld, um so mehr, da sie mir weder der Furchtsamkeit, noch der Schwäche verdächtig sind, indem ich wohl weiß, daß es ihnen weder an Gründen zu ihrer Rechtfertigung, noch an Eifer für die Wahrheit fehlt. Dennoch erkenne ich in der ganzen Sache ihre Religiösität, aber ich fürchte, sie haben dieselbe übertrieben. Ich, ehrwürdiger Vater, ich hielt es für Unrecht, zu schweigen. Laß also die Kirche in Ruhe, und ich will auch Dich nicht länger beunruhigen. So lange es aber Deine Absicht ist, Zank und Zwist in der Kirche zu stiften, so lange zweifle nicht daran, daß die Kinder des Friedens sich verpflichtet halten werden, alle ihre Kräfte dahin zu richten, die Ruhe der Kirche ungestört gegen alle Deine Angriffe zu schützen.

FSC
www.fsc.org
MIX
Papier | Fördert
gute Waldnutzung
FSC® C083411

Kolibri 360 GmbH
Ferdinand-Jühlke-Straße 7
99095 Erfurt, Deutschland
produktsicherheit@kolibri360.de